양·식·에·의·한

교회음악문헌

주 성 희 지음

총신대학교출판부

서문

음악은 고대로부터 종교의식에 사용되어 발전되어 왔다. 종교와 음악이 불가분의 밀접한 관계를 가지고 발전되어 온 서양 음악사를 살펴보면 교회음악이 세속음악에 영향을 주어 각 시대 음악의 기초가 되었음을 알 수 있다.

음악은 시대에 따라 여러 가지 다양한 양식으로 나타나는데 이러한 양식의 발달에 대한 연구 없이는 교회음악을 이해하기가 어렵다. 그러므로 역사적 발전에 나타난 양식을 중심으로 살펴 본 『교회음악문헌』이 음악전공자 뿐만 아니라 교회음악에 대해 알고자하는 사람들에게 도움이 되기를 바란다.

필자는 이 책에서 당시에 어떠한 음악양식을 사용하여 교회음악이 발전되었는지를 살펴보면서, 그 양식들과 각각의 형식에 대해 주요 작곡가와 작품에 대한 설명과 함께 대표적인 작품의 악보를 제시하였다. 악보의 일부분을 제시하는 경우도 있으나, 가능한 한 악보전체를 제시하였다. 그 이유는 각 시대의 음악적, 이론적 아이디어들이 적용되어진 방법과 전체구조를 통해, 작품을 올바르게 파악하여 이해할 수 있기 때문이다.

이 책이 출판되기까지 도움을 주신 여러분께 진심으로 감사드린다. 특히 구약관련 부분과 신약관련 부분을 자문해 주신 총신대학교 신학대학원의 김정우 교수님과 이한수 교수님, 자료활용에 도움을 주신 원성희 교수님과 악보 저작권 관련부분을 감수해 주신 강만희 교수님, 이 책을 면밀히 검토하며 정독하고 많은 도움을 준 최선화 교수님, 하재송 교수님, 제자 이원정 선생, 작곡가들의 작품을 새롭게 그리는 어려운 작업에 동참한 임성규 목사, 최요한 그리고 교정에 동참한 김성은과 김지아 이 모든 총신대학교 제자들과 편집과정에서 많은 수고를 감당한 출판부와 편집사, 인쇄소 여러분에게 진심으로 감사한 마음을 전한다. 아울러 처음부터 이를 위해 감수해 주신 나의 영원한 동반자 이보철 목사님과 든든한 후원자 이찬휘 집사, 사랑하는 진휘 그리고 구순의 노구에도 부족한 저와 이 책의 출판을 위해 끊임없이 기도해주신 어머님께 마음 깊이 감사드리며 이 책을 바친다.

이 책에 실린 악보의 음반을 제작하지 못했지만, 강의를 위해 필요한 경우 제공하려고 하니 필요하신 분들은 저자(shjoo@chongshin.ac.kr)에게 문의하기 바란다.

이 책을 통하여 교회음악에 관심을 가지는 모든 사람들에게 도움이 되어 기쁨을 얻게 되기를 소망하며……

오직 하나님의 영광을 위하여
2009년 10월
주 성 희

양·식·에·의·한
교회음악문헌

Ⅰ 히브리 찬송 8
   1. 성전음악 8
   2. 회당음악 9
   3. 구약성경에 나타난 찬송 9

Ⅱ 초기 기독교 찬송 12
   1. 신약성경에 나타난 찬송 12
   2. 예배찬송 13
      1) 시편가 14
      2) 찬송가 19

Ⅲ 단성음악에서의 교회음악 양식 27
   1. 챤트 27
      1) 암브로시안 챤트 27
      2) 그레고리안 챤트 29
      3) 갈리칸 챤트 29
      4) 모자라빅 챤트 30
      5) 비잔틴 챤트 30
      6) 시리안 챤트 35
   2. 그레고리안 챤트 36
      1) 그레고리안 챤트의 특징 39
      2) 그레고리안 챤트의 악보 39
      3) 그레고리안 챤트의 명칭 및 분류 47

3. 단일악장 양식 52

1) 안티폰 52

2) 알렐루야 52

3) 트로프 53

4) 시퀀스 62

5) 콘둑투스 86

6) 세속적 단성음악 92

Ⅳ 다성음악에서의 교회음악 양식 95

1. 캔티클 95

1) 베네딕투스 96

2) 마니피카트 97

3) 눙크 디미티스 153

4) 베니테 엑술테무스 도미노 172

5) 베네디치테 옴니아 오페라 173

6) 유빌라테 데오 173

7) 칸타테 도미노 200

8) 데우스 미제라투르 200

9) 테데움 200

2. 오르가눔 235

3. 모테트 254

1) 중세의 모테트 254

 (1) 최초의 모테트 254

 (2) 13세기 모테트 254

 (3) 14세기 모테트 280

2) 르네쌍스시대의 모테트 299

 (1) 부르고뉴악파 302

 (2) 플랑드르악파 321

3) 바로크시대의 모테트 384

양·식·에·의·한
교회음악문헌

4. 캐럴 442
1) 크리스마스 캐럴 442
2) 크리스마스 444

5. 수난곡 447
1) 단성음악 수난곡 448
2) 다성음악 수난곡 448
3) 통작 수난곡 449
4) 오라토리오 수난곡·수난 오라토리오 485

6. 예전극 537
1) 초기 예전극의 형태 537
2) 오라토리오 전신의 다양한 형태 546

7. 오라토리오 552
1) 이탈리아의 오라토리오 552
2) 독일의 오라토리오 575
3) 영국의 오라토리오 644
4) 프랑스의 오라토리오 690

8. 칸타타 692
1) 실내칸타타 692
2) 교회칸타타 694
   (1) 중부독일 칸타타의 특징 694
   (2) 북부독일 칸타타의 특징 695
   (3) 바흐의 교회칸타타 698

9. 코랄 813

　1) 르네쌍스와 종교개혁 813

　2) 종교개혁시대 음악의 양상 816

　3) 코랄선율에 의한 다양한 음악양식 817

　4) 코랄 프렐류드 820

　5) 찬송가 주제에 의한 변주곡 854

10. 칼뱅의 시편가 889

　1) 시편가 탄생 배경 889

　2) 칼뱅의 음악사상 891

　3) 칼뱅의 제네바 시편가 896

　4) 제네바 시편가의 영향 902

　5) 제네바 시편가의 전래 904

11. 앤섬 923

　1) 튜더 왕조시대 923

　2) 공화정치시대 941

　3) 왕정복고시대 941

　4) 18세기와 19세기 948

　5) 20세기 949

12. 시편합창 951

악보목차　980
표목차　990
참고문헌　992
각주　995
찾아보기　998
저자약력　1006

히브리찬송

Ⅰ. 히브리 찬송

서양음악은 고대 그리이스 헬라문화와 히브리문화를 기초로 성립되었다. 선사시대와 초기 역사시대의 발굴된 자료들을 통해, 그 당시의 악기들과 음악의 형태 등을 측정할 수 있다. 교회음악의 기초가 되는 히브리 음악에 대한 자료는 소수의 악기와 그림뿐이어서, 그 시대의 음악은 구약성서의 기록과 해석에 의존한다.

히브리인들은 그들의 생활 속에서 찬송을 중요하게 생각했다. 초기의 자연발생적인 음악으로부터 발전되어 체계가 이루어지게 되는데, 성전시대에 의식적이며 구체적인 제도적 규정이 만들어지게 되었고, 성전의 예배가 확립되면서 예배음악과 전문음악인 제도가 생기게 되었다.

1. 성전 음악

성전음악은 특히 다윗과 솔로몬 시대의 음악을 말한다.
구약성경[1] 역대상 23장 5절, 역대상 25장 1절과 7-31절에서와 같이 찬송하는 자들을 구별하여, 수금과 비파와 제금으로 신령한 노래를 부르게 하였다. 또한 그들은 24계층으로 나누어 직임이 맡겨졌으며, 각 계층은 12명으로 구성되어 도합 288명으로 구성되었음을 알 수 있다.

솔로몬 성전건축 이후부터 예배의식은 장엄하고 화려하게 되었다. 역대하 5장 12-14절에 나와 있는 성전봉헌 예배의 음악에 대한 기록을 보면 그 당시의 악기 연주자(관현악단)와 찬양대가 엄청나게 큰 규모였음을 짐작할 수 있다.

이 시대에는 사용자에 따라 악기들이 구별되어 사용되었다. 역대하 5장 12-14절에서 알 수 있듯이 나팔부는 제사장은 나팔을, 레위인들은 제금과 비파와 수금을 사용하였다. 역대상 16장 5-6절에는 레위인의 지도자 아삽이 제금을 힘있게 치는 모습과 제사장 브나야와 야하시엘이 항상 하나님의 언약궤 앞에서 나팔을 부는 장면이 기록되어 있다.

Ⅰ. 히브리 찬송

1. 성전 음악
   찬양대와 악기연주자(관현악단)의 규모가 엄청나게 크다.

   ① "사천 명은 문지기요 사천 명 그가 여호와께 찬송을 드리기 위하여 만든 악기로 찬송하는 자들이라"
   (역대상 23: 5)

   ② "다윗이 군대 지휘관들과 더불어 아삽과 헤만과 여두둔의 자손 중에서 구별하여 섬기게 하되 수금과 비파와 제금을 잡아 신령한 노래를 하게 하였으니……"
   (역대상 25: 1)

   ③ 여호와 찬송하기를 배워 익숙한 자의 수효가 288명. 24계층으로 나누어 직임이 맡겨졌으며, 각 계층은 12명으로 구성
   (역대상 25: 7-31)

   ④ "노래하는 레위 사람 아삽과 헤만과 여두둔과 그의 아들들과 형제들이 다 세마포를 입고 제단 동쪽에 서서 제금과 비파와 수금을 잡고 또 나팔 부는 제사장 백이십명이 함께 서 있다가 나팔 부는 자와 노래하는 자들이 일제히 소리를 내어 여호와를 찬송하며 감사하는데 나팔 불고 제금 치고 모든 악기를 울리며 소리를 높여 여호와를 찬송하여 이르되 선하시도다 그의 자비하심이 영원히 있도다 하매 그 때에 여호와의 전에 구름이 가득한지라 제사장들이 그 구름으로 말미암아 능히 서서 섬기지 못하였으니 여호와의 영광이 하나님 전에 가득함 이었더라"
   (역대하 5:12-14)

회당음악

2. 회당음악

솔로몬 사후 이스라엘은 남왕국 유다와 북왕국 이스라엘로 국가가 분열된다. 그 후 예루살렘이 정복되어 히브리인들은 70년간 바벨론 포로생활을 하게 된다. 그들은 회당에서 예배드리게 되며, 예배의 중심은 회당이 된다. 솔로몬 성전시대의 기악음악은 쇠퇴하고 회당의 낭송식 성악양식이 발달한다. 7세기까지의 히브리음악의 중심은 회당(Synagogue : 시나고그)이었다.[2] (그림 1)

회당의 예배음악 형태는 시편가(Psalmodia)와 일정한 음 위에서 가사의 구조에 맞춰 선율적 장식으로 기도와 말씀을 낭독하는 낭독송(Lectio) 그리고 시편이 아닌 새로 작시된 가사에 의한 노래로 가사의 절수에 따라 선율이 반복되는 찬송가(Hymnodia)인데, 이것은 후에 기독교 회중찬송의 전형이 되었다.

(그림1)

3. 구약성경에 나타난 찬송

구약시대의 찬송은 시편이 주를 이루고 있다. 히브리 찬송은 그들의 생활과 밀접한 관계를 가진 자연발생적인 음악이다. 일정한 형식이 없었고 감정이 풍부한 사람들에 의해 자연스럽게 흘러나온 음악으로써, 히브리인들의 일상적인 생활의 일부였다.

초기 히브리찬송은 곡 하나 하나가 개별적으로 작곡되어진 예술적인 음악이라기보다는 일반적인 용도나 여호와를 찬양하는데 사용되는 기능적이고 즉흥적인 음악이었다. 후에 시간이 흐르면서 보다 전문적이고 예전적인 음악으로 발전된다.

구약성경에 나타난 찬송을 살펴보자.

· 출애굽기 15장 1-18절 [모세의 노래]
　이 때에 모세와 이스라엘 자손이 이 노래로 여호와께 노래하니 일렀으되 "내가 여호와를 찬송하리니 그는 높고 영화로우심이요 말과 그 탄 자를 바다에 던지셨음이로다 여호와는 나의 힘이요 노래시며 나의 구원이시로다 그는 나의 하나님이시니 내가 그를 찬송 할 것이요 내 아버지의 하나님이시니 내가 그를 높이리로다 ………… (중략) …… 여호와께서 영원무궁 하도록 다스리시도다" 하였더라

히브리찬송

- 출애굽기 15장 19-21절 [미리암의 노래]
  바로의 말과 병거와 마병이 함께 바다에 들어가매 여호와께서 바닷물을 그들 위에 되돌려 흐르게 하셨으나 이스라엘 자손은 바다 가운데서 마른 땅으로 지나간지라 아론의 누이 선지자 미리암이 손에 소고를 잡으매 모든 여인도 그를 따라 나오며 소고를 잡고 춤추니 미리암이 그들에게 화답하여 이르되 "너희는 여호와를 찬송하라 그는 높고 영화로우심이요 말과 그 탄 자를 바다에 던지셨음이로다" 하였더라

- 신명기 31장 30절, 32장 1-43절 [모세의 두 번째 노래]
  그리고 모세가 이스라엘 총회에 이 노래의 말씀을 끝까지 읽어 들리니라 "하늘이여 귀를 기울이라 내가 말하리다 .... (중략) ....너희 민족들아 주의 백성과 즐거워하라 주께서 그 종들의 피를 갚으사 그 대적들에게 복수하시고 자기 땅과 자기 백성을 위하여 속죄하시리로다"

- 사사기 5장 1-31절 [드보라와 바락의 노래]
  이 날에 드보라와 아비노암의 아들 바락이 노래하여 이르되 "이스라엘의 영솔자들이 영솔하였고 백성이 즐거이 헌신하였음이니 여호와를 찬송하라 너희 왕들아 들으라 통치자들아 귀를 기울이라 나 곧 내가 여호와를 노래할 것이요 이스라엘의 하나님 여호와를 찬송하리로다 ...... (중략) ......여호와여 주의 원수들은 다 이와 같이 망하게 하시고 주를 사랑하는 자들은 해가 힘 있게 돋음 같게 하시옵소서"하니라 그 땅이 사십년 동안 태평하였더라

- 사무엘상 2장 1-10절 [한나의 기도]
  한나가 기도하여 이르되 "내 마음이 여호와로 말미암아 즐거워하며 내 뿔이 여호와로 말미암아 높아졌으며 내 입이 내 원수들을 향하여 크게 열렸으니 이는 내가 주의 구원으로 말미암아 기뻐함이니이다 여호와와 같이 거룩하신 이가 없으시니 이는 주 밖에 다른 이가 없고 우리 하나님 같은 반석도 없으심이니이다 ..... (중략)....... 여호와를 대적하는 자는 산산이 깨어질 것이라 하늘에서 우레로 그들을 치시리로다 여호와께서 땅 끝까지 심판을 내리시고 자기 왕에게 힘을 주시며 자기의 기름 부음을 받은 자의 뿔을 높이시리로다"하니라

- 사무엘상 10장 5절
  "그 후에 네가 하나님의 산에 이르니 그 곳에는 블레셋 사람들의 영문이 있느니라 네가 그리로 가서 그 성읍으로 들어갈 때에 선지자의 무리가 산당에서부터 비파와 소고와 저와 수금을 앞세우고 예언하며 내려오는것을 만날 것이요"

- 출애굽기 15장 19-21절
  [미리암의 노래]

- 신명기 31장 30절, 32장 1-43절
  [모세의 두 번째 노래]

- 사사기 5장 1-31절
  [드보라와 바락의 노래]

- 사무엘상 2장 1-10절
  [한나의 기도]

- 사무엘상 10장 5절

구약성경에 나타난 찬송

- 열왕기하 3장 15절

- 열왕기하 3장 15절
  "이제 내게로 거문고 탈 자를 불러오소서"하니라 거문고 타는 자가 거문고를 탈 때에 여호와의 손이 엘리사 위에 있더니

- 역대상 23장 30-31절

- 역대상 23장 30-31절
  '아침과 저녁마다 서서 여호와께 감사하고 찬송하며 또 안식일과 초하루와 절기에 모든 번제를 여호와께 드리되 그가 명령하신 규례의 정한 수효대로 항상 여호와 앞에 드리며'

- 시편
  [다윗의 시 외]

- 시편
  [다윗의 시 외]

- 하박국 3장 1-19절
  [하박국의 기도]

- 하박국 3장 1-19절 [하박국의 기도]
  시기오놋에 맞춘 선지자 하박국의 기도라 "여호와여 내가 주께 대한 소문을 듣고 놀랐나이다 .... (중략) .... 주 여호와는 나의 힘이시라 나의 발을 사슴과 같게 하사 나를 나의 높은 곳으로 다니게 하시리로다" 이 노래는 지휘하는 사람을 위하여 내 수금에 맞춘 것이니라

초기 기독교 찬송

Ⅱ. 초기 기독교 찬송

초기 기독교의 예배의식은 히브리 예배의식에 근거를 두었으며, 초기 기독교의 음악 역시 히브리음악을 모체로 하여 발전하게 된다. 주후 70년 예루살렘 성전이 완전히 파괴되었으나 회당은 394개나 남아 있었으며 그곳에서 예배의식의 틀이 형성되었다. 성전 파괴 후 성가대와 악기연주는 사라지게 되었으나, 시편가, 찬송가 등의 형태는 남게 된다.[3] 예수 그리스도 당시에는 성전과 회당이 공존했던 시기로 유대교의 전통적 양식을 가졌었다. 예수님 당시 성전의식은 솔로몬 시대를 제외하고는 가장 정교했으며, 남자와 소년들로 구성된 레위인의 대성가대가 존재했다.

신약성경[4]에 나타난 찬송을 살펴보자.

1. 신약성경에 나타난 찬송

- 마태복음 26장 30절/ 마가복음 14장 26절
  [예수 그리스도께서 최후의 만찬을 마치신 후 사도들과 함께 찬송]
  '이에 그들이 찬미하고 감람 산으로 나아가니라'

- 누가복음 1장 46-55절 [마리아의 찬가]
  마리아가 이르되 "내 영혼이 주를 찬양하며 내 마음이 하나님 내 구주를 기뻐하였음은 그의 여종의 비천함을 돌보셨음이라 보라 이제 후로는 만세에 나를 복이 있다 일컬으리로다 ..... (중략) ..... 우리 조상에게 말씀하신 것과 같이 아브라함과 및 그 자손에게 영원히 하시리로다"하니라

- 누가복음 2장 13-14절
  [성탄 때의 천사들의 찬송]
  홀연히 수많은 천군이 그 천사들과 함께 하나님을 찬송하여 이르되 "지극히 높은 곳에서는 하나님께 영광이요 땅에서는 하나님이 기뻐하신 사람들 중에 평화로다"하니라

- 사도행전 2장 46-47절
  [초대교회 성도들의 집회에서의 찬송]

예배찬송

'날마다 마음을 같이하여 성전에 모이기를 힘쓰고 집에서 떡을 떼며 기쁨과 순전한 마음으로 음식을 먹고 하나님을 찬미하며 또 온 백성에게 칭송을 받으니 주께서 구원 받는 사람을 날마다 더하게 하시니라'

· 골로새서 3장 16절
[기독교인들의 생활 속에서의 찬송]

· 골로새서 3장 16절
[기독교인들의 생활 속에서의 찬송]
'그리스도의 말씀이 너희 속에 풍성히 거하여 모든 지혜로 피차 가르치며 권면하고 시와 찬송과 신령한 노래를 부르며 마음에 감사하는 마음으로 하나님을 찬양하고'

· 에베소서 5장 19절

· 에베소서 5장 19절
'시와 찬송과 신령한 노래들로 서로 화답하며 너희의 마음으로 주께 노래하며 찬송하며'

시 (Psalms)
'찬양의 노래'라는 뜻으로, 시편을 의미

찬송 (Hymns)
예수 그리스도를 통한 구원으로 인하여 마음으로 하나님께 찬양하는 뜻으로, 음절법(syllabic)으로 된 찬송시를 의미

신령한 노래 (Spiritual Songs)
하나님이나 그리스도를 찬양하는 '영적인 송가'를 말하며, 예배의식에서 정규적으로 행해지는 시편보다는 시편 외의 성서적인 시(Canticle)의 한 부분

시(Psalms)는 '찬양의 노래'라는 뜻으로 시편을 의미하며, 찬송(Hymns)은 예수 그리스도를 통한 구원으로 인하여 마음으로 하나님께 찬양하는 뜻으로, 보통 찬송은 헬라시 작시법에 의한 운율시이며, 음절법(syllabic)으로 된 찬송시를 의미한다.
신령한 노래(Spiritual Songs)는 하나님이나 그리스도를 찬양하는 '신령한 노래'로 일반적인 헬라어 표현법으로는 '영적인 송가'(Pneumatic odes)를 말한다.[5] 즉 하나님의 영이 역사하심에 따라 개인의 영적인 신앙생활 경험에서 나온 신앙 고백적 노래라 할 수 있다. 예배의식에서 '오데'(Ode)는 찬가와 동등하며, 예배의식에서 정규적으로 행해지는 시편보다는 시편 외의 성서적인 시(Canticle)의 한 부분이다."[6]

2. 예배찬송

2. 예배찬송

사도바울은 골로새서 3장 16절과 에베소서 5장 19절 말씀과 같이 교회음악뿐만 아니라 기독교인들의 생활과 음악을 연관시켜 시, 찬송, 신령한 노래를 말하고 있다. 초대교회의 예배에서는 성악만이 허용되었고, 기악은 가정에서와 같이 개인적 용도로만 사용되었다.[7] 예배찬송으로 불렸던 시편가와 새로 작시된 가사에 의한 찬송가는 후에 기독교 성악음악의 중요한 양식이 된다.[8]
초기 기독교 음악은 사도바울의 선교 중심지인 안디옥에서 시작되

초기 기독교 찬송

었다고 할 수 있다. 그리스도인의 정치적 신분에 큰 변화를 가져 온 사람은 콘스탄티누스 대제(Constantine, 274-337)였다. 기독교는 313년 '밀라노 칙령(the Edict of Milan)'에 의해 전 유럽의 그리스도인들에게 예배드릴 자유와 많은 그리스도인들을 공직에 임명하고 교회가 건물을 소유하는 것도 허락했으나, 그 이전까지는 로마제국의 박해를 받으며 성장했다. 313년 이전 초기 교회의 음악은 유대교의 회당음악과 고대후기의 음악(헬레니즘 문화권의 지중해 연안 지방의 음악)으로 요약할 수 있다.

기독교 교회음악 중 현존하는 가장 오래된 찬송가는 270년경 삼위일체를 찬송하는 옥시린코스 힘누스(Oxyrhynchos-Hymnus)로, 그리이스 가사와 기보법으로 되어 있으며 3세기 말 이집트 유적에서 발견된 파피루스에 기록되어 있고, 1922년 출판되었다.

> 기독교 교회음악 중 현존하는 가장 오래된 찬송가
> 옥시린코스 힘누스
> (Oxyrhynchos-Hymnus)

다음에서 시편가과 찬송가에 대해 살펴보기로 한다.

1) 시편가 (Psalmody)

시편은 히브리인들의 예배의식과 그들의 신앙생활에서 사용되던 「찬송가」였다.

성전예배 시에는 제사장들과 성가대들이 시편과 모세오경을 부분 부분으로 나누어 낭송하였으며, 회당예배 시에는 회중들이 예배의 음악적인 부분을 함께 참여하여 노래를 불렀다.[9]

구약성경에 있는 시편들은 예배의식에서 중요한 위치를 차지하고 있었으며, 성전에서는 시편을 일주일동안 날마다 부르도록 다음과 같이 정했다.

> (1) 시편가 (Psalmody)
> 시편은 히브리인들의 예배의식과 그들의 신앙생활에서 사용되던 「찬송가」였다.
>
> 성전에서 시편을 일주일 동안 날마다 부르도록 정했다.

제1일 : 시편 24편
제2일 : 시편 48편
제3일 : 시편 82편
제4일 : 시편 94편
제5일 : 시편 81편
제6일 : 시편 93편
제7일 : 시편 92편

> 제1일 : 시편 24편
> 제2일 : 시편 48편
> 제3일 : 시편 82편
> 제4일 : 시편 94편
> 제5일 : 시편 81편
> 제6일 : 시편 93편
> 제7일 : 시편 92편

그 외에 유월절 축제나 다른 모임을 위해 시편을 지정하였다. 특히

예배찬송

유월절 마지막 날 성가대가 시편 82편을 부르며 군중들을 인도하고 제사장들이 일정한 간격을 두고 나팔을 불면 군중은 엄숙히 예배하며 무릎을 꿇었다.[10]

시편에는 하나님을 향한 감사와 찬양의 시편뿐만 아니라 기도, 간구, 탄원, 참회 등의 시편도 있다.

시편의 각 시행은 히브리 음악의 시편가와 같이 시편 형식과 특정한 선율적 정형에 따라 노래된다. 시편을 하나님께 드리는 아름다운 기도의 노래로 속도나 음, 숨쉬는 곳 등을 통일시키기 위하여 시편선법이 도입되었다.

(1) 시편가의 구조

(1) 시편가의 구조

초대교회 시편의 구조는 다음과 같이 다섯부분으로 나누어진다.

1. 시작음(Initium) : 처음부분의 선율은 상행한다.
2. 테노르(Tenor or Tuba 낭송음) :
   시편을 동일한 음높이로 낭송하는 음
3. 플렉사(Flexa) :
   긴 시행을 문장 구조에 맞게 끊어 숨을 쉬게하는 부분으로 낭송음을 2도나 3도 하행한다.
4. 메디아치오(Mediatio) :
   중간부분에 나타나는 몇 개의 음으로 구성된 반마침 음형으로 음의 연장이나 쉼을 요구한다.
5. 주음(Finalis) :
   끝부분에는 기본음(주음 Finalis)으로 되돌아가는 선율의 하강마침(Terminatio / Punctum)으로 이루어진다.

1. 시작음 (Initium)
2. 테노르 (Tenor)
3. 플렉사 (Flexa)
4. 메디아치오 (Mediatio)
5. 주음 (Finalis)

〈표 1〉[11]과 [악보 1][12]에서 시편가의 구조와 시편가의 연주양식을 살펴보자.

〈표 1〉 시편가의 구조

1 시작음 (Initium) 2 테노르 (Tenor)
3 플렉사 (Flexa) 4 메디아치오 (Mediatio)
5 마침 (Terminatio / Punctum)

초기 기독교 찬송

[악보 1] 시편가의 연주양식

(2) 시편선법 (The Psalm Tones)

[악보 1]과 같은 선율형태를 시편선법(Psalm Tones)이라 부른다. 시편선법은 10-12세기경 8개의 선법으로 체계화되는데, 그 외에 앞부분의 테노르와 뒷부분의 테노르가 다른 새로 도입된 양식(Tonus Peregrinus)이 드물게 사용되었다. 〈표 2〉[13]

〈표 2〉 시편선법 (Psalm Tones)

(3) 시편의 연주방법

예수 그리스도 당시 유대민족 간에 전통적으로 이어오는 음악의 중요한 음악 양식은 그레고리안 챤트 풍으로 부르는 성가(Cantillation)로, 가사는 산문적이며, 이 가사에 의한 성가는 응답식 시편가(Responsorial Psalmody)와 두 개의 합창단(Chorus) Ⅰ·Ⅱ가 주고받는 식의 교창식 시편가(Antiphonal Psalmody) 그리고 선창자에 의해 노래되어지는 독창적 연주의 직접식 시편가(Direct Psalmody)등이 있다.

이 낭송가는 고정된 선율에 가사가 절수에 따라 달라지면서 노래한다. 이것은 음악보다 문학을 더 중요시 여겼던 그리스 음악과는 다르게, 초기 기독교음악은 음악이 문학에서 독립되어 그 우위를 차지하게 된다. 예수 그리스도와 그의 제자들은 회당에서 자란 사람들로, 초기 기독교음악에 회당식 예배음악이 아주 중요한 형태로 자리잡게 된 것이다.

일반적으로 시편가가 노래된 후에는 안티폰(Antiphone : 응답송)이 노래된다. 그러나 시편 시행의 길이가 서로 다르므로 서로 다른 부분들이 나타나게 된다. 이때에 안티폰은 시편 시행의 앞에 사용되어 안티폰-시편가-안티폰의 반복이 이루어진 경우도 있으며 한 시편의 전체를 부르는 일은 거의 없고 대부분 하나 혹은 두 세 개의 시행을 발췌해서 노래한다.

교창식 시편가는 다음과 같은 연주형태가 있다.

1. 시편의 모든 시행이 동일한 선율로 반복되는 형태

가 사	V_1	V_2	V_3	V_4	V_5	V_6
음 악	a	a	a	a	a	a
연주형태	Ⅰ	Ⅱ	Ⅰ	Ⅱ	Ⅰ	Ⅱ

2. 시편의 시행(Verse) 두 개씩이 같은 선율로 불리우는데 이 선율은 합창단 Ⅰ·Ⅱ가 교창하는 형태로써 후에 시퀀스(Sequence)의 형태로 발전.

초기 기독교 찬송

가 사	V₁ V₂ V₃ V₄ V₅ V₆
음 악	a a b b c c
연주형태	Ⅰ Ⅱ Ⅰ Ⅱ Ⅰ Ⅱ

3. 합창단이 두 그룹으로 나뉘어(ChorusⅠ·Ⅱ) 서로 다른 선율로 한 시행씩 노래하고 두 합창단이 동일한 가사와 선율로 응답시구(A)를 후렴(R)으로 노래하는 형태

가 사	V₁ V₂ A V₃ V₄ A
음 악	a b R a b R
연주형태	Ⅰ Ⅱ Ⅰ·Ⅱ Ⅰ Ⅱ Ⅰ·Ⅱ

응답식 시편가는 다음과 같은 연주형태가 있다.

1. 응답식 형태로 독창자과 합창단이 교대로 교창하는데, 독창자의 선율이 동일하며 합창단 혹은 회중들이 후렴을 노래한다.

가 사	V₁ A V₂ A V₃ A
음 악	a R a R a R
연주형태	S C S C S C

2. 응답식 형태로 독창자과 합창단이 교대로 교창하는데, 독창자의 선율이 바뀌며 합창단 혹은 회중들이 후렴을 노래한다.

가 사	V₁ A V₂ A V₃ A
음 악	a R b R c R
연주형태	S C S C S C

V : 시행(Verse)
A : 응답(Answer)
R : 후렴(Refrain)
S : 독창(Solo)
C : 합창(Chorus)

응답식 시편가의 연주형태

1. 응답식 형태로 독창자와 합창단이 교대로 교창하는데, 독창자의 선율이 동일하며 합창단 혹은 회중들이 후렴을 노래한다.

2. 응답식 형태로 독창자과 합창단이 교대로 교창하는데, 독창자의 선율이 바뀌며 합창단 혹은 회중들이 후렴을 노래한다.

예배찬송

2) 찬송가 (Hymns)

찬송가는 시편이 아닌 새로 작시된 가사에 의한 노래로, 가사의 절수에 따라 선율이 반복된다. 이것은 후에 기독교 회중찬송의 전형이 되었다. 특히 391년 기독교가 국교로 선포된 이후 문화의 중심지가 되었던 비잔틴은 476년 서로마 제국 멸망 이후 동로마 제국의 수도로 교회음악의 중심지가 되었다.

비잔틴 교회음악사 초기에 쓰여진 찬송가(Hymns)의 초기형태는 다음과 같다.

- 트로파리온 (Troparion)
  시편의 시행들 사이에 단순한 노래들을 창작하여 삽입하는 것으로, 5세기경 발전된 형태

- 콘타키온 (Kontakion)
  여러 절의 가사로 이루어진 노래

- 카논 (Kanon)
  칸티쿰 (Canticum) 혹은 송가(Ode)라고 불리우는 성서에 있는 9개의 시를 가사로 하며, 7-9세기에 나타난 형태

신약성경에 들어있는 초기 기독교 찬송은 다음과 같다.

- 대영광송 (Gloria in Excelsis)
  누가복음 2장14절 천사들의 노래를 시적으로 의역화 시킨 것이다.

- 소영광송 (Gloria Patri)
  삼위일체 하나님을 찬양하는 내용의 송영이다.

- 세 번 거룩 (Ter Sanctus)
  요한계시록 4장 8절
  ".... 거룩하다 거룩하다 거룩하다 주 하나님 곧 전능하신 이여 전에도 계셨고 이제도 계시고 장차 오실 이시라"

초기 기독교 찬송

· 할렐루야 (Hallelujah)

· 마리아의 찬가 (Magnificat)
누가복음 1장 46-55절 마리아의 찬가는 후에 '마그니피카트'로 명명되었다.

· 시므온의 찬송 (Nunc Dimittis)
누가복음 2장 27-32절 시므온의 찬송은 후에 '눙크 디미티스'로 명명되었다.
> 성령의 감동으로 성전에 들어가매 마침 부모가 율법의 관례대로 행하고자 하여 그 아기 예수를 데리고 오는지라 시므온이 아기를 안고 하나님을 찬송하여 이르되 "주재여 이제는 말씀하신 대로 종을 평안히 놓아 주시는도다 …. (중략) …. 이방을 비추는 빛이요 주의 백성 이스라엘의 영광이니이다" 하니

· 축복송 (Benedictus)
누가복음 1장 67-80절 사가랴의 찬송은 후에 '베네딕투스'로 명명되었다.
> 그 부친 사가랴가 성령의 충만함을 받아 예언하여 이르되 "찬송하리로다 주 이스라엘의 하나님이여 그 백성을 돌보사 속량하시며 우리를 위하여 구원의 뿔을 그 종 다윗의 집에 일으키셨으니 ….. (중략) ….. 어둠과 죽음의 그늘에 앉은 자에게 비치고 우리 발을 평강의 길로 인도하시리로다"하니라 아이가 자라며 심령이 강하여지며 이스라엘에게 나타나는 날까지 빈 들에 있으니라

· 할렐루야 (Hallelluija)

· 마리아의 찬가 (Magnificat)

· 시므온의 찬송 (Nunc Dimittis)

· 축복송 (Benedictus)

예배찬송

초대교회의 현재 모습

요한계시록의 7대 교회 및 안디옥의 사도 베드로 동굴교회

(1) 에베소 교회 (요한계시록 2:1-7)

에베소(Ephesus)는 현지명 셀주크(Selcuk)로, 1세기에 기독교인들에게는 중요한 도시 중 하나가 되었다.

37-42년 사이 그리스도 사도들이 예루살렘에서 추방당하자 사도바울은 2차와 3차 전도여행 때에 에베소에 교회를 세웠다.

64년 사도바울이 로마의 성 밖에서 순교하자 요한이 그를 대신하여 에베소의 기독교 지도자가 되었다. 4세기경 기독교가 공인되고 에베소에 기독교가 널리 전파되어 소아시아 기독교의 중심지가 되었다.

예수님께서 사랑하시던 제자 요한(St. John)은 노년에 에베소에서 지냈으며 이곳에서 요한복음을 기록했다. 그의 뜻에 따라 에베소에 묻혔다. 비잔틴제국의 유스티안 황제(Justinian, 527-565)는 요한의 무덤이라고 전승되어 온 장소(Ayasuluk 언덕)에 큰 교회를 건축하였는데 이것이 사도 요한의 교회(Basilica of St. John)이다. (사진 1)에서와 같이 많은 발굴이 이루어졌다.

(사진 1) 에베소 교회

(2) 서머나 교회 (요한계시록 2:8-11)

서머나((Smyrna)는 현지명은 이즈미르(Izmir)로, 기원전 3000년부터 형성된 항구도시로서 알렉산더 대왕이 주둔하였던 곳이었다.

기원전 3-2세기 희랍시대에 크게 번성하였던 상업 항구도시로 팔레스타인을 떠나 흩어져 살게 된 유대인들(Diaspora Jew)이 이곳에 살았으며, 이 유대인들은 초대교회를 핍박하였다. 사도요한의 제자 폴리캅(Polycarp,80-165)이 115-116년까지 서머나 교회 감독이었다. 폴리갑 기념교회는 17세기에 새로 지어진 건물로 여러 가지 성화들이 있다.

초기 기독교 찬송

(3) 버가모 교회 (요한계시록 2:12-17)

버가모(Pergamum)는 현지명 베르가마(Bergama)로, 지중해에서 가장 오랜 선사시대부터 도시가 형성된 곳이다.

기원전 133년 로마의 속주 아시아의 수도가 된 버가모는 당시 로마 황제(태양신)의 숭배를 거절한 기독교인들에게 대표적인 박해 장소로, 안디바는 버가모 교회의 초대 감독으로 추측된다.

마을 한가운데 있는 붉은 벽돌로 지어진 신전건물은 기독교가 국교로 채택된 후 버가모 교회로 사용되었다. (사진 2)

(4) 두아디라 교회 (사도행전 16:11-15/ 요한계시록 2:18-29)

두아디라(Thyatira)는 현지명 아키사르(Akhisar)로, 버가모와 사데를 잇는 교통의 요지에 위치하고 있다.

BC 300년 셀레우코스 1세(Seleucus Nicator Ⅰ)에 의해 세워진 도시로 '두아' 라는 딸의 이름과 '성읍' 이란 뜻의 '테리아' 를 합성하여 '두아테리아' 즉 '두아(Thya)의 성읍' 이라고 불렸으며, 1세기에는 산업과 상업의 중심지로 발전하였다. 600년경에 세워진 두아디라 요한 기념교회의 석축기둥과 담장이 남아있다. (사진 3)

두아디라에서 사도 바울로부터 복음을 듣고 세례를 받은 최초의 기독교인은 빌립보 성의 자주 장사인 루디아였다.

(5) 사데 교회 (요한계시록 3:1-6)

사데(Sardis)는 현지명 살리히리(Salihli)로, 기원전 3세기 셀레우코스왕조(Seleucid) 왕가에 의해 도시가 세워지게 되었다. 1914년 프린스톤대학에 의해 발굴작업이 시작되었다.

기원전 6세기 크로에수스(Croesus)왕에 의해 세워진 아르테미스(Arteneis) 신전은 파괴되었다가 알렉산더 대왕에 의해 335년 재건되어 그 당시 희랍세계에서 가장 큰 신전 중 하나였다. 이 신전은 비잔틴시대에는 교회로 사용되었다. 신전의 후면에는 비잔틴 시대 벽돌건물의 작은 교회 유적이 남아있다. (사진 4)

사데 교회는 1세기 중반에 이루어졌다고 보며, 사도바울의 제자이며 일곱 집사 중의 하나인 클레멘트가 사데 교회의 첫 감독이었던 것으로 보고 있다. 또한 초대교회 박해 때 사데에서 순교한 많은 그리스도인들이 있었다.

(사진 2) 버가모 교회

(사진 3) 두아디라 교회

(사진 4) 사데 교회

예배찬송

(사진 5) 빌라델비아 교회

(사진 6) 빌라델비아 교회에 세워진 표지판

(사진 7) 라오디게아

(6) 빌라델비아 교회 (요한계시록 3:7)

빌라델비아(Philadelphia)는 현지명 알라세히르(Alasehir)로, 기원전 159-138년 버가모(Pergamum)의 아타로스(Attalus)2세 필라델푸스(Philadelphus)에 의해 이 도시가 세워졌다. 그의 이름을 따서 빌라델비아라고 불리워지게 되었다.

기원후 17년과 23년에 큰 지진으로 도시가 대파되었다. 로마황제 디베리우스(Tiberius)가 도시건설에 크게 도와주게 되며, 이를 감사하며 로마황제를 위한 신전을 세웠다. 이와 같이 로마황제 숭배의 도시에 교회가 세워졌으며 사도요한에게 바쳐졌는데, 비잔틴시대에 세운 교회의 유적이 남아있다. (사진 5,6)

(7) 라오디게아 교회 (골로새서 4:12-13/ 요한계시록 3:14)

리커스계곡에 위치한 부유한 상업도시로 알레산더가 죽은 후 셀레우코스왕조(Seleucid)의 안티오쿠스(Antiochus) 2세가 그의 부인 라오디체(Laodice)의 이름을 따라 도시이름을 라오디게아로 지었다.

6.5Km 떨어진 이에라볼리 (Hierapolis/ 현새지명 파묵칼레 Pamukkale) 온천의 물이 수로를 통해 라오디게아로 흘러오게 하였는데, 이 온천물은 식어서 덥지도 차지도 않은 물이 되었다. 요한계시록 3:14절 이하에 라오디게아 교회의 믿음이 덥지도 차지도 않음을 책망하고 있다. (사진 7)

골로새서 4장 15-16절 말씀에서 라오디게아에 있는 '눔바'라는 여자의 집에 교회가 세워졌음을 알 수 있다.

비잔틴 시대에 세운 사도빌립(St. Philip) 순교기념교회의 유적지가 있다.(AD 80년경 순교 당함)

초기 기독교 찬송

(8) 안디옥 교회 (사도행전 11:19, 13:1, 11:22)

안디옥(Antioch)은 현지명 안타키야(Antakya)로, 사도 바울 당시에는 로마의 속주 중의 하나인 시리아의 수도로서 로마와 알렉산드리아 다음의 대도시였다. 스데반 집사 순교이후 예루살렘교회의 성도들이 각지로 흩어지면서 시리아 안디옥 지역에 정착하여 안디옥 교회를 세웠다.

초대교회 성도들은 박해를 피해 예배를 드렸으며, 안디옥 동편 실피우스 산 중턱의 동굴교회의 4Km 비밀통로는 그 당시 박해받으며 신앙을 지켰던 성도들의 모습을 상상할 수 있다. 안디옥은 그리스도인들이란 말이 처음으로 탄생된 곳이다. 또한 사도바울의 3차에 걸친 전도여행의 후원처이며, 출발지이자, 성 누가의 고향으로 초대 기독교 5대도시 중 하나이다. 마을에서 2Km 떨어진 곳에 사도 베드로의 동굴교회가 있다. (사진 8,9)

다음에서 사도 바울이 태어난 다소와 지하도시가 형성되었던 갑바도기아에 대해 살펴보자.

다소(Tarsus)

2천년 전 로마제국의 행정구역상 길리기아의 수도 다소(Darsus/ 사도행전 9:11, 11:25, 21:39, 22:3)는 현지명 타르수스(Tarsus)로, 기원후 5-15년 사이에 사도 바울이 태어난 곳으로 추정하는데, 바울의 살던 집으로 추정되는 곳에는 현재 우물만 남아 '사도 바울의 우물'이라 한다. (사진 10)

(사진 10) 다소 사도 바울의 우물

안디옥 교회

사도 베드로의 동굴교회
기독교 역사에 있어서 가장 초기 교회 중 하나이다.

(사진 8) 사도 베드로의 동굴교회 입구

(사진 9) 사도 베드로의 동굴교회 내부

a.   b.

예배찬송

갑바도기아 (Cappadocia)

(사진 11) 동굴교회

(사진 12) 동굴교회 내부

(사진 13) 암굴거주지

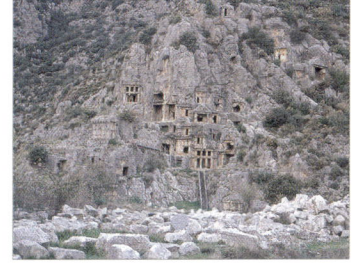

갑바도기아 (Cappadocia)

비잔틴시대에는 바위를 파서 교회와 수도원이 생겨나게 되었고, 벽에는 '프레스코'(fresco) 성화를 그려놓았다. 4세기에 이르러 수도원 운동의 중심지가 되었다.

갑바도기아(사도행전 2:9, 베드로전서 1:1, 히브리서 11:37-38) 지역에는 약 1천여개 이상의 동굴교회(Church with a Buckle ; Tokali Kilise-사진 11.12)가 있으며, 완전히 지하도시(Underground City)가 형성되었다. '데린구유' 라는 작은 마을에서 1963년 발견된 지하도시(Kaymakli, Derinkuyu)는 모든 도시기능을 갖춘 것들로, 지하 120m까지 내려간다. 이러한 지하 도시들은 기독교인들이 아랍 모슬렘(Arab Moslem)의 공격을 피해 숨어 지낸 곳으로 추정된다.(사진 16참고)

터어키에는 괴레메(Göreme)골짜기, 암굴거주지(사진 13), 애플교회(Apple Church ; Elmali Kilise - 사진 14), 암굴교회(Dark Church ; Karanlik Kilise - 사진 15), 젤베(Zelve)골짜기, 차우신, 아브즐라(Avcilar)등이 있으며, 콘야는 성서상의 이고니온 (사도행전 13:51, 14:1-6, 19:16)으로서 오스만제국 시대의 주요도시로 사도바울과 바나바가 이곳의 유대인 회당을 전도장소로 사용하였으며, 나중에는 그들을 돌로치려는 유대인들과 관헌을 피해 인근의 더베와 루스드라로 도망하였다.

(사진 14) 애플교회

(사진 15) 암굴교회

초기 기독교 찬송

(사진 16) 지하도시 (Underground City)[14]
데린구유 마을의 지하도시 도면

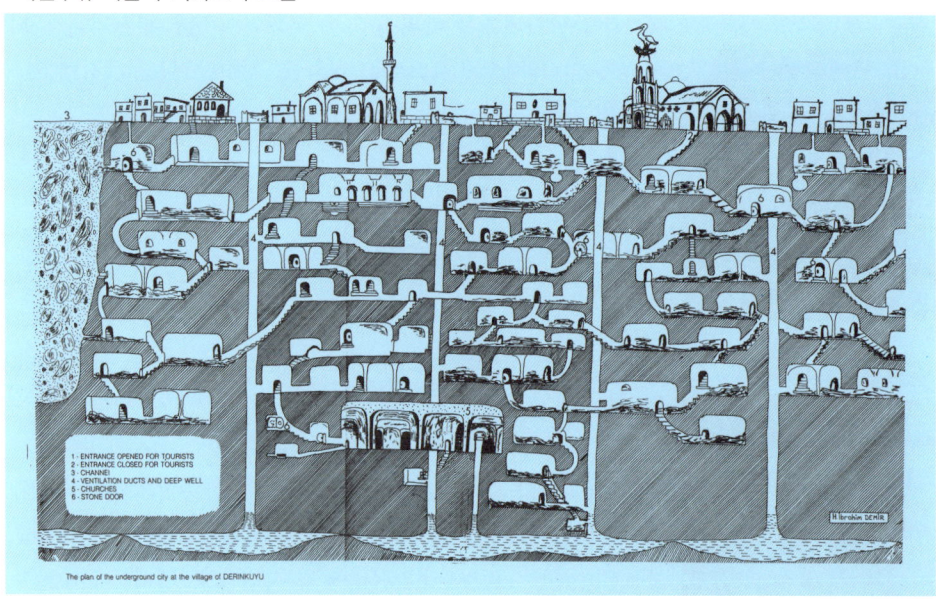

a. 입구 (Entrance Opened for Tourists)

b. 교회 (Church)
지하도시 7층에 있는 십자가형 교회

c. 돌문 (Stone Door)

d. 전도학교 (Missionary School)

Ⅲ. 단성음악에서의 교회음악 양식

1. 챤트

3세기부터 8세기까지 단선율에 의한 음악이 사용된다. 이러한 단성음악(Monophony)에는 4세기 이탈리아 밀라노의 대주교였던 암브로시우스(Ambrosius, 340-397)의 암브로시안 챤트(Ambrosian Chant) [악보 2], 로마교회의 그레고리우스 1세(Gregorius, 재위기간 590-604)에 의한 그레고리안 챤트(Gregorian Chant) [악보 3]가 대표적이다. 8세기 말까지 프랑스 지방에서 사용한 것으로 그레고리안 챤트 양식으로 바뀔 때까지 사용한 갈리칸 챤트(Gallican Chant) [악보 4]와 중세 스페인 교회에서 사용한 찬트 형식으로 9세기부터 11세기까지 중요하게 여겨왔던 모자라빅 챤트(Mozarabic Chant) [악보 5]가 있다. 독일지방의 프랑크 챤트와 영국의 켈트 챤트, 비잔틴 제국(330-453)에서 불려진 교회성가 형식으로 그레고리안 챤트의 모태가 된다. 비잔틴 챤트(Byzantine Chant)는 성경 말씀을 그대로 인용하기 보다는 성스러운 의미를 지닌 시로 노래한다. [악보 6] 시리안 챤트(Syrian Chant)는 기독교 교회음악의 발상지로서 여러 박자의 형태가 사용되어 그레고리안 챤트보다 뛰어난 리듬구조를 자랑한다. [악보 7] 그리고 국가로는 처음으로 기독교를 공인(303년)한 아르메니아의 아르메니안 챤트(Armenian Chant) 등을 들 수 있다. 이와 같이 기독교가 유럽 전역에 전파됨에 따라 각 지방마다 교회성가가 발달하였다.

동방교회(아르메니아, 이집트, 이디오피아, 시리아, 그리스 등)들은 그들의 독자적 전통을 유지하고 있었으나, 서방교회(로마, 밀라노, 프랑스, 스페인, 아일랜드 등) 성가는 그레고리안 챤트로 통합되면서 발전하였다.

1) 암브로시안 챤트 (Ambrosian Chant)

이 성가는 밀라노의 주교를 지낸 성 암브로스시우스의 이름을 딴 것으로 모든 찬송의 원형이다. 대중성을 띠고 있어서 민요처럼 애송되어 밀라노 부근인 이태리 북부뿐만 아니라 유럽, 북아프리카 및 소아시아에까지 영향을 미쳤고 그레고리안 챤트가 나온 이후에도 한

단성음악에서의 교회음악 양식

동안 독자적인 예배의식과 음악을 유지하였다. 암브로시안 챤트는 그레고리안 챤트보다 멜리스마적(melismatic)선율을 자랑한다. [악보 2]에서 1선율은 밀라노에서 연주된 암브로시안 챤트이고, 두번째는 로마에서 연주된 암브로시안 챤트이다.

[악보 2] 암브로시안 챤트

1. 밀라노 성가
2. 로마 성가

챤트

2) 그레고리안 챤트 (Gregorian Chant)

이 성가의 명칭은 로마교회의 그레고리우스 I세에 의해 유래되었다. 다음 곡은 12세기 안티폰이 있는 시편146편이다. 이 곡에서 시편가의 구조를 살펴볼 수 있다. [악보 3]

[악보 3] 그레고리안 챤트

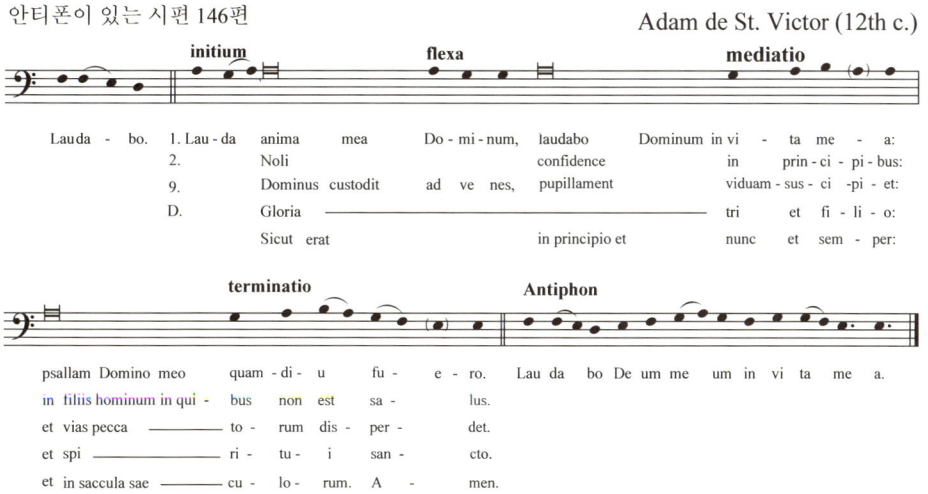

3) 갈리칸 챤트 (Gallican Chant)

갈리아의 예배의식에서 유래하는 성가로, 이 곡은 한 곡의 성가가 아니라 일련으로 된 성가이다. 갈리아의 예배의식의 기원은 5세기 후반 남부 프랑스와 북부 스페인을 점령한 비스고트족 시대로 거슬러 올라간다. 이것은 스페인의 모자라베 성가와 비슷하다. 8세기 후반 사르마뉴 대제 때 로마예전에 들어가면서 그레고리안 챤트에 흡수된다.

갈리칸 챤트에서 고정 요소의 하나는 '트리사기온'(Trisagion / 세 번 축복받은의 뜻)이다. 이것은 미사의 시작을 알리는 히랍어로 된 말에 이어서 나오는 '아기오스 오 데오스'(Agios O Theos / 오, 거룩하신 하나님이여!)라는 아주 오래된 짤막한 찬송가나 기도로 '임프로페리아'(Improperia)의 부분을 이루는데 '탄식'이 있은 후에는

단성음악에서의 교회음악 양식

항상 '트리사기온'이 노래되며, 세 번째 노래가 끝남으로서 '임프로페리아'의 1부가 끝난다.

2부는 9개 이상의 꾸짖음으로 이루어지며, 각각 성경구절이다.

다음에 제시된 '임프로페리아'는 수난일에 사용되는 것으로 수난서(요한복음 18-19장)와 축도문을 읽은 후 안티폰 '십자가를 바라보라'(Ecce lignum crucis)를 부른 후에 불려졌다. [악보 4]

4) 모자라빅 챤트 (Mozarabic Chant)

에스파냐(스페인 반도 전 지역) 성가는 실질적으로 잘 알려지지 않았으나 이 말은 8세기에서 11세기에 걸쳐 아라곤, 카스틸랴, 레온 지방을 지배하였던 무어 족이 통치하던 당시의 기독교인을 의미하는 '모자랍스'(Mozarabs)라는 말에서 나온 것이다.

다음에 제시된 모자라빅 챤트 〈만민들아 기뻐하라〉(Gaudate Populi)는 부활절 성찬을 위한 안티폰으로 부활절 극에서 승리를 이루는 기쁨을 나타낼 때에 적합하다.

이 곡은 모자라베의 예배의식에서 사용되던 전통적인 성가의 하나로 음악적인 아름다움을 지니고 있다. 또한 독립적 성가유형으로 안티폰으로 분류될 수 있다.

이 곡에서는 처음 두 연이 두 개의 합창단에 의해 교창으로 연주된 후 '그리스도 부활하셨도다…'(Christus resurrexit…)라는 구절의 답창을 첫 번째 합창단이 연주한다. 세 번째 연이 두 번째 합창단에 의해 연주된 후 다시 첫번째 합창단이 '그리스도 부활하셨도다…'(Christus resurrexit…)라는 구절의 답창을 하고 두번째 합창단에 의해 영광송(Gloria et honor Patri …. A-men)이 연주되며, 다시 곡의 처음부분이 나온다. [악보 5]

5) 비잔틴 챤트 (Byzantine Chant)

비잔틴제국(330-453)에서 불려진 성가로, 후에 불가리아와 러시아로 전하여지게 되며 이러한 영향은 로마와 밀라노의 교회음악에 영향을 주게 된다.

비잔틴 왕국의 멸망 후 사라지고, 오늘날 그리스에서는 그리스 정교회의 음악 전부를 비잔틴 챤트로 지칭하고 있다.

다음에 제시된 곡은 13세기의 비잔틴 챤트이다. [악보 6]

[악보 4] 갈리칸 챤트

성 금요일의 <탄식> (Improperia)

단성음악에서의 교회음악 양식

선창자와 독창자(혹은 성가대), 성가대(혹은 회중)가 1,2로 나뉘어 교창 :

Qui - ae du - xi te per de - ser - tum quad - ra - gin - ta an - nis, et man - na ci - ba - vi te, et in - tro - du - xi in ter - ram sa - tis op - ti - mam: pa - ra - sti cru - cem Sal - va - to - ri tu - o.

합창

Quid ul - tra de - bu - i fa - ce - re ti - bi, et non fe - ci? E - go qui - dem plan - ta - vi te vi - ne - am me - am spe - ci - o - sis - si mam: et tu fac - ta es mi - hi ni - mis a - ma - ra: a - ce - to nam - que si - tim me - am po - ta - sti: et lan - ce - a per - fo - ra - sti la - tus Sal - va - to - ri tu - o.

합창

[악보 5] 모자라빅 챤트

부활절 성찬을 위한 안티폰
<만민들아 기뻐하라> (Gaudate Populi)

단성음악에서의 교회음악 양식

[악보 6] 비잔틴 챤트

챤트

6) 시리안 챤트 (Syrian Chant)

시리아는 기독교 찬송의 시작과 발전의 본 고장이다.(사진 17) 시리안 챤트는 여러 박자의 형태로 나타나며, 그레고리안 챤트보다 리듬적이며 음절적인 형식이다. [악보 7]

[악보 7] 시리안 챤트

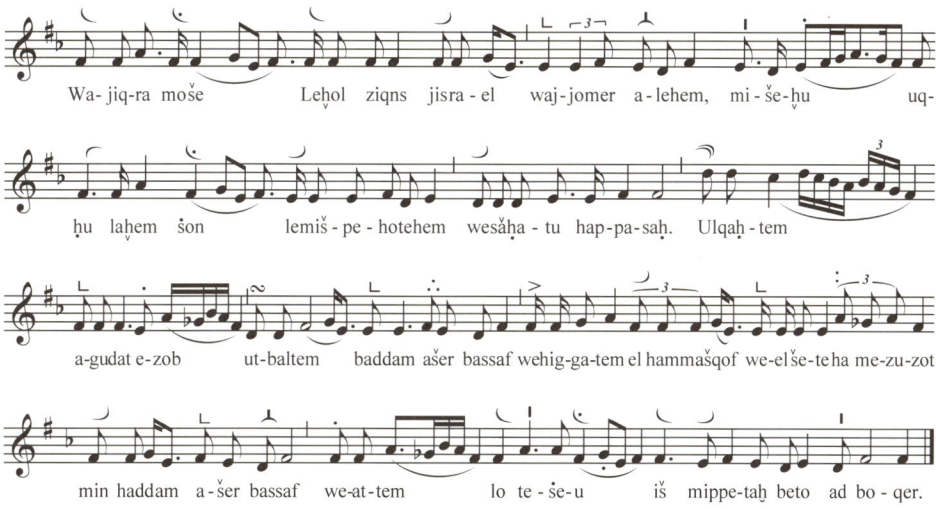

시리아 마로우라의
St. Serge 수도원 현재 모습

앞에서 살펴 본 챤트들 중에서 단성부의 라틴어 예배음악인 그레고리안 챤트에 대하여 살펴보기로 한다.

단성음악에서의 교회음악 양식

2. 그레고리안 챤트 (Gregorian Chant)

그레고리안 챤트의 성립은 지금까지도 불명확하며 그 성립을 단적으로 설명하는 것은 불가능하다. 그렇지만 그리스도교가 유태교를 모체로 하였으며 헬레니즘 세계 로마제국 또한 중세 서구 문화 세계에서 오랜 시간에 걸쳐 여러 가지 요소를 동화하고 발전시켜 로마 카톨릭 교회의 전통을 확립한 것과 같이 서방 세계의 여러 가지 음악의 결정체로서 교회 예배와 함께 발전되어 왔다.

수세기 동안 예배음악으로 사용되어 왔던 그레고리안 챤트의 기원은 구약시대 유대민족의 회당에서 불렸던 송영으로, 시편가의 음악적인 요소와 예배를 받아 들였고, 동서 문화의 교류로 형성된 문화적 보편성을 지닌다. 또한 그레고리안 챤트는 그 기원에서부터 기도를 위한 음악으로서 예배와 음악을 분리해서는 완성되지 않는 성가이다. 즉 음악 자체를 위하여 만들어진 것이 아니라 예배의 부속물로서 기능을 다하는 기능음악이다. 그러므로 이 성가를 이해하기 위해서는 예배에 대한 기본적인 지식이 필요하다.

로마교회 예배의 두가지 기본적 형식은 미사(Mass)와 성무일과(Divine Office)이다. 성무일과는 밤기도(Martins), 아침기도(Lauds), 제1시과(Prime), 제3시과(Terce), 제6시과(Sext, 예수님이 십자가에 달리신 시각), 제9시과(None, 예수님이 십자가에 돌아가신 시각), 저녁기도(Vespers), 끝기도(Compline)등의 기도시간이다.

이러한 예배들은 성경의 시편을 낭송하였는데, 시편 150편이 노래로 불려졌다. 소성무일과(the Lesser Hours)인 제1시과, 제3시과, 제6시과, 제9시과는 간단히 드려지는 기도이다. 성무일과는 찬송(Canticle)으로 시작하여 세 편의 시편을 낭송 노래한다. 다음 성경을 낭송하면 회중이 짧은 구절로 화답한다. 그리고 예배를 마치는 것이 기본적인 형태이다.

음악적인 관점에서 중요한 것은 아침기도와 저녁기도에 드려지는 찬송이다. 이 찬송은 성경을 그대로 인용하지 않은 순수한 하나님에 대한 인간의 찬송이다.

특히 저녁기도에 불리는 마니피카트(Magnificat : 누가복음 1장 46-55절)이다.

이 곡은 다성음악을 금지했던 트렌트공의회에서도 허용할 만큼 중요하다. 종려주일에 부르던 곡은 마태복음 21장 8-9절에 근거한 가사로 자유롭게 작곡되었다.

그레고리안 챤트

미사는 성찬식(Holy Communion) 또는 성만찬(Lord's Supper)을 재현하는데, 미사의 절정은 마지막 단계에서 이루어진 계약의 기념이며, 성찬식에 참여하는데 있다.

미사의 종류는 사제가 예식서를 읽거나 낭송하는 소미사 (Missa Brebis)와 성탄절이나 부활절에 노래로 하는 대미사 (Missa Solemnis)가 있다.

성가는 2세기경부터 미사에 불리기 시작하여, 3세기에는 성무일과에까지 사용되었다. 313년 밀라노 칙령으로 그리스도교가 공인됨에 따라 성가는 발전하였다.

그레고리우스 Ⅰ세(재위 기간 590-604)는 수사들에게 각 지역에 흩어져 있던 성가들을 집대성하게 하였고, 지속적인 음악장려정책을 통해 체계적인 교회음악을 발전시키게 되었다.

그레고리안 챤트의 변천과정과 그레고리안 챤트가 서양음악에 사용된 형태를 중세로부터 간략하게 요약해 비교하여 보면 〈표3〉과 같다.

〈표 3〉에서 살펴본 바와 같이 그레고리안 챤트로부터 출발된 미사음악은 르네상스의 중요한 음악형식으로 발전되고 현재에도 예배의 기능 이외에 음악적으로 중요한 위치를 차지하여 많은 작곡자들의 작품 안에서 재현되고 있음을 알 수 있다.

앞에서 살펴본 바와 같이 그레고리안 챤트가 쇠퇴해지면서 다성음악 형식이 생기며 또한 종교음악보다는 세속음악이 성행하게 된다. 이러한 상황에서 1560년 이후 16세기 후반의 교회음악 양식은 부드럽고 순차적인 선율선, 규칙적인 리듬, 단순화된 대위법, 전음계적 사용, 명료한 가사 등을 목표함으로써 작곡가들은 세속적인 암시를 피하고 교회적인 것만을 강조하려고 노력한다. 오케겜(Ockeghem)의 경우 그레고리안 챤트에 가까운 경향을 띠며 세속음악과 뚜렷이 구분되어지는 교회음악을 창작하려는 의식을 갖는다.

이와 같이 세속화되는 경향을 견제하려는 움직임도 엿볼 수 있지만, 전체적으로 볼 때 단성이었던 그레고리안 챤트를 모태로 하여 발전된 다성음악은 세속음악에 영향을 주었다. 즉 세속음악이 교회음악의 영향을 받게 되었다.

단성음악에서의 교회음악 양식

〈표 3〉 그레고리안 챤트의 변천과정과 서양음악에 사용된 형태 비교.

그레고리안 챤트의 변천과정	서양음악에 사용된 형태
8-10세기: 그레고리안 챤트의 발전기 　　트로프, 시퀀스 등의 새로운 형식이 나타남. 시퀀스는 10세기경부터 성가로부터 분리되어 독립된 형식이 되었으며, 인기 있는 시퀀스들은 세속적인 노래에 모방 또는 채택된다.	9세기: 병행 오르가눔 　　(서양음악 사상 최초로 나타나는 대위법적 형태)
11-12세기: 그레고리안 챤트의 황금기 　　(예배의식과 음악적 예술성의 중용을 보존)	11세기: 자유 오르가눔 　　(병진행을 탈피하여 정선율에 대해 대선율이 자유스럽게 움직임)
12세기 후반: 오르가눔, 콘둑투스와 같은 다성음악이 생김.	12세기: 화려한 오르가눔 　　(대선율의 리듬의 독립과 선율장식에 대한 중요성이 강조됨)
13-15세기: 모테트의 출현 　　(다성음악의 발달로 그레고리안 챤트는 빛을 잃음)	13세기: 다성음악 형식이 생김
	14세기: 종교음악보다는 세속음악을 많이 작곡 　　(교회의 위신이 약해짐. 예술의 끊임없는 세속화 때문에)
16세기: 그레고리안 챤트의 쇠퇴기	15-16세기: 미사의 가장 중요한 시기 　　(르네상스 미사로 형식과 음악적 위치가 확립되며 가장 많은 곡을 남긴 시기) **미사와 각 악장에 통일성을 주기 위한 작곡양식** 　1. 코랄에 의한 미사 (Missa Choralis) 　　미사와 각 악장에 사용되는 선율을 그레고리안 챤트에서 빌려오는 형태 　2. 정선율에 의한 미사 (Cantus Firmus Missa) 　　하나의 정선율을 가지고 리듬과 선율을 변화시켜 모든 악장에 사용함으로써 음악적인 통일성이 강조되는 형태 　3. 선율을 차용한 미사 (Parody Missa) 　　곡 전체의 진행이나 구조, 선율적 요소나 종지법등을 광범위하게 차용하는 형태 　4. 동기 미사 (Motto Missa) 　　같은 선율 동기를 제일 윗성부에 두어 각 악장의 처음 부분에 사용함으로써 미사의 통일을 주도록 작곡된 형태
	17세기: 합창음악보다 독창음악이 발전 　　(장. 단조의 조성 확립)
	18-19세기 초: 루터파 교회의 음악에 다양한 변화 　　(교회음악에 오페라의 어법과 형식 사용, 관현악 반주, 다 카포 아리아 등을 도입)
19세기 중엽: 그레고리안 챤트의 부흥운동 　　(낭만파의 중세 부흥운동과 같이 리스트에 의해 그레고리안 챤트가 부흥되기 시작했으며, 아렛쬬(Arezzo) 종교회의〈1883〉에서 그레고리안 챤트의 부활이 주장되어 연구활동이 활발해짐)	19-20세기 초: 16세기 무반주합창(A cappella) 양식 부활
20세기: 그레고리안 챤트 연구회 조직 　　(그레고리안 챤트의 이론이 재정립되고 성가의 가치가 새롭게 인식되어짐)	20세기: 그레고리안 챤트의 부흥운동 　　선법음악에 관심

그레고리안 챤트

1) 그레고리안 챤트의 특징

- 무반주의 단성음악
- 8개의 선법으로 된 온음계적 음악
- 라틴어 가사로 산문적
- 자유롭고 유동적인 리듬형태를 갖는 성가

1) 그레고리안 챤트의 특징

그레고리안 챤트는 예배의식과 더불어 발전하고 정립되어 왔으며, 예배와 분리해서 생각할 수 없는 음악이다. 그 가사는 신·구약 성서에서 발췌한 것과 신앙적인 내용을 지닌 가사중심의 예배음악이다.

그레고리안 챤트의 음악적인 형태를 살펴보면, 무반주의 단성음악이며, 8개의 선법으로 된 온음계적 음악이다. 즉 자연적 반음인 미-파, 시-도, 그리고 라-시♭의 반음만이 사용된다.

가사는 라틴어로 되어 있으며 대부분이 산문적이므로 자유로운 리듬으로 이루어진 선율과 잘 어울린다. 장식적인 선율을 갖는 음악으로 라틴어 가사의 운율은 이러한 선율과 잘 조화를 이룬다. 리듬은 다양하게 세분된 리듬이 아닌, 1박자를 절대적 기준시가로 하는 리듬이며, 소절의 구분이 없다. 2박자계와 3박자계의 리듬의 혼합, 또는 교차되어 사용되는 자유롭고 유동적인 리듬형태를 갖는 성가이다.

2) 그레고리안 챤트의 악보

(1) 보표

4선보표 사용

귀도 (995-1050)
① 4선보표 창안하여 시창을 가능하게 함.
② '우트-레-미-파-솔-라'를 6음음계(Hexachord)에 맞추어서 계이름 부르기의 기초를 세움.
③ "귀도의 손" 교수법 고안
  변조 (Mutation)와
  계명창 (Solmisation) 확립

2) 그레고리안 챤트의 악보

(1) 보표

4선보표를 사용하는데 4선(線) 3간(間)으로 표시된다. 음의 고저를 나타내는 덧줄 하나가 4선 위와 아래에 첨가되어 사용된다. 이 4선보표는 아렛쪼 지방의 귀도(Guido d'Arezzo, 995-1050)가 창안하여 시창을 가능하게 하였다. 즉 시창을 쉽게 하기 위하여 세례 요한의 탄생을 축하하는 성시에 나오는 가사의 첫 글자를 따서, 그 개시음의 6개 음절 '우트-레-미-파-솔-라'(Ut-Re-Mi-Fa-Sol-La)를 6음음계(Hexachord)에 맞추어서 계이름 부르기의 기초를 세웠다.

4선보로 되어 있는 [악보 8]a[15]와 현재 악보 [악보 8]b를 제시한다.

단성음악에서의 교회음악 양식

[악보 8] a 〈세례요한 찬송〉(Ut que-ant laxis) - 4선보

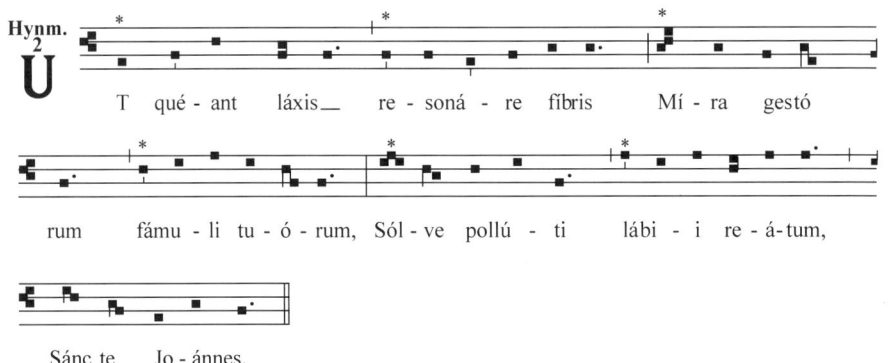

b 〈세례요한 찬송〉(Ut que-ant laxis)

들어주소서
위대한 당신업적
기묘하오니
목소리 가다듬어
찬양하도록
때묻은 우리 입술 씻어주소서
세례요한이시여

그레고리안 챤트

또한 변조(Mutation : 헥사코드 바꾸어 읽기)를 손쉽게 할 수 있게 하였다. 계명창(Solmisation)과 변조(Mutation)를 확립시키기 위하여 "귀도의 손"이라 불리는 교수법을 고안해 냈다.〈표 4〉[16]

〈표 4〉 귀도의 손 (Guidonian hand)

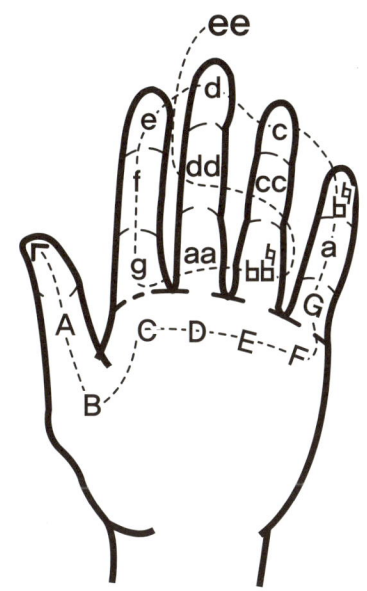

"귀도의 손"에 나타난 음역은 G-ee (오늘날의 e″)까지 나타나 있다. 이 음역에는 모두 7개의 서로 연결되는 헥사코드가 있다. 어떤 선율이 헥사코드의 음역을 넘어서면 그 음역에 맞게 다른 헥사코드로 변조된다. 노래하는 자가 헥사코드로 생각하는 것과 음절로 노래하는 즉 계명창의 노래에서 반음의 위치를 파악하여 변조에 맞는 곳에서 다시 시작할 수 있다. 〈표 5〉[17]를 참고하면 더욱 명확해진다.

〈표 5〉 귀도의 헥사코드 체계

단성음악에서의 교회음악 양식

〈표 5〉에서 보는 바와 같이 7개의 헥사코드와 그 음역이 오선보에 나타나 있다. 위에 적혀있는 2,5번은 다(C)음으로 시작되는 헥사코드로서 자연스런 헥사코드이며, 1,4,7번은 사(G)음으로 시작되는 헥사코드로 나(B)음을 사용하는 장조적 헥사코드이고, 3,6번은 내림나(B♭)음을 사용하는 단조적 헥사코드로서 바(F)음으로 시작되는 헥사코드이다.

〈표 4〉는 노래할 때나 지휘할 때에 손가락의 마디를 보고 음들을 알아볼 수 있게 한 것이다. 〈표 5〉에서 사용된 우트(Ut)는 1670년경 라틴어 도미네(Domine)의 첫 두 글자에서 취해진 도(Do)를 사용하게 되었다.

4선 보표는 선마다 각각 다른 색으로 표시하고 C와 F선은 특별히 강조하여 F음선은 붉은색, C음선은 노랑색, 다른 2개의 선은 검은색으로 표시하였다. C와 F는 반음자리를 표시하는 것으로 자연반음계를 이루는 기본적 반음이다. 후에는 4선 모두가 검은색으로 통일되었다.

(2) 음자리표

두 개의 음자리표 C(UT) 음자리표와 F(FA) 음자리표가 사용되었는데 C와 F는 반음이 있는 곳을 표시하기 위해 특별히 강조되었고 이 두 기호만이 현재까지 남아있다. C음자리표(C Clef)가 붙는 선이 DO가 되는데 C와 F음자리표는 다음의 〈표6〉[18]에서 알 수 있듯이 다른 선에서도 사용되었다.

〈표 6〉 4선보

음자리표

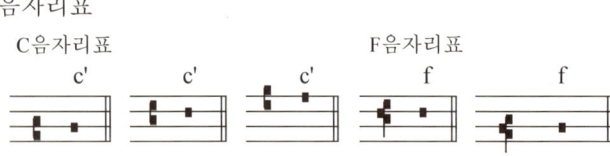

구분선 (Signum divisionis)

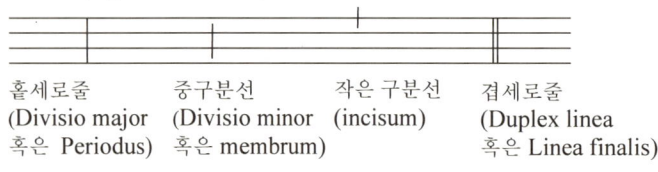

홑세로줄   중구분선   작은 구분선   겹세로줄
(Divisio major   (Divisio minor   (incisum)   (Duplex linea
혹은 Periodus)   혹은 membrum)   혹은 Linea finalis)

7개의 헥사코드

자연스런 헥사코드
2, 5번 (C음으로 시작)

장조적 헥사코드
1, 4, 7번 (G음으로 시작)

단조적 헥사코드
3, 6번 (B♭음을 사용)

(2) 음자리표

C (UT) 음자리표
F (FA) 음자리표

그레고리안 챤트

(3) 음표

단음표 (Nota-Simplies)

사각음표〈풍툼 콰드라툼 : ■〉
마름모꼴음표〈풍툼 인클리나툼 : ◆〉
비르가〈 ▜ 〉 퀼리스마〈 ♩ 〉
리퀘센스〈 ▄ 〉 등

네우마 (Neuma, 복합음표)

- 그레고리안 챤트는 중세의 네우마로 기록되어짐
- 그리스어의 네우마는 합창지휘자의 눈짓, 몸짓, 손짓을 의미한다.
- 최초의 필사본(8-9세기) 팔레오 프랑크 지역의 필사본
- 최후의 필사본(14세기) 상트 칼렌(St. Gallen)의 필사본

낭송을 위한 '읽는 네우마'
  문장구분 종지들을 위한 읽는 네우마

노래를 위한 '선율 네우마'
  상하의 움직임을 표시한다. 이 움직임은 음높이를 나타내는 것이 아니라 방향만을 나타내는 것이다.

꺽쇠모양에 의한 '꺽쇠 네우마'
  연주방식을 가르키는 기호인 꺽쇠 모양에 따라 페터 바그너(1865-1931)에 의해 명명되어짐.

(3) 음표

그레고리안 챤트에서 사용되는 음표는 단음표 (Nota-Simplies)와 네우마(Neuma, 복합음표)의 두 종류가 있는데 단음표는 오늘날에도 보편적으로 쓰이는 사각음표〈Punctum Quadratum: ■〉와 마름모꼴음표형태〈Punctum Inclinatum: ◆〉, 그 이외에 비르가〈Virga : ▜〉, 퀼리스마〈Quilisma : ♩〉, 리퀘센스〈Liquescens : ▄〉 등이 있다.

이 단음표들은 단독으로 사용하지 못하고 다른 음표와 결합하여 그 기능을 발휘하게 된다. 즉 네우마(Neuma, 복합음표)를 구성한다.

그레고리안 챤트는 중세의 네우마로 기록되었다. 그리스어의 네우마는 합창지휘자의 눈짓, 몸짓, 손짓을 의미하는데 이는 카이로노미(Ciieironomie, 손놀림)로부터 유래하였다. 최초의 필사본은 팔레오 프랑크 지역의 8-9세기의 것이며, 최후의 것은 상트 갈렌 (St. Gallen)의 것으로 14세기 것으로, 이러한 네우마들은 시대와 지역에 따라 여러 가지 방법으로 기록되어 진다.

네우마에는 낭송을 위한 즉 문장구분 종지들을 위한 '읽는 네우마'와 노래를 위한 '선율 네우마' 또는 '억양 네우마' 가 있다. 상하의 움직임을 표시하는 이 네우마는 음높이를 나타내는 것이 아니라 방향만을 나타낸다. 또한 연주방식을 가르키는 기호인 꺽쇠 모양에 따라 페터 바그너(Peter Wagner, 1865-1931)에 의해 명명되어진 '꺽쇠 네우마' 등이 있다.

이와 같이 중세의 초기형태로부터 발전되어 오늘날에도 보편적으로 쓰이는 네우마는 사각음표〈Punctum Quadratum〉와 마름모꼴음표〈Punctum Inclinatum〉이다. 〈표 7〉[19]에서 사각음표의 형태들을 살펴보자.

단성음악에서의 교회음악 양식

〈표 7〉 사각음표 (Punctum Quadratum Nota)

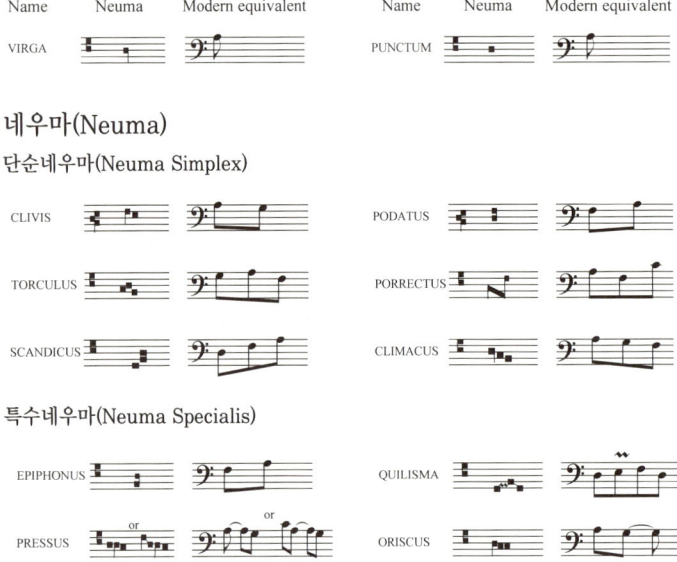

사각음표

단음표
- 비르가 (Virga)
- 풍툼 (Punctum)

네우마 (복합음표)
단순 네우마
- 클리비스 (Clivis)
- 포다투스 (Podatus)
- 토르쿨루스 (Torculus)
- 포렉투스 (Porrectus)
- 스칸디쿠스 (Scandicus)
- 살리쿠스 (Salicus)
- 클리마쿠스 (Climacus)

복합 네우마
- 플렉수스 (Flexus : 구부린 것)
- 레수피누스 (Resupinus : 고개를 쳐든)
- 숩비풍티스 (Subbipunctis)

특수 네우마
- 에피포누스 (Epiphonus)
- 퀼리스마 (Quilisma)
- 프렛수스 (Pressus, 당김음 – Syncopation)
- 오리스쿠스 (Oriscus)

네우마에 의한 시간측정음표
(Musica Mensurabiliso)
13세기 성 요한 성당의 프랑코 드 오들로네 신부에 의해 이론으로 정립

〈표 7〉과 같은 사각음표 네우마는 음높이를 고정시키지만 리듬은 나타내지 못한다. 음절적인 노래에서는 각 음절에 비르가〈▪〉또는 풍툼〈■〉이 쓰여진다. 이러한 악보에서는 리듬이 가사의 억양을 따르게 된다.

네우마에 의한 시간측정음표(Musica Mensurabiliso)는 13세기 성 요한 성당 프랑코 드 오들로네(Franco de Odlogne)신부에 의해 이론으로 정립되었으며, 이로 인해 리듬이 정확하게 되었고 음악이 새롭게 되었다.

네우마는 단순한 것 복합된 것의 두 종류가 있다. 단순 네우마에는 클리비스, 포다투스, 토르쿨루스, 포렉투스, 스칸디쿠스, 클리마쿠스 등이 있다. 복합 네우마에는 3개 이상의 음표로 이루어진 상행네우마에 하행하는 한 개의 사각음표가 사용되는 플렉수스(Flexus)와, 반대로 3개 이상의 음표로 이루어진 하행 네우마에 상행하는 한 개의 사각음표가 사용되는 레스피누스(Resupinus)가 있으며, 상행네우마 포다투스, 스칸디쿠스, 포렉투스, 살리쿠스 등에 하행마름모꼴 음표가 2개 이상 사용되는 숩비풍티스(Subbipunctis)가 있다.

그레고리안 챤트

특수 네우마 (Neuma Specialis)인 에피포누스, 퀼리스마, 프렛수스, 오리스쿠스와 같은 네우마들은 음높이가 아니라 노래 낭송방식과 관련된다. 〈표 7 참고〉

(4) 가사낭송법

(4) 가사낭송법

16세기 오르니토파르쿠스 (Ornitoparchus, 1517) 이후 그레고리안 챤트의 양식은 낭송식(Accentus 악첸투스)과 노래식(Concentus 콘첸투스)의 두 가지 형태로 구분되어 성서의 낭송, 시편가 그리고 독창과 그룹을 위한 음악 등에 사용된다.

낭송식 (Accentus 악첸투스)
한 개의 일정한 음 (Tenor 혹은 Tuba) 위에서 가사의 구조에 일정한 선율적 장식으로 부르는 예배의식에 사용되는 낭송양식

낭송식(Accentus)은 한 개의 일정한 음 (Tenor 혹은 Tuba) 위에서 가사의 구조에 일정한 선율적 장식으로 부르는 예배의식에 사용되는 낭송양식이다. 이러한 낭송식은 주로 사제들이 부르는 성무일과의 기도와 성서낭독 그리고 미사의 사도서신과 복음서낭독에 사용되며 회중들의 '아멘'과 같은 말도 이에 속한다.

노래식 (Concentus 콘첸투스)
① 음절적 노래 (Syllabic)
② 네우마적 노래 (Neumatic)
③ 멜리스마적 노래 (Melismatic)

노래식(Concentus)은 가사와 음악과의 관계에서 살펴볼 때 한음에 한 음절이 붙는 음절적 노래(Syllabic), 한 음절에 몇 개의 음을 붙이는 네우마적 노래(Neumatic), 한 음절에 많은 음으로 장식하는 멜리스마적 노래(Melismatic) 등의 3가지 형태로 노래를 부르는 것이라 할 수 있다.

(5) 연주방식

(5) 연주방식

독창적 연주방식
선창자와 독창자에 의해 노래
응답식 연주방식
독창과 합창의 교대로 노래
교창식 연주방식
두 합창단의 교대로 노래

그레고리안 챤트는 선창자와 독창자(Cantors), 성가대(Schola Cantorum : 선창자와 소년들로 구성)와 회중에 의해 불려진다.
선창자와 독창자에 의해 노래되어지는 독창적 연주방식, 독창과 합창의 교대로 노래되어지는 응답식 연주방식, 두 합창단의 교대로 노래되어지는 교창식 연주방식이 있다.

스콜라 칸토룸(Schola Cantorum)
그레고리안 챤트를 부르는 합창단의 교육기관

성가대는 7명으로 구성
3명은 독창자
4번째는 대부가수,
5번째에서 7번째 가수는 부가수로 부르며, 챤트를 다성부로 불렀을 것으로 추측된다.

그레고리안 챤트는 로마에서 특수 합창단에 의해 불리워졌다. 이들을 교육시킨 곳이 스콜라 칸토룸(Schola Cantorum)인데 이것이 공식기관으로 된 것은 그레고리우스 Ⅰ세 때이다. 이 성가대는 7명으로 구성되는데 3명은 독창자이고, 4번째는 대부가수, 5번째에서 7번째 가수는 부가수로 부르며, 챤트를 다성부로 불렀을 것으로 추측된다. 소년들로 구성된 성가대가 옥타브 병행으로 이 합창단을 보충하기위해 구성되었으며, 이러한 형태의 학교들 즉 뚜르(Tours),

단성음악에서의 교회음악 양식

멧츠(Metz), 성 갈렌(St.Gallen) 등이 유럽에 세워지게 되었다. 중세기에는 성가로 공인된 이외에도 축일에 사용하는 노래와 찬송(Hymnus), 트로프(Tropus), 시퀀스(Sequentia) 등이 첨가되어진다. 지역에 따라 차이가 있지만 16세기 주교회 외에는 새로운 창작을 금지하고 개혁된 성가집〈Medicea판 1614년〉을 만든다. 오늘날 사용되는 것은 19세기 솔렘의 수도사들이 원전을 연구하여 만든 1907년 바티칸 판으로 로마와 중세의 선율이 약 3000개 수록되어 있다.

소년들로 구성된 성가대
옥타브 병행으로 이 합창단을 보충하기 위해 구성

(6) 교회선법

교회의 성가들은 8개의 교회선법을 기초로 하여 만들어진다. 이와 같은 선법은 고대 그리스의 음악이론에 의하여 만들어진 것인데 그것이 중세에 그대로 계승되지는 않았지만 그 구조나 용어는 그리스 음악이론으로부터 빌려온 것이다. 8개의 교회선법의 체계화는 그레고리안 챤트의 선율이 많이 생긴 후에 이루어진다. 처음으로 체계화된 것들은 9세기의 것으로 4개의 정격선법(Authentic Modes)과 4개의 변격선법(Plagal Modes)으로 되어있다. 〈표 8〉

중세의 교회선법을 살펴보자.

(6) 교회선법

8개의 교회선법을 기초로 만들어짐
 4개의 정격선법 (Authentic Modes)
 4개의 변격선법 (Plagal Modes)

〈표 8〉 중세의 교회선법(The Medival Church Modes)

|◘| = 종지음 (F: Finalis)   o = 중심음 (D: Dominant)

위의 예에서 보는 바와 같이 시작음〈|◘|〉과 낭송음인 중심음〈o〉이 나타나 있다. 시작음을 종지음(Finalis)이라 하는데 그 이유는 어느 한 선법으로 된 선율은 대부분 그 선법의 시작음으로 끝나기 때문이다.

중세의 교회선법

정격선법 (Authentic Modes)
 Ⅰ. 도리아 선법 (Dorian mode)
 Ⅲ. 프리지아 선법
   (Phrygian mode)
 Ⅴ. 리디아 선법 (Lydian mode)
 Ⅶ. 믹소리디아 선법
   (Mixolydian mode)

변격선법 (Plagal Modes)
 Ⅱ. 하이포 도리아 선법
   (Hypodorian mode)
 Ⅳ. 하이포 프리지아 선법
   (Hypophrygian mode)
 Ⅵ. 하이포 리디아 선법
   (Hypolydian mode)
 Ⅷ. 하이포 믹소리디아 선법
   (Hypomixolydian mode)

변격선법은 정격선법과 종지음이 같지만 음역은 종지음에서 4도 아래부터 5도 위까지이다.

정격선법의 이름은 고대 그리스의 종족이름인 도리아, 프리지아, 리디아, 밀소디디아로 부르며, 변격선법은 하이포(Hypo)라는 접두어를 붙여 부른다. 이러한 선법의 이름은 로마숫자나 아라비아 숫자를 사용하기도 한다.

종지음 이외에 중요한 음은 중심음(Dominant)이다. 정격선법의 중심음은 종지음에서 완전5도 위의 음이 보통인데 그 5도 위의 음이 이끈음 시(B)음일 경우는 도(C)음으로 대치된다(Phrygian Mode의 중심음은 B음이 C음으로 되어있다). 변격선법의 중심음은 정격선법 중심음의 3도 아래음이다. 이와 같은 중심음은 낭송음이라 하여 시편을 낭송하는 음으로 중심음을 사용한다. 중심음의 선택은 시편과 연관된 성가의 선법에 따라 그 중심음을 낭송음으로 한다.

A와 C음 위의 선법(Aeolian - Hypoaeolian Mode 와 Ionian-Hypoionian Mode)은 16세기 중반 이후에 사용되었는데 중세 학자들은 이 두 선법을 세속적 선법으로 구분했다. 이끈음 '티'(Ti ; B)음 위의 선법(Locrian - Hypolocrian Mode)은 이론적인 것일 뿐 교회선법에서는 쓰이지 않았으며, 17세기에 '티'(Ti) 대신 '세례요한이여'(Sante Johannes)의 첫 글자를 사용하여 '시'(Si)로 처음 사용되었다. 이 때에 '우트'(Ut)도 라틴어 도미네(Domine)의 첫 두 글자를 사용하여 '도'(Do)로 바뀌었으며, '우트'를 사용하는 프랑스를 제외하고는 '도'를 사용하게 되었다.

1. 포르투스 (Portus in re)
   Ⅰ, Ⅱ 선법을 말하며 종지음은 '레'
2. 데우테루스 (Deuterus in Mi)
   Ⅲ, Ⅳ 선법을 말하며 종지음은 '미'
3. 트리투스 (Tritus in Fa)
   Ⅴ, Ⅵ 선법을 말하며 종지음은 '파'
4. 테트라두스 (Tetradus in Sol)
   Ⅶ, Ⅷ 선법을 말하며 종지음은 '솔'

3) 그레고리안 챤트의 명칭 및 분류

(1) 명 칭

그레고리안 챤트
Cantus Gregorianus 〈러〉
Gregorian Chant 〈영〉
Gregorianischer Choral 〈독〉
Canto Gregoriano 〈이〉
Chant Gregorien 〈프〉

3) 그레고리안 챤트의 명칭 및 분류

(1) 명 칭

그레고리안 챤트는 각 지역마다 [Cantus Gregorianus〈러〉, Gregorian Chant〈영〉, Gregorianischer Choral〈독〉, Canto Gregoriano〈이〉, Chant Gregorien〈프〉] 등으로 불린다. 이 명칭은 예배의식 성가의 정비에 큰 공헌을 한 그레고리우스 Ⅰ세(재위기간 : 590-604)에 관련되어 13세기 무렵에 그레고리안 챤트에 대한 명칭인 칸투스플라누스(Cantusplanus : 선율이 순차진행 된다는 뜻)에서 유래한 영어로 '플레인송'(Plainsong) 혹은 '플레인 챤트'(Plainchant)라 불리웠다.

단성음악에서의 교회음악 양식

넓은 의미의 플레인송은 그레고리안 챤트와 같은 뜻으로도 사용되었다. 그레고리안 챤트는 서방교회의 성가(암브로시아, 갈리칸, 모자라빅 챤트)나 동방교회의 성가(비잔틴, 시리안, 아르메니안 챤트)를 뜻할 때도 있고 기독교 이외의 유대교나 힌두교의 성가에 대해서도 사용되었다. 좁은 의미의 플레인 챤트는 그레고리안 챤트를 뜻한다. 이러한 명칭은 19세기 후반 그레고리안 챤트의 부흥운동 후에는 널리 사용되지 않았다. 또한 독일어의 코랄(Choral)은 원래 그레고리안 챤트를 일컫는데 프로테스탄트의 코랄(Chorale)과 구별하기 위해 그레고리아니쉬(Gregorianisch)라는 형용사를 붙여 그레고리아니쉐르 코랄(Gregorianischer Choral)이라 한다.

Plainsong
그레고리안 챤트와 같은 뜻으로 사용, 서방 및 동방교회의 성가와 기독교 이외의 유대교나 힌두교 등의 성가에도 폭넓게 사용되었다.

(2) 분 류

앞에서 살펴본 것들을 다음의 특징에 따라 분류하여 정리하여 보면 다음과 같다.

① 가사에 의한 분류

모든 챤트들은 성서의 가사를 갖는 것과 성서의 직접 인용은 아니지만 성경의 내용으로 되어있는 비성서적 가사를 갖는 것으로 구분된다. 또한 이들 가사는 산문가사와 운문가사로 세분화 할 수 있다. 예를 들면 다음과 같다.
- 성서적 산문가사 – 성경구절 (Lessons)
  사도서신 (Epistles), 복음서 (Gospel) 등
- 성서적 운문가사 – 시편 (Psalms), 캔티클 (Canticles) 등
- 비성서적 산문가사 – 테데움 (Te Deum), 안티폰 (Antiphon) 등
- 비성서적 운문가사 – 찬송 (Hymns), 시퀀스 (Sequences) 등

② 연주방식에 의한 분류

- 교창식(Antiphonal)
  두 그룹의 합창단들이 교대로 연주
- 응답식(Responsorial)
  독창자와 합창단이 교대로 연주
- 직접식(Direct)
  선창자와 회중이 연주

① 가사에 의한 분류

- **성서적 산문가사**
  성경구절 (Lessons)
  사도서신 (Epistles)
  복음서 (Gospel)
- **성서적 운문가사**
  시편 (Psalms)
  캔티클 (Canticles)
- **비성서적 산문가사**
  테데움 (Te Deum)
  안티폰 (Antiphon)
- **비성서적 운문가사**
  찬송 (Hymns)
  시퀀스 (Sequences)

② 연주방식에 따른 분류

- 교창식 (Antiphonal)
- 응답식 (Responsorial)
- 직접식 (Direct)

그레고리안 챤트

③ 음표와 음절 관계에 의한 분류

가사낭독법의 노래식 (Concentus)에서 가사와 음악과의 관계를 살펴본 바와 같다.

- 단음절적 (Syllabic)
  모든 음절 또는 대부분의 음절들이 각각 한 음표씩을 갖는 성가
- 네우마적 (Neumatic)
  다음절적인 성가에도 단음절적인 부분이나 구절이 있으며, 반대로 단음절적 성가도 한 음절에 4,5개의 음을 붙이는 노래 (Neumatic) 의 형태를 갖는 성가
- 멜리스마적(Melismatic)
  한 음절에 많은 음으로 장식하여 긴 선율 형태의 특징을 지닌 성가

④ 형식에 의한 분류

형식의 일반적인 관점과 연관시켜 보면 다음과 같이 분류할 수 있다.

- 시편가의 형식(Psalm Form) – 시편선법 (Psalm tones)의 대표적인 형식으로 전형적인 시편의 형식의 균형되는 두 부분에 따라 두 개의 균형되는 구절로 되는 형식. [악보 9][20]

[악보 9] 시편 109 〈하나님이여 잠잠하지 마옵소서〉 (Dixit Dominus)

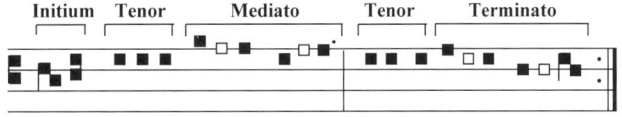

1. Díxit Dóminus Domino mé - o : * Séde a déxtris mé - is.

- 장절형식 (Strophic Form) – 찬송가 (Hymns)의 대표적인 형식으로 가사의 각 절에 따라 같은 선율이 반복되는 형식.[악보 10]
- 자유형식 (Free Form) – 앞에서 언급한 두 형식이외의 형식들과 간결하게 요약해서 설명할 수 없는 것들이 이에 속한다. 예를 들면 자유성가 (Free Chants)들은 전승되어지는 선율형태 여러 개를 결합시키는 방법, 또는 전승되는 선율형태들을 독창적인 작품 속에서 포함시키는 방법이다. 이것은 주어진 선율의 확장 또는 발전에서 생겨날 수도 있고 아주 독창적일 수도 있다.

단성음악에서의 교회음악 양식

[악보 10] 찬송 〈오소서 창조주 성령이여〉 (Veni Creator Spiritus)

그레고리안 챤트의 음악적 형식과 구조는 가사의 형식과 밀접한 관계를 지니고 있다. 미사의 통상문(Ordinary of the Mass)에 사용되는 챤트들은 단순한 단음절적 선율이다. 〈글로리아〉(Gloria)와 〈크레도〉(Credo)에서도 이러한 단음절적 선율이 사용되지만 다른 부분에서는 상당히 화려하게 선율이 사용되어 있다. 〈키리에〉(Kyrie), 〈상투스〉(Santus), 〈아뉴스 데이〉(Agnus Dei) 등은 가사의 성격상 3부분의 구조를 갖는다. 예를 들어 보면 다음과 같다.

〈키리에〉
  주여 우리를 불쌍히 여기소서
  그리스도여 우리를 불쌍히 여기소서
  주여 우리를 불쌍히 여기소서

그레고리안 챤트의 음악적 형식과 구조는 가사의 형식과 밀접한 관계를 지니고 있다.
〈키리에〉, 〈상투스〉, 〈아뉴스 데이〉 등은 가사의 성격상 3부분의 구조를 갖는다.

〈Kyrie〉
  A Kyrie eleison
  B Christe eleison
  A Kyrie eleison

그레고리안 챤트

가사는 ABA의 구조를 갖는데 음악은 이것을 가지고 ABA´의 형식이나 또는 좀 더 복잡한 형태인 ABC의 형식으로 된 〈키리에〉를 만들 수 있다.

〈Agnus Dei〉
A Agnus Dei…miserere nobis
B Agnus Dei…miserere nobis
A Agnus Dei…dona nobis pacem

〈아뉴스 데이〉
　　하나님의 어린 양이여…우리에게 자비를 베푸소서
　　하나님의 어린 양이여…우리에게 자비를 베푸소서
　　하나님의 어린 양이여…우리에게 평화를 주소서

이와 같이 ABA의 구조를 가지는데 3부분 모두 같은 선율이 사용되는 경우(AAA´)가 흔히 있다.

〈Sanctus〉
A Sanctus, sanctus, sanctus
B Pleni sunt caeli et terra
B´ Benedictus qui venit

〈상투스〉
　　거룩하시다, 거룩하시다, 거룩하시다.
　　하늘과 땅은 충만하며,
　　오시는 이에게 축복.

이와 같이 ABB´의 구조를 갖는다.

단성형태로 된 미사곡은 완전한 음악적 형태로 이루어지지 않았고, 위에서 살펴 본 바와 같이 그레고리안 챤트의 음악적 형식은 가사에 의존되어있음을 볼 수 있다. 그러므로 ABA형식과 비슷한 형식들을 생각해 보아야 한다. 이와 같이 ABA, AAA, ABB´ 등으로 구별되는 형식의 뚜렷한 기준은 없지만 가사의 내용이 다르다는 차이점이 음악적인 형식을 구별할 수 있는 방법이라 할 수 있다.

앞에서 살펴 본 그레고리안 챤트의 선율은 오늘날 우리에게 익숙한 민요등과 마찬가지로 그 당시의 사람들에게는 아주 친숙한 것이었다. 그 이유는 당시의 교회 회중은 지역사회의 모든 주민이었기 때문이다. 또한 어린이들은 학교에서 그레고리안 챤트의 선율을 배우고 교회의 회중은 이러한 선율을 노래 불렀다. 그러므로 중세의 민요나 세속 노래들은 교회에서 사용하는 선율 즉 그레고리안 챤트의 선율로부터 채용된 것이었다. 여기에서 중세기의 그레고리안 챤트가 교회음악인 동시에 대중의 음악이었음을 알 수 있다. 이렇게 볼 때 대중음악과 교회음악의 뚜렷한 차이점을 지닌 오늘날의 개념과 중세에 살고 있었던 사람들의 이에 대한 개념 사이에는 많은 차이점이 있음을 알아야한다.

단성음악에서의 교회음악 양식

3. 단일악장 양식

다음에서 단성성가의 단일악장 양식을 살펴보자.

1) 안티폰 (Antiphon)

성경의 짧은 구절이나 다른 운문가사로 된 단음절 양식으로서 시편가 전·후에 불려진다. 형식적인 효과는 시편가의 후렴(Refrain)이다. [악보 11] 안티폰 〈하나님 아버지를 찬양하라〉 (Laus Deo Patri)는 삼위일체일의 제2저녁기도를 위한 것이다. 이 곡은 "성부와 성자, 성신께 찬양을, 정성껏 영원히 우리의 입을 모아 받들어 섬기세"라는 내용의 안티폰이 시편 전에 독창과 합창의 교창으로 연주되는데, 하이포 프리지아 선법의 종지음으로 시작된다. 시편은 각 절이 하이포 프리지아 선법의 중심음(Dominant) 라(A)음으로 시작되어 종지음(Finalis) 미(E)음으로 마치는데, 2행마다 안티폰이라 불리우는 후렴을 노래한다. 시편 뒤에는 하나님께 영광(Laus Deo)이 항상 불리우며 끝부분에서 안티폰이 한 번 더 반복된다. 대부분의 안티폰은 단음절 양식이나 앞의 예제와 같이 큰 규모에 쓰일 경우에는 네우마적일 때가 많다.

2) 알렐루야 (Alleluia)

알렐루야는 미사의 고유문(Proper of the Mass)에 속해 있으며, 매우 멜리스마적(Melismatic)인 형태로 되어 있다. 고유문은 교회력의 절기와 특수한 행사에 따라 가사의 내용이 변하게 되는 입당송(Introit), 층계송(Gradual), 알렐루야(Alleluia), 봉헌송(Offertory) 등이며, 통상문(Ordinary of the Mass)은 변화되지 않는 가사를 가지는 것으로 키리에(Kyrie), 글로리아(Gloria), 크레도(Credo), 상투스(Santus), 베네딕투스(Benedictus), 아뉴스 데이(Agnus Dei) 등이 있다.
"알렐루야"는 매우 멜리스마적인 양식으로, "알렐루야"라는 한 단어로 된 후렴과 시행 하나, 그리고 후렴의 반복으로 이루어진다. 독창자가 "알렐루야"라고 노래를 하면 합창이 이것을 반복하고 알렐루야의 마지막 음절 "A"에 대한 멜리스마인 유빌루스(알렐루야의 마지막 음절에 긴 멜리스마를 만들어 기쁨과 환희의 성질 때문에 유빌루스라고 불리운다.)로 이어진다. 이 멜리스마에 가사를 붙이는데서 시퀀

단일악장 양식

스(Sequence)양식이 생기게 된다. 또한 독창자가 시편구절을 노래하고 그 마지막 구절에 합창이 끼어들며, 그 뒤에 알렐루야와 유빌루스를 합창이 노래한다. 형식을 살펴보면 3부분형식이라 할 수 있다. 즉 A(알렐루야와 유빌루스), B(시편구절), A(알렐루야와 유빌루스의 반복)로 나누어 ABA의 3부분 형식이다. 경우에 따라 AAB의 형식으로 쓰일 때도 있다.

[악보 12]의 악곡을 도표화시키면 다음과 같다.

A	B	A
알렐루야.. 알렐루야(유빌루스)	시편구절	알렐루야...(유빌루스)
Solo Chorus	Solo ...Chorus	Solo ... Chorus

[악보 12]를 살펴보자.

3) 트로프 (Trope : 트로푸스, Tropus)

새로운 유형의 성가로 가사 사이에 새로운 가사가 삽입된 음악이다. 즉 미사 고유문의 인디폰 성가 중 하나에 시적인 가사와 네우마적인 양식으로 된 새로운 부분을 작곡하는 것이다. 이러한 양식의 출현은 교회음악 영역에서 자유로운 작곡을 가능하게 한 점에서 역사적으로 중요하다

트로프는 이미 있는 성가 선율의 멜리스마에 새로운 가사를 음절적으로 삽입한 것과, 이미 있는 성가 선율의 자유로운 변주를 한 새로운 선율과 가사를 사용하는 것이 있다.

다음에 제시한 [악보 13]의 12세기 아뉴스 데이(Agnus Dei : 하나님의 어린양)는 2성부 자유오르가눔 트로프로서 첫 부분에 트로프가 포함되어 있다. 이 곡에서는 초기 오르가눔에서 쓰이던 병진행 대신 반진행이 사용되었다. 협화음으로는 8도, 5도 동음 뿐만 아니라 당시 불협화음으로 생각되던 3도가 자주 등장하며, 종지에서도 3도 음정의 병진행이 연속적으로 사용되는 것이 이 시대의 특징이다.

아뉴스 데이(Agnus Dei : 하나님의 어린양)의 원래가사와 트로프(원래가사 사이에 삽입된 가사)를 살펴보자.

---

3) 트로프 (Trope : 트로푸스, Tropus)

새로운 유형의 성가로 가사 사이에 새로운 가사가 삽입된 음악이다. 이러한 양식의 출현은 교회음악 영역에서 자유로운 작곡을 가능하게 한 점에서 역사적으로 중요하다.

트로프의 종류

- 이미 있는 성가 선율의 멜리스마에 새로운 가사를 음절적으로 삽입
- 이미 있는 성가 선율의 자유로운 변주를 한 새로운 선율과 가사를 사용

단성음악에서의 교회음악 양식

하나님의 어린양 세상 죄를 지신 주여
Agnus Dei qui tollis peccata mundi

**트로프 우리를 정결케 하시고,
성스럽게 해주시는 이여**
Trope [qui piuses factus,
protho plaustisanet ut actus]

우리를 불쌍히 여기소서
miserere nobis

단일악장 양식

[악보 11] 안티폰 〈하나님께 찬양을〉 (Laus Deo Patri)
　　　　시편 113 〈여호와의 종들아 찬양하라〉 (Laudate pueri)

Chorus : Laus Deo

단성음악에서의 교회음악 양식

[악보 12] 알렐루야 〈그 별을 보고〉 (Vidimus stellam)

단일악장 양식

[악보 13] 트로프 〈하나님의 어린양〉 (Agnus Dei)

자유 오르가눔 (12세기)

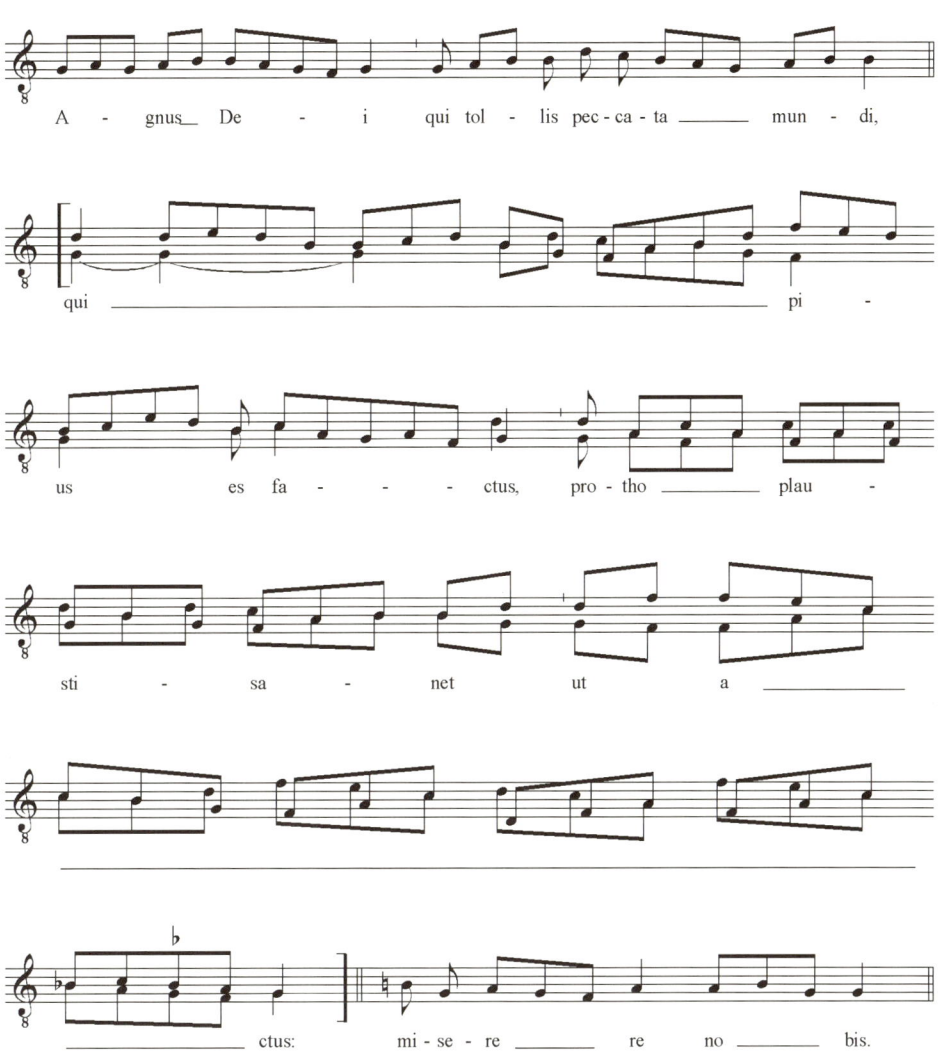

단성음악에서의 교회음악 양식

최초의 트로프는 단성음악이었으나 후에 다성음악이 발생하고 성장함에 따라 다성양식으로 쓰이게 되었다. [악보 14]프론치아코(Fronciaco)의 트로프는 독창적이고 상상력이 풍부하여 여러 가지 특성들을 결합시키고 있다.

이 트로프의 가사는 구세주께 대한 인간의 찬양과 감사 그리고 간구하는 내용으로, 두 개의 단어 사이에 세 개의 연을 집어넣은 것으로 이루어져 있다.

```
                                Trope

Kyrie    ┌ Jhesu dulcissime, pater vere pietatis,              ┐ eleison
         │ eterne rex altissime, fons tocius bonitatis,        │
         └ salvator clementissime, presta regnum claritatis,   ┘

Christe  ┌ splendor patris et figura, nostram carnem suscepisti, ┐ eleison
         │ factor factus creatura, carnem nostram induisti,      │
         └ sic utraque stat natura, caute Deus [_____],       ┘

Kyrie    ┌ Te saluto, te requiro, bone Jhesu, auctor lucis,    ┐ eleison
         │ Te intuto [te] perquiro, qui tuo[?], semper ducis,  │
         └ Te affecto, te suspiro, procedens[?], lignum crucis,┘
```

주여	┌ 사랑의 예수, 진실하신 아버지시여, │ 가장 높고 영원한 왕, 모든 착함의 근원, └ 가장 부드러운 구세주, 전파되는 밝음의 힘이시니,	우리를 불쌍히 여기소서
그리스도여	┌ 아름다운 아버지 그 모습 , 육체를 갖지 않았도다 , │ 창조하신 이가 만물을 만드셨으며, 우리에게 몸을 주셨도다, └ 그리하여 신과 [인간]의, 두 성품을 지녔도다 ,	우리를 불쌍히 여기소서
주여	┌ 당신에게 경배하며, 착한 예수,당신을 찾나이다, │ 당신을 바라보며 당신을 찾으오니, 언제나 [빛]으로 인도하소서, └ 당신을 갈구하며 당신에게 탄식하며, 십자가의 나무 위로 올라가나이다,	우리를 불쌍히 여기소서

단일악장 양식

[악보 14] 프론치아코, 트로프 〈우리를 불쌍히 여기소서〉 (Kyrie)

단성음악에서의 교회음악 양식

단일악장 양식

61

단성음악에서의 교회음악 양식

[악보 14]에 나오는 트로프 선율은 프란치아코가 작곡한 것이며, 최하성부인 테노르에서는 《미사곡 IX》(Cum jubilo)의 〈키리에〉에 나오는 세 개의 악구(Kyrie eleison, Christe eleison, Kyrie eleison)에 사용된 선율을 정선율로 사용하고 있다. [악보 15]

[악보 15] 키리에 챤트, 《미사곡 IX》(Cum jubilo)
 - [악보 14]에 사용된 정선율

이 정선율이 [악보 14] 프론치아코(Fronciaco) 트로프의 테노르(Tenor)성부에서 어떻게 변형되어 사용되었는지 살펴보기 바란다.

4) 시퀀스 (Sequence)

라틴어 세쿠엔치아(Sequentia)로 세쿠오르(Sequor) 즉 '다음에 오다' 라는 단어에서 유래되었다. 알렐루야 바로 다음에 나오는 시퀀스는 트로프에서 발전된 형태로, 알렐루야 다음에 나오는 운문을 변형시켜 알렐루야의 마지막 멜리스마에 시적인 단어를 첨가하는 것이다. 이 가사는 비교적 길었으며 자유로운 형식으로 A BB CC DD E 의 형식을 가진 독립된 악곡으로 쓰이게 되었다.

트로프와 마찬가지로 시퀀스도 세속화되는 경향이 나타난다. 10세기에서 13세기 그리고 그 이후에도 수백 개의 시퀀스가 나타나지만 트렌토공의회(1545~1563)에 의해 교회예전에 부를 수 없도록 금지되어 교회음악에는 단지 다섯 개의 시퀀스만이 사용되었다. 예를 들면,

4) 시퀀스 (Sequence)

시퀀스는 트로프에서 발전된 형태
알렐루야 다음에 나오는 운문을 변형시켜 알렐루야의 마지막 멜리스마에 시적인 단어를 첨가하는 것으로, 이 가사는 비교적 길었다.
A BB CC DD E 로 구성된 자유로운 형식으로 독립된 악곡이다.

단일악장 양식

교회음악에 사용된 다섯 개의 시퀀스

1. 부활절
 〈하나님의 어린양을 찬양하나이다〉
2. 성령강림절
 〈오소서 성신이여〉
3. 성 목요일
 〈시온아 찬양하라〉
4. 장례
 〈분노의 날이여〉
5. 스타밧 마테르
 〈십자가 밑에 서 계신 어머니〉

부활절 시퀀스 〈하나님의 어린양을 찬양하나이다〉(Victimae Paschali), 성령강림절 시퀀스 〈오소서 성신이여〉(Veni Sancte Spiritus), 성 목요일 시퀀스 〈시온아 찬양하라〉(Lauda Sion), 장례미사에 사용되는 시퀀스 〈분노의 날이여〉(Dies Irae), 18세기 교회음악으로 포함된 스타밧 마테르(Stabat Mater : 십자가 밑에 서 계신 어머니) 시퀀스가 있다.

시퀀스(Sequence)는 미사의 복음서 낭독 전에 오는 알렐루야, 시편구절, 알렐루야 순서에서 두번째 알렐루야에 나오는데 알렐루야가 없는 시퀀스(Dies irae)는 트락투스(Tractus) 다음에 나온다. 트락투스는 슬픔과 통회를 나타내는 사순절 기간 미사와 레퀴엠미사때 노래한다. 이때에 기쁨을 나타내는 알렐루야를 노래할 수 없기 때문에 알렐루야 대신 트락투스를 노래한다.

초기 시퀀스는, 9세기의 수도승 노트커 발부루스(Notker Balbulus)에 유래한다. 평소 가사없는 유빌루스를 외우기 어려웠다. 그 때 (851년) 노르만디 공격으로 파괴된 수도원에서 탈출한 수도승의 가사가 붙여진 유빌루스(Jubilus)를 보게 된다. 그리하여 선율을 기억하기 쉽게 알렐루야 끝부분의 모음에 긴 멜리스마에 그가 가사를 붙였다는 기록이 있다.

다음의 [악보 16]은 알렐루야-시편구절(Dominus in Sina)-시퀀스(Christus hunc diem)로 이루어진 노트커 발부루스(Notker Balbulus, d.912)의 시퀀스이다. 이것은 처음에 나온 알렐루야의 멜리스마 선율에 〈그리스도 오늘 탄생하셨도다〉(Christus hunc diem)의 가사를 붙여 긴 선율을 기억하기 쉽게 한 것이다.

악보에 나타나 있듯이 선율에 가사를 붙일 때 단음절식(Syllabic)으로 사용되었다. 이렇게 기억을 돕기 위해 가사를 붙이는 방법이 독자적인 작시로 발전되었고 곧 음악적인 형식이 되었다.

또한 연주법에 따라 새로운 형식이 나타나는데 프랑스에서는 이것을 프로사(Prosa)라고 하였고, 독일을 비롯한 여러 나라에서는 '따라간다' 라는 의미로 세쿠엔치아(Sequentia)라고 하였다. 시퀀스는 13세기까지 계속 작곡되었고 후기의 것은 더욱 엄격하게 운율적이 되어 찬송가와 같은 성격을 나타내기도 한다.

단성음악에서의 교회음악 양식

[악보 16] 노트커 발부루스 〈시퀀스 - 알렐루야〉 (Alleluia with Sequence)

단일악장 양식

시퀀스가 수세기 동안 그레고리안 챤트로 노래하였지만 모테트가 독립된 다성음악에 의한 형식으로 발전된 이후 이 가사들이 인용되어 만들어진 작품들이 많다. 이때에 작곡가들은 같은 가사를 가지고 다양한 수법을 사용하여 작곡을 하기도 하였다.

다음에서 교회음악에 사용된 다섯 개의 시퀀스를 살펴보고, 각각의 시퀀스에서 같은 가사를 가지고 작곡한 작곡가들과 그 곡의 구성을 살펴보자. 〈표 9-14〉의 내용은 『성가 문헌』(원성희 저)에서 발췌한 것이다.

교회음악에 사용된 다섯 개의 시퀀스

① 〈하나님의 어린양을 찬양하나이다〉
   (Victimae paschali laudes)

부활절에 부르는 시퀀스〈하나님의 어린양을 찬양하나이다〉는 11세기 비이긴디 (Burgundy)아파익 수도승 비포(Wipo, c.1000~1050)의 작품으로 전형적인 초기의 형태를 나타내는 유일한 예이다. 또한 시적으로나 음악적인 형식에 있어서 독자적인 작시로 발전되어 음악적인 형식을 이룬 시퀀스의 대표적인 것이다. 이 가사는 길이가 다른 두 줄의 단시들로 되어 있으며, 대개 운을 따르지 않는 산문시의 형태인데 시작과 마지막은 짝을 이루지 않은 하나의 단시로 되어있다.

이 곡은 a bb cd cd e 로 구성되어 있고, 마지막에 아멘 알렐루야 (Amen Alleluia)가 첨가되어 있다.

다음에서 이 곡의 리듬가가 없는 [악보 17] a와 리듬가가 적혀있는 [악보 17] b를 제시한다.

단성음악에서의 교회음악 양식

[악보 17] a 비포, 시퀀스 〈하나님의 어린양을 찬양하나이다〉 (Victimae paschali laudes)

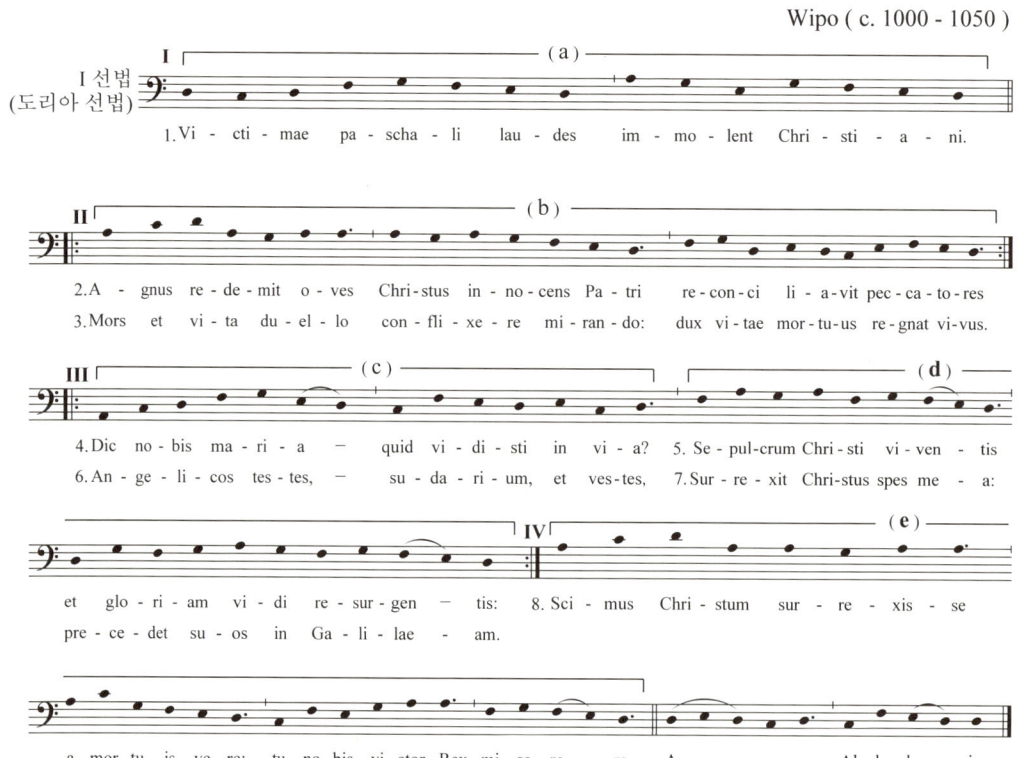

단일악장 양식

[악보 17] b 비포, 시퀀스 〈하나님의 어린양을 찬양하나이다〉 (Victimae paschali laudes)

단성음악에서의 교회음악 양식

[악보 17]에 가사(1절~8절)와 선율[(a)~(e)]을 표시해 보았다. 악보의 선법 Ⅰ은 선법번호로써 도리아 선법을 뜻한다. 처음과 마지막 절은 하나의 단시로 (a)와 (e)의 다른 선율로 되어 있으며, 2절과 3절 두 절은 같은 선율을 반복하고 4절, 6절과 5절, 7절은 같은 선율로 되어있다. 이 곡은 a bb cd cd e의 구성으로 되어있으며, 그 구조의 도표〈표 9〉와 다성음악 작곡가는 〈표 10〉과 같다.

〈표 9〉비포, 시퀀스 〈하나님의 어린양을 찬양하나이다〉의 전체구조

절	1	2	3	4	5	6	7	8
선율	a	b		c		c		e
			b		d		d	
	시작 선율	→ 이중시행의 선율(같은 선율에 2개의 절의 ← 가사가 붙여짐)						마감 선율

〈표 10〉시퀀스 〈하나님의 어린양을 찬양하나이다〉의 다성음악 작곡가

작곡가	작곡수	구 성	연 도
A.Busnois (?-1492)	1	4vv.	
Josquin de Prez (c.1440-1521)	2	4vv.	
A.Willaert (c.1490-1562)	2	1) 4vv. 2)6vv.	
C. de Morales (c.1500-1553)	1	4vv.	1546
G.P.da Palestrina (c.1525-1594)	4	1)4,8vv. 2)8vv. 3)8vv. 4)8vv.	
W.Byrd (1543-1623)	1	5vv.	
T.L. de Victoria (c.1549-1611)	1	8vv. org.	1600
M.A Charpentier (c.1645-1704)	1	AAB, ,bc.	1671
M.Hurd (1928-)	1		

다음에 제시된 빌레르트(Adrian Willaert, c.1485-1562)의 작품은 시퀀스 〈하나님의 어린양을 찬양하나이다〉의 가사가 인용되어 6성부로 만들어진 15~16세기의 모테트 (Motet)이다. 이 곡에서는 시퀀스의 가사 1~3절을 인용해 각 절을 2, 3번씩 반복하여 작곡하였음을 알 수 있다. [악보 18]

단일악장 양식

[악보 18] 빌레르트, 모테트 (6성부)
⟨하나님의 어린양을 찬양하나이다⟩ (Victimae paschali laudes) 1-40마디

Adrian Willaert (c.1485 - 1562)

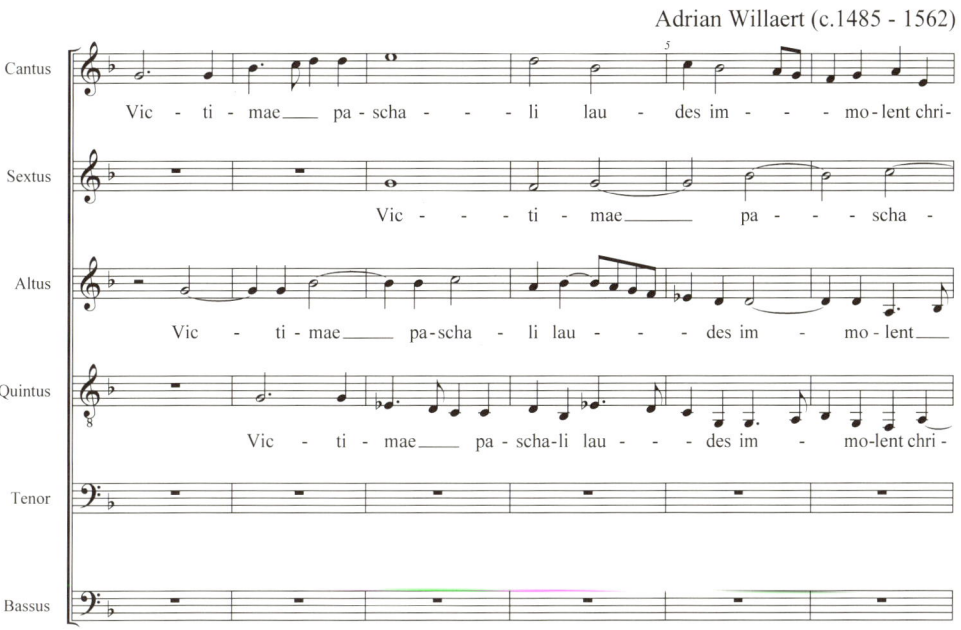

단성음악에서의 교회음악 양식

단일악장 양식

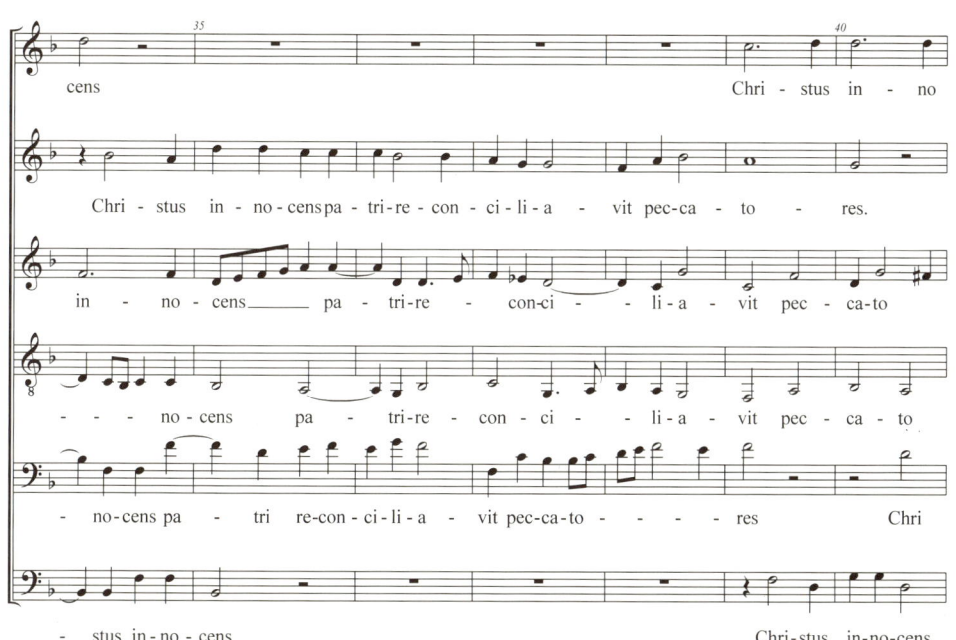

단성음악에서의 교회음악 양식

② 〈오소서 성령이여〉(Veni Sante Spiritus)

시퀀스 〈오소서 성령이여〉는 성령강림절에 부르는 시퀀스이며, 13세기 이노센트(Innocent) 3세에 의한 것으로 10개의 3행시가 다음과 같은 구성으로 되어있다.

1. aax   3. ccx   5. eex   7. ggx   9. iix
2. bbx   4. ddx   6. ffx   8. hhx   10. jjx

이 가사는 2개씩(1.2, 3.4, 5.6, 7.8, 9.10) 짝을 이루어 5연으로 되어있으며, 음악은 시와 동일한 형식으로 구상되어 1.2 선율(AA), 3.4의 선율(BB), 5.6의 선율(CC), 7.8의 선율(DD), 9.10의 선율(EE)이 각각 같은 선율로 되어있다. [악보 19]

다음에 영어가사를 제시한다.

1. Come O Holy Spirit, come;
   And from thy celestial home
   Shed a ray of light divine.
2. Come, thou father of the poor,
   Come, thou source of all our store,
   Come, within our bosoms shine.

3. Thou of all consolers best,
   Thou the soul's most welcome guest,
   Sweet refreshment here below.
4. In our labor rest most sweet,
   Grateful coolness in the heat,
   Solace in the midst of woe.

5. O most blessed Light divine,
   Shine within these hearts of thine,
   And our inmost bsings fill.
6. Where thou art not, man hath nought,
   Nothing good in deed or thought,
   Nothing free from taint of ill.

7. Heal our wounds; our strength renew;
   On our dryness pour thy dew;
   Wash the stains of guilt away.
8. Bend the stubborn heart and will,
   Melt the frozen, warm the chill;
   Guide the steps that go astray.

9. Thou on those who evermore
   Thee confess and thee adore
   In thy sevenfold gifts descend.
10. Give them virtue's sure reward,
    Give them thy salvation, Lord.
    Give them joys that never end. Amen. Alleluia.

단성음악에서의 교회음악 양식

[악보 19] 이노센트, 시퀀스 〈오소서 성령이여〉 (Veni sancte spiritus)

단일악장 양식

**하인리히 핑크의 작품
〈오소서 성령이여 –
　오소서 창조주 성령이여〉
(Veni sante spiritus –
　Veni creator spiritus)**
쿼드리벳(Quodlibet)의 방법으로, 두 개의 암브로시안 챤트선율을 기술적으로 혼합한 작품.

다음에 제시된 [악보 20] 핑크(Heinrich Finck, 1445-1527)의 작품 〈오소서 성령이여-오소서 창조주 성령이여〉(Veni sante spiritus-Veni creator spiritus)는 15~16세기의 독일 작곡가들이 즐겨 사용하던 형태인 쿼드리벳(Quodlibet, 라틴어로 영어의 'what it will'이란 의미, 16~18세기에 사용된 혼성곡의 형태로 몇 개의 알려진 선율의 단편들을 결합시킨 익살스런 선율로 16세기에 인기가 있었다.)의 방법으로, 두 개의 암브로시안 챤트선율을 기술적으로 혼합한 것이다.

여성, 남성 그리고 악기들로 구성된 다성음악 형태인 이 곡의 여성파트 가사는 [악보 19] 시퀀스 〈오소서 성령이여〉의 10개의 3행시 중 첫 번째 3행시를 사용하여 마지막에 3행의 가사를 반복하였으며, 시퀀스의 선율을 2분음표의 주선율로 하였다. 남성파트의 가사는 [악보 10] 찬송 〈오소서 창조주 성령이여〉(Veni Creator Spiritus)의 1절 가사를 사용하였고, 찬송가의 선율을 2분음표로 하여 여성의 선율에 대한 대선율을 만들었다.

또 하나의 다성음악 예로 죤 던스터블(John Dunstable, c. 1370-1453)의 아이소리듬 모테트 〈오소서 성령이여〉를 들 수 있는데 이것은 모테트에서 살펴보기로 한다. [악보 50]

단성음악에서의 교회음악 양식

[악보 20] 핑크, 〈오소서 성령이여 - 오소서 창조주 성령이여〉
(Veni sancte spiritus - Veni creator spiritus)

단일악장 양식

〈오소서 성령이여〉의 다성음악 작곡가는 〈표 11〉과 같다.

〈표 11〉시퀀스 〈오소서 성령이여〉(Veni sancte Spiritus)의 다성음악 작곡가

작 곡 가	작곡수	구 성	연도
J. Dunstable (c. 1385~1453)	1	4vv.	
G. Dufay (c.1400-1474)	1	3vv	
Josquin de Prez (c.1440~1521)	1	6vv.	
E. Lapicida (c. 1440/45~1547)	1	4vv.	1505
L.Senfl (c.1486~C. 1543)	1	8vv.	1564
C. de Sermisy (c.1490~1562)	1	4vv.	
A. Willaert (c.1490~1562)	2	1)6vv. 2)4vv.	
O. de Lassus (c. 1532~1623)	1	6vv.	1582
W. Byrd (1532~1623)	1	5vv.	
T.L. de Victoria (c.1540~1611)	1	8vv., org.	1600
A. Grandi (c. 1575/80~1630)	2	1)1 v., 2 vln 2)2 vv.	1629 1630
M. da Gagliano (1582~1672)	1	6vv.	1614
H.Schütz (1585~1672)	5	1)2S, 2T, bc 2)2S, bc. 3)B, cornets 4)2 T, 3 trbn 5)A, T, vn., fl., vc., bc	1639
G.Carissimi (1605-1675)	3	1) SATB, bc. 2) SSA, bc. 3) SAB, bc.	
G.. Düben(c. 1628-1690)			
M.A. Charpentier(c.1645/50-1704)	2		
G.P. Telemann (1681-1767)	10		
C.P.E. Bach (1714-1788)	1		1767
W.A. Mozart (1756-1791)	1	S,A,T,B SATB 2ob., 2 hn., 2 tpt., tim.	1768
A. Bruckner (1825-1896)	1	chorale on C.F., F major	
L. Janáček (1854-1928)	1	TTBB	1910

단성음악에서의 교회음악 양식

③ 〈시온아 찬양하라〉 (Lauda Sion)

시퀀스 〈시온아 찬양하라〉는 성만찬에 부르는 시퀀스로 토마스 아퀴나스 (Thomas Aquinas)가 성만찬을 위해 1261년경에 작사했으며, 1절부터 24절까지 있다.

〈시온아 찬양하라〉의 다성음악 작곡가는 〈표 12〉과 같다.

〈표 12〉시퀀스 〈시온아 찬양하라〉의 다성음악 작곡가

작곡가	작곡수	구 성	연도
A. Brumel (c.1460-1515)	1	4vv.	
L. Senfl (c.1486-c.1542)	1		
C. de Sermisy (c.1490-1562)	1	4vv.	
G.P. da Palestrina (c.1525-1594)	4	1)4vv. 2)6vv. 3)8vv. 4)8vv.	1563 1575
O. de Lassus (1532~1594)	1	6vv.	1577 1643
M. da Gagliano (1582-1643)	1	8vv.	
G. Carssimi (1605-1674)	2	1)SATB,SATB,bc 2) SAB, bc	
M. A. Charpentier (C. 1645/50-1704)	1	S,S,B, 2tr., str., bc	1679?
G. A. Ristori (1692-1753)	1	1)S. A/SATB, 2ob. 2trpt, str., bc	
F. J. Haydn (1732-1809)	2	2) SATB, 2hn., 2vln.,	
F. Mendelssohn (1809-1847)	1	chorus, orch.	

③ 〈시온아 찬양하라〉 (Lauda Sion)

단일악장 양식

④ 〈분노의 그날이여〉
   (Dies irae, dies illa)

④ 〈분노의 그날이여〉 (Dies irae, dies illa)

시퀀스 〈분노의 그날이여〉는 레퀴엠 미사 중에 나오는 순서이기 때문에 시퀀스만으로 된 예가 별로 없다. 1200년경 첼라노의 토마스 (Thomas von Celano)가 작사한 시퀀스는 1절부터 20절까지 있다. 그 내용은 내세 심판에 관한 것으로 초기에는 교회의 찬송가와 같은 역할을 하였으나 후에 레퀴엠 미사에 포함되는 한 악장이 되었다. 첼라노의 토마스의 〈분노의 그날이여〉의 전체구성을 살펴보면 각 시행이 3부분 (선율 a,b,c)으로 나누어지며, 각 부분은 두 개의 절들로 같은 선율(a; 1,2절, b; 3,4절 c; 5,6절)에 의해 불려진다. 이와 같은 형태의 3개 행의 선율은 제1부[aabbcc(1-6절)], 제2부 [aabbcc(7~12절)], 제3부 [aabbc(13~17절)]에서 반복되어진다. 제3부의 17절은 이중시행을 이루지 못하고, 18절~20절은 마감부분으로 자유스러우며 선율 d 로 볼 수 있다. 이것의 도표〈표 13〉과 다성음악 작곡가는 〈표 14〉와 같다.

〈표 13〉 첼라노 토마스의 〈분노의 그날이여〉의 전체구조

절	1	2	3	4	5	6	7	8	9	10	11	12	13	14	15	16	17	18	19	20
선율	a	a	b	b	c	c	a	a	b	b	c	c	a	a	b	b	c	d		
	제1부						제2부						제3부					마감부분		
	이중시행의 선율 (같은 선율에 2개의 가사가 붙여짐)																		

〈표 14〉시퀀스 〈분노의 그날이여〉의 다성음악 작곡가

작 곡 가	작곡수	구 성	연 도
J. Rosenmüller (c.1619-1684)	1	4vv., 6str. bc.	
G. B. Lully (1632-1687)	1	SATB, SATB	
M. A Charpentier (c.1645/50-1704)	1	8solo vv. SATB SATB, inst., bc	
M. R. de Lalande (1657-1726)	1	solo vv.,	
K. Penderecki (1933-)	1	chor. orch.	1967

단성음악에서의 교회음악 양식

원래의 이 그레고리안 챤트는 잘 알려진 선율이기 때문에 특별한 효과를 위해 인용되기도 하는데 베를리오즈 (H. Berlioz, 1803-1869)의 〈환상교향곡〉(Symphonie Fantasique)의 제 5악장에 사용됨을 볼 수 있다.

베를리오즈가 이 작품을 작곡하게 된 것은 그가 22세 되는 때로 9월 영국 극단의 세익스피어 극들을 관람한 후 줄리엣으로 분장한 주연 여배우 스미드슨 (Harriet Smithson)을 향한 열광적인 사랑에 빠지게 된다. 이 무렵 그의 정열적이며 몽상적 경향은 명성있는 여배우와 음악학생 사이에 이루어질 수 없는 격렬한 짝사랑을 통하여 독특한 작품을 만들게 되는데, 특히 이 작품의 제 5악장 (마녀의 축일밤의 꿈 : Songe d'une nuit du Sabbat)의 제 3부와 제 5부에서 〈분노의 그날이여〉(Dies irae)가 사용된다. [악보 21] a-c

베를리오즈 (1803~1869)

환상교향곡 (Symphonie Fantasique) 제 5악장 마녀의 축일밤의 춤 (Songe d'une nuit du Sabbat)은 〈마녀의 축일밤의 춤〉과 〈마녀의 론도〉의 두 부분으로 되어 있다.

[악보 21] a 베를리오즈, 〈환상교향곡〉 5악장에 사용된
            〈분노의 그날이여〉의 선율

[악보 21] b 축소형a

[악보 21] c 축소형b

이와 같이 이 부분에서는 장엄하고 엄숙한 〈분노의 그날이여〉 선율이 작곡가의 기괴한 환상에 의해 점차로 희화화(戱畵化) 되어있다. [악보 22] a
제5부에서는 〈마녀의 론도〉 주제와 〈분노의 그날이여〉의 선율이 동시에 사용되어 격렬한 표현을 하고 있다. [악보 22] b

단일악장 양식

[악보 22] a 베를리오즈, 《환상교향곡》 op.14, 5악장 120-158 마디
〈마녀의 축일밤의춤〉 (Songe d'une nuit du Sabbat)

단성음악에서의 교회음악 양식

단일악장 양식

[악보 22] b 베를리오즈, 〈환상교향곡〉 op.14, 5악장 414-424 마디
〈마녀의 론도〉 (Rondo de Sabbat)

단성음악에서의 교회음악 양식

단일악장 양식

⑤ 〈십자가 밑에 서 계신 어머니〉 (Stabat Mater)

시퀀스 〈십자가 밑에 서 계신 어머니〉는 가장 애송되는 성시로 1절부터 19절까지 있는데, 15세기부터 봉헌안티폰(Votive antiphon)으로 세팅(Setting : 하나의 가사를 가지고 그 가사에 따라 만든 곡)하였으며, 17세기까지 다성음악에 의한 세팅이 많이 있었다. 작곡가가 미사, 리터지, 시편 등의 가사로 작곡된 곡을 미사 세팅, 시편 세팅등으로 부른다.

〈십자가 밑에 서 계신 어머니〉의 다성음악 작곡가는 〈표 15〉와 같다.

〈표 15〉 시퀀스 〈십자가 밑에 서 계신 어머니〉의 다성음악 작곡가

작곡자	작곡수	구성	작곡연도
Josquin Desprez (c. 1440-1521)		5vv.	c. 1500
R. Fayrfax (1464-1521)		5vv.	
G.P. da Palestrina (c. 1525-1594)		8vv.	
O. de Lassus (1532-1594)		8vv.	1585
M.A Charpentier (c.1645/50-1704)		1/1 v., bc	
A.Steffani (1654-1728)		6 vv., str., bc	1727(?)
A. Scarlatti 1660-1725)		2 vv.(S,A), 2 vln. bc.	
E. d'Astorga (1680-1757)		Soli, SATB, str., bc.	1707(?)
A. Caldara (1670-1747)		S,A,T,B,/SATB, 2 trb., str., bc.	

1700년부터 1883년까지 작곡된 '스타밧 마테르' 100여곡의 작곡자들에는 비발디(A. Vivaldi, c.1676-1775), 스카를라티(D.Scarlatti, 1685-1757), 페르골레시(G.B. Pergolesi, 1710-1736), 보케리니(L. Boccherini, 1743-1805), 롯시니(G. Rossini, 1792-1868), 슈베르트(F. Schubert, 1979-1828), 리스트(F. Liszt, 1811-1886), 드보르작(A. Dvořák, 1841-1904) 등이 있으며, 1883년 이

단성음악에서의 교회음악 양식

후에 작곡된 작곡자들에는 베르디(G. Verdi, 1813-1901), 스탠포드 (C.V. Stanford, 1852-1924), 코달리(Z. Kodàly, 1882-1967), 뿔랑(F. Poulenc, 1899-1963), 페르시케티(V. Persichetti, 1915-1987), 핑캄(D. Pinkam, 1923-   ), 펜데레키(K. Penderecki, 1933-   )등이 있다.

5) 콘둑투스 (Conductus)

단성의 콘둑투스는 미사에 관여하는 동안 처음으로 불려졌다. 예전극 (Liturgical Drama)에서는 한 사람이 교회 내의 한 장소에서 다른 장소로 옮겨갈 때 처음으로 불리워진 것으로 보인다. 예전극(典禮劇)은 부활절과 성탄절의 층계송 트로프로부터 노래 불리 우는 대화창이 발전되어 연기를 수반한 작은 종교극으로, 후에 신비극은 예전 이외의 용도로 교회 밖에서도 공연되었다.

단성 콘둑투스의 가사는 10세기경에는 종교적이거나 성스러운 내용을 지닌 것이었으나 12세기 말에 가서는 그 가사의 내용이 종교적이 아닌 것이거나 라틴어 가사를 지닌 비예전적 음악을 의미한다.

선율은 《성가 모음집》(Chant Collection)에서 따온 것이 아니라 항상 자유롭게 작곡되어졌다. 이러한 형태가 교회에서 제일 먼저 나타난 반면 곧 세속적인 형태로 되었으며, 대부분 진지한 성격의 라틴 노래에 제목이 붙여졌다.

12~13세기의 라틴 서정시(Latin Lyric Poetry)는 콘둑투스라는 이름으로 알려져 있다. [악보 23] a~d는 다성 콘둑투스 이전의 형태인 단성 콘둑투스이다.

제시된 [악보 23] a는 세속음악인 〈나귀의 노래〉(Song of the Ass)로 널리 알려져 있다. 이 곡은 성모 마리아가 대성당 안으로 나귀를 타고 인도되어지는 동안 불려지는 것으로 보베 (Beauvais: 프랑스 서북부 우아즈(Oise도〈道〉)의 중심 도시로 13세기의 대사원이 있다)에서 행해지는 예전극의 중요한 부분이 되었다.

[악보 23] b의 〈주를 찬양하라〉(Christo psallat)는 중세 롱도형으로 된 콘둑투스이다. 이것은 13~15세기의 세속음악 중에 가장 두드러지는 형태인 a a b a b 의 형식이다.

[악보 23] c 와 d 는 확장된 멜리스마를 사용한 콘둑투스 선율의 보다 정교한 형태를 보여준다.

---

5) 콘둑투스 (Conductus)

단성 콘둑투스
미사에 관여하는 동안 처음으로 불려졌던 것 같으며, 예전극 (Liturgical Drama)에서는 한 사람이 교회 내의 한 장소에서 다른 장소로 옮겨갈 때 처음으로 불리워진 것으로 보인다.

가사
- 10세기경 : 종교적이거나 성스러운 내용
- 12세기 말 : 종교적이 아닌 것이거나 라틴어 가사를 지닌 비예전적 음악을 의미

선율
성가 모음집에서 따온 것이 아니라 항상 자유롭게 작곡되어졌다. 이러한 형태가 교회에서 제일 먼저 나타난 반면 곧 세속적인 형태로 되었으며, 대부분 진지한 성격의 라틴 노래에 제목이 붙여졌다.

예전극
부활절과 성탄절의 층계송 트로프로부터 노래불리우는 대화창이 발전되어 연기를 수반한 작은 종교극이 생기게 되며, 신비극은 후에 교회 밖에서 공연되어 예전 이외의 용도로 되었다.

단일악장 양식

[악보 23] a 콘둑투스 〈나귀의 노래〉 (Song of the Ass)

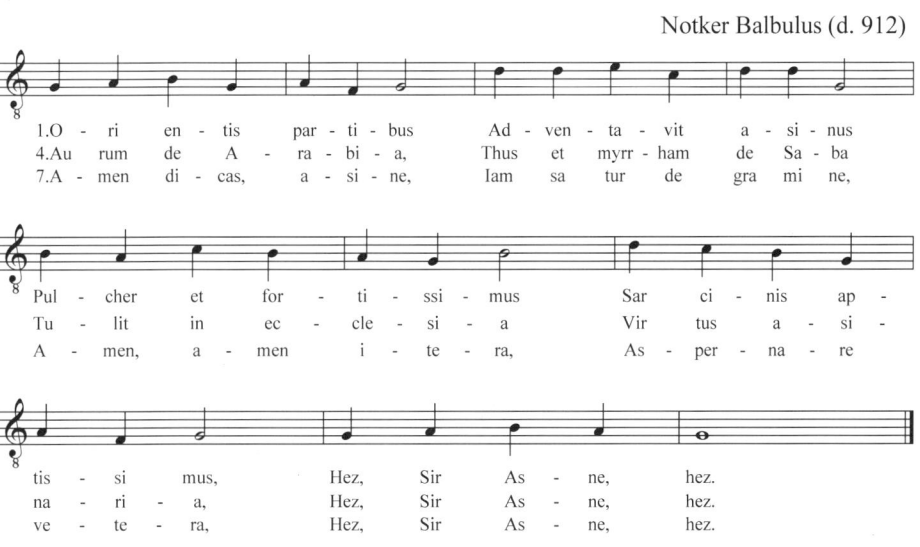

[악보 23] b 콘둑투스 〈주를 찬양하라〉 (Christo psallat – Rondellus)

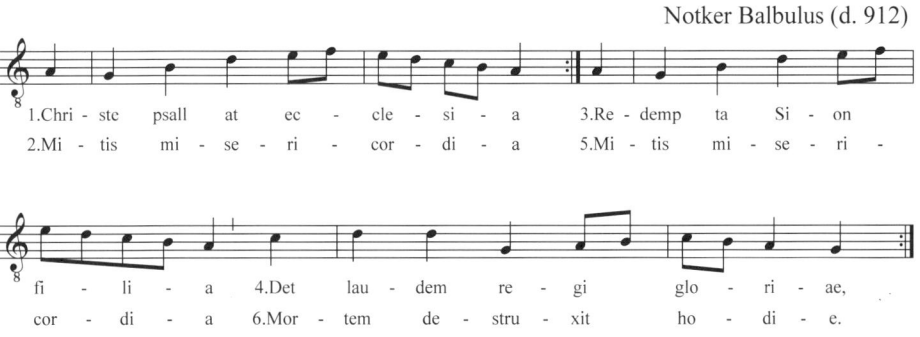

단성음악에서의 교회음악 양식

[악보 23] c 콘둑투스 〈행복한 마음〉 (Beata viscera)

단일악장 양식

[악보 23] d 콘둑투스 〈떠오르는 해〉 (Sol oritur)

단성음악에서의 교회음악 양식

다음에서 13~15세기의 세속음악 중 롱도형태로 된 〈나의 여인이여〉
(En ma dame) [악보 24]의 형식을 살펴보자.

[악보 24] a 롱도 〈나의 여인이여〉 (En ma dame)

[악보 24] b 롱도 〈나의 여인이여〉 (En ma dame)의 A와 B의 선율

이 곡은 A와 B, 두 개의 선율로 이루어져 있다. 그것을 [악보 24]b와 같이 가사에 따른 구분으로 나타낼 수 있는데, 이 곡의 전체 구조를 [악보 24] a로 살펴보면, A B A A B A B 로 구성되어 있음을 알 수 있다.

앞에서 제시한 노래들의 악보에서 리듬에 대해 간단히 살펴보자. [악보 23] a~d는 HAM (Historical Anthology of Music)에서 발췌한 것인데, 여기에서 이러한 노래들의 리듬의 해석은 운율적인 것과 비운율적인 것의 독특한 혼합을 그대로 나타내려고 시도했다. 이 것이 양식의 박자 (Triple Time 3박자)로 널리 통용되고 있는 해석

단일악장 양식

보다는 그들의 본래 리듬과 보다 더 가깝다고 생각하였다.

기억을 돕기 위한 것으로부터 만들어진 초기 음악 작품으로서의 시퀀스는 2박 계통 무곡형식의 전신으로 간주되며 이것으로부터 예전극(Liturgical Drama)과 후기의 기적극, 신비극 등의 종교극이 발생하는데, 이에 대해서는 Ⅳ-6 예전극에서 살펴보기로 한다.

단성음악에서의 교회음악 양식

6) 세속적 단성음악

그레고리안 챤트로부터 변천되어 온 단성음악의 여러 가지 양식들을 살펴보았다. 대부분이 교회의 음악과 연관되어 쓰여졌으나 예배의식과는 상관없이 즉, 가사의 내용은 종교적이지만 예배의식과는 상관없이 작곡되어지고 불려진 음악도 있었다.

중세의 종교음악은 가사의 내용이 종교적이지 않은 세속적인 것일 수도 있고, 내용은 종교적이면서도 예배음악에 포함되지 않는 것들도 포함되어질 수 있다. 이와 같이 그 당시에는 종교음악과 세속음악의 구분이 명확하지가 않다.

예를 들면 처음에는 예배의식의 한 부분으로 사용되었으나 나중에는 예배의식과는 관련이 없는 음악으로 변하게 되는 경우도 있다. 앞에서 언급한 단성 콘둑투스도 예배의식에 사용되었으나 나중에는 세속음악으로 된 음악의 하나이다.

그러므로 '세속' 이라는 말은 교회나 수도회의 외부에서 나타났던 비의전적인 성격의 종교적 노래로, 예를 들어 스페인의 칸티가(Cantiga)나 이탈리아의 라우다(Lauda)등을 포함하는 넓은 의미로 사용되고 있다.

중세 초기의 세속음악은 교회에서 사용되는 선율에 세속시를 써놓은 것으로 9세기부터 나타나기 시작했는데, 그것은 트로프, 시퀀스, 전례극 등에서 영향을 받았다고 할 수 있다.

1100년경까지의 세속적 단성음악은 보존되어 있지 않다. 왜냐하면 교회음악과 같이 예배의식의 전통을 유지시키는 기관이 없었으며 또한 이것을 기록하여 보존할 적당한 기보법이 없었기 때문이다.

10세기 경 처음 나타나는 일종의 전문적 음악가인 종글뢰르 또는 민스트렐은 혼자 혹은 작은 집단을 이룬 남녀들이 이 마을에서 저 마을로, 이 성에서 저 성으로 떠돌아다니며 자국어로 된 싯귀로 노래하고 춤추며 그리고 만담, 마술, 묘기 등으로 사람들을 즐겁게 해 주었다. 11세기의 종글레는 형제애에 의한 조직을 만들었는데 이것이 음악가 조합(guild)으로 발전되어 오늘날의 음악학교와 같은 전문적인 훈련을 제공하게 되었다. 종글뢰르의 초기 노래형태의 하나는 샹송 드 제스트(Chanson de Geste)인데 이것은 영웅의 공적에 대한 이야기로

6) 세속적 단성음악

중세의 종교음악
가사의 내용이 종교적이지 않은 세속적인 것일 수도 있고, 내용은 종교적이면서도 예배음악에 포함되지 않는 것들도 포함되어질 수 있다.

중세초기의 세속음악
교회에서 사용되는 선율에 세속시를 써놓은 것으로, 9세기부터 나타나기 시작하였으나 700년경까지의 단성음악은 보존되어 있지 않다.

종글레의 초기 노래형태
샹송 드 제스트
(Chanson de Geste)
자유로운 부분으로 된 긴 행을 가진 이야기하는 식의 영웅가

단일악장 양식

고정적인 장절이 없어 자유로운 부분으로 된 긴 행을 가진 이야기하는 식의 영웅가이다. 가장 유명한 예는 프랑스의 국가적 서사시가 된 "롤랑의 노래(La Chanson de Roland)"이다. 불행히도 정식의 음악은 현존하지 않는다. 그러나 이들 종글뢰르와 민스트렐은 민속 노래의 전통을 보급시킴으로 예술음악으로서 길을 마련해 준 중요한 역할을 담당하였다. 민스트렐은 시인이나 작곡가가 아니라 다른 사람들이 작곡한 노래나 대중음악으로부터 채택한 곡을 노래하고 연주하고 춤추었으며 원곡을 수정하거나 변형시켜 연주했을 것으로 추측된다.

중세의 세속적 서정가
11세기 말경
　남프랑스의 **트루바두르**에 의해 시작됨.
12세기 말경
　북프랑스의 **트루베르**와 독일어 지역의 **민네징거**에 의해 계속되었다.

중세의 세속적 서정가는 11세기 말경 남 프랑스의 트루바두르(Trouvadour)에 의해 시작되었으며, 12세기 말경 북프랑스의 트루베르(Trouvere)와 독일어 지역의 민네징거(Minnesinger)에 의해 계속되었다.

트루바두르와 트루베르는 사실 같은 뜻으로 트루바두르는 남프랑스에서 트루베르는 북프랑스에서 사용되었는데, 어원적으로 보아 가사와 선율을 '찾아내는(만드는)' 사람 즉 "시인 음악가"를 뜻한다. 이들은 단지 예술을 위해 음악을 하는 사람들로 주로 귀족들이었으며 성직자들과 귀족에 봉사하는 시민들도 있었다. 이들은 각 지방 사투리에 의해 구분되어지는데, 언어적 경계지역 르와르(Loire)를 기준으로 남쪽 트루바두르는 프로방스어(Provence : 'langue d'oc')가 지배적으로 사용되었으며, 북쪽의 트루베르는 프랑스의 고어(langue d'oil)가 사용되었다.

세속적 서정가들은 동시대의 종교적 노래에 대조되는 것이다.
　형식
　　운·장절형식·힘누스·콘둑투스
　가사내용
　　마리아에 관한 것이 많음.

이 세속적 서정가들은 동시대의 종교적 노래에 대조되는 것이었으나 형식적으로는 운·장절형식·힘누스·콘둑투스를 따르고, 가사 내용은 마리아에 관한 것이 많다. 이러한 것으로 미루어 볼 때 트루바두르나 트루베르의 시와 음악은 교회음악의 영향을 받았으리라 짐작한다.

트루바두르나 트루베르의 세속적 시와 음악은 교회음악의 영향을 받았다.

각 노래들은 주제 즉 가사의 내용에 따라 만들어진 시적인 형태를 취하였으며 음악형식과 구성은 겐리히(Genrich)에 의한 분류 방법에 따라 4가지 형태로 분류할 수 있다.[21] 이러한 형태는 그 당시 존재하던 음절형식(Strophic form)의 형태에서 파생된 것이었다. 이와 같이 중세의 노래 예술은 많은 가사형식과 음악형식을 산출해 내었다.

단성음악에서의 교회음악 양식

음악형식에 따른 노래형태로는, 찬송가 형 (Hymn type), 리타니 형 (Litany type), 시퀀스 형 (Sequence type) 그리고 론델 형 (Rondel type)이 있다.

찬송가 형은 암브로시안 챤트에서 유래한 것들로 유절 칸조와 순환 칸조의 형식이 있으며, 리타니형은 가장 오래된 서사시들의 낭송형식으로 모든 시행이 같은 선율로 불리운다. 시퀀스 형은 종교적 시퀀스와 같이 두 행이 한쌍을 이루고 있다.

론델형은 후렴을 가진 노래형식으로 발라드 (Ballad), 비를레 (Virelai), 롱도 (Rondeau)등이 있는데, 칸티가 (Cantiga)나 라우다(Lauda)도 비를레의 형식을 사용하고 있다.

칸티가는 북 스페인 갈리시아 (Galicia)에서 생긴 중세의 세속음악으로, 라우다 (Lauda)와 유사하기 때문에 프랑스의 영향을 받았다고 볼 수 있다.

라우다 (Lauda)는 13세기 중기 유럽에서 민중의 신앙 부흥운동이 일어날 때 나타난 종교적 가곡의 형태로 13세기 중기부터 19세기까지 이탈리아 사람들의 종교적 생활의 중요한 면을 찾아볼 수 있다. 시대의 고통 때문에 참회하고자하는 행렬이 북부 이탈리아 전역을 순례하며 스스로 채찍질하였던 운동이 일어날 때 "영적인 찬양" (Laude Spirituali)라는 대중적인 찬송가가 나타나게 되고, 이것은 중세기 이래 이탈리아의 비전례음악 중 가장 중요한 음악형식으로서 '영적인 찬양' 이라는 뜻의 단성음악이다. 이 중 많은 곡이 13세기 말과 14세기 초의 필사본으로 전래된다. 이러한 노래들은 라틴어가 아닌 지방어들로 쓰여 졌다.

13세기 라우다는 단선율로서 시와 음악의 구조는 프랑스 음유시인의 예술적 영향을 찾아 볼 수 있다. 처음에는 회중에 의해서만 불려졌으나 후에는 회중에 의한 후렴부분과 독창자에 의해 불려지는 부분으로 나누어지게 된다. 그 후 14세기 초 대중적인 종교음악의 노래를 부르며 선전활동을 하기위해 형성된 "찬양노래"(Laudisti)에 의해 이 장르가 발전되었다. 이것은 후에 단순한 단성양식(simple homophonic style)으로 쓰여지게 된다. 음악양식의 변천에 따라 다성 라우다가 쓰여졌으며 중간부분이 대화체에 의한 극적이고 특수한 라우다가 16세기에 성 필립 네리(St. Philip Neeri, 1515-1595)의 《오라토리오》(Oratorio, 1558 : 기도하는 장소라는 의미)에 사용되었는데 이것은 오라토리오 발전에 직접 관계를 가지게 되었다.

찬송가 형

(a) 칸조장절

각 절은 6-7줄로 되어있는데 처음 두 줄의 선율이 그 다음의 두 줄에 서 동일하게 반복되며 두줄 혹은 세줄은 전혀 다른 선율를 사용한다.

즉, A(ab) A(ab) B(cdb)의 구조.

(b) 순환칸조

본행의 마지막 부분이 종행의 마지막에 오는 것

즉, A(ab) A(ab) B(cdb)의 구조.

리타니 형

가장 오래된 서사시들의 낭송 형식으로 모든 시행이 같은 선율에 의해 불리운다.

시퀀스 형

종교적 시퀀스와 같이 두 행이 한 쌍을 이루고 있다.

론델 형

후렴을 가진 노래형식으로 시퀀스형으로부터 나온 것으로 추측한다. 발라드와 비를레의 핵심적인 장절부분은 찬송가 형태의 유절 칸조와 동일하다.

Ⅳ. 다성음악에서의 교회음악 양식

1. 캔티클 (Canticle)

캔티클(Canticle〈영〉, Canticum〈라〉)이란 교회 예배순서의 일부분으로 사용된 찬미가로 원래는 시편을 제외한 성서에 의한 찬송으로 교회예배의식에 포함되는 것이었으나 나중에는 시편으로 된 찬송도 캔티클로서 사용되었다. 그러므로 캔티클은 '성서에 의한 찬송'이며 교회예배의식에 의해 불려지는 곡이다.

캔티클의 내용에는 아홉 가지가 있는데, 신약성서에 의한 세 개의 내용과 구약성서에 의한 다섯 개의 내용 그리고 성경을 직접 인용한 것은 아니지만 성서의 의미가 포함된 아홉 번째 캔티클은 테데움 라우다무스(Te Deum laudamus)인데 보통 테데움(Te Deum)이라 부르며, 이것은 '하나님 당신을 찬양합니다' 라는 뜻이다.[22]

캔티클은 비잔틴교회에서 처음으로 사용되었으며, 그 캔티클을 로마 가톨릭교회에서 받아들여 사용하게 되었다.

4세기 말부터 교회에서 캔티클을 부를 때 항상 마지막부분에서 영광송(Gloria Patri)으로 끝나게 되는데 〈베네디치테 옴니아 오페라〉(Benedicite omnia opera : 온 만물이 하나님을 찬양하자)와 테데움에는 영광송(Gloria) 부분이 없다.

캔티클의 내용

(1) 신약성서
    1. 베네딕투스 (Benedictus)
    2. 마니피카트 (Magnificat)
    3. 눙크 디미티스 (Nunc dimittis)

(2) 구약성서
    4. 베니테 엑술테무스 도미노
       (Venite, exsultemus Domino)
    5. 베네디치테 옴니아 오페라
       (Benedicite, omnia opera)

다성음악에서의 교회음악 양식

6. 유빌라테 데오
   (Jubilate Deo)
7. 칸타테 도미노
   (Cantate Domino)
8. 데우스 미제라투르
   (Deus misratur)

(3) 성서의 의미가 포함된 캔티클

9. 테데움 라우다무스(테데움이라 불리움)
   (Te Deum laudamus)

6. 유빌라테 데오
   (Jubilate Deo; 시편 100편)
7. 칸타테 도미노
   (Cantate Domino; 시편 98편)
8. 데우스 미제라투르
   (Deus miseratur; 시편 67편)

성서의 의미가 포함된 캔티클

9. 테데움 라우다무스(테데움)
   (Te Deum laudamus /Te Deum)

각 캔티클의 음악적 특징과 대표적인 작품들을 살펴보면 다음과 같다.

1) 베네딕투스 (Benedictus)

신약성서 누가복음 1장 68-79절은 사가랴 선지자가의 세례 요한이 하실 일에 대해 예언하는 내용이다. 사가랴의 예언중 처음 나오는 라틴어 단어 '찬송하리로다 주 이스라엘의 하나님이여'(Benedictus Dominus Deus Israel)로 시작하는 '찬송하리로다'(Benedictus)라는 노래이다.

교회의 전통으로 아침기도(Lauds) 예배에서 베네딕투스를 규칙적으로 노래해 왔으며, 장엄미사에서는 상투스(Sanctus) 뒤에 부른다. 갈리칸과 모자라빅 예식에서도 사용했다는 기록이 있다. 그 당시의 챤트형식에 관련된 자료나 악보는 남아있는 것이 없으나 후에 작곡된 다성적 작품들이 있다.

16세기 다성음악의 형태로 작곡한 주요 작곡자는 다음과 같다.

탈리스 (Tallis, Thomas, c.1505-1585 / 1549 작곡)
팔레스트리나 (Palestrina, G.P. da, c.1525-1594 / 1587 작곡)
라수스 (Lassus, O. de, 1532-1594 / c.1580 작곡)
빅토리아 (Victoria, T.L. de, 1548-1611 / 1585 작곡)
가브리엘리 지오반니 (Gabrieli, Giovanni, 1557-1613)
제수알도 마르코 다 (Gesualdo, marco da, 1582-1643 / 1630 작곡)

합창과 오르간 또는 합창, 오르간과 오케스트라 악기반주의 구성으로 작곡한 19세기 작곡자들은 다음과 같다.
슈베르트 (Schubert, F. ; 1797-1828 / 1815 작곡)
웨슬리 (Wesley, Samuel S. ; 1810-1876 / c.1832 작곡)
엘가 (Elgar, Edward ; 1857-1934 / 1897 작곡)
마틴 (Shaw, Martin ; 1875-1958 / 1915 작곡)

2) 마니피카트 (Magnificat)

마니피카트(신약성서 누가복음 1장 46-55절)는 말씀의 내용으로 천사 가브리엘이 동정녀 마리아 앞에 나타나 마리아가 하나님의 아들을 잉태할 것이라고 알린다. 이에 하나님의 뜻대로 이루어지길 기원한 뒤 사촌 엘리자벳을 방문하여 그녀 앞에서 노래한 내용이다. 마니피카트는 미사통상문 외에 15세기부터 17세기 초까지 다성음악으로 가장 많이 사용한 가사이다. 프로테스탄트 교회에서도 일요일과 축제일에 다성음악으로 된 마니피카트를 노래하였기 때문에 15,6세기의 교회음악 작곡가들은 거의 마니피카트 작품을 작곡하였다.

가장 오래된 다성 마니피카트는 14세기의 것으로서 작곡가는 미상이고, 15세기 곡의 대부분은 3성부를 위한 것이었으며, 16세기 작품의 대다수가 4성부를 위한 것이었다.

다성 마니피카트의 형식과 작곡 양식은 세 가지 요인에 의해 형성되었다.

1. 15세기에 흔히 사용한 데스칸트 작품에 비해 16세기에는 통작, 모방대위법 형식이 많이 쓰였고, 독일에서는 정선율(Cantus Firmus) 양식이 사용되었다.
2. 리터지의 의식에 따라 형식의 복잡성을 결정하게 된 음악으로서 16세기부터 간단한 포부르동(fauxbourdon)작품들과 모테트다운 작품이 함께 존재하였다.

포부르동이란 14세기 작곡자들이 200년 전의 다성음악에서 사용하였던 완전협화음정만을 고집하여 사용하였으나 영국인들이 3도와 6도와 같은 불완전협화 음정을 자유롭게 사용하였던 영국 음악의 특징이 가장 잘 나타나는 기법으로 영국에는 파버든(farbuden)이 있었고, 이것이 대륙으로 건너와 포부르동(fauxbourdon)기법으로 탄생되었다. 포부르동은 일종의 즉흥연주 방식으로 두 성부가 악보에

다성음악에서의 교회음악 양식

적혀있고, 그것을 보면서 다른 성부를 즉흥적으로 부르는 것으로 두 성부의 윗 성부는 단성성가에서 가져왔으며 아래성부는 성가선율의 6도 아래에서 병진행하면서 간혹 8도를 섞어 사용하였고 종지에서는 언제나 8도로 끝난다.

이 두성부에 즉흥적으로 첨가되는 가운데 성부는, 윗성부를 아래로 4도 병진행하여 만들어진 3성부로 3화음의 제1전위 형태 즉, 포부르동으로만 연속적으로 사용되는 것이다. [악보 25]

[악보 25] 포부르동 (Fauxbourdon)-병행 6화음(3화음의 전위)

3. 17세기까지 실질적으로 모든 마니피카트 작품을 위해 기초가 된 교회선법이 있다. 구성은 제 1선법(prima), 제 2선법(secunda), 제 3선법(tertia), 제 4선법(quarto), 제 5선법(quinta), 제 6선법(sexta), 제 7선법(septima), 제 8선법(octava)이다. 선법이 지니는 감성적 특성에 의하여 다성 마니피카트에 독특한 음악적 성격을 부여함으로서 모테트곡들 중에서 독립된 종류가 되었다.

다성 마니피카트의 형식은 17세기 초까지 거의 여러 부분으로 구성되는데 응답식이나 교창식으로 연주하기 쉬운 것이었다. 또한 대부분의 다성 마니피카트는 그 가사의 반만 사용하고 나머지 반은 챤트형식으로 연주하였다. 그 후에 다음의 두 가지 방법으로 작곡되는데, 하나는 2절부터 '내영혼이 주로 인하여'(Et exsultavit)로 시작하여 짝수 절(2,4절....등)의 가사를 작곡한 것과 다른 하나는 1절을 '마니피카트'(Magnificat)로 시작하여 홀수 절(1,3절....등)을 작곡하는 것이다. 전자보다 후자의 경우가 더 많이 작곡 되었다.

다음에서 무명의 단성 마니피카트 [악보 26]과 16세기 작곡가 크리스토발 모랄레스(Cristobal Morales, 1500-1553)의 〈제 8선법에 의한 마니피카트〉(Magnificat Octavi Toni) [악보 27]을 살펴보자.

캔티클

[악보 26] 작자미상, 〈내 영혼이 주를 찬양하며〉 (Magnificat anima mea)

다성음악에서의 교회음악 양식

캔티클

[악보 27] a 모랄레스, 〈제 8선법에 의한 마니피카트〉(Magnificat Octavi Toni)

* 110쪽 참조

다성음악에서의 교회음악 양식

3. Quia respexit (당신 여종의 비천함을 돌보셨음이라)

캔티클

5. Et misericordia (주의 긍휼하심을)

다성음악에서의 교회음악 양식

7. **Deposuit** (권세 있는 자를 내리치셨으며)

9. **Suscepit Israel** (그 종 이스라엘을 도우사)

다성음악에서의 교회음악 양식

11. Gloria Patri (성삼위께 영광)

다성음악에서의 교회음악 양식

캔티클

다성음악에서의 교회음악 양식

[악보 27] a는 모랄레스가 성무일과의 저녁기도(Vespers)를 위해 작곡된 마니피카트이다. 이 곡은 12행의 가사를 사용하였으며, 홀수행의 가사는 단성음악인 평성가(plainsong)로 합창단이 노래하도록 되어있으며, 짝수행의 가사는 다성음악으로 소규모로 구성된 독창자들이 중창이나 합창 형태로 연주할 수 있도록 되어있다. 이 곡에 사용된 라틴어 가사와 번역 가사를 제시하면 다음과 같다.

1. Magnificat / anima mea Dominum	1. 내 영혼은 주님을 찬양하여
2. Et exsultavit spiritus meus in Deo salutari meo	2. 나의 마음이 하나님 내 구주를 기뻐하였음은
3. Quia respexit humilitatem ancillaesuae/ecce enim ex hoc beatam me dicent omnes generationes.	3. 그의 여종의 비천함을 돌보셨음이라 보라 이제 후로는 만세에 나를 복이 있다 일컬으리로다
4. Quia fecit mihi magna qui potens est: et sanctum nomen ejus	4. 능하신 이가 큰 일을 내게 행하셨으니 그 이름이 거룩하시며
5. Et misericordia ejus a progenie in prgenies / timentibus eum	5. 긍휼하심이 두려워하는 자에게 대대로 이르는도다
6. Fecit potentiam in brachio suo : dispersit superbos mente cordis sui	6. 그의 팔로 힘을 보이사 마음의 생각이 교만한 자들을 흩으셨고
7. Deposuit potentes de sede, / et exaltavit humiles.	7. 권세 있는 자를 그 위에서 내리치셨으며 비천한 자를 높이셨고
8. Esurientes implevit bonis : et divites dimisit inanes	8. 주리는 자를 좋은 것으로 배불리셨으며 부자는 빈 손으로 보내셨도다
9. Suscepit Israel puerum suum, / recordatus misericordiae suae.	9. 그 종 이스라엘을 도우사 긍휼히 여기시고 기억하시되
10. Sicut locutus est ad patres nostros, Abraham et semini ejus in saecula 〈Luke 1 : 46-55〉	10. 우리 조상에게 말씀하신 것과 같이 아브라함과 그 자손에게 영원히 하시리로다 〈누가복음 1장 46-55절〉
11. Gloria Patri, et Filio, / et Spiritui Sancto.	11. 성부, 성자, 성령께 영광을 돌려보내시세
12. Sicut erat in principio, et nunc, et semper, et in saecula saeculorum, Amen.	12. 태초로 지금까지 또 영원 무궁토록 성삼위께 영광 아멘

캔티클

홀수 행에서 불리워지는 평성가는 다음과 같다.

[악보 27] b 모랄레스, 〈제 8선법에 의한 마니피카트〉 (홀수행 평성가)

이 곡 짝수행의 다성음악은 홀수행에 불리우는 선율을 칸투스 피르무스(Cantus Firmus; 정선율)로 사용한다. 제2행은 5마디 소프라노에서, 제4행은 26마디 베이스에서, 제6행은 43마디 알토에서, 제8행은 68마디 테너에서, 제10행은 89마디 소프라노에서 칸투스 피르무스 선율이 꾸밈없는 형태로 나타난다. 마지막 제12행에서는 칸투스 피르무스의 선율이 알토와 테너 두성부에서 카논으로 나타나 다성음악의 짜임새있는 구조로 되어있다. 마지막 행에서 6성부로 된 다성의 형태는 신비한 전율을 느끼게 하는 강력한 클라이막스를 거쳐 마지막 '아멘' 부분에서 더욱더 고조되어진다.

16세기 초부터 선법에 따른 마니피카트 작품들이 많아졌고, 각 선법을 위해 8곡이 한 작품(Cycle)인 마니피카트가 많았다. 모든 선법이 사용된 가장 오래된 마니피카트는 식스트 디트리히(Sixt Dietrich / 1535년 작곡)와 루드비히 젠플(Ludwig Senfl / 1537년 작곡)에 의한 작품들이다.

다음에서 제 1선법(Prima : Primi Toni)으로 되어 있는 팔레스트리나(Giovanni Pierluigi Palestrina, c.1525-1594)의 두 개의 합창단을 위한 35번째 마니피카트의 시작부분을 제시한다. [악보 28]

다성음악에서의 교회음악 양식

[악보 28] 팔레스트리나, 〈제 1선법에 의한 마니피카트 프리미 토니〉 (Magnificat In Primi Toni)
– 두개의 합창단을 위한 아카펠라 –

캔티클

다성음악에서의 교회음악 양식

캔티클

17세기 이후부터는 마니피카트 선법이 덜 중요시 되었으며 또 다른 중요한 요소인 가사와 함께 바로크시대의 음악적 특징이 나타나기 시작하였다.

초기 바로크 시대의 가장 훌륭한 마니피카트는 몬테베르디(C. Monteverdi, c. 1562-1643)의 저녁기도(Vespers)중 두 곡의 마니피카트(6성, 7성 / 1610)이다. 6성부 〈제 1선법에 의한 마니피카트〉의 악보 일부를 제시한다. [악보 29] 43마디부터 소프라노 Ⅰ,Ⅱ가 노래하는데, 76마디 제 3박부터 총주(Tutti)로 6성부가 노래한다. 이러한 형태는 각 성부가 동일한 중요성을 갖는 콘체르타토(concertato)에 의한 구조로 볼 수 있다. 이러한 구조로 작곡한 곡으로는 쉿츠(H. Schütz, 1585-1675)의 마니피카트와 지오반니 가브리엘리(G. Gabrieli, 1557-1612)의 다합창양식의 작품에서 볼 수 있다. 이러한 작품에 나타나는 '부분'은 '악장'으로 독립하게 된다.

[악보 29] 몬테베르디, 〈제 1선법에 의한 마니피카트〉(Magnificat Primo) – 6성부

다성음악에서의 교회음악 양식

캔티클

다성음악에서의 교회음악 양식

다성음악에서의 교회음악 양식

다성음악에서의 교회음악 양식

캔티클

비발디와 바흐의
작품의 특징
 1. 악장으로 독립
 2. 다성과 단성을 함께 사용

비발디(A. Vivaldi, 1675-1741)와 바흐(J.S. Bach, 1585-1750)는 각 악장으로 완전히 독립된 특징을 보여준다. 또한 다성과 단성(polyphony & homophony)을 함께 사용한 아름다운 작품으로 오페라의 아리아와 같은 선율중심의 독창이 어우러져 바로크시대의 특징이 잘 나타나 있다.(137쪽 참고)

비발디의 사(g) 단조 마니피카트
특징
1. 다악장 (9악장)으로 구성
2. 몇 명의 독창자와 합창이 교창
3. 2개의 혼성합창단으로 구성
3. 계속저음(continuo)이 포함된 2개의 오케스트라 반주에 맞춰 가사를 전달하는 곡

1. 비발디의 사(g) 단조 마니피카트의 특징
    1) 다악장 (9악장)으로 구성
    2) 몇 명의 독창자와 합창이 교창
    3) 2개의 혼성합창단으로 구성
    4) 계속저음(continuo)이 포함된 2개의 오케스트라 반주에 맞춰 가사를 전달하는 곡

악장	제 목		연주
	라 틴 어	한 글	
1	Magnificat	내 영혼이 주를 찬양하며	Chorus Ⅰ·Ⅱ unite
2	Et Exultavit	내 마음이 구주를 기뻐하였음은	Soli (Soprano, Contralto, Tenor) Chorus Ⅰ·Ⅱ
3	Et misericordia	주의 긍휼하심을	Chorus Ⅰ·Ⅱ unite
4	Fecit potentiam	그의 팔로 힘을 보이사	Chorus Ⅰ·Ⅱ unite
5	Deposuit potentes	권세있는 자를 내리치셨으며	Chorus Ⅰ·Ⅱ unite
6	Esurientes implevit	주리는 자를 좋은 것으로 배불리셨으며	Soprani (Solo Ⅰ·Ⅱ)
7	Suscepit Israel	그 종 이스라엘을 도우사	Chorus Ⅰ·Ⅱ unite
8	Sicut locutus est	우리 조상에게 말씀하신 것과 같이	Chorus Ⅰ
9	Gloria	성삼위께 영광	Chorus Ⅰ·Ⅱ unite

다음에 1악장부터 4악장 시작부분의 악보를 제시한다. [악보 30]

다성음악에서의 교회음악 양식

[악보 30] 비발디, 〈마니피카트〉 (Magnificat)
  — 독창자들, 두개의 합창단과 두개의 오케스트라를 위한 —

1. 내 영혼이 주를 찬양하며 (Magnificat)

캔티클

2. 내 마음이 구주를 기뻐하였음은 (Et Exultavit)

다성음악에서의 교회음악 양식

다성음악에서의 교회음악 양식

3. 주의 긍휼하심을 (Et Misericordia)

다성음악에서의 교회음악 양식

다성음악에서의 교회음악 양식

캔티클

다성음악에서의 교회음악 양식

다성음악에서의 교회음악 양식

4. 그의 팔로 힘을 보이사 (Fecit Potentiam)

캔티클

바흐의 마니피카트
(BWV 243)

특징
1. 다악장 (12악장)으로 구성
2. 독창자 5명 (Sop. I, Sop. II, Alto, Tenor, Bass)과 5성부 합창 그리고 악단을 위한 곡
3. 악기편성
   (3 trumpets, timpani, 2 flutes, 2 oboe da caccia, 2 oboe d'amore, 2 violins, viola and continuo)

바흐의 마니피카트(BWV 243)의 특징
1. 다악장 (12악장)으로 구성
2. 독창자 5명(Sop. I, Sop. II, Alto, Tenor, Bass)과 5성부 합창 그리고 악단을 위한 곡
3. 악기편성
   (트렘펫 3, 팀파니, 플루트 2, 오보에 다 카치아 2(2 oboe da caccia), 오보에 다모레 2(2 oboe d'amore), 바이올린 2, 비올라와 비올라 다 감바(viola and continuo)
   여기에서 악기는 칸타타나 수난곡 등의 오블리가토(obbligato) 악기로서의 중요한 역할을 담당한다.

악장	제목 (라틴어)	제목 (한글)	연주
1	Magnificat	내 영혼이 주를 찬양하며	Chorus
2	Et exsultavit spiritus meus	내 마음이 구주를 기뻐하였음은	Alto Solo
3	Quia respexit	그의 여종의 비천함을 돌보셨음이라	Soprano Solo
4	Omnes generationes	세세토록	Chorus
5	Quia fecit mihi magna	큰 일을 내게 행하셨으니	Bass Solo
6	Et misericordia	주의 긍휼하심을	Duet (Alto and Tenor)
7	Fecit potentiam	그의 팔로 힘을 보이사	Chorus
8	Deposuit potentes	권세있는 자를 내리치셨으며	Tenor Solo
9	Esurientes implevit bonis	주리는 자를 좋은 것으로 배불리셨으며	Alto Solo
10	Suscepit Israel	그 종 이스라엘을 도우사	Trio (Soprano I·II and Alto)
11	Sicut locutus est	우리 조상에게 말씀하신 것과 같이	Chorus
12	Gloria Patri	성삼위께 영광	Chorus

다성음악에서의 교회음악 양식

다음에서 바흐의 마니피카트(BWV 243) 1, 3, 4, 5악장의 악보 일부를 제시한다. [악보 31]
이 곡은 1723년에 내림 마(E♭)장조로 작곡되었으며, 다음의 4곡을 삽입하여 성탄절에 불렀다.

제1곡 〈저 높은 곳 하늘에서〉(Vom Himmel hoch)
　　　[4성부합창(SATB), continuo반주]

제2곡 〈찬양해, 기뻐해〉(Freut euch und jubiliert)
　　　[4성부합창(SAT), continuo반주]

제3곡 〈지극히 높은 곳에서는 하나님께 영광이요, 땅에서는 .....〉
　　　(Gloria in excelsis Deo)
　　　[5성부합창, violinⅠ obbligato & continuo반주 oboeⅠ.
　　　Ⅱ, violin, viola가 각 성부를 함께 연주]

제4곡 〈이새의 뿌리에서 싹이 나〉(Virga Jesse floruit)
　　　[Sop. Ⅰ 와 Bass의 이중창 & continuo반주]
　　　옛날의 성탄절을 위한 라틴 찬미가의 내용

캔티클

[악보 31] 바흐, 〈마니피카트〉(Magnificat) BWV 243

1. 내 영혼이 주를 찬양하며 (Magnificat)

다성음악에서의 교회음악 양식

캔티클

다성음악에서의 교회음악 양식

3. 그의 여종의 비천함을 돌보셨음이로다 (Quia respexit)

다성음악에서의 교회음악 양식

4. 세세토록 (Omnes generationes)

캔티클

다성음악에서의 교회음악 양식

캔티클

다성음악에서의 교회음악 양식

5. 큰 일을 내게 행하셨으니 (Quia fecit mihi magna)

No. 5 Bass Solo
Andante con moto

Qui-a fe-cit mi-hi mag-na,

qui-a fe-cit mi-hi mag-na qui po - - - - - - - tens, qui po-tens

다성음악에서의 교회음악 양식

캔티클

다성음악에서의 교회음악 양식

다성음악으로 작곡된 마니피카트의 작곡가
(15-17세기)

던스터블 (J. Dunstable, c.1385-1453)
뱅슈아 (J. Binchois, c.1400-1460)
뒤파이 (G. Dufay, c.1400-1474)
죠스깽 데 프레 (Josquin Desprez, c.1440-1521)
오브레흐트 (G. Obrecht, c.1450-1505)
빌레르트 (A. Willaert, c.1490-1562)
모랄레스 (C. de Morales, c.1500-1543)
구디멜 (C. Goudimel, 1514/20-1572)
가브리엘리, 안드레아 (A. Gabrieli, c.1520-1586)
팔레스트리나 (G. da Palestrina, c.1525-1594)
라수스, 오를란두스 (Orlandus Lassus, c.1532-1594)
빅토리아, 토마스 루이스 데 (T. L. de Victoria, 1548-1611)
가브리엘리, 지오반니 (G. Gabrieli, c.1553-1612)
제수알도, 카를로 (Carlo Gesualdo, c.1561-1613)
몬테베르디 (C. Monteverdi, 1562-1643)
쉿츠 (H. Schütz, 1585-1672)
륄리 (G.B. Lully, 1632-1687)

다양한 형태로 작곡된 마니피카트의 작곡가
(18세기-현재)

북스테후데 (D. Buxtehude, 1637-1707)
스카를라티 (A. Scarlatti, 1660-1725)
비발디 (A. Vivaldi, c.1675-1741)
바흐, 요한 세바스챤 (J.S. Bach, 1685-1750)
헨델 (G.F. Händel, 1685-1759)
바흐, 카를 필립 엠마뉴엘 (C.P.E. Bach, 1714-1788)
슈베르트 (F. Schubert, 1797-1828)
멘델스존 (F. Mendelssohn, 1809-1847)
브루크너 (A. Bruckner, 1824-1896)
본 윌리엄스 (R. Vaughan Williams, 1872-1958)
펜데레키 (K. Penderecki, 1933-현재)

캔티클

3) 눙크 디미티스 (Nunc dimittis)

신약성서 누가복음 2장 27-32절 말씀의 내용으로 시므온 선지자가 하나님의 아들을 뵙고, 하나님께 감사드리는 내용의 노래.

3) 눙크 디미티스 (Nunc dimittis)

눙크 디미티스는 신약성서 누가복음 2장 27-32절 말씀의 내용으로 시므온 선지자가 하나님의 아들 구세주를 뵈옵게 해주신 하나님께 감사드리는 내용의 노래이다.

이 캔티클은 라틴교회에서 적당한 시편송 어조로 된 안티폰과 함께 끝기도(Compline) 예배 시 노래하게 되어 있다. 장례식 예배의 경우 안티폰을 부르지 않는다.

영국의 성공회에서 눙크 디미티스를 최초로 작곡한 사람은 존 머베크(John Merbecke, c.1510-1585)이며, 각 시대의 작곡자들은 다음과 같다.

작곡가

16,7세기

젠플, 루드비히 (Ludwig Senfl, c.1486-c.1542)
라수스, 오를란두스 (Orlandus Lassus, c.1532-1594)
빅토리아, 토마스 루이스 데 (Tomàs Luis de Victoria, c.1548-1611)

튜더(Tudor) 왕조시대

타이 (Christopher Tye, c.1505-1572)
탈리스 (Thomas Tallis, c.1505-1585)
페렌트 (Richard Farrant, c.1525/30-1580)
먼디 (William Mundy, c.1529-1591)
버드 (William Byrd, 1543-1623)
톰킨스 (Thomas Tomkins, 1572-1656)
윌크스 (Thomas Weelkes, c.1575-1623)
기본스 (Orlando Gibbons, 1583-1623)

튜더 왕조시대에 작곡된 캔티클들은 성가대를 위한 합창곡(full)과 솔로부분이 포함된 합창곡(verse)으로 나뉜다.

다성음악에서의 교회음악 양식

이 곡에 사용된 라틴어가사와 한글가사를 살펴보면 다음과 같다.

Latin	한 글
Nunc dimittis servum tuum, Domine, Secundum verbum tuum in pace. Quia viderunt oculi mei salutare tuum Quod parasti ante faciem omnium populorum, Lumen ad revelationem gentium et gloriam plebis tuae Israel. Gloria Patri et Filio, et Spiritui Sancto: Sicut erat in principio, et nunc et semper, et in saeculorum. Amen.	주재여 이제는 말씀하신 대로 종을 평안히 놓아주시는도다. 내 눈이 주의 구원을 보았사오니 이는 만민 앞에 예비하실 것이요. 이방을 비추는 빛이요 주의 백성 이스라엘의 영광이니이다. 〈누가복음 2: 29-32〉 성부 성자와 성령께 영광 돌려보내세 태초로 지금까지 또 영원 무궁토록 성삼위께 영광. 아멘. 〈영광송〉(Gloria Patri)

다음에 지오반니 가브리엘리(Giovanni Gabrieli, 1557-1612)와 톰킨스(Thomas Tomkins, 1572-1656), 주성희(Sung-Hee Joo, b. 1953)의 악보를 제시한다. [악보 32-34]

캔티클

[악보 32] 지오반니 가브리엘리, 〈눙크 디미티스〉(Nunc dimittis)

다성음악에서의 교회음악 양식

156

다성음악에서의 교회음악 양식

캔티클

159

다성음악에서의 교회음악 양식

캔티클

다성음악에서의 교회음악 양식

다성음악에서의 교회음악 양식

다성음악에서의 교회음악 양식

[악보 33] 토마스 톰킨스, 〈눙크 디미티스〉 (Nunc dimittis)

다성음악에서의 교회음악 양식

다성음악에서의 교회음악 양식

[악보 34] 주성희, 〈눙크 디미티스〉 1-18마디

캔티클

다성음악에서의 교회음악 양식

왕정복고(1660년의 챨스2세의 복위)시대와 그 이후에 예배음악에 포함되는 대표적인 영국 작곡가

차일드 (William Child, 1606-1697)
험프리 (Matthew Humfrey, 1647-1674)
블로우 (John Blow, 1649-1708)
퍼셀 (Henry Purcell, 1659-1695)
보이스 (William Boyce, 1711-1779)

전통적 양식으로 작곡한 작곡가
(19-20세기)

버크 (Dudley Buck, 1839-1909)
스테이너 (John Stainer, 1840-1901)
패리 (C.H. Hubert Parry, 1848-1918)
스탠포드 (Charles V. Stanford, 1852-1924)
우드 (Charles Wood, 1866-1926)
본 윌리엄스 (Ralph Vaughan Williams, 1872-1958)
호웰스 (Healey Howells, 1892-1983)
티펫 (Michael Tippett, 1905-1998)

4) 베니테 엑술테무스 도미노
   (Venite exsultemus Domino)

구약성서 시편 95편의 말씀에 의한 것으로 '오라, 주님께 찬송하자' 라는 내용의 즐거운 노래이다.
이 캔티클은 제1시과(Prime)시 첫 번째 부르는 교창식 시편가 (Antiphonal Psalmody)로 캔티클의 시작과 끝부분을 노래한다.

이 캔티클의 작곡자는 다음과 같다.

탈리스 (Thomas Tallis, c.1505-1585)-5성부
팔레스트리나 (G.P. da Palestrina, c.1525-1594)-5성부
버드 (William Byrd, 1543-1623)-6성부
위클스 (Thomas Weekles, 1576-1623)
기본스 (Orlando Gibbons, 1583-1625)

4) 베니테 엑술테무스 도미노 (Venite exsultemus Domino)

구약성서 시편 95편의 말씀에 의한 것으로 '오라, 주님께 찬송하자' 라는 내용의 즐거운 노래

캔티클

5) 베네디치테 옴니아 오페라 (Benedicite, Omnia Opera)

외경 다니엘서 3장 57-88절 말씀에 의한 것으로 '온 만물이 하나님을 찬양하자'는 내용

5) 베네디치테 옴니아 오페라 (Benedicite, Omnia Opera)

외경 다니엘서 3장 57-90절 말씀에 의한 '온 만물이 하나님을 찬양하자'는 내용으로 현재 사용되고 있는 구약성서의 가사라기보다 70인 역 헬라어 구약성서(Septuaginta : LXX)의 내용으로 되어 있다. 이 캔티클은 테 데움(Te Deum)과 같이 영광송(Gloria Patri)을 사용하지 않는다.

이 캔티클의 작곡자는 다음과 같다.

스테이너 (John Stainer, 1840-1901)
본 윌리엄스 (Ralph Vaughan Williams, 1872-1958)
윌란 (Healey Willan, 1880-1968)
해리스 (William Harris, 1883-1973)
섬지온 (Herbert Sumsion, 1899-1995)

6) 유빌라테 데오 (Jubilate Deo)

구약성서 시편 100편 말씀에 의한 것으로 '하나님을 찬양'하는 내용

6) 유빌라테 데오 (Jubilate Deo)

구약성서 시편 100편 말씀에 의한 것으로 '하나님을 찬양'하는 내용이다.
이 캔티클은 성공회에서 1552년부터 베네딕투스 대신 노래할 수 있는 선택곡으로 사용되었으나 후에는 보통 테데움과 함께 노래하게 되었다.

이 캔티클의 작곡자는 다음과 같다.

죠스깽 데 프레 (Josquin des Prez, c.1445-1521)
공베르 (Nicholas Gombert, c.1495-1560)
모랄레스 (Cristobal Morales, 1500-1553)
팔레스트리나 (G.P. da Palestrina, c.1525-1594)
라수스 (Orlandus Lassus, 1532-1594)
마렌찌오 (Luca Marenzio, 1553-1599)
가브리엘리, 지오반니 (Giovanni Gabrieli, 1557-1613)
프레토리우스 (Michael Praetorius, 1571-1621)

다성음악에서의 교회음악 양식

특별한 세팅 또는 성공회 예배용으로 작곡한 작곡자는 다음과 같다.

쉿츠 (Heinrich Schütz, 1585-1672)
로크 (Matthew Locke, c.1621-1677)
블로우 (John Blow, 1649-1708)
퍼셀 (Henry Purcell, 1659-1695)
웨슬리 (S.S. Wesley, 1810-1876)
보이스 (William Boyce, 1711-1779)
몬돈빌 (Jean-Joseph Mondonville, 1711-1972)
퀘슬리 (F.A.G. Ouesley, 1825-1889)
설리반 (Arthur Sullivan, 1842-1900)
우드 (Charles Wood, 1866-1926)
본 윌리엄스 (Ralph Vaughan Williams, 1872-1958)
아이어랜드 (John Ireland, 1879-1962)
윌란 (Healey Willan, 1880-1968)
월톤 (William Walton, 1902-1983)
브리튼 (Benjamin Britten, 1913-1976)
쥬버트 (John Joubert, 1927-   )

죠스깽 데 프레 (c.1445~1521), 존 블로우(c.1648~1708), 벤쟈민 브리튼 (1913~1976) 그리고 '유타 심포니 코러스'(Utah Symphony Chorus)에 의해 위촉되어 1989년 초연된 맥 윌베르크(Mack Wilberg)의 〈유빌라테 데오〉(Jubilate Deo) 등이 자주 연주되는데, 여기서는 죠스깽 데 프레, 존 블로우 그리고 주성희의 유빌라테 데오 악보를 제시한다. [악보 35-38]

캔티클

[악보 35] 죠스깽 데 프레, 〈유빌라테 데오〉 (Jubilate Deo)

다성음악에서의 교회음악 양식

다성음악에서의 교회음악 양식

다성음악에서의 교회음악 양식

캔티클

181

다성음악에서의 교회음악 양식

캔티클

[악보 36] 존 블로우, 〈유빌라테 데오〉(Jubilate Deo) 1-27마디

다성음악에서의 교회음악 양식

다성음악에서의 교회음악 양식

다성음악에서의 교회음악 양식

[악보 37] 주성희, 〈유빌라테 데오 Ⅰ〉(Jubilate Deo Ⅰ)

시편 100편

주성희 (b.1953)

캔티클

다성음악에서의 교회음악 양식

캔티클

다성음악에서의 교회음악 양식

캔티클

다성음악에서의 교회음악 양식

캔티클

[악보 38] 주성희, 〈유빌라테 데오 II〉 (Jubilate Deo II)

다성음악에서의 교회음악 양식

캔티클

다성음악에서의 교회음악 양식

캔티클

다성음악에서의 교회음악 양식

7) 칸타테 도미노 (Cantate Domino)

구약성서 시편 98편 말씀에 의한 것으로 '주님께 새로운 노래로 찬양하라' (Cantate Domino canticum novum)는 내용이다.
이 캔티클은 성공회에서 1552년에 출판된 기도문책에 있는 지시대로 마니피카트 대신 교대로 저녁예배 시에 사용되었으나 오늘날에는 예전의식과 관계가 없다.

8) 데우스 미제라투르 (Deus miseratur)

구약성서 시편 67편 말씀에 의한 것으로 '하나님 우리를 불쌍히 여기소서' 라는 내용이다.
이 캔티클은 눙크 디미티스 대신 저녁예배 시 사용되었다.

9) 테데움 (Te Deum)

'감사의 찬미' 라는 의미로 다른 캔티클과는 달리 성서에 의한 가사가 아니므로 누구에 의해 작사되었는지 알 수 없다.
테데움의 가사는 베네디치테 옴니아 오페라 다음으로 길며, 4부분으로 구분되어 29절의 산문체로 되어있다.

첫째부분 : [1-10절] 성부를 찬양하는 내용
둘째부분 : [11-13절] 영광송(Doxology)
　　　　　　삼위일체에 대한 예전적 찬송의 전형
셋째부분 : [14-23절] 성자를 찬양하는 내용
　　　　　　(22-23절은 시편 28편 9절 내용)
넷째부분 : [24-29절] 여러 시편구절로 구성

16세기 중엽 성공회 예배의 해뜨기 직전 밤기도에는 테데움(Te Deum)을 항상 불렀으며 테데움을 대신해서 베네딕투스(Benedictus)를 사용할 수 있었다.
마틴 루터에 의하여 테데움이 독일어 'Herr Gott dich loben Wir' 로 번역되었고, 이것이 그레고리안 챤트를 사용하는 음악 세팅(setting)에 영향을 주었다. 17세기에는 세팅의 성격이 달라지게 되는데, 제목은 라틴어를 사용하지만 가사는 영어로 번역된다. 영국 종교개혁 이후 영어로 된 테데움을 위한 세팅이 퍼셀(H. Purcell,

---

7) 칸타테 도미노 (Cantate Domino)

구약성서 시편 98편 말씀에 의한 것으로 '주님께 새로운 노래로 찬양하자' 는 내용

8) 데우스 미제라투르 (Deus miseratur)

구약성서 시편 67편 말씀에 의한 것으로 '하나님께서 우리를 불쌍히 여겨 주소서' 라는 내용

9) 테데움 (Te Deum)

'감사의 찬미'
4부분으로 구분되어 29절의 산문체로 되어있다.

첫째부분 : [1-10절] 성부를 찬양
둘째부분 : [11-13절] 독솔로지
　　　　　　삼위일체에 대한 예전적 찬송의 전형
셋째부분 : [14-23절] 성자를 찬양
넷째부분 : [24-29절] 여러 시편 구절로 구성

캔티클

1659-1695), 본 윌리엄스(R. Vaughan Williams, 1892-1958), 브리튼(B.Britten, 1913-1979)등 여러 작곡가들에 의해 다양한 성부구성과 악기편성으로 작곡되어진다.

19세기 후기 오스트리아의 작곡가 브루크너(Anton Bruckner, 1824-1896)가 작곡한 《테데움》의 구성은 5부분으로 구성되어 있으며, 마지막 제 5부분에서는 서주풍으로 시작하여 푸가로 발전한다.

브루크너의 《테데움》

5부분으로 구성

1. 하나님을 찬양하나이다
   (Te Deum laudamus) - 소프라노, 알토, 테너 독창과 혼성합창

2. 우리를 도우소서
   (Te ergo quaesumus) - 소프라노, 알토, 테너, 베이스 사중창

3. 영원히 성도들과 함께
   (Aeterna fac cum sanctis tuis) - 혼성합창

4. 주여, 당신의 백성을 구하소서
   (Salvum fac populum tuum) - 혼성4중창과 혼성합창

5. 주여, 당신을 믿사오니
   (In te, Domine, speravi) - 혼성4중창과 혼성합창

이 곡은 5부분으로 나누어져 있으나 전체가 하나의 주제로 되어있다. 이 곡은 1881년 완성되었으나 개정하여 1884년 3월 7일 60세 때에 완성되었다. 1885년 5월 2일 피아노 반주로 초연되었으며, 1886년 1월 10일 관현악을 수반한 형태로 연주되었다.

음악사적으로 유명한 테데움의 작품은 다음과 같다.

핸델의 《데팅겐 테데움》 (Dettingen Te Deum)
베를리오즈의 《테데움》 (Te Deum)
부르크너의 《테데움》 (Te Deum)
하이든의 《테데움》 (Te Deum)
모차르트의 《테데움》 (Te Deum)
리스트의 《테데움》 (Te Deum)

다성음악에서의 교회음악 양식

구노의 《테데움》 (Te Deum)
드보르작의 《테데움》 (Te Deum)
브리튼의 《테데움》 (Te Deum)

다음에 브루크너의 《테데움》 5부분의 가사와 각 부분의 악보 일부를 제시한다. [악보 39]

1. Te Deum Laudamus

Te Deum laudamus, te Dominum confitemur Te aeternum Patrem omnis terra venera

Tibi omnes Angeli tibi coeli et universae potestates

Tibi Cherubim et Seraphim inces sabili voce proclamant santus Dominus Deus sabaoth

Pleni sunt coeli et terra majestatis gloriae tuae Te gloriosus Apostolorum chorus

Te Prophetarum laudabilis numerus Te martyrum candidatus laudat exercitus

Te per orbem terrarum sanctaconfitetetur Eccelsia Patrem immensae majestatis

venerandum tuum verum et unicum Filium sanctum quoque paraclitum Spiritum

Tu rex gloriae Christe Tu Patris sempiternus es Filius Tu ad liberandum suscepturus hominem non horruisti Virginis uterum tu, devicti mortis aculeo aperuisti credentibus regna coelorum

---

브루크너의 《테데움》 가사

1. 하나님을 찬양하나이다

하나님을 찬양하나이다 주 하나님 찬양하나이다 영원하신 아버지를 모두 받드나이다

모든 하늘의 천사들 모든 하늘과 모든 능하신 이들과

모든 그룹들과 스랍들 영원히 소리 높여 노래 부르기를 거룩 온누리에 주 하나님

하늘과 땅에 가득찬 장엄하신 주님의 영광 그 영광으로 인해 빛나는 사도들이

보람되신 선지자들의 대열과 저 순교자들과 함께 주를 높이나이다

땅에서는 어디서나 모든 거룩하신 교회들이 한량없으신 아버지를

존귀하신 하나님의 아들이신 독생자 주님을 위로자 성령을 찬양하나이다

영광의 임금 그리스도 아버지의 영원하신 독생자 우리를 구원하려 몸소 사람이 되셔서 동정녀의 몸에서 태어나셨나이다 죽음의 가시를 쳐버리고 믿는 자들에게 천국 문을 여셨나이다

캔티클

믿는 자들에게 천국문을 여셨나이다 영광의 하나님 오른편에 앉아계신 주님 심판 하시려고 오실 것을 믿나이다

aperuisti credentibus regna coelorum Tu ad dexteram Deisedes, in gloria Patris Judex crederis esse venturus

2. 우리를 도우소서

주의 보혈로 구속받은 주의 종들을 도와주소서 우리를 도와주소서

2. Te ergo quaesumus

Te ergo quaesumus tuis famulis subveni quos pretioso sanguine

3. 영원히 성도들과 함께

영원히 성도들과 함께 영광을 누리게 하소서

3. Aeterna fac cum sanctis

Aeterna fac cum sanctis tuis in gloria numerari

4. 주의 백성을 구원하소서

주여 당신의 백성을 구원하소서 큰 축복을 주님의 사업 위에 그 백성들을 다스려 주시고 영원히 이끄소서

항상 주님만 높여 송축하나이다 영원 무궁토록 주님의 이름을 항상 찬양 하나이다

주님께 비오니 우리가 오늘도 죄를 짓지 않게 지켜주소서 불쌍히 보소서 주여 자비를 베푸소서 주여 우리를 불쌍히 여겨주소서

주님께서 이루어 주소서

4. Salvum fac populum tuum

Salvum fac populum tuum Domine et benedic haereditati tuae Et rege eos et extolle illos us que in aeternum

Per singulos dies benidicimus te Et laudamus nomem tuum in saeculum et saeculum saeculi

Dignare Domine die isto sine pecca to nos custodire Miserere nostri Domine miserere nostri Fiat misericordia tua Domine

super nos quemadmodum speadmodum speravimus in te

5. 주여 당신을 믿사오니

주여 우리가 주님을 영원토록 믿사오니 결코 우리를 버리지 마옵소서

5. In te, Domine, speravi

In te Domine speravi: non confundar in aeternum

다성음악에서의 교회음악 양식

[악보 39] 브루크너, 《테데움》(Te Deum)

1. 〈하나님을 찬양하나이다〉 (Te Deum Laudamus)

캔티클

2. 〈우리를 도우소서〉 (Te ergo quaesumus)

다성음악에서의 교회음악 양식

3. 〈영원히 성도들과 함께〉 (Aeterna fac cum Sanctis)

4. 〈주여 당신의 백성을 구원하소서〉 (Salvum fac populum tuum)

다성음악에서의 교회음악 양식

5. 〈주여 당신을 믿사오니〉 (In te, Domine, speravi)

캔티클

209

다성음악에서의 교회음악 양식

다성음악에서의 교회음악 양식

다성음악에서의 교회음악 양식

19세기 후반의 중요한 체코의 작곡가 드보르작(Antonin Dvořák, 1841-1904)이 작곡한 《테데움》은 드보르작 최후의 종교음악으로 1892년 10월 21일 작곡자의 지휘로 뉴욕에서 초연되었는데, 곡의 전체구성은 부르크너의 5부분과는 달리 4부분으로 되어있고, 마지막에서 비예전적으로 '알렐루야'(Alleluia) 가사를 사용하여 환희의 절정으로 고조되어 마치는데 구성은 다음과 같다.

다음에 드보르작의 테 데움 4부분의 구성과 악보를 제시한다.
[악보 40]

1. 하나님을 찬양하나이다
   (Te Deum Laudamus) - 소프라노 독창과 혼성합창

2. 영광의 왕이신 그리스도여
   (Tu Rex gloriae, Christe) - 베이스 독창, 여성3부와 남성4부

3. 영원히 성도들과 함께
   (Aeterna fac cum Sanctis tuis) - 혼성합창

4. 주여 이 날 우리들이 죄를 범하지 않도록 우리들을 지켜주소서
   (Dignare Domine, die isto, sine peccato nos custodire)
   - 소프라노와 베이스 독창, 남성3부와 혼성합창

알렐루야! (Alleluia!)

드보르작의 Te Deum
4부분으로 구성

1. 하나님을 찬양하나이다

2. 영광의 왕이신 그리스도여

3. 영원히 성도들과 함께

4. 주여 이 날 우리들이 죄를 범하지 않도록 우리들을 지켜주소서

알렐루야!

캔티클

[악보 40] 드보르작, 《테테움》 (Te Deum)

1. 〈하나님을 찬양하나이다〉 (Te Deum Laudamus)

Antonin Dvorák (1841 - 1904)

다성음악에서의 교회음악 양식

캔티클

2. 〈영광의 왕이신 그리스도여〉(Tu Rex gloriae, Christe)
1. 하나님을 찬양하나이다 (Te Deum Landamus)

Antonin Dvorák (1841 - 1904)

다성음악에서의 교회음악 양식

다성음악에서의 교회음악 양식

다성음악에서의 교회음악 양식

3. 〈영원히 성도들과 함께〉 (Aeterna fac cum sactis tuis)

다성음악에서의 교회음악 양식

캔티클

4. 〈주여 이날 우리들이 죄를 범하지 않도록 우리들을 지켜주소서〉
(Dignare Domine, die isto, sine peccato nos custodire)

다성음악에서의 교회음악 양식

다성음악에서의 교회음악 양식

캔티클

다성음악에서의 교회음악 양식

캔티클

다성음악에서의 교회음악 양식

다성음악에서의 교회음악 양식

2. 오르가눔

다성음악

가장 오래된 초기 다성음악
『무지카 엔키리아디스』
(Musica enchiriadis)

오르가눔 (Organum)
원래의 단성부 성가선율을 그대로 병진행하여 2성부, 3성부 그리고 4성부로 연주하는 다성음악을 오르가눔이라 불렀다.

  병행 오르가눔의 종류
    4도병행 오르가눔,
    5도병행 오르가눔,
    8도병행 오르가눔

초기 오르가눔
  상성부 : 주성부 (vox principalis)
           (그레고리안 챤트선율)
  하성부 : 오르가눔성부
           (vox organalis)

초기의 오르가눔은 병행선율이 주선율을 따라다니므로 독립된 두 선율로는 볼 수 없다

11세기 오르가눔
1. 오르가눔성부가 독립된 선율을 이룬다.
2. 병진행, 반진행, 사진행 등이 나타남.
3. 성부교차가 이루어짐

12세기 오르가눔
1. 오르가눔 성부가 상성부의 역할
2. 장식 오르가눔인 멜리스마 오르가눔이 생김

2. 오르가눔

9세기경부터 그레고리안 챤트가 트로프, 시퀀스등이 중시되면서 다성합창 형태로 발전하였다. 즉, 두 개 이상의 다른 선율을 동시에 연주하는 것으로 다성음악이라 불렀다. 9세기에 나타난 서양의 다성음악은 화성의 개념으로 발전하여, 20세기 서양음악 특징의 기본요소가 된다.

가장 오래된 초기 다성음악은 9세기 후반에 쓰여진 작자 미상의 『무지카 엔키리아디스』(Musica enchiriadis)이다. 이 책에는 그레고리안 챤트를 다성화하는 방법에 대하여 구체적으로 언급하고 있다. 저자는 단성부 성가를 2성부, 3성부 그리고 4성부로 연주하는 방법을 설명한다. 원래의 성가선율을 그대로 병진행하는 다성음악을 오르가눔(organum)이라고 불렀다.

오르가눔에서 병진행 할 수 있는 음정은 완전4도, 완전5도, 옥타브로 이를 4도병행 오르가눔, 5도병행 오르가눔, 8도병행 오르가눔이라 한다.

초기 오르가눔은 그레고리안 챤트의 선율이 항상 상성부에 놓이며 주성부(vox principalis)라 하여 검은음표로 표기하였으며, 병진행성부를 오르가눔성부(vox organalis)라 하여 흰음표로 표기하여 하성부에 놓았다. 이러한 배치는 가사가 분명하게 들리도록 한 것으로 본다.

초기의 오르가눔은 병행선율이 주선율을 따라다니므로 독립된 두 선율로는 볼 수 없으며, 즉흥적으로 연주되었을 것으로 추정한다.

11세기경부터 오르가눔성부의 선율진행이 자유로워지게 되며 독립된 선율을 이루게 된다. 또한 병진행 뿐만 아니라 반진행, 사진행 등이 나타나며, 오르가눔성부와 주성부가 교차되는 경우가 있다.

12세기 경부터 오르가눔 성부가 상성부의 역할을 하게 되며, 작곡가들은 오르가눔 성부에 자유롭게 음악적인 장식을 하여 새로운 양식인 장식 오르가눔인 멜리스마 오르가눔이 생기게 된다. 이것은 주성부 한 음에 여러 음으로 된 멜리스마를 사용하는 것이다.

그 당시 노트르담 대성당의 참사회원으로 유명한 작곡가는 레오냉

다성음악에서의 교회음악 양식

(Leonin / Leonius)과 페로탱(Perotin / Perotinus)이다.
레오냉은 노트르담악파(혹은 생 마르샬 악파) 초기의 대표적인 작곡가이다.

그는 교회력에 의한 1년간의 예전용 곡집 《예전을 위한 총계송과 응답송을 모은 대 오르가눔 성가집》(Magnus liber organi de graduali et antiphonario pro servitio divino multiplicando)을 편집하였다.

그의 작곡기법의 특징은 하나의 저음의 긴 음표에 대하여 상성은 자유롭게 흐르는 리듬으로 움직이는 것과(대위법적 기교), 음표 대 음표의 엄격한 양식(화성적 기교)이 동시에 존재하는 것이다. 이것은 초기대위법의 귀중한 선례가 된다. [악보 41] a

12세기 노트르담악파의
대표적인 작곡가

레오냉 (Leonin / Leonius)

교회력에 의한 1년간의 예전용 곡집 《예전을 위한 총계송과 응답송을 모은 대 오르가눔 성가집》을 편집

작곡기법의 특징

하나의 저음의 긴 음표에 대하여 상성은 자유롭게 흐르는 리듬으로 움직이는 것과, 음표 대 음표의 엄격한 양식이 동시에 존재한다.

오르가눔

[악보 41] a 레오냉, 2성부 오르가눔 〈성탄시기 알렐루야〉 (Alleluia : Nativitas)

클라우줄라가 있는 노트르담 오르가눔

Leonin (c.1159 - c.1210)

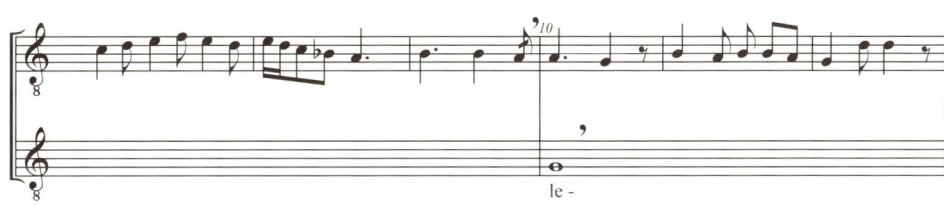

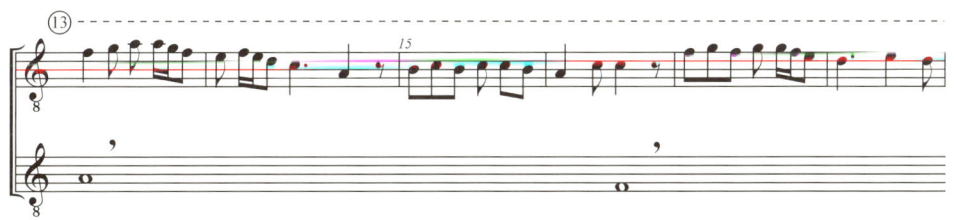

다성음악에서의 교회음악 양식

클라우줄라 1
[⑬-㉞ 구분선의 오르가눔을 가지고 클라우줄라를 만들었다.
이것이 훗날 모테트로 발전하게 된다]

유빌루스 (Jubilus : 그레고리안 챤트)

오르가눔 2

오르가눔

다성음악에서의 교회음악 양식

다성음악에서의 교회음악 양식

오르가눔

그레고리안 챤트 (독창자에 의한 단선율)

앞의 유빌루스를 다시 반복한 후 곡이 끝나게 된다.

다성음악에서의 교회음악 양식

페로탱(Perotin / Perotinus)은 노트르담 악파의 거장이다. 레오냉의 후계자로 그의 교회력에 의한 1년간의 예전용 곡집《대 오르가눔 성가집》(Magnus liber organi)을 수정 보완하여 재편했다. 또한 레오냉의 클라우줄라를 대체할 수 있는 새로운 클라우줄라를 작곡하여, 클라우줄라를 오르가눔으로부터 독립된 음악으로 보았음을 알 수 있다. (훗날 모테트로 발전)

페로탱은 3성부, 4성부를 첨가하여 이 책이 가장 풍부한 화음예술의 화려함을 나타내도록 하여 초기 다성음악의 발전에 커다란 공헌을 한 작곡가이다.

[악보 42] a의 3성부 오르가눔 성탄시기(12월 24일-1월 6일까지)를 위해 작곡된 〈알렐루야〉(Alleluia : Nativitas)는 노트르담악파의 특징적인 오르가눔으로《대 오르가눔 성가집》에 수록되어 있다. 이 곡은 [악보 41] a의 레오냉 작품에서 사용한 그레고리안 챤트의 선율를 사용하고 있다. [악보 41] b

이 곡은 시작부분에서는 테너 성부가 리듬선법에 의하지 않은 오르가눔 양식을, 33마디부터는 테너 성부가 리듬선법에 의하여 쓰여진 디스칸트 양식을 동시에 사용하고 있다. 예배 시에는 알렐루야 오르가눔이 몇 명의 독창자가 노래하며 계속하여 테너에 사용한 원래의 그레고리오안 챤트의 알렐루야 선율이 전체합창으로 연주된다. [악보 42] a 그 다음에 이 오르가눔과 비슷한 3성부 오르가눔의 단시가 독창자들에 의해 노래되고 또한 다른 그레고리안 챤트의 단시가 합창으로 부른 후 마지막에 다시 처음의 알렐루야 오르가눔이 독창자들에 의해 반복되어진다. 이 곡의 구조는 A B A 이다.

페로탱 (Protin / Perotinus)
노트르담 악파의 거장
레오냉의 교회력에 의한 1년간의 예전용 곡집
《대 오르가눔 성가집》을 재편하여 거기에 3성부, 4성부를 첨가하여 초기 다성음악의 발전에 커다란 공헌을 한 작곡가

[악보 41] b 레오냉, 2성부 오르가눔 〈성탄시기 알렐루야〉에 사용된 그레고리안 챤트의 선율

오르가눔

[악보 42] a 페로탱, 3성부 오르가눔 〈성탄시기 알렐루야〉 (Alleluia: Nativitas)

다성음악에서의 교회음악 양식

* 다음에 계속되는 성탄시기 (Nativitas)의 악보는 생략되어 있음

오르가눔

페로탱의 4성부 오르가눔인 12월 26일 스데반 첫 순교기념일 층계송 〈세데룬트〉 (Sederunt)를 제시한다. [악보 42] b

[악보 42] b 페로탱, 4성부 오르가눔 〈세데룬트〉 (Sederunt)

다성음악에서의 교회음악 양식

오르가눔

de -

다성음악에서의 교회음악 양식

오르가눔

다성음악에서의 교회음악 양식

오르가눔

의원들은 공회에 앉아 나를 공격하는 발언을 하였고,
나의 적들은 나를 기소 했다.

다성음악에서의 교회음악 양식

3. 모테트

'말' 을 뜻하는 프랑스어 '모트'(mot)에서 유래하였으며, 처음에는 라틴어의 모테투스가 '말이 붙은 성부' 라는 뜻으로 쓰여졌으나 후에 악곡 전체를 가리키는 명칭이 되었다.

모테트는 짧은 다성음악에 의한 합창곡으로 예배 특히 저녁기도(Vespers)때에 연주한다.

여기서는 중세의 모테트, 르네쌍스시대의 모테트, 바로크시대의 모테트로 분류하여 각 시대별 특징을 간략하게 살펴보기로 한다.

1) 중세의 모테트(c.1220-1450)

(1) 최초의 모테트

클라우줄라(clausula)의 상성부에 새로운 가사를 붙여 만든 작품을 모테트라 한다. 대부분 독립적인 작품에서 나온 것이 아니라 오르가눔의 클라우줄라에서 발생되었다.

(2) 13세기 모테트
　　(노트르담악파 모테트)

13세기 프랑스 음악 즉 '옛 예술'을 의미하는 아르스 안티콰(Ars antiqua)는 노트르담 대성당을 중심으로 탄생하였다. 노트르담 성전을 건축함과 동시에 찬양을 통해 장차 성전을 빛낼 음악가를 육성하였다. 여기서 배출된 대표적 음악가가 레오넹과 페르탱이다. 이로 인해 파리의 노트르담이 서양음악의 구심점이 되었다. 시회적 배경으로는 도시의 탄생과 시민계급의 등장, 십자군 전쟁을 통한 동서문화의 교류, 유럽의 여러 대학들이 세워지면서 체계적 학문 연구가 발전하기 시작하였다. 토마스 아퀴나스에 의해 스콜라 철학이 집대성 되었으며, 느트르담 성당은 중세를 대표하는 '고딕양식' 으로 되어있다.

12세기 노트르담 악파의 2성 오르가눔은 다성음악 가운데 가장 오래된 양식으로 〈표 16〉[23]의 리듬선법(Rhythmic mode)이 멜리스마 오르가눔 상성부에 처음 나타나게 된다. [악보 43]

〈표 16〉은 6개의 리듬선법(The Six Rhythmic mode)을 제시한다.

---

3. 모테트

짧은 다성음악에 의한 합창곡

1. 중세의 모테트 (c.1220-1450)

(1) 최초의 모테트

클라우줄라의 상성부에 새로운 가사를 붙여 만든 작품.
오르가눔의 클라우줄라에서 발생되었다.

(2) 13세기 모테트
　　(노트르담악파 모테트)

아르스 안티콰 (Ars antiqua)
13세기 프랑스 음악 즉 옛 예술을 의미하는데, '고딕양식' 으로 일컬어지는 중세의 고전시기이다.

2성 오르가눔
다성음악 가운데 가장 오래된 양식으로 리듬선법이 처음 나타나게 된다.

모테트

⟨표 16⟩ 6개의 리듬선법 (The Six Rythmic Modes)

리듬선법	시의장단	음가	리듬선법을 지시하기 위한 리가투르의 사용 예
1선법	트로께오 Troqueo (Trochaic)	♩ ♪	1 Mode : Troqueo (3 2 2 2)
2선법	얌보 Yambo (Iambic)	♪ ♩	2 Mode : Yambo (2 2 2 3)
3선법	닥틸로 Dactilo (Dactylic)	♩. ♪♪	3 Mode : Dactilo (1 3 3 3)
4선법	아나페스토 Anapesto (Anapaestic)	♪♪ ♩.	4 Mode : Anapesto (3 3 3 1)
5선법	에스폰데오 Espodeo (Spondaic)	♩. ♩.	5 Mode : Espondeo
6선법	트리브라코 Tribracho (Tribachic)	♪♪♪	6 Mode : Tribracho (4 3 3 3)

그 당시 기보법은 오르도(ordo)를 사용하여 리듬선법(rhythmic mode)의 반복형태를 나타낸다. ⟨표 17⟩에 나타나 있듯이 오르도는 악구의 길이와 리듬형태의 반복수를 표시하는데, 두 개 또는 세 개의 오르디네스(ordines, ordo의 복수)는 그 리듬형태가 두 번 또는 세 번 나타난다는 것이며 마지막에는 쉼표를 사용한다.

리듬선법 4, 5, 6도 상기와 같은 방법으로 만들 수 있다.

⟨표 17⟩[24]에 제시된 오르도의 형태들은 간단하나, 실제적으로 반복되는 오르디네스의 조직은 복잡하며 전체적인 일관성을 가지기 힘든 면이 있다. 그러나 이 시기 리듬의 기본적인 조직적 형태를 제공했다는 점에서 매우 중요하다.

다성음악에서의 교회음악 양식

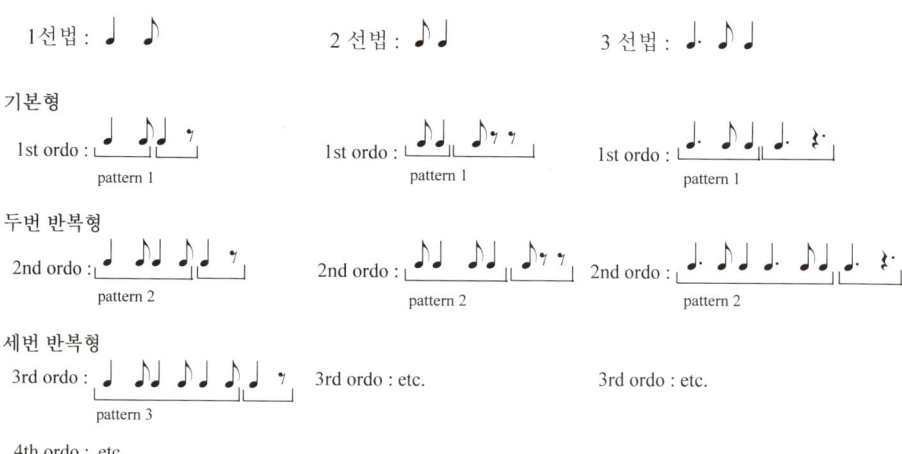

〈표 17〉 오르도를 사용한 리듬선법의 반복형태

노트르담 오르가눔 중에서 두 성부 모두 리듬선법이 사용되는 부분이 있었는데, 이때 테노르 성부가 반복되어지는 리듬패턴에 따라 더 빨리 진행하는 것을 클라우줄라(clausula)라 한다. 이러한 중요한 발전이 작곡가들에 의해 철저히 연구되어져 그 결과 중요한 양식인 모테트가 발생하게 된다.

모든 오르가눔에서는 클라우줄라(Clausula) 부분이 하나 이상 나타난다. 그 중 클라우줄라 부분이 분리되어 확대 발전되고 상성부에 가사(말 : mots)가 붙여지게 되는데 그 상성부는 두플룸(duplum: 2성)이라는 말 대신에 모테투스(motetus)라고 불리워졌다, 그리하여 악곡 전체를 이르는 말이 되어 중세의 가장 중요한 다성음악 형식인 모테트로 발전하게 된다. 제2성부(duplum)위에 제3성부가 붙여질 때 이는 트리플룸(triplum: 3성)이라고 불리었다. 이 시기의 모테트는 4성부까지 확대되어 다양한 유형이 나타나게 된다. 2성부의 단순 모테트, 3성부의 이중모테트, 모든 성부가 같은 가사를 갖는 3-4성의 콘둑투스 모테트로 구분되는데, 넷째성부가 첨가된 경우에는 콰드르플룸(Quadruplum: 4성) 또는 '노래'라는 뜻의 칸투스(Cantus)란 용어가 사용되었다.

모든 오르가눔에서는 클라우줄라(Clausula) 부분이 하나 이상 나타나는데, 클라우줄라 부분이 분리되어 확대 발전되고 상성부에 말(mots)이 붙여지게 됨에 따라 그 상성부는 두플룸(duplum: 2성)대신에 모테투스(motetus)라고 불리워짐.

두플룸 (duplum: 2성)
모테투스(motetus)라고 불리워졌으며, 중세의 가장 중요한 다성음악 형식인 모테트(Motet)로 발전된다.

트리플룸 (triplum: 3성)
제2성부(duplum)위에 제3성부가 붙여질 때 제3성을 트리플룸이라 한다.

콰드르플룸 (Quadruplum: 4성)
제3성부(triplum)위에 제4성부가 붙여질때 제4성을 콰드르플룸 또는 칸투스라한다.

모테트

[악보 43] 노트르담악파, 2성부 오르가눔

다성음악에서의 교회음악 양식

13세기 모테트의 특징

첫째, 테노르 성부가 대부분의 클라우줄라(Clausula)처럼 그레고리안 챤트 중에 나온 멜리스마 부분이다.

클라우줄라는 라틴어로 '결말'이란 뜻을 가지며, 특히 13세기 노트르담 악파의 오르가눔 중에서 명확한 종지를 가진 디스칸트양식으로 성가선율이 리듬적으로 더 빨리 움직이는 부분을 클라우줄라 라고 일컬었다. 테노르성부에서는 보통 반복리듬을 사용하였으며, 이 클라우줄라의 상성부에 가사가 붙여진 것이 13세기 초기 모테트이다.

둘째, 가사를 살펴보면 제 2성부(duplum)의 가사가 라틴어일 때 제 3성부(triplum)의 가사도 라틴어로 되어있고, 제 2성부의 가사가 프로방스어(훗날 불어)일 때, 제 3성부의 가사도 프로방스어로 되어 있다. 또한 제 2성부와 제 3성부의 가사가 서로 다른 내용의 가사로 되어있는 것을 이중언어구조(polytextuality)에 의한 모테트라 하며, 13세기 중반 이후에는 자유롭게 작곡되었고 대체로 곡의 길이가 짧았다.

교회에서는 라틴어가사의 모테트가 예배시간에 연주되었으며, 프로방스어 가사의 모테트는 교회에서 불려지지 않았고, 오락이나 친교모임에서 노래되었.

이와 같이 13, 14세기의 모테트는 모테트 양식으로 발전하여, 오늘날의 교회음악 양식으로 발전되었다.

셋째, 리듬선법(rhythmic mode)의 엄격한 구성으로 편곡되어 있다. (〈표 16〉 참조)

13세기 전반에 비해 변형된 후반의 모테트 양식의 차이점을 살펴보면

첫째, 테너에 사용되는 정선율(Cantus Firmus)을 원래대로 사용하지 않고 원곡의 일부분을 사용하거나, 원래의 선율이 변형되어 사용된다.

둘째, 제 2성부 모테투스와 제 3성부 트리플룸의 음악적 성격의 차이가 분명하게 나타난다. 예를 들어 모테투스는 제1 리듬선법을, 트리플룸은 제6 리듬선법을 사용하거나 때로는 변형될 수

13세기 모테트의 특징

1. 테노르 성부가 대부분의 클라우줄라처럼 그레고리안 챤트 중에 나온 멜리스마 부분이다.

   클라우줄라(Clausula)

   라틴어로 '결말'이란 뜻을 가지며, 특히 13세기 노트르담 악파의 오르가눔 중에서 명확한 마침을 가진 디스칸트 양식으로 성가선율이 리듬적으로 더 빨리 움직이는 부분

2. 가사
① 제 2성부와 제 3성부의 가사가 동일한 언어로 되어있다.

② 이중언어구조에 의한 모테트
두 개의 상성부에서 서로 다른 내용의 가사로 되어있는 모테트. 이 두 개의 상성부에 사용된 가사는 테너에 사용하는 정선율(Cantus Firmus)에 담긴 내용을 따라 파라프레이즈 (paraphrase)하는 것이다.

③ 라틴어가사의 모테트
교회의 예배시간에 연주되었다.

3. 리듬선법 (rhythmic mode)의 엄격한 구성으로 편곡

13세기 전반과 후반의 모테트 양식의 차이점

1) 정선율 (Cantus Firmus) 원곡의 일부분을 사용하거나, 원래의 선율을 변형하여 사용하는 점.

2) 세 개의 성부에 서로 다른 리듬선법을 사용하거나 두성부가 동일한 리듬을 사용하는 등 각 성부간 다양하게 변형된 형태가 나타났다.

모테트

있다. 즉 세 개의 성부가 서로 다른 리듬으로 움직이거나 두 성부가 동일한 리듬을 사용할 수도 있다.

노트르담 악파의 가장 중요한 양식

12, 13세기에 걸쳐 파리의 노트르담 악파 작곡가들이 작곡한 가장 중요한 양식은 모테트였다. 이 모테트들은 리듬선법에 의해 엄격하게 작곡되었는데, 저성부인 테노르(Tenor)에 그레고리안 챤트 가사 처음에 나오는 몇 개의 단어들(incipit)을 적어 성가의 원보를 나타내었으며, 멜리스마적인 선율의 일부를 리듬선법에 맞추어 사용하였다. 리듬선법(Rhythmic mode)에 의한 리듬구성은 테노르의 리듬에 대해 윗 성부들이 좀 더 빠른 모드로 되어있으며, 테너는 3, 5 리듬선법을 제 2성부, 제 3성부는 1, 2, 6 리듬선법을 사용하였다.

리듬선법 (Rhythmic mode)에 의해 엄격하게 작곡된 모테트

노트르담 악파의 모테트
(Motet, School of Notre Dame)

다음에서 프로방스어 가사로 되어있는 13세기 파리 노트르담 악파의 모테트의 가사 [25]와 악보를 살펴보자. [악보 44]

제 3성부	Triplum
이제는 진실하게 !	En non Diu !
그들이 무어라고 말하건 간에 !	que que nus die,
초원이 푸르고 날이 맑을때,	Quant voi l'herbe vert et le tans cler,
그리고 나이팅게일이 노래할때,	Et le rosignol chanter,
우아한 여인이 나에게 간청하네	A donc fine amors me prie
감미롭고 아름다운 사랑의	Docement d'une jolivere
이야기를 노래하라고.	chanter:
"마리온이여, 로빈이 내 사랑이 되게 해주오"	"Marions, leisse Robin por moi amer!"
진실로 나는 그를 즐겁게 하고	Bien me doi ades pener
화환을 걸어주리라.	Et chapiau de fleurs porter,
그토록 감미로운 여인을 위해,	Por si bele amie,
장미가 피는 것을 내가 보았을 때,	Quant voi la rose espanie,
초원이 푸르고 날이 맑을때,	L'herb vert et le tans cler.

제 2성부	Motetus
장미가 피고 초원이 푸르고	Quant voi la rose espanie,
날이 맑은 것을 내가 보았을 때,	L'herbe vert et le tans cler,
그리고 나이팅게일이 울 때,	Et le rosignol chanter,

다성음악에서의 교회음악 양식

나의 우아한 여인이 나에게 간청하네	A dont fine amors m'envie
그녀와 함께 즐기며 놀자고.	De joie fere et mener,
사랑하지 않는 사람은 살아 있지도 않네	Car qui n'aime, il ne vit mie;
사랑하기 위해서 사람은 살아있는 것이네.	Por ce sedoit on pener:
연인을 아끼는 사랑.	D'avoir amors a amie
그녀에게 봉사하고 그녀에게	Et servir et honerer,
영광을 돌리는 사랑,	
그녀는 즐거움 안에 머무르네.	Qui enjoie veut durer.
이제는 진실하게 !	En non Diu!
내	que que
마음이 사랑의 고통으로	nus die, au cuer
가득차 있다고	mi tient li maus
그들은 말하네	d'a mer.

테노르   **Tenor**

동방에서   Eius in Oriente

모테트

[악보 44] 노트르담악파, 3성부 모테트 〈앙 농 뒤! 깡 브와 ; 에이우스 인 오리엔테〉
(En non Diu ! Quant voi ; Eius in Oriente)

다성음악에서의 교회음악 양식

모테트

노트르담악파의 모테트
Motet of School of Notre Dame

이 모테트는 전체가 리듬선법에 의해 엄격하게 이루어져 있다.
테노르에 그레고리안 챤트의 멜리스마적인 선율의 일부분을 하나의 리듬선법에 맞추어 처음으로 사용한 곡이다.

이 곡에 사용된 그레고리안 챤트의 출처를 성가가사에 처음 나오는 단어들(incipit)이 들어있는 원보로 테르노에 '동방에서'(EIUS IN ORIENTE)라고 표시하였다. 이것은 [악보 12] 그레고리안 챤트 〈알렐루야, 그 별을 보고〉(Alleluia, Vidimus stellam)의 시구 중 '동방에서'(ejus in Oriente) 가사에 사용된 선율을 두 부분으로 나누어 테노르에 사용하고 있는데, 첫 번째 부분은 '에유스'(ejus)의 '에'(e)와 '유스'(jus) 가사 사이에 쓰여진 멜리스마 선율을, 두 번째 부분은 '오리엔떼'(Oriente)의 '오리엔'(Orien)과 '떼'(te) 사이에 쓰여진 멜리스마 선율을 사용하였다. 테노르에 사용된 이 선율은 대부분 가사없이 악기로 연주되고 전체적으로 같은 리듬 형태로 되어있다.

이 모테트는 전체가 리듬선법에 의해 엄격하게 이루어져 있다. 저성부 즉, 테노르에 그레고리안 챤트의 멜리스마적인 선율의 일부분을 하나의 리듬선법에 맞추어 처음으로 작곡된 곡이다.

제 2성부는 가사를 가지므로 모테투스(motetus) 또는 두플룸(duplum)이라 불린다. 작곡자에 의해 새로 만들어진 이 선율이 강박에서는 테노르와 협화음이 되면서 약박에서 불협화음의 사용이 가능하다. 대부분 제 3성부인 트리플룸(triplum)이 추가되는데 이 경우 테노르와의 관계는 두플룸과 같은 법칙이 적용되고, 트리플룸과 두플룸인 모테투스 사이에 생기는 불협화음은 상관이 없다.

불어 가사로 되어있는 모테트는 전체가 세속적인 성격을 띠게 된다. 13세기 후기 작품인 이 곡에 사용된 테노르는 원래 성가의 선율이 사용되었다. 제 2성부와 제 3성부에서 사용된 가사는 사랑을 노래한 것이다. 이와 같이 점차로 원래 성가의 가사와 상성부 가사에 나타나는 감정의 연관성이 없어지면서 세속화의 경향을 띠게 된다. 이러한 경향은 테노르까지 세속적인 노래를 사용하기에 이르게 되었다.

이 곡에 사용된 작곡방법의 특징 중 하나는 성부교환이다. [악보 44]의 1-4마디에 나타난 모테투스(두플룸)와 트리플룸의 선율을 21-24마디에서 서로 성부를 교환하여 사용한다. 이러한 방법은 13세기에 자주 사용되었던 방법이다. 또 다른 하나는 카논의 사용이다. [악보 44]의 5-8마디에서 모테투스와 트리플룸의 선율이 동도카논으로 되어있다. 당시 상성 2성의 동도카논은 예외적인 것이었으며, 대위법적인 기법의 시작으로 볼 수 있다.

작곡방법의 특징

1. 성부 교환
2. 동도카논 사용
대위법적인 기법의 시작으로 볼 수 있다.

다성음악에서의 교회음악 양식

13세기의 대표적인 모테트 작곡가

1. 프랑코 폰 쾰른 (Franco von Köln)

프랑코는 13세기 중엽의 이론가로 쾰른의 성 요한 수도원의 수도사이며 교사였다고 전해지고 있는데, 그의 논문 "정량음악의 기술"(Ars cantus mensurabilis)은 1260년경 쓰여진 것으로 추정되며 이는 정량기보법에 관한 완성된 이론과 협화음 이론으로 매우 권위있는 이론서이다.

또한 그의 작품의 특징은 리듬선법의 규칙성에서 벗어나 제 3성부에서 제 2성부보다 더 빠르고 다양한 리듬 사용이 나타난다. 그러나 그의 작품으로서 확인할 수 없어 '프랑코식 모테트(Franconian Motet)'라 불리운다. 그는 음표 자체로 음가를 알 수 있는 기보법을 고안했는데, 이를 프랑코 기보법(Franconian Notation) 또는 멘수라 기보법(Mensura Notation)이라 한다. 이 기보법은 3단계인 롱가(Longa), 브레비스(Brevis), 세미브레비스(Semibrevis)로 되어 있으며, 기본 리듬단위는 브레비스이다.

2. 페트루스 데 크루체
(Petrus de Cruce, 1280년경 활동)

13세기 중엽 파리에 거주한 작곡가이며 음악이론가로, 아르스 안티콰(Ars antiqua)[26]시대의 대표적인 사람이다.
그의 3성 모테트 〈주의 탄생을 예고〉(Aucun Lonc Tanc Annuntiantes)는 13세기 후기의 작품이다. [악보 45] a

---

13세기의 대표적인 모테트 작곡가

1. 프랑코 폰 쾰른

논문
"정량음악의 기술"은 1260년경 쓰여진 것으로 추정되며, 정량기보법에 관한 완성된 이론과 협화음 이론으로 매우 권위있는 이론서이다.

작품의 특징
리듬선법의 규칙성에서 벗어나 제 3성부가 제 2성부보다 더 빠르고 다양한 리듬 사용의 특징이 나타난다. 이를 **프랑코식 모테트**라 부른다.

기보법 고안
음표 자체로 음가를 알 수 있는 기보법을 고안함.
프랑코 기보법 또는 멘수라 기보법

2. 페트루스 데 크루체

13세기 중엽 파리에 거주한 작곡가이며 음악이론가로 아르스 안티콰시대의 대표적인 사람

모테트

[악보 45] a 페트루스 데 크루체, 3성부 모테트 〈주의 탄생을 예고〉
(Aucun / Lonc tans / Annuntiantes)

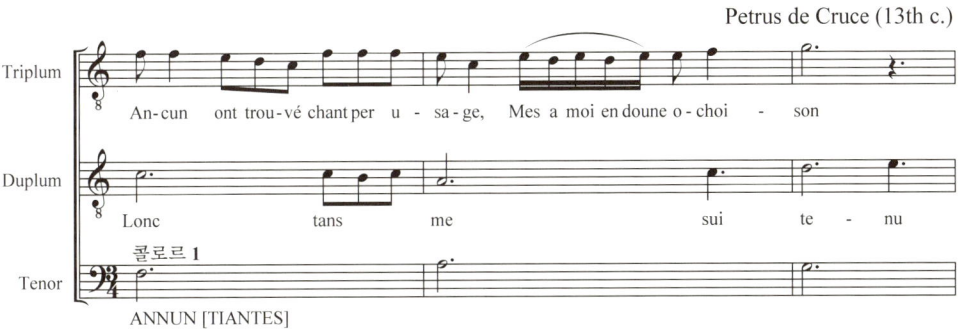

다성음악에서의 교회음악 양식

모테트

콜로르 2 (콜로르 1 의 쉼표 삭제)

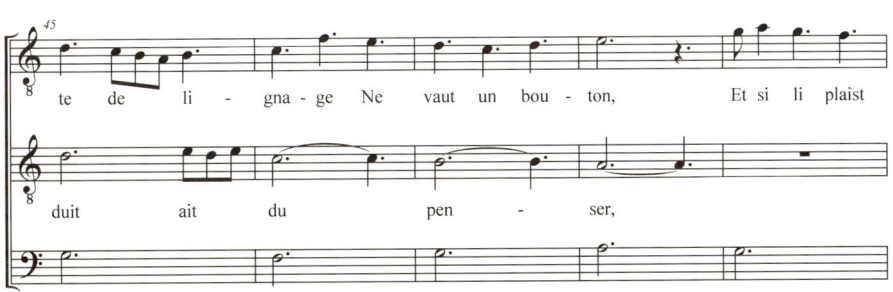

다성음악에서의 교회음악 양식

모테트

작품의 특징

1. 리듬조직
한 박을 3분할하던 리듬선법은 2분할에서 9분할까지 발전하였다. 테노르의 상성에서 작은음표가 우세하며 프랑코식 리듬에서 더 발전되어 최상성부의 리듬선법이 아주 자유롭게 되어있는 멜리스마가 특징이다.

2. 단계적 리듬구조
테노르는 천천히 진행하며, 중간성부인 두플룸(또는 모테투스)은 테노르보다 약간 빠른 속도로 그리고 최상성부 트리플룸(또는 디스칸투스)은 테노르보다 훨씬 빠르게, 두플룸보다는 약간 빠르게 진행하고 있다. 이러한 3중 구조의 아이디어는 13, 14세기에 중요한 음악양식이 되었다.

이 작품에 나타난 리듬조직의 특징을 살펴보자. 한 박을 셋으로 분할(삼위일체 즉 하나님의 완전함을 상징)하는 것은 리듬선법에서 처음으로 나타나는데, 작곡가들은 이러한 분할의 방법을 발전시켜 2분할, 4분할 그리고 5분할과 그 이상의 분할을 사용하게 되었다. 페트루스는 그의 작품에서 2, 4분할 뿐만 아니라 5, 7, 9분할까지 사용하였다.

테노르는 천천히 진행하며, 중간성부인 두플룸(또는 모테투스)은 테노르보다 약간 빠른 속도로 그리고 최상성부 트리플룸(또는 디스칸투스)은 테노르보다 훨씬 빠르게, 두플룸보다는 약간 빠르게 진행하고 있어 이 작품은 단계적 리듬구조(stratification of rhythm)가 특징이다. 이러한 3중 구조의 아이디어는 13, 14세기에 중요한 음악양식이 되었다.

최상성부의 리듬이 아주 자유롭게 되어 있으며 5개, 7개, 9개 음의 멜리스마가 사용된 것이 특징이다. 이 멜리스마에 불협화음이 나타나는데, 첫째마디 제 3성부에서 경과음(Passing tone)이 사용되어 불협화음의 예비와 해결이 이루어져 있으며, 제 2성부에서는 하행보조음(Low Neighboring tone)이 사용되었다.

하나의 음가를 둘 또는 셋으로 나누거나 둘에서 아홉 개로 분할되어 사용할 때 프랑코식 기보법으로는 음가를 명확히 적을 수 없었다. 이때 14세기 이태리 음악 트렌체토에는 마르케토 다 파도바(Marahetto da Padova)의 이론서가 등장하면서 최초의 이태리 기보법에 대해 다루었다. (15세기 초) 스콰르치알루피 필사본(Antonio Squarcialupi codex)에서 다양한 음표모양을 볼 수 있다.

또한 강한 선적인 개념(linear concept)을 지니고 있다. [악보 45] b[27]에 나타나 있듯이 제 2성부(duplum 또는 motetus)의 선율이 1-2마디에서 '도 시 라'(c b a)의 하행선율, 2-4마디에서 '도 레 미 파'(c d e f)의 상행선율 그리고 4-5마디에서 '파 미 레 도'(f e d c)의 하행선율이 나타난다. 제 3성부의 멜리스마 선율이 1마디에서 '파 미 레 도'(f e d c)의 하행선율, 2-3마디에서 '도 레 미 파 솔'(c d e f g)의 상행선율 그리고 4-5마디에서 '레 미 파 솔'(d e f g)의 상행선율이 나타나 각 성부에서 강한 선적인 개념을 지니고 있음이 나타난다.

다성음악에서의 교회음악 양식

[악보 45] b 페트루스 데 크루체, 〈주의 탄생을 예고〉 1-5 마디

이 작품은 아이소리듬기법에 의해 반복되는 리듬형 탈레아(talea)와 반복되는 선율형 콜로르(color)가 결합되어 있다. 테노르에서 리듬 반복인 탈레아가 나타나는데, 36마디까지는 〈표 18〉[28]과 같은 하나의 리듬형태가 4마디 단위로 반복된다.

〈표 18〉 페르투스 데 크루체, 〈주의 탄생을 예고〉 - 탈레아

Motet, *Aucun Lonc tans Annuntiantes* - talea.

또한 [악보 45] c[29]에 제시된 선율이 전체에 두 번 반복사용 된다. 이 선율은 제 1부분 36마디까지 1번 사용되며, 제 2부분 37마디부터는 테노르 선율에서 쉼표를 모두 삭제하고 점이분음표의 선율이 계속 이어져 세 성부가 모두 사용된 긴 흐름을 만들고 있다.

[악보 45] c 페트루스 데 크루체, 〈주의 탄생을 예고〉 - 콜로르

모테트

[악보 45] c의 선율은 27개의 음으로 되어있어 제1부분(1-36마디)에서 4마디 단위의 반복리듬악구 탈레아를 9번(3×3×3) 반복하여 36마디가 되며, 제2부분(37-63마디/27마디)은 쉼표를 삭제한 3마디 단위의 리듬악구 탈레아를 9번(3×3×3) 반복하여 27마디로 되어 있다. 이러한 작품의 조직적 구조에 사용된 3이란 숫자는 완전을 의미하는 숫자로, 특별한 의미를 가지는데 이는 앞서 설명한대로 하나님의 삼위일체와 완전성을 상징한다. 이와 같이 숫자를 기본으로 작품의 구조를 만드는 작품이 중세에 많이 나타난다.

기보법의 변천

앞에서 언급한 13세기의 프랑코 기보법(Franconian Notation)인 정량기보법을 이해하기 위하여 기보법의 변천에 대하여 살펴보자.

음악을 가시적(可視的)으로 표기하는 방법인 기보법은 벨기에 수도자이며 중세 대표적 음악가의 한사람으로 5선상의 기보법과 다성음악인 오르가눔을 창안한 훅발트(Hucbald, 840-930)에 의해 시작되었으며, 베네딕토회 수사로 로마네스크 시대 최고의 음악가이며 이론가로 4선 기보법을 완성하여 시창을 가능하게 한 아렛쪼 지방의 귀도를 거쳐 현재와 같은 형태로 완성되었다 오늘날에는 유럽에서 17세기 이후에 완성된 5선 기보법을 일반적으로 사용하고 있다. 각 기보법의 체계는 각 시대의 특정한 음악양식과 밀접하게 연관되어 있어 작곡자의 의도를 완전히 표시한다는 것은 본질적으로 불가능하며 편의적인 수단에 지나지 않는다. 그러므로 어떤 체계의 기보법으로 표시되어있는 음악을 다른 체계의 기보법으로 옮긴다는 것은 음악 그 자체를 변형 내지 파괴하는 것이 될 수 있다. 즉 그레고리안 챤트는 원래의 기보법인 네우마로, 우리나라의 창(唱)은 우리나라 기보법으로 표기하는 것이 현재의 5선보보다 그 음악을 적절히 재현할 수 있는 것이다. 그러므로 정량기보법에서 현대기보법으로 옮기는 것은 일종의 번역으로 다소의 변질이 생길 수 밖에 없다. 다음에서 각 시대에 널리 쓰여진 기본적인 기보법을 살펴보기로 하자.[30]

1) 동기보 (ekphonetic notation)
기본적인 모티브나 선율형을 글자 혹은 기호로 표시 하는 것.

1) 동기보 (ekphonetic notation)
기본적인 모티브나 선율형을 글자 혹은 기호로 표시하는 것으로 고정된 선율이나 선율형은 나타나 있으나, 하나 하나의 음은 표

다성음악에서의 교회음악 양식

시되어있지 않다.

중세의 비잔틴 챤트, 시리안 챤트, 아르메니안 챤트 등에 사용되었다.〈표 19〉

〈표 19〉 동기보 (ekphonetic notation)

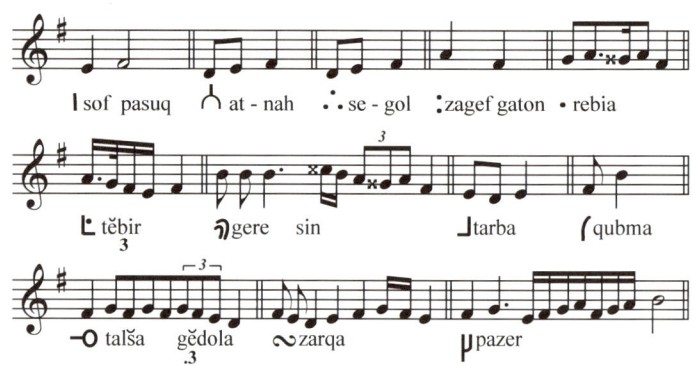

2) 네우마보 (neuma)

동기보와 같이 선율의 움직임을 표시하고 있다. 상·하행의 움직임을 구체적으로 제시하고 있으나 음의 시가를 정확히 구별하는데 어려움이 있다.

그레고리안 챤트의 초기 기보형태인 4선보로 되어 있다.

3) 태블러튜어보 (tablature notation/ 奏法譜)

악기의 주법을 글자, 숫자 혹은 기호로 표시한 것으로 현악기의 현의 위치 혹은 목관악기의 소리구멍 여닫는 것을 지시하는 등의 연주주법을 나타낸다.

15세기에서 17세기에 걸쳐 유럽에서 류트, 비우엘라(Viuela : 기타의 전신), 오르간 등의 악기에 태블러튜어가 애용되었다. 오늘날에도 기타, 우클렐레, 하모니커 등에 태블러튜어를 쓰고 있다.

4) 문자보 (letter notation)

개개의 음의 높이를 문자나 그 밖의 기호로 표시한 것이다. 태블러튜어에도 글자가 쓰여졌으나, 문자보에서의 문자는 주법이 아닌 개개의 음높이 그 자체를 직접 표시한다.

그레고리안 챤트, 비잔틴 챤트 등의 초기 다성음악에 쓰였다. 리

2) **네우마보 (neuma)**
그레고리안 챤트의 초기 기보형태인 4선보로, 선율의 상·하행의 움직임을 구체적으로 제시하고 있으나 음의 시가를 정확히 구별하는데 어려움이 있다.

3) **태블러튜어보 (tablature notation)**
악기의 주법을 글자, 숫자 혹은 기호로 표시한 것으로 연주주법을 나타낸다.

4) **문자보 (letter notation)**
개개의 음의 높이 그 자체를 문자나 그 밖의 기호로 표시한다.

모테트

듣의 표시는 다른 보조 방법을 필요로 하며, 네우마나 태블러튜어를 병용하기도 한다.

〈표 20〉에 문자보로 되어있는 2성 오르가눔과 현대악보를 제시한다.

〈표 20〉 문자보 (letter notation)

5) 보선보 (staff notation)

수평으로 된 선을 하나 또는 그 이상 긋고 음표의 높이를 표시하는 것

5) 보선보 (staff notation/ 譜線譜)

수평으로 된 선을 하나 또는 그 이상 긋고 음표의 높이를 표시하는 것으로 10세기 이후 유럽에서 사용되어 1선에서 18선까지 있었으나, 그레고리안 챤트는 4선으로 사용되었으며, 13세기 이래 다성음악의 경우 5선이 가장 저절하다고 하여 오늘날에도 5선이 채택되어 사용되고 있다.

이와 같이 음의 높이가 명확해졌으나 음이 지속되는 길이가 명시되어야만 하였다. 특히 다성음악에서 각 성부의 움직임을 표시할 필요가 생겨 12세기 말부터 13세기에 걸쳐 모드 기보법(modal notation)이 사용되었다. 〈표 21〉

12세기 말부터 13세기에 걸쳐 음 높이와 함께 음이 지속되는 길이가 명시되는 모드 기보법이 사용됨

① 모드 기보법 (modal notation)

리듬선법(Rhythmic mode)을 음표 특히 리가투르(Ligature)의 합성에 의하여 표시하는 것

〈표 21〉 모드 기보법(modal notation)

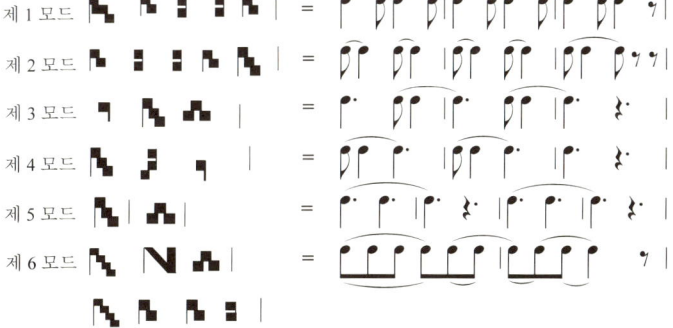

다성음악에서의 교회음악 양식

<표 21> 모드 기보법(modal notation)에 제시한 바와 같이 13세기 아르스 안티콰(Ars antiqua)의 음악은 <표 16>에 제시한 6개의 리듬선법(Rhythmic mode)에 의해 작곡되었으며, 그 리듬선법을 음표 특히 리가투르(Ligature)의 합성에 의하여 표시하는 것을 모드 기보법(modal notation)이라 한다.

<표 21>에서와 같이 3음 리가투르 뒤에 2음 리가투르가 몇 개씩 계속되는 것은 제 1선법을, 몇 개의 2음 리가투르 뒤에 3음 리가투르 1개가 이어지면 제 2선법을, 단음표 뒤에 3음 리가투르가 몇 개씩 이어지면 제 3선법을 표시하는 것이 된다.

리가투르는 같은 음절위의 멜리스마에서만 쓰이므로 한음절의 한음 부분에서는 사용할 수가 없다. 또한 동일음을 반복하는 경우 리가투르는 분할되어야 하므로 선법의 결정은 해석방법에 따라 상당히 달라지게 된다. 이러한 문제점들을 해소하기위해 정량기보법이 생기게 된다.

정량기보법(mensural notation)은 모드 기보법을 보완하기 위하여 개개의 음의 장단을 음표의 모양으로 구체적으로 표시한 것으로 이러한 방법이 정량기보법의 시초이다. <표 22>에서와 같이 아르스 안티콰(Ars antiqua)의 리듬은 3박자가 기본이어서 롱가(longa : 긴 음표)와 브레비스(brevis : 짧은 음표)와의 비율은 3:1이 된다.

② **정량기보법**
  (mensural notation)
  개개의 음의 장단을 음표의 모양으로 구체적으로 표시한 것.

<표 22> 정량 기보법 (mensural notation)

또한 <표 23>과 같이 브레비스가 2개 연속되었을 때는 브레비스가 2배가 되어 2배화(alteratio)가 나타난다.

<표 23> 브레비스의 연속 사용 – 브레비스의 2배화(alteratio)

모테트

〈표 24〉과 같이 롱가에 브레비스가 1개 또는 4개 이상 연속되어지면 앞의 롱가는 불완전(즉 2배)하게 되어 롱가의 점2분음표 대신에 불완전화(imperfectio) 형태인 2분음표가 된다.

〈표 24〉 롱가에 브레비스 1개 또는 4개 이상 연속 사용
  – 앞에 쓰인 롱가의 불완전화(imperfectio)

여기에 점이나 더 세분화된 세미브레비스(semibrevis)의 사용으로 다양한 리듬의 합성이 가능하게 된다. 테노르에서의 리가투르의 사용과 모드 기보법(modal notation)의 잔재가 남아 있으나, 13세기 중엽 쾰른의 프랑코의 이론서에 의해 정리되고 체계화되어 14세기 초까지 널리 사용하게 되며, 이것을 프랑코 기보법(Franconian notation)이라 한다. 〈표 25〉[31]

13세기 중엽 쾰른의 프랑코의 이론서에 의해 정리되고 체계화되어 14세기 초까지 널리 사용하게 되며, 이것을 프랑코 기보법이라 한다.

프랑코 기보법
(Franconian Notation)

〈표 25〉 프랑코 기보법 (Franconian Notation)

명칭 (Name and shape of note)		시가 (Value - in tempora)	음가 (Modern equivalent)
Duplex long		6	o.
Perfect long		3	♩.
Imperfect long		2	♩
Breve		1	♩
Altered breve		2	♩
Semibreve: 　Minor + major	◆ ◆	1/3 + 2/3	
Three minor	◆ ◆ ◆	1/3 + 1/3 + 1/3	

다성음악에서의 교회음악 양식

14세기 아르스 노바(Ars Nova) 시대에는 온음표(maxima), 2분음표(longa), 4분음표(brevis), 8분음표(semibrevis), 16분음표(minima) 등으로 세분화되어 검은음표의 정량기보법(black mensural notation)이 쓰였다. 〈표 26〉에서 13-14세기에 확립된 음가체계인 검은음표와 15세기의 흰음표 그리고 현대의 음표를 비교해 보자.

14세기 아르스 노바 시대

③ 검은음표의 정량기보법
 (black mensural notation)

〈표 26〉 검은음표 · 흰음표 · 현대음표 비교

검은음표 (Black notes)	흰음표 (White notes)	현대음표 (Modern equivalent)
▬ = Maxima	⊓ = Maxima	𝄺 Double whole note
▌= Longa	ᓂ = Longa	o Whole notes
■ = Brevis	□ = Brevis	♩ Half note
◆ = Semi-brevis	◇ = Semi-brevis	♩ Quarter note
◆ = Minima	◇ = Minima	♪ Eighth note

각 단계의 음표는 3분할(perfectum, 완전 분할)과 2분할(imperfectum, 불완전 분할)을 할 수 있다. 이는 어떤 경우라도 리듬을 삼위일체의 상징인 3박자로 만들 수 있게 하기 위해서이다. 〈표 27〉에서와 같이 4가지의 기본적인 합성이 가능하게 되었다.

〈표 27〉 음표의 4가지 기본적인 조합

모테트

이러한 분할법을 두 개의 음가 단위 즉 4분음표와 8분음표에 적용하여 4개의 현대적인 박자개념과 박자표가 만들어졌다. 4분음표가 분할되는 것을 한 박자(Tempus : Time)로, 8분음표가 분할되는 것을 반 박자(Prolatio : Prolation)라는 용어를 사용한다. 이에 3분할(perfectum)을 완전 박자로 2분할(imperfectum)을 불완전 박자로 각각 적용해 보고 현대의 박자표를 사용하여 적어보면 〈표 28〉[32]과 같다.

〈표 28〉 템푸스와 프롤라티오의 4가지 조합과 현대표기

The Four Combinations of Tempus(Time) and
Prolatio(Prolation) and Their Modern Equivalents

Tempus perfectum(Perfect time), Proratio Major(Perfect Prolation)

Tempus perfectum(Perfect time), Proratio minor(Imperfect Prolation)

Tempus imperfectum(Imperfect time), Proratio Major(Perfect Prolation)

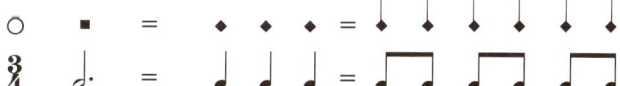

Tempus imperfectum(Imperfect time), Proratio minor(Imperfect Prolation)

이러한 기보법은 14세기 전반 파리 왕실에서 일했던 필립 드 비트리(Philippe de Vitry, 1291-1361)가 c. 1322-23년 쓴 것으로 알려진 『아르스 노바』(Ars Nova)에서 정량기보법, 특히 박자에 관한 중요한 이론서로 체계화되어, 기욤 드 마쇼(Guillaume de Machaut, c.1300-c.1377)의 작품을 비롯하여 15세기 중엽까지 쓰이고 있다.

다성음악에서의 교회음악 양식

14세기 이탈리아 기보법 (14th C. Italian notion)

14세기 이탈리아의 마르케투스 데 파두아 (Marchettus de Padua) 의 이론서 『뽀메리움』(Pomerium) 에 의하여 체계화된 정량기보법으로 6가지 기본 리듬이 쓰인다. 〈표 29〉

④ 14세기 이탈리아 기보법

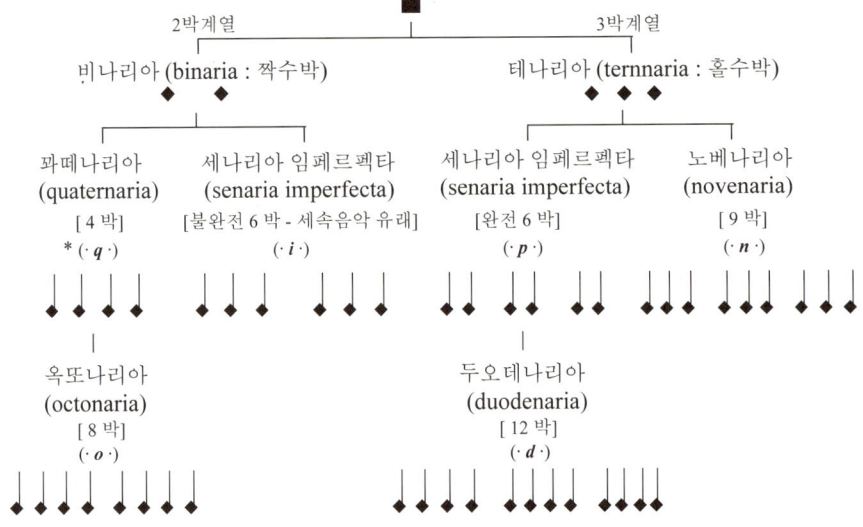

〈표 29〉 이탈리아 파두아의 체계화된 정량 기보법의 6가지 기본 리듬

* 괄호 안의 기호는 시그눔으로, 박자기호와 같이 곡의 시작부분에 쓰인다.

〈표 29〉의 괄호 속의 기호는 시그눔으로, 오늘날의 박자기호와 같이 곡의 시작부분에 쓰여진다. 이 기본리듬이 음표의 합성 또는 비아 나투레(via naturae)와 비아 아르티스(via artis)의 결합에 의하여 〈표 30〉과 같이 복잡한 움직임을 나타내게 된다. 〈표 30〉의 6선보 위에 적혀있는 ·d· 는 12박 두오데나리아(duodenaria)에 의하며, 기보법에서는 6선보를 사용하였다. 이 기보법은 14세기 이탈리아에서만 쓰여졌는데, 리듬표시에 많은 제약이 있어 14세기 후반에는 쇠퇴하게 된다.

모테트

〈표 30〉 기본리듬이 음표의 합성 또는 비아 나투레(via naturae)와 비아 아르티스(via artis)와 결합된 형태

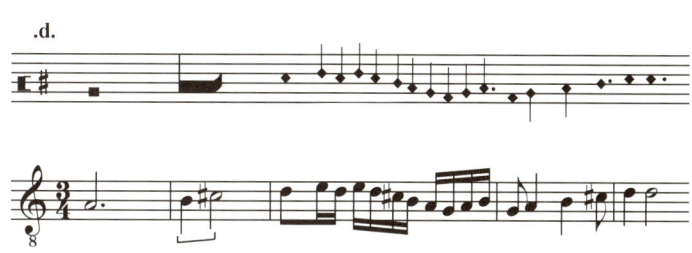

⑤ 흰음표 정량기보법
 (white mensural notation)
1450년경 부터 1600경에 걸쳐 사용하였던 기보법으로 기본음표로는 검은음표 대신 흰음표를 쓴다.

흰음표 정량기보법 (white mensural notation)은 검은음표 정량기보법의 원리를 가지고 1450년경 부터 1600경에 걸쳐 사용하였던 기보법으로 기본음표로는 검은음표 대신 흰음표를 쓴다.〈표 31〉

〈표 31〉 흰음표 정량 기보법(white mensural notation)

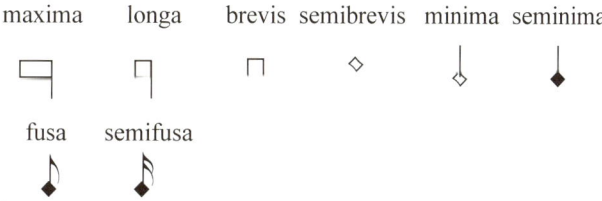

검은음표 정량법과 다를 바 없지만 체계가 보다 조직화되어 복잡한 색표, 프로포르티오(proportio), 카논 등이 만들어진다. '2배화', '불완전화' 등이 계속 사용되었으나, 16세기 후반에는 현대 기보법과 같이 2분할이 원칙이 되고 3분할(완전분할)의 경우 점이 붙여지게 된다. 리가투르도 조직적으로 정리되어 사용되었으며, 시그눔도 곡의 처음에 명시되는 것이 원칙이 되어 쉽게 리듬을 판정할 수 있게 되었다.

르네쌍스의 다성음악의 리듬은 엑센트를 규칙적으로 반복하지 않으므로 현재의 박자표와 동일시 할 수 없다. 또한 빠르기의 의미나 템포의 표시가 가능한 시그눔의 기능이 없는 현대 기보법을 정량기보법에 포함시킬 수는 없다.

그러나 르네쌍스시대 다성음악의 리듬은 엑센트를 규칙적으로 반복하지 않으므로 현대의 3박자 혹은 4박자와는 뉘앙스가 달라 시그눔을 현재의 박자표와 동일시 할 수 없다. 또한 시그눔에는 빠르기의 의미도 포함되어 있어 프로포르티오의 합성으로 여러가지 템포의 표시도 가능했다. 현대 기보법은 이러한 기능이 없으므로 정량기보

다성음악에서의 교회음악 양식

법에 포함시킬 수는 없다. 흰음표 정량기보법에서 마디를 사용하지 않으므로, 현대 해독보에 붙여진 마딧줄은 편의상 보기 쉽게 하기 위한 것으로 현대의 마딧줄과 똑같이 해석해서는 안 된다.

르네쌍스의 정량기보법은 원칙적으로 성악을 위한 기보법으로, 악기를 위해서는 여러 가지 태블러튜어 기보법이 사용되었다.

르네쌍스의 정량기보법은 원칙적으로 성악을 위한 기보법으로, 악기를 위해서는 여러 가지 태블러튜어 기보법이 사용되었다.

현대 기보법은 16세기에서 17세기의 건반악기를 위한 기보법과 흰음표 정량기보법과의 장점을 살려 성악과 기악의 모든 악곡에 널리 사용되고 있다.

⑥ 현대 기보법

현대음악들은 현대 기보법을 수정하여 사용하고 있으며, 좀 더 근본적인 개혁을 위하여 새로운 기보법이 시도되고 있다. 네델란드의 코르넬리스 포트(Cornelis Pot)가 고안한 건반기보법 (Klavarskribo)이 흥미로우며, 전위음악, 구상음악, 전자음악등에서 각 각의 독창적인 기보법이 고안되고 있다.

⑦ 새로운 기보법

(3) 14세기 모테트

(3) 14세기 모테트

기독교가 전 유럽의 종교로 기반을 다져 로마 교황청의 권위는 절대적이었다. 그러나 1305년 프랑스 왕국 필립왕에 패해 프랑스의 지배를 받게 되었으며, 프랑스에서 선출된 프랑스 태생의 교황은 프랑스 남부지방 아비뇽에 유수(귀향) 거처를 마련함으로서 아비뇽 교황청의 시대가 14세기 말까지 지속되었다. 그러므로 14세기부터 교회의 절대적인 권위가 흔들리게 되었고 종교개혁에 의해 큰 도전을 받게 된다.

14세기의 시대적 상황과 함께 당시의 음악인들은 양식적인 측면에서의 새로운 가능성을 인식하게 되었다.
특히 1320-1380년경에 프랑스에서 나타났던 예술을 '아르스 노바 (Ars Nova)'라고 하여 13세기의 음악과 구별하였다. 이 용어는 요하네스 데 무리스(Johannes de Muris,1290-1351)의 『새로운 음

아르스 노바 (Ars Nova)
1320-1380년경에 프랑스에서 나타났던 예술

요하네스 데 무리스 (1290-1351)
『새로운 음악기법』
(Ars Novae Musicae)에 이미 사용

모테트

악기법』(Ars Novae Musicae, 1319-1321)에 이미 사용되었으며, 1320년 필립 드 비트리(Phillip de Vitry, 1290-1361)의 음악 이론서의 제목 『아르스 노바』와 같다.

필립 드 비트리는 새로운 리듬의 분할법과 기보법의 발전과 관련이 있는 박자표의 고안 및 실제적 체계화에 공헌하였다. 그의 것으로 추정되어 현존하고 있는 모테트는 14개정도인데, 그 중 1개를 제외하고는 모두 라틴어로 되어있다. 그러나 정치적이나 종교적인 내용의 비판의 글이 대부분을 차지하여 예배용으로 보이지는 않는다.

13세기에 사용한 가장 짧은 음가인 세미브레비스(Semibrevis)보다 더 짧은 음가를 표기하기위해 미니마(Minima: ♩)와 세미미니마(Semiminima : ♪)의 새로운 음표를 고안하여 자유롭게 구사하여 다양한 리듬을 만들어 사용하였다. 이와 같은 새로운 체계의 출현이 시대의 변모에 관련이 있다하여 프랑스에서는 널리 사용되었다. 이와 같이 리듬기보법의 발전은 세속노래에도 그대로 적용되어진다.

교회음악에 사용되기 시작하였던 모테트는 13세기 말 상당히 세속화되었고, 이러한 경향은 14세기에도 지속되었다. 또한 14세기의 모테트는 교회음악이거나 세속음악이건 그 의식 일부의 축하곡으로 사용되었고 이러한 기능은 15세기 초까지 지속되어진다.

14세기 모테트의 특징

1. 14세기 초에는 곡의 길이와 리듬의 변화로 모테트가 크게 발전하였다.

2. 리듬의 특징은 아이소리듬(isorhythm) 이었는데, 테노르 성부의 선율을 여러 부분으로 나누어 각 악절마다 같은 리듬으로 작곡된 것을 뜻한다.
   반복되는 리듬형은 탈레아(talea)이며, 반복되는 선율형은 콜로르(color)라고 하였다.

기욤 드 마쇼(Guillaume de Machaut, c. 1300-1377)의 23개 모테트는 모두 모테트의 테노르 성부에 자주 사용된 아이소리듬(isorhythm : 동형리듬) 원리를 채택하여 작곡한 아이소리듬 모테트(Isorhythmic Motet)이다. 이 리듬원리를 테노르 뿐만 아니라

다성음악에서의 교회음악 양식

상성들에서 자유롭게 적용하고 있다.

14세기 중기 모테트의 기본적인 형태를 기욤 드 마쇼(Guillaume de Machaut)의 〈선한목자〉(Bone Pastor)[33]에서 살펴보기로 한다. [악보 46] d

하나의 탈레아가 10개의 음가이고, 하나의 콜로르가 15개의 음으로 되어 있다면, 탈레아가 3번 반복하는 동안 콜로르는 2번 반복한 후에 처음과 같은 형태가 나오게 된다. 이러한 기법은 가장 중요한 성부인 테노르의 논리적 구성이 곡 전체 구조가 되어 형식을 이루게 되었다.

이 곡의 테노르 선율은 그레고리안 챤트 시퀀스 〈시온을 찬양하라〉(Lauda Sion)의 〈선한 목자〉(bone pastor)부분을 차용한 선율인데, 이 모테트에서 48마디마다 반복한다. 이와 같이 반복되는 선율을 콜로르라 한다. [악보 46] a

14세기 중기 모테트의 기본적인 형태

기욤 드 마쇼의 모테트
〈선한목자〉(Bone Pastor)

[악보 46] a 기욤 드 마쇼, 모테트 〈선한 목자〉 - 콜로르

이 콜로르는 특정한 탈레아에 의해 리듬적으로 조직되는데, 이 곡에 사용된 탈레아는 긴 음가의 음으로 다양한 리듬패턴으로 되어있다. 〈표 32〉

모테트

〈표 32〉 기욤 드 마쇼, 모테트 〈선한목자〉 - 탈레아

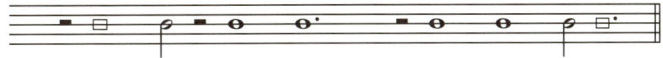

여기서 콜로르를 구성하는 음의 수는 12개이고 탈레아를 구성하는 음가의 수는 쉼표를 제외하고 6개이므로 콜로르의 음의 수가 탈레아 음가 수의 2배임을 알 수 있다. 작곡자는 [악보 46] b에 제시한대로 콜로르를 한 번 사용할 때 탈레아를 2번 반복하여 하나의 테노르 선율을 만들어 사용하였다.

[악보 46] b 기욤 드 마쇼, 모테트 〈선한목자〉
　　　　　 - 콜로르와 탈레아의 사용

이 작품의 전체구조를 살펴보면 〈표 33〉와 같다. 〈표 33〉에서 알 수 있듯이 콜로르가 2번 반복할 때, 탈레아는 4번 반복하는 것을 알 수 있다. 주목할 것은 둘째부분 97마디부터 테노르에 원래 사용된 탈레아의 음가가 반으로 축소(diminution)되어 사용된 것이다.
여기에서도 첫째부분과 같이 콜로르가 2번 반복할 때 탈레아는 4번 반복한다.

〈표 33〉 기욤 드 마쇼, 모테트 〈선한목자〉의 전체 구조

	96 마디				46 마디			
콜로르 :	48		48		24		22	
탈레아 :	24	24	24	24	12	12	12	10

다성음악에서의 교회음악 양식

이와 같이 테노르에 사용된 선율과 리듬 즉 콜로르와 탈레아의 논리적인 구성이 곡 전체의 구조가 되었음을 알 수 있다.

테노르 성부와 동일한 부분에서, 제2성부 두플룸과 제3성부 트리플룸에서도 리듬패턴을 반복하는데, 모테트의 모든 성부가 아이소리듬의 기법으로 쓰였을 때 이러한 형태를 팬아이소리듬(panisorhythm)이라 한다. 이러한 형태가 이 곡의 두 번째 부분에서 나타나는데, 97-108, 109-120, 121-132, 133-142마디는 테노르성부에서 탈레아가 시작되는 부분임과 동시에 상성부의 리듬패턴이 반복되는 부분이다. 또한 특이한 것은 100마디에서 두 상성부가 리듬을 교환하면서 복잡성이 더해진다. 선율선은 두성부가 교대하면서 분산되어 쉼표사용이 많아지게 되는데, 이와 같이 성부들이 빠른 교대를 하여 둘 또는 그 이상의 성부들 사이에서 선율선이 분산되는 과정을 호케트(hocket : 딸꾹질)라 한다. [악보 46] c

팬아이소리듬 (panisorhythm)
테노르성부와 동일한 부분에서, 제2성부 두플룸과 제3성부 트리플룸에서도 리듬패턴을 반복하는데, 모테트의 모든 성부가 아이소리듬의 기법으로 쓰인 형태.

호케트 (hocket)
선율선이 두성부가 교대하면서 분산되어 쉼표사용이 많아지게 되는데, 이와 같이 성부들이 빠른 교대를 하는 것.

[악보 46] c 호케트 (hocket)

모테트

[악보 46] d 기욤 드 마쇼, 〈선한 목자〉(Bone Pastor)

다성음악에서의 교회음악 양식

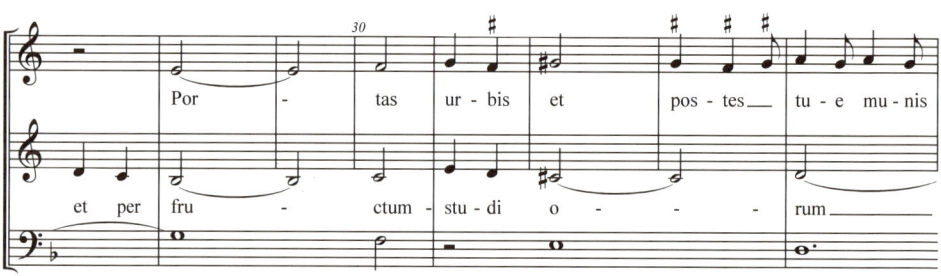
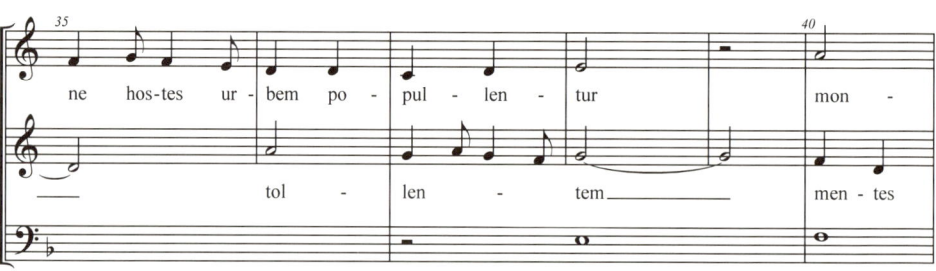

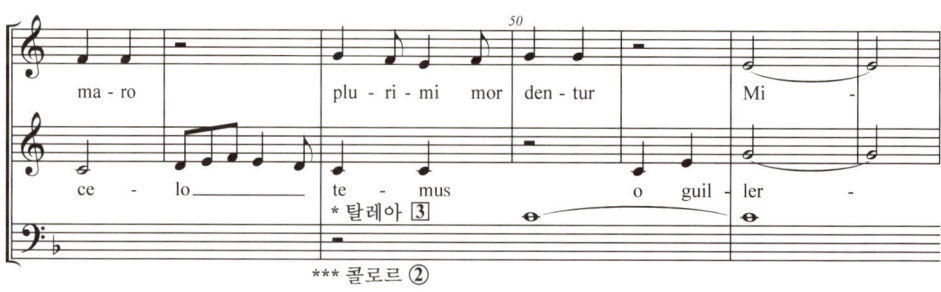

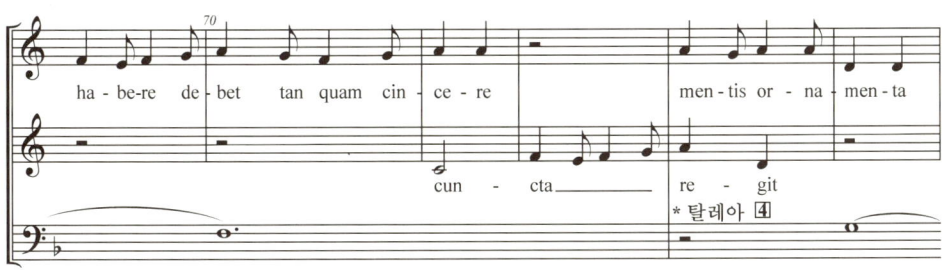

다성음악에서의 교회음악 양식

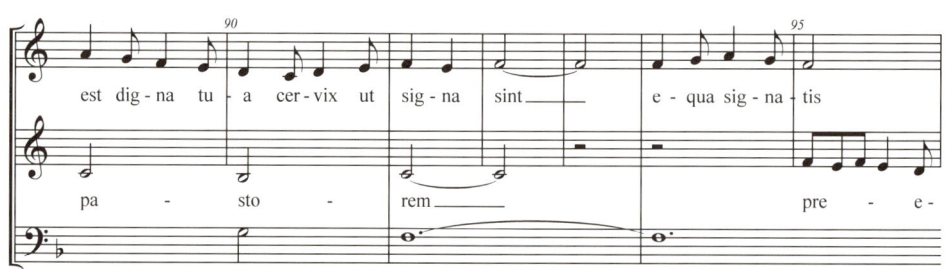
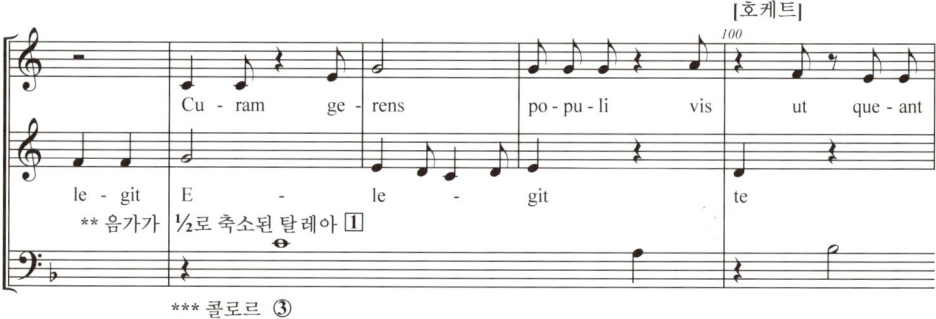
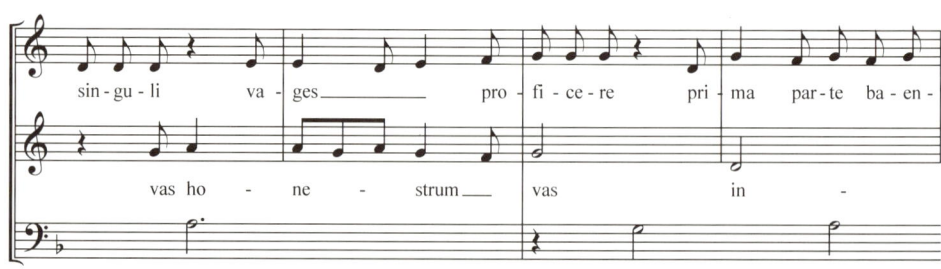

모테트

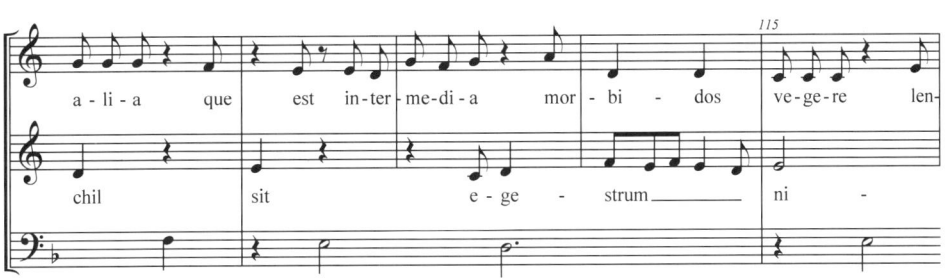
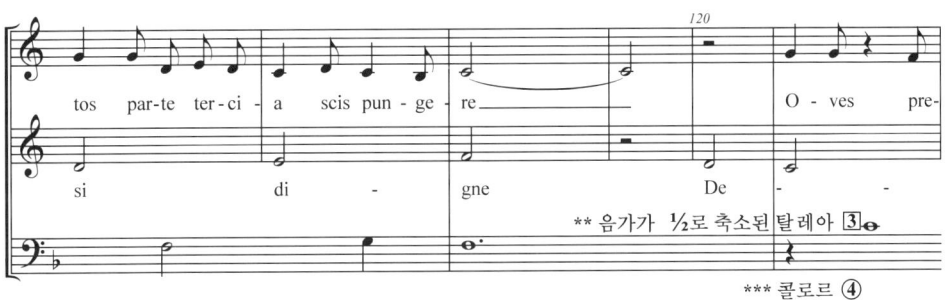

다성음악에서의 교회음악 양식

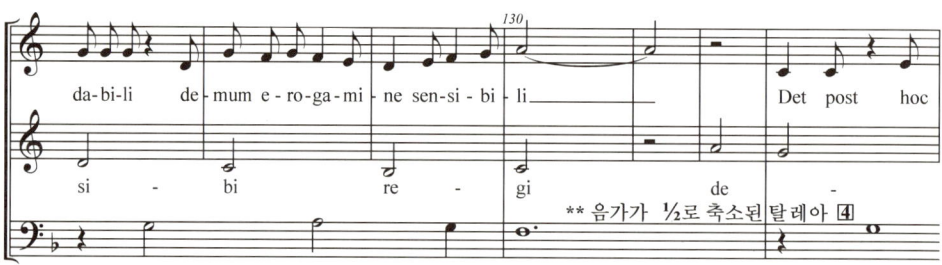

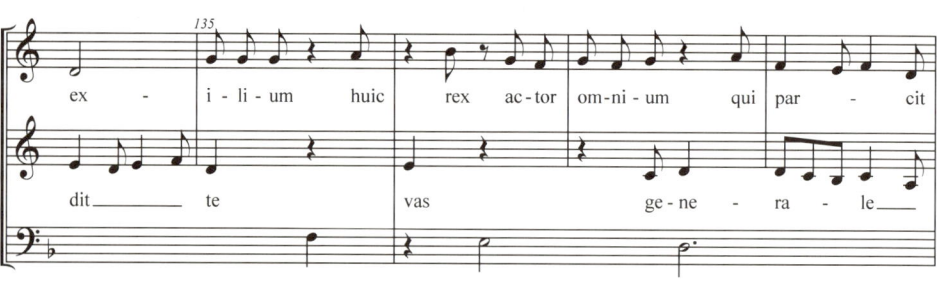

모테트

기욤 드 마쇼

《노트르담 미사》
(Messe de Notre Dame)
  통상문을 한 작곡가가 완전한
  다성적 작품으로 묶은 최초의 예

  작품구성
   Kyrie
   (주여, 우리를 불쌍히 여기소서)
   Gloria (영광송)
   Credo (신앙고백)
   Santus (거룩하신 주)
   Agnus Dei (하나님의 어린양)

기욤 드 마쇼가 종교적 내용을 다룬 모테트를 제외하고 교회를 위하여 작곡한 작품들 중 가장 중요한 것은 《노트르담 미사》(Messe de notre Dame)인데 이 곡 제목의 '노트르담'은 파리의 대성당이 아니라 마쇼가 말년을 보낸 프랑스 북부 도시 렝스(Reims)의 성당이다. 이 곡은 미사통상문 전체를 한사람에 의해 작곡된 최초의 곡이다.

미사 통상문의 구성은 키리에(주여, 우리를 불쌍히 여기소서), 글로리아(영광송), 크레도(신앙고백), 상투스(거룩하신 주), 아뉴스 데이(하나님의 어린양) 파송을 의미하는 이떼, 미사 에스트(Ite, Missa Est : 미사의 마침)로 마친다. 글로리아와 크레도는 콘둑투스 형태로, 나머지 곡들은 모테트 형태로 되어있다. 이후의 수많은 작곡가들이 이와 같은 형식으로 작곡을 하였다. 또한 선법을 계획적으로 작품에 도입시켜, 앞의 3곡은 도리아 선법으로 나머지는 리디아 선법으로 작곡하였다.

다음에 리디아 선법으로 작곡된 다섯 번째 곡 〈아뉴스 데이〉의 요한복음 1장 29절 말씀 내용에서 비롯한 가사와 악보를 제시한다.
[악보 47]

세상의 죄를 사하여 주시는 하나님의 어린양
우리를 불쌍히 여기소서
  (Agnus Dei, qui tollis peccata mundi, miserere nobis)

세상의 죄를 사하여 주시는 하나님의 어린양
우리를 불쌍히 여기소서
  (Agnus Dei, qui tollis peccata mundi, miserere nobis)

세상의 죄를 사하여 주시는 하나님의 어린양
우리들에게 평안을 주소서
  (Agnus Dei, qui tollis peccata mundi, dona nobis pacem)

다성음악에서의 교회음악 양식

[악보 47] 기욤 드 마쇼, 노트르담 미사 중 〈하나님의 어린양〉 (Agnus Dei)

G. de Machaut (c.1300 - c.1377)

모테트

다성음악에서의 교회음악 양식

모테트

다성음악에서의 교회음악 양식

모테트

작품의 형식
3부분 형식 (ABA)

작품의 특징
1. 아이소리듬 사용
   모든 성부에서 동일리듬 반복

2. 칸투스 피르무스 양식
   (Cantus Firmus : 정선율)

3. 무지카 픽타 사용
   (Musica Ficta : 임시표)

이 곡은 가사의 구조 AAA'와는 다르게 음악형식은 ABA의 3부분 형식으로 되어있다.

마쇼는 이 작품에서 모든 성부에 이이소리듬(반복되는 리듬패턴)을 사용한다. 테노르 뿐만 아니라 모든 성부에 나타나고 있다. 예를 들어 콘트라 테노르 8-14마디에서 사용된 리듬패턴이 15-21마디에서 반복되어 사용되며, 테노르에서도 마찬가지로 8-14마디에 사용된 리듬패턴이 15-21마디에서 반복되어 사용되었다. 또한 모테투스와 트리플룸의 8-11마디의 리듬패턴이 15-18마디에 반복되어 사용되었다.

이 곡은 그라듀알 로마눔(Gradual Romanum)의 미사 8번의 선율을 테노르에서 칸투스 피르무스(Cantus Firmus: 정선율)로 사용한 작품이다. 원래 콘트라 테노르는 가사를 사용하지 않고 있어 악기로 연주되었을 것으로 본다. 그러므로 [악보 47]에서 콘트라 테노르의 가사에는 [ ]를 사용하였다.

14세기의 프랑스 작곡가들은 복잡한 리듬을 즐겨 사용하였다. 또한 임시표의 사용도 빈번하여 음악이 다양한 형태로 발전하게 된다. 실제로 연주할 때 악보에 기보된 임시표 이외에도 연주자가 필요하다고 생각할 때에는 임시표를 붙여서 노래하였다. 그러므로 그 당시 악보를 현대식으로 옮길 때 임시표를 음 위에 표시하는 경우가 있는데, 그것은 악보에는 없으나 실제 연주에서 사용되었을 것으로 생각하는 음들이다. 이러한 임시표를 '가사의 음' 또는 실제와 다르다는 뜻의 무지카 픽타(Musica Ficta)라고 한다.

이 곡에서도 악보 위에 무지카 픽타가 나타난다. 무지카 픽타는 일반적으로 증4도를 피하기 위하여, 하행 순차선율의 경과음으로 쓰인 '시'(b)음이나 '라'(a)음과 '라'(a)음 사이에 있는 '시'(b)음에 플랫(♭)을 사용하거나, 2성부에서 정선율(C.F)이 하성부일 경우에는 종지 바로 앞의 6도가 장6도로, 정선율이 상성부일 경우에는 종지 바로 앞의 3도가 단3도로 사용되어야 하므로 임시표인 무지카 픽타를 사용하게 되었다.

이탈리아 트레첸토 음악

이탈리아 트레첸토 음악

14세기 프랑스 음악을 대표하는 양식이 아르스 노바라면, 당시의 이탈리아의 음악을 지칭하는 용어로는 트레첸토(trecento)라는 용어

다성음악에서의 교회음악 양식

를 사용한다. 이것은 이탈리아어 "밀레 트레첸토(1300)"의 약어로 1300년대 즉 14세기를 뜻한다.

이탈리아의 트레첸토 음악은 그 이전의 이탈리아의 단성음악이 어떻게 발전된 것인지 분명하지 않으며, 14세기에 발달된 이탈리아의 음악전통이 15세기에 완전히 끊어지게 되었는지가 분명하지가 않다. 그 이유는 이탈리아 음악이 13세기까지 즉흥연주에 의존해 기록으로 남은 것이 거의 없기 때문이다. 그러나 14세기의 이탈리아 작곡가들은 프랑스만큼 활발한 창작활동으로 프랑스의 아이소리듬 모테트나 다성 미사음악과 같은 교회음악이 나타나지는 않았지만, 처음으로 다성음악이 발전하게 되었으며, 대부분의 작품은 세속음악으로 종교음악은 매우 비중이 적었다. 또한 앞에서 살펴보았듯이 프랑스 작곡가들은 리듬의 변화를 중요시하는 반면, 이탈리아 작곡가들은 선율의 흐름을 중요시하였다.

트레첸토의 가장 유명한 작곡가는 프란체스코 란디니(Francesco Landini(o), 1325-1397)이다. 그의 작품 150여곡이 기록으로 남아 있어 트레첸토 음악의 4분의 1에 해당되며, 13개를 제외하고는 모두 프랑스의 비를레형식과 유사한 발라타이며 교회음악은 없다.

트레첸토 음악의 3종류의 세속노래는 마드리갈, 카치아(돌림노래) 그리고 발라타이다.

마드리갈(Madrigal)은 2, 3개의 절과 리토르넬로(Rritornello, 반복구)로 된 시를 가진 2성부의 음악으로 가사내용은 목동의 노래, 전원풍경, 암시적으로 표시된 사랑 등이 있다. 카치아(Caccia)는 일종의 돌림노래로 3성부이며, 윗 두성부만 돌림노래를 하는데 생동적인 카논적 상성부가 가사를 부르고, 최저성부인 테노르는 독자적인 선율로 느린 기악반주를 담당하는 구조로 되어있다. 트레첸토의 발라타(Ballata)는 이전의 단성 발라타와는 달리 프랑스의 비를레(Virle)와 같은 형태로 AbbaA의 구성으로 되어있는데 여기서 A는 후렴구(Ripresa), b는 본행(Piedi), a는 종행(Volta)을 뜻한다. 다성 세속노래 중 유일하게 정형시 형태를 갖는다.

트레첸토 (trecento)

이탈리아어 "밀레 트레첸토(1300)"의 약어로 1300년대 즉 14세기를 뜻한다.

1. 13세기가지 즉흥연주에 의존해 기록으로 남은 것이 거의 없다.
2. 처음으로 다성음악이 발전
3. 대부분의 작품은 세속음악으로 종교음악은 매우 비중이 적었다.
4. 프랑스 작곡가들은 리듬의 변화를 중요시하는 반면, 이탈리아 작곡가들은 선율의 흐름을 중요시하였다.

트레첸토의 가장 유명한 작곡가 프란체스코 란디니(1325-1397)

란디니 종지
외성의 두 성부가 6도에서 8도로 진행하는 종지에서 상성부의 선율 〈시 - 도〉를 장식음으로 꾸민것으로 〈시 - 라 - 도〉로 진행하는 종지.

트레첸토 음악의 3종류의 세속노래

1. 마드리갈 (Madrigal)
   2,3개의 절과 리토르넬로 (반복구)로 구성
2. 카치아 (Caccia)
   일종의 돌림노래
3. 발라타 (Ballata)
   프랑스의 비를레 (Virle)와 같은 형태로 정형시 형식

모테트

2) 르네쌍스시대의 모테트

15-16세기 유럽의 인본주의적 문예부흥기를 의미

1. 고대 그리스 로마의 미술과 문학작품들에서 나타나는 인간정신의 재탄생.
2. 그리스 로마문화의 부활을 목적으로 한 세속적인 시민문화로서 이태리를 중심으로 유럽 전역에 퍼지게 된다.

프랑스와 영국의 100년 전쟁

정치 경제적인 면에서는 서로 큰 타격을 받았지만, 전쟁을 통해 두 나라 문화의 접촉이 이루어져 15세기 초 영국음악 양식이 유럽대륙에 전파되었다.

르네쌍스 음악의 초기발전은 '부르고뉴악파'에 의해 발전

이탈리아의 르네쌍스 : 문예부흥
북쪽의 르네쌍스 : 종교개혁

1517년 독일의 종교개혁으로
프랑스, 스위스, 영국 등에 전개되어 개신교음악으로 발전하게 되었다.

2) 르네쌍스시대의 모테트

르네쌍스란 15-16세기 유럽의 인본주의적 문예부흥기를 의미한다. 이 말은 15-16세기의 미술사가들이 회화, 조각 그리고 건축양식에서 유래한다. 14세기에 교회의 권위가 축소되면서 점차 인간 중심으로 부활하려는 인본주의(humanism)사상이 등장한다. 고대 그리스 로마의 미술과 문학작품들에서 나타나는 인간정신의 재탄생 또는 그리스 로마문화의 부활을 의미한다. 이태리 중심의 세속적인 시민문화로서 유럽 전역에 퍼지게 된다.

1337년 시작된 프랑스와 영국의 100년 전쟁(1337-1453)은 프랑스의 경제적 악화와 궁정내부의 혼란을 배경으로 한다. 즉 1380년에 왕위에 오른 샤를르 6세(Charles Ⅵ, 1380-1422 재위)의 실정과 그의 아저씨였던 부르고뉴(Bourgogne)지방의 공작 (필립 : Phillip the Bold, 1384-1404 재위)이 실질적 권력자가 된다. 이러한 혼란의 틈을 타서 1380년부터 휴전상태인 영국이 1415년 프랑스 정복을 위한 전쟁을 다시 시작하였다.

이 전쟁은 정치, 경제적인 면에서는 서로 큰 타격을 받았지만 전쟁을 통해 두 나라 문화의 접촉을 통해 15세기 초 영국음악 양식이 유럽대륙에 전파된다.

르네쌍스 음악의 초기발전은 프랑스 동쪽의 부르고뉴 지방의 공작 필립이 통치하던 부르고뉴를 중심으로 형성된 '부르고뉴 악파'에 의해 발전되었다. 그 후 그의 뒤를 잇는 부르고뉴 백작들의 화려한 시대는 1477년 마지막 백작인 용맹왕 샤를르(Charles the Bold, 1467-1477 재위)가 사망함으로 부르고뉴 공국의 종말과 함께 부르고뉴 악파도 해체된다. 이와 같은 상황으로 인해 프랑스 문화권을 중심으로 발전하기 시작하였던 르네쌍스의 새로운 음악은 프랑스 주변지역을 중심으로 발전하기 시작한다.

문학과 미술분야에서 르네쌍스의 근원지인 이탈리아는 15세기에 도시국가들의 잦은 전쟁이 끊이지 않았으며, 이러한 상황은 독일, 영국, 스페인 등 다를 바가 없었다.

이탈리아의 르네쌍스가 문예부흥을 이루었다면 북쪽의 르네쌍스는 종교개혁을 이루었다고 볼 수 있는데, 이 종교개혁은 독일의 루터에 의해 1517년 시작되어 프랑스, 스위스, 영국 등에 전개되어 개신교 음악으로 발전하게 되었다.

다성음악에서의 교회음악 양식

15세기 후반부터 르네쌍스 말까지 프랑코 플랑드르 악파(네델란드 악파)가 음악양식을 주도하게 되지만, 이탈리아, 영국, 독일, 스페인 등에서는 각각 독자적인 양식이 발전하게 된다.

플랑드르는 부르고뉴의 속령이었으나 부르고뉴 패망 이후 플랑드르가 대성당의 그 전통을 바탕으로 음악의 중심지가 된다. 플랑드르 대성당의 음악가들이 성가대원으로 양성되어 전 유럽에 파견되고 플랑드르 작곡기법이 국제적으로 통용된다.

그러나 르네쌍스 음악의 발전된 형태는 소규모의 무반주 합창 아카펠라(A cappella)이다. 이 양식은 15세기 말부터 16세기 초 프랑스 문화권의 교회음악과 세속음악에서 시작하여 유럽의 보편적인 양식이 되었다.

다성음악이 발생한 이후 유럽대륙의 작곡가들은 주로 리듬을 강조하였으며, 14세기의 작곡가들은 200년 전에 다성음악에서 사용하였던 완전 협화음정 사용만을 고집한 반면 영국 작곡가들은 3도나 6도의 불완전 협화음정을 자유롭게 사용하였으며, 이러한 음정에 기초한 화음이 대륙작곡가들에게 소개되었다. 기법의 예를 들어보면 영국의 파버든(fauxburden) 기법이 유럽대륙에 소개되어 포부르동(fauxburdon) 기법으로 탄생하게 된다. 이 기법은 일종의 즉흥연주 방법의 하나인데, 악보에 적혀있는 윗 두 성부를 보면서 또 하나의 성부를 즉흥적으로 부르는 것이다. 두 성부의 윗성부는 단성성가에서 가져왔으며, 아래성부는 윗성부 선율을 6도 아래에서 병진행 또는 8도를 사용하였으며, 즉흥적으로 부르는 성부는 윗성부를 완전4도 아래로 병진행하여 생긴 가운데 성부가 된다. 즉 3화음의 제 1전위가 연속적으로 사용되는 형태이다. 이러한 기법의 사용은 각 성부가 독자적으로 진행하는 다성음악에 비하여 각 성부가 같은 음가를 사용한 호모포니적인 음악이다.

15세기 후반부터 르네쌍스 말까지 프랑코 플랑드르악파(네델란드 악파) 가 음악양식을 주도

르네쌍스 음악의 발전된 형태
- A cappella
  - 소규모의 무반주합창

유럽대륙의 작곡가들
- 리듬을 강조
- 완전 협화음정 사용을 고집

영국 작곡가들
· 불완전 협화음정(3도나 6도)을 자유롭게 사용
· 영국의 파버든 기법이 유럽대륙의 포부르동(fauxburdon) 기법으로 탄생

포부르동 기법
즉흥연주 방법의 하나로 3화음의 제 1전위가 연속적으로 사용되는 형태

모테트

- 다성음악 (polyphony)
  13세기 후반의 모테트와 같이 각 성부가 독립적인 선율을 지닌다. 각 성부의 선율은 독자적인 리듬진행을 한다.
- 호모포니 (homophony)
  중세의 병행오르가눔과 같이 하나의 주선율이 강조된다. 이때 다른 성부의 선율은 리듬의 독자성을 가지지 않는다.

영국음악의 특징
1. 호모포니 (homophony)
2. 파버든 (farburden) 기법
3. 불완전 협화음정을 자유롭게 사용

이탈리아 음악의 특징
Ⅰ과 Ⅴ를 중심으로 한 강한 화성적 진행이며, 이탈리아 음악의 특유한 베이스 진행으로 나타난다.

부르고뉴악파
  1. 1420-1460년
     존 던스터블
     기욤 뒤파이
     질르 뱅슈아

플랑드르악파
  2. 제1세대 (1460-1490)
     요하네스 오케겜
     야콥 오브레히트

  3. 제2세대 (1490-1520)
     죠스깽 데 프레
     하인리히 이삭

  4. 제3세대 (1520-1560)
     아드리안 빌레르트
     니콜라 공베르
     클레멘스 논 파파

  5. 제4세대 (1560-1600)
     필리프 데 몬테
     오를란드 디 라수스

다성음악(Polyphony)과 호모포니(Homophony)에 대하여 살펴보자. 호모포니는 중세의 병행오르가눔과 같이 하나의 주선율이 강조된다. 이때 다른 성부의 선율은 리듬의 독자성을 가지지 않는다. 대체로 주선율의 리듬을 따라 간다. 화성적 기교라 불리며 화성법의 모체가 된다. 반면 다성음악은 13세기 후반의 모테트와 같이 각 성부가 독립적인 선율을 지닌다. 각 성부의 선율은 독자적인 리듬진행을 하는 것이 특징이다. 대위적인 기교로써 대위법의 모체가 된다. 훗날 대위법이라는 서양 작곡기법의 2대 장르 중 하나이다.

한편 르네쌍스음악의 기원은 영국음악이라고 알려져 있다. 이는 영국의 음악이론가 팅토리스(Johannes Tinctoris, 1435-1511)가 1476년 쓴 『쁘로뽀르씨오날레 무지케스』(Proportionale musices)에서 영국음악을 부르고뉴음악의 원천이며 기원이라는 주장에서 유래한다. 그 음악의 특징은 호모포니(homophony)이며, 파버든(farburden/fauxburdon : 화성적 기교이다. 3화음의 제1전위)이 연속적으로 사용된 3화음적 음향과 불완전 협화음정(3, 6도)을 자유롭게 사용하는 것이다.

또한 영국음악에서 발견할 수 없는 이탈리아 음악의 특징은 Ⅰ(Tonic, 으뜸화음)과 Ⅴ(Dominant, 딸림화음)를 중심으로 한 강한 화성적 진행이며, 이탈리아 음악의 특유한 베이스 진행으로 나타난다.

르네쌍스 음악가를 부르고뉴악파와 플랑드르악파로 나누어 분류해 보면, 1420-1460년 영국과 부르고뉴악파 시기로, 존 던스터블(John Dunstable), 기욤 뒤파이(Guillaume Dufay), 질르 뱅슈아(Gilles Binchois)가 있다.

1460-1490년의 플랑드르 제1세대의 시기에는 요하네스 오케겜(Johannes Ockeghem), 야콥 오브레히트(Jacob Obrecht) 등이 있으며, 1490-1520년 플랑드르 제2세대의 시기에는 죠스깽 데 프레(Josquin de Prez), 하인리히 이삭(Heinrich Issac) 등이 있다. 1520-1560년 플랑드르 제3세대의 시기에는 유럽각지에서 악파가 형성되었다. 아드리안 빌레르트(Adrian Willart), 니콜라 공베르(Nicolas Gombert), 클레멘스 논 파파(Jacob Clement) 등이다. 1560-1600년 제4세대로 플랑드르 악파로 활동하던 플랑드르의 필리프 데 몽테(Phillippe de Monte), 오를란두스 라수스(Orlandus Lassus), 로마의 피에르루이지 다 팔레스트리나(Pierluigi da

다성음악에서의 교회음악 양식

Palestrina), 베니스의 안드레아 가브리엘리(Andrea Gabrieli)와 지오반니 가브리엘리(Giovanni Gabrieli) 등이 있다.
다음에서 15세기 모테트를 작곡한 영국 부르고뉴 악파의 대표적인 작곡가를 살펴보자.

피에르루이지 다 팔레스트리나
안드레아 가브리엘리
지오반니 가브리엘리

(1) 부르고뉴악파

부르고뉴악파의 대표적인 작곡가

영국음악을 유럽대륙으로 소개한 중요한 작곡가는 존 던스터블(John Dunstable, c. 1385-1453)이다. 던스터블의 작품 중 세속음악은 2,3곡에 불과하며, 나머지 60여곡은 교회음악으로 미사와 그 밖의 예배음악 그리고 모테트이다. 던스터블의 미사는 통상문을 한 작곡가가 완전한 다성적 작품으로 묶는 기욤 드 마쇼와는 달리 한 부분씩 따로 작곡하거나, '대 영광송'과 '사도신경'을 하나의 짝을 이루어 작곡하였다. 예배를 위한 찬미가와 마그니피카트는 대부분 3성으로 작곡하였다. 그의 작품의 대다수를 차지하고 있는 모테트의 특징은 첫째, 동형리듬기법을 테노르에만 사용하는 것이 아니라 모든 성부에 사용한 것이다. 둘째, 최상성부의 선율이 변형되었으며 셋째, 성가선율을 전혀 사용하지 않고 완전히 새롭고 자유롭게 작곡한 점을 들 수 있다.

[악보 48]에 제시하는 존 던스터블(John Dunstable)의 모테트 〈어찌 그리 아름다운지〉(Quam pulchra es)는 위에서 살펴본 그의 모테트의 세 번째 특징과 같이 이 모테트에서는 성가선율이 전혀 사용되고 있지 않다. 또한 불협화 음정을 많이 사용하고 있지 않으며, 곡 중간의 종지에서도 완전협화음정을, 그 외에는 불완전 협화음정을 사용하고 있다. 특히 12-15마디에서 쓰여진 파버든(farburden / fauxburdon)기법과 43, 46, 55마디에서 3화음을 펼친 분산화음으로 사용된 것을 볼 수 있다.
이 모테트는 특히 가사전달에 신경을 쓴 작품으로 가사의 구절과 음악의 단락을 일치시키고 있다. 예를 들어 가사와 구와 문장 끝에서 항상 종지가 이루어지고, 이 가사의 내용상 나누어지는 부분인 30마디에서 모든 성부가 쉼표로 되어있으며, 다음부분이 시작되는 31마디에 쓰인 첫 단어 '오라'(Veni)에서 모든 성부가 페르마타

(1) 부르고뉴악파

대표적인 작곡가

던스터블 (c.1385-1453)
· 통상문을 한 부분씩 따로 작곡
· '대 영광송'과 '사도신경'을 하나의 짝을 이루어 작곡
· 대부분 3성으로 작곡

모테트의 특징
1. 동형리듬기법을 테노르에만 사용하는 것이 아니라, 모든 성부에 사용
2. 최상성부의 선율이 변형
3. 성가선율을 전혀 사용하지 않고 완전히 새롭고 자유롭게 작곡한 점

모테트

던스터블의 모테트
〈어찌 그리 아름다운지〉
(Quam pulchra es)

(fermata)를 사용하여 길게 부르게 함으로 강조하고 있다. 다음에서 던스터블의 모테트 〈어찌 그리 아름다운지〉(Quam pulchra es)의 가사와 악보를 살펴보자.

이 곡의 가사는 솔로몬의 아가서 7장 4-7절과 11-12절의 내용으로 다음과 같다.

Quam pulcra es et quam decora
carissima in deliciis.
Statura tua assimilata est palme
et ubera tua botris.

Caput tuum ut Carmelus,
collum tuum sicut turis eburnea
Veni, dilecte me,
egrediamur si flores fructus
parturierunt,
si floruerunt mala Punica.
Ibi dabo tibi ubera mea. Alleluia.

사랑아 네가 어찌 그리 아름다운지
어찌 그리 화창한지 즐겁게 하는구나,
네 키는 종려나무 같고
네 유방은 그 열매송이 같구나

네 머리는 갈멜산 같고
네 목은 상아 망대 같구나
내 사랑하는 자야
우리가 함께 들로 가서 동네에서 유숙하자
그리고 포도 움이 돋았는지,
꽃술이 퍼졌는지, 석류꽃이 피었는지
거기에서 내가 내 사랑을 네게 주리라. 알렐루야

[솔로몬의 아가 7: 4-7, 11-12]

다성음악에서의 교회음악 양식

[악보 48] 던스터블, 3성부 모테트 〈그 얼마나 아름다운지〉 (Quam pulchra es)

John Dunstable (c.1385 - 1453)

다성음악에서의 교회음악 양식

다성음악에서의 교회음악 양식

모테트

다음 [악보 50]에 제시하는 던스터블의 아이소리듬 모테트 〈오소서 성령이여〉(Veni Sancte Spiritus)는 중세말 양식인 아이소리듬(isorhythm, 동일리듬)이 작품구조에 나타난다. 르네쌍스의 특징으로 중세와는 현저히 다른 불협화음 즉 계류음(Suspension)과 협화음을 사용하고 있어 중세와 르네쌍스 두 시대의 특징을 결합하고 있는 작품이다.

성령강림절을 위한 모테트 〈오소서 성령이여〉는 던스터블의 30개 모테트 중 아이소리듬으로 되어있는 12곡 중 하나이다. 아이소리듬 원리는 15세기 초의 모테트에서도 계속 사용한다. 이 곡에서의 아이소리듬은 성령강림절을 위한 시퀀스의 첫 구절인 〈성령이여 우리에게 은혜를 배푸소서〉(Santi Spiritus adsit, nobis gratia)의 선율 [악보 49]를 칸투스 피르무스로 사용하는 테노르 성부에 국한된다.

[악보 49] 성령강림절 시퀀스 〈성령이여 우리에게 은혜를 베푸소서〉
(Sancti Spiritus adsit, nobis gratia)의 시작부분
– [악보 50]에 사용된 정선율

이 악구는 라틴어로 된 다음의 법칙을 따라야 한다.

"Et dicitur primo directe, secundo subverte,
tertio reverte mittendo terciam partem et
capiesdyapenthe si vis habere tenorem"

이 내용은 "10-31마디에 처음 등장하여 동일한 선율이 그대로 연주된다. 다음 41-62마디에서는 전위되면서 72-90마디에서는 5도 아래에서 역행으로 사용되어야 한다."는 것이다. 제 3부 63마디는 2박자로 되어있어도 테노르의 선율이 나타날 때마다 처음 나타났을 때의 리듬형을 지녀야 한다.

다성음악에서의 교회음악 양식

제 1부 10-31마디에서는 테노르 성부의 음이 다른 두 성부 사이에 있다. 제 2부 41-62마디와 제 3부 72-90마디에서는 최저성부에 나타난다. 이 곡에서는 시퀀스의 첫 악구가 사용되면서 그 선율에 사용된 가사는 그 근원을 지시하는 인시피트(Incipit)로 간주되어야 할 것이다.

아이소리듬은 다른 두 성부에서도 부분적으로 나타나는데, 제 1부분 1-10마디 최저성부에 사용된 리듬이 제 2부가 시작되는 32-41마디 최저성부 선율에 사용된 리듬과 같다. 이 곡의 최상성부의 특징적 선율의 흐름은 란디니 종지형을 사용하거나 선율이나 리듬이 변형되어 나타난다.

이 곡에 사용된 가사는 성령강림절의 황금 시퀀스(Golden Sequence)인데, 그 선율을 이 모테트에서 사용하지는 않았다. 던스터블은 1. 4. 5연을 상성부와 성악파트로, 2. 3연을 다른 자유성부에 사용한다. 이 두 성부 간에는 하성부가 일반적으로 보다 긴 음으로 선행한다. 상성부보다 더 멜리스마적이므로 상성부는 3부분으로 이루어졌다. 각 부분마다 하나의 연을 노래한다. 반면에 하성부에서는 3연이 시작되는 41마디까지 2연이 노래된다. (p.74 [악보 19]가사 참조)

부르고뉴악파의 시조는 요하네스 치코니아(Johannes Ciconia, c. 1335-1411)이다. 부르고뉴 지방의 리에즈(Liege)출신이며 이탈리아에 체류한 최초의 부르고뉴 작곡가로 알려져 있다. 그는 14세기 이탈리아의 세속음악인 마드리갈과 발라타를 남겼다. 몇 개의 모테트에서 전통 프랑스 음악기법과 이탈리아의 진보적인 화성개념의 합성이 후대의 부르고뉴 작곡가들에게 영향을 주었을 것으로 추정된다.

부르고뉴악파의 시조
요하네스 치코니아 (c.1335-1411)

모테트

[악보 50] 던스터블, 아이소리듬 모테트 〈오소서 성령이여〉 (Veni Sancte Spiritus)

John Dunstable (c.1385 - 1453)

다성음악에서의 교회음악 양식

모테트

다성음악에서의 교회음악 양식

부르고뉴악파의 대표적인 작곡가들

던스터블 다음 세대로 부르고뉴 지방에서 태어난 대표적인 작곡가는 기욤 뒤파이(Guillaume Dufay, c. 1400-1474)와 질르 뱅슈아(Gilles Binchois, 1400-1460)이다. 이들은 1430-1470년경 유행한 유럽의 모든 음악장르를 양식화하여 정착시켰다. 또한 이전에 나타난 프랑스, 영국, 이탈리아의 음악어법과 당대의 다양한 음악어법을 통합하였다.

질르 뱅슈아는 부르고뉴 지방에 국한하여 활동한 작곡가로 1430-1460년에 부르고뉴 궁정교회에서 음악감독으로 활동하였으나 교회음악작품이 많지 않았으며, 샹송과 같은 세속음악 작품이 더 유명했다.

기욤 뒤파이는 부르고뉴 악파의 시조 치코니아와 같이 이탈리아에서 체류하며 활동했던 작곡가이다. 그는 부르고뉴의 깡브레(Cambrai) 부근에서 1400년경 태어나 1409년 대성당 소년합창단 단원으로 음악훈련을 받았다. 1426년까지 성당의 사무관 및 이탈리아의 페자로(Pesaro)의 말라테스타(Malatesta)가문의 궁정에서 활약하며 명성을 쌓았고, 로마교황청 성가대원 및 작곡가로 활동을 하였다. 말년에 다시 깡브레를 중심으로 작곡가로서 뿐만 아니라 성직자로서 활동하였다.

뒤파이 작품은 4성부의 미사곡과 모테트 그리고 3성부의 세속음악으로 분류된다.

4성부곡은 뒤파이 작품에서 자주 볼 수 있는데, 1450년 이후부터는 4성부의 곡이 일반화되기 시작하였다.

15세기에는 14세기까지 최저성부였던 테노르 아래에 콘트라테노르 바수스(contratenor bassus) 혹은 바수스라 부르는 성부가 첨가되었다. 테노르 바로 위의 성부를 콘트라테노르 알투스(contratenor altus) 또는 알투스로, 최상성부를 칸투스(cantus) 혹은 수페리우스(superius)라 하였다.

[악보 52]에 제시하는 기욤 뒤파이(Guillaume Dufay)의 모테트 〈이제 장미꽃이 피었네〉(Nuper rosarum flores)는 이탈리아 플로렌스의 산타 마리아 델 피오레(Santa Maria del Fiore)성당의 두오

부르고뉴악파의 대표적인 작곡가들

이전에 나타난 프랑스, 영국, 이탈리아의 음악어법과 당대의 다양한 음악어법을 통합하였다.

프랑스

질르 뱅슈아 (1400-1460)
- 부르고뉴 지방에 국한하여 활동한 작곡가
- 부르고뉴 궁정교회에서 음악감독으로 활동
- 교회음악작품이 많지 않았으며, 샹송과 같은 세속음악 작품이 더 유명하다.

기욤 뒤파이 (c.1400-1474)
- 이탈리아에서 체류하며 활동했던 작곡가
- 부르고뉴 깡브레성당 소년합창단 단원
- 로마교황청 성가대원 및 작곡가로 활동
- 깡브레에서 작곡가 및 성직자로 활동

1450년 이후부터는 4성부의 곡이 일반화되기 시작하였다.

15세기 4성부의 형태
 Triplum : Cantus (superius)
 Motetus : Altus
 Tenor (Tenor II) : Tenor
 Contratenor(Tenor) : Bassus

모테트

모(Duomo)에 대한 봉헌식을 위해 1436년 작곡되었다. 그 웅장함을 표현하고자 아이소리듬을 사용하여 작곡한 모테트로 규모가 큰 작품 중 하나이다.

이 모테트는 자유롭게 작곡된 트리플룸과 모테투스와 아이소리듬을 사용한 테노르, 최저성부인 콘트라테노르가 짝을 이룬다. 긴 음가를 지닌 아래 두 성부는 테노르에 사용한 고정선율을 최저성부인 콘트라테너에서 5도 아래 음으로 진행하여 자유로운 카논이 이루어진다. 두 상성부는 유사한 음악적인 소재를 사용하여 자유롭게 진행한다.

이 모테트에 사용된 고정선율은 봉헌식의 입당송으로 불렸던 그레고리안 챤트 〈경외 받는 자〉(Terribilis est locus iste)의 시작부분을 사용하였다. [악보 51]

[악보 51] 그레고리안 챤트 〈경외 받는 자〉(Terribilis est locusiste)의 시작부분 - [악보 52]에 사용된 정선율

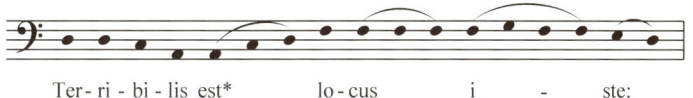

이 곡은 2성부와 4성부의 교대로 이루어진다. 4성부 부분에서는 [악보 51]의 선율이 29-56마디, 85-112마디, 127-140마디 그리고 155-170마디에서 4번 나타난다. 이 고정선율이 사용된 부분에서 탈레아와 콜로르는 일치한다. 2성부 부분에서는 4성부 부분과 같이 2성부 자체에서 모방과 카논적인 진행이 15-17마디, 44-45마디 그리고 113-122마디에서 나타나 통일성을 이룬다. 4성부에 쓰인 2성부에서도 1-28마디의 변형이 이루어져 통일성을 이루게 된다. 고정선율이 세 번째로 나타나는 부분 127-140마디에서는 4분의 4박자로 아이소리듬의 비율이 가장 축소된 곳으로 모테트의 절정을 이루며, 가사 '오라씨오네'(Oratione)의 'O'에 멜리스마 선율이 사용된 가장 자유롭게 변형된 부분이다. 또한 모티브의 변형이 독특하게 나타난다. 2-3마디, 7마디 그리고 26-27마디에 나타난 3개의 모티브를 기본으로 단순화되거나 혼합되기도 하고 다른 음이 첨가되거나 확대 혹은 역행 등의 기법이 나타난다.

자유로운 2성부로 된 부분과 아이소리듬이 사용된 4성부 부분의 교대가 이 곡의 전체구조를 이루며 작곡가의 건축적인 구상을 엿볼 수

다성음악에서의 교회음악 양식

있다. 또한 13세기 후반의 모테트는 상성부의 가사가 서로 다른 것(라틴어와 불어 : Polytextuality)이 특징이다. 그러나 이 모테트는 봉헌송으로 하나의 가사가 사용된다.

다음에서 기욤 뒤파이의 모테트 〈이제 장미꽃이 피었네〉의 가사와 악보를 제시한다. [악보 52]

기욤 뒤파이의 모테트
〈이제 장미꽃이 피었네〉
(Nuper rosarum flores)

Dufay, Nuper rosarum flores

Nuper rosarum flores	Recently roses [came]
Ex dono pontificis	as a gift of the Pope,
Hieme licet horrida,	although in cruel winter,
Tibi virgo coelica,	to you, heavenly Virgin.
Pie et sancte deditum	Dutifully and blessedly is dedicated
Grandis templum machinae	[to you]a temple of magnificent design.
Condecorarunt perpetim.	May they together be perpetual ornaments.
Hodie vicarius	Today the Vicar
Jesu Christi et Petri	of Jesus Christ and Peter's
Successor EUGENIUS	successor, Eugenius,
Hoc idem amplissimum	this same most spacious
Sacris templum manibus	sacred temple with his hands
Sanctisque liquoribus	and with holy waters
Consecrare dignatus est.	he is worthy to consecrate.
Igitur, alma parens,	therefore, gracious mother
Nati tui et filia,	and daughter of your offspring,
Virgo decus virginum,	Virgin, ornament of virgins,
Tuus te FLORENTIAE	your, Florence's, People
Devotus orat populus,	devoutly pray
Ut qui mente et corpore	so that together with all mankind,
Mundo quicquam exoravit,	with mind and body, their entreaties may move you.
Oratione tue	Through your prayer
Cruciatus et meritis	Your anguish and merits
Tui secundum carnem	may [the people] deserve to receive of the Lord,
Nati domini sui	born of you according to the flesh
Grata bene ficia	the benefits of grace
Veniamque reatum	and the remission of sins.
Accipere mereatur.	Amen.
Amen.	

모테트

[악보 52] 기욤 뒤파이, 모테트
〈이제 장미꽃이 피었네〉(Nuper rosarum flores)

다성음악에서의 교회음악 양식

모테트

317

다성음악에서의 교회음악 양식

모테트

319

다성음악에서의 교회음악 양식

모테트

(2) 플랑드르악파

네델란드(Netherland)를 플랑드르(Flemish), 프랑코-플랑드르(Franco-Flemish), 프랑코-벨기에(Franco-Belgian) 또는 북방(Nothern)이라고도 한다. 이들 모두는 종족이나 국가를 뜻하지만, 특정한 지역의 음악양식을 뜻하기도 한다.

1450-1550년 주로 활동한 작곡가들이 대부분 네델란드 작곡가들로 신성 로마제국의 황제, 프랑스의 왕, 로마교황 등을 위하여 일하거나 이탈리아 나폴리, 피렌체, 페라라, 밀라노 등의 궁정에서 일했다. 이곳은 프랑스와 네델란드 작곡가들의 활동의 중심지였다. 이러한 상황은 네델란드 음악양식을 르네쌍스 음악에 공통적으로 사용하게 된 요인이었다.

① 제 1세대 (1460-1490)

플랑드르(플레미쉬)악파의 대표적인 작곡가들

플랑드르악파의 제 1세대는 1460-1490년경에 활동한 작곡가들로 요하네스 오케겜(Johannes Ockeghem, c.1420-1495)과 앙트완느 뷔누아(Antoine Busnois, c.1430-1492)이다.

플랑드르악파 제 1세대의 대표적인 작곡가 요하네스 오케겜은 안트위프(Antwerp)성당에서 성가대원으로, 1451년부터는 프랑스 궁정에서 샤를르 7세(Charles Ⅶ), 루이 11세(Louis Ⅺ) 그리고 샤를르 8세(Charles Ⅷ)등의 왕을 받들었다. 1459년부터 플랑드르 생 마르탱(Saint Martin)수도원의 재정책임자로 있었다. 그의 음악양식은 중세음악양식을 벗어나지 않았으며, 폴리포니의 대가로 일컫는다.

요하네스 오케겜의 음악적 특징은 화성적인 면에 있어서는 보수적이나 정선율을 다양하게 다룬 점이 특징이다.

첫째, 최상성부에 정선율을 차용하여 원형을 그대로 사용하거나 변형시켜 사용하였다.
둘째, 최저성부에 정선율을 차용하여 사용
셋째, 한성부 이상을 기존음악에서 차용하는 방법으로 이것은 16세기 패러디기법의 초기형태이다.

---

(2) 플랑드르악파

네델란드

① 제 1세대 (1460-1490)

플랑드르(플레미쉬)악파의 대표적인 작곡가들
프랑스 문화권에 국한하여 활동한 작곡가들
　요하네스 오케겜
　앙트완느 뷔누아

요하네스 오케겜 (c.1420-1495)
· 안트위프 성당 성가대원
· 플랑드르 생 마르탱 수도원 재정책임자
· 폴리포니의 대가
  (요하네스 오케겜의 교회음악으로부터 르네쌍스 음악의 전형인 아카펠라가 본격적으로 발전한다)

음악적 특징

1. 정선율(Cantus Firmus)을 다양하게 다룬 점
① 최상성부에 정선율을 차용
② 최저성부에 정선율을 차용
③ 한성부 이상을 기존음악에서 차용 (16세기 패러디기법의 초기형태)

다성음악에서의 교회음악 양식

넷째, 정선율을 항상 테노르에 두지않고 여러 성부에 분산되어 나타나거나(migrant cantus firmus), 창작된 새로운 선율을 사용

이와 같은 방법으로 정선율을 사용하였다. 구조는 복잡하여 박절감이 분명하지 않고, 성부 간에 모방이 없는 대위법적 진행이 특징이다.

요하네스 오케겜은 특히 미사에서 대위법적인 독창성이 나타난다. 다성음악의 기법을 크게 확장한다. 한 양식 안에 모방 기법을 기술적으로 사용한다. 그 결과 복잡한 카논기법으로 개발하여 확대, 축소, 전위, 역행 카논기법을 자유롭게 구사했다. 그는 플랑드르악파(Flemish school)의 지도자로서 15세기 말 대위법의 대가라고 평가되고 있다.

그의 작품 확장미사 중 〈상투스〉(Missa prolationum Santus)에서는 시작동기(head motive)나 정선율을 사용하지 않고 6도 카논과 이중카논의 형태가 나타난다. 이러한 복잡한 구조가 음악의 표현에 전혀 방해되지 않았다는 사실에 대하여 바흐(J.S.Bach)와 비교하여 확장미사를 15세기 "푸가의 기법"(Die Kunst der Fuge ; the Art of Fugue)이라 불리운다. 또한 이 곡의 원보에서 위의 두 성부는 "완전 프롤레이션"(Proratio Major / Perfect Prolation-3박자)으로 되어 있고, 아래 두 성부는 "불완전 프로톨레이션"(Proratio minor / Imperfect Ptolation-2박자)으로 되어 있다. 여기서 오늘날의 기보법으로 나타내기 어려운 리듬의 기교를 볼 수 있다. 다음 [악보 53]에 원보 박자기호가 표시된 곡의 시작부분을 제시한다.

그의 13개 미사곡 중 미사 카푸트 중 〈아뉴스 데이〉(Missa Caput: Agnus Dei)에 사용한 정선율('Caput')의 멜리스마는 원래 필사본에는 알투스 성부에 있다. 그러나 옥타브 아래로 부르라는 지시가 있어 현대악보로 옮기면 최저성부에 있게 된다. 이와 같이 중간성부에 사용하지 않고 최저성부에 사용한 것은 이 정선율 멜리스마를 따온 사룸 챤트(Sarum chant)가 세족목요일(Maundy Thursday)에 발을 씻는 의식 중에 사용하는 선율인 것을 상징적으로 표현한 것으로 보고 있다. 또한 위 두 성부에서 동시에 시작하는 선율을 키리에(Kyrie)를

④ 정선율이 여러 성부에 분산되어 나타나거나(migrant cantus firmus), 창작된 새로운 선율사용

2. 구조는 복잡하여 박절감이 분명하지 않으며 성부 간에 모방이 없는 대위법적 진행

모테트

[악보 53] 오케켐, 확장미사 중 〈상투스〉(Sanctus)의 시작 부분
(Missa prolationum *Sanctus* – first section)

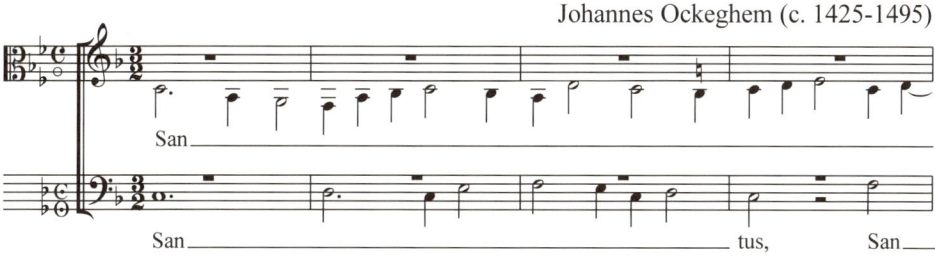

Johannes Ockeghem (c. 1425-1495)

시작동기 (head motive) 사용
모든 악장의 시작에 동일하게 사용되는 선율

연작미사곡 (cyclic Mass)
시작동기를 사용하거나 미사 전악장에 동일한 정선율을 사용하는 방법

앙트완느 뷔누아 (c.1430-1492)
- 부르고뉴궁정을 중심으로 활동
- 교회음악보나는 샹송과 같은 세속음악으로 더 유명

네델란드 작곡가들
특징적인 작곡기법
카논 (Canon)

제외한 모든 악장의 시작에서 동일하게 사용한다. 바로 이 선율을 시작동기라고 하며, 두 성부씩 짝지어 나타난다. 이 시대의 작곡가들은 시작동기를 사용하거나 미사 전 악장에 동일한 정선율을 사용하는 방법으로 작품의 통일성을 부여하는 연작미사곡(cyclic Mass)을 작곡하였다.

앙트완느 뷔누아는 부르고뉴궁정을 중심으로 활동하였으며 전 세대의 뱅슈아 같이 교회음악보다는 샹송과 같은 세속음악으로 더 유명하다.

중세 작곡가들의 작곡기법의 특징이 아이소리듬을 사용한 것에 반하여 네델란드 작곡가들은 카논(Canon)을 작곡한 것이다. 카논은 첫 번째 성부에서 두 번째 성부를 이끌어 내는 법칙을 의미한다. 이는 먼저 주어진 한 선율을 끝까지 일정한 간격을 두고 하나나 그 이상의 다른 성부에서 모방해 나가는 형식을 일컫는다. 희랍어의 규칙이란 뜻으로 유래된 카논은 르네쌍스 시대에 음악형식으로 사용되었다. 20세기의 음렬기법 작품에서도 사용되는 기법이다. 그 종류는 다음과 같다.

카논의 종류

1. 모방 카논 (strict canon)

카논의 종류

1. 모방 카논

카논에 있어서 시작하는 성부를 선행성부(leader)라고 하며, 모방하는 성부를 후속성부(follower)라고 한다. 모방의 음정관계와 모방의 시간적인 간격에 따라 카논은 동도, 2도, 3도카논 등의 그

다성음악에서의 교회음악 양식

대로 따라가는 모방 카논(strict canon)으로 구별된다. 1마디 카논, 2마디 카논 등으로 분류한다. 5도카논 8도카논이 비교적 보편적인 카논의 형태이며, 이와 같이 다른 음정으로 시작하는 것을 다른 음정카논(transposed canon)이라 한다.

2. 반진행 카논 (inversion canon)
   첫 번째 선율을 반진행 시켜 따라가는 반진행 카논(inversion canon)

3. 역행 카논 (retrograde canon)
   첫 번째 선율의 마지막음에서 거꾸로 시작하여 따라가는 역행카논(retrograde canon)

4. 다른 빠르기 카논 (mensuration canon)
   두 성부가 서로 다른 속도로 움직이는 다른 빠르기 카논(mensuration canon)

이러한 방법 외에도 확대카논, 축소카논, 투영카논, 이중카논, 정량카논, 수수께끼카논 등이 있으며, 이와 같은 방법이 한 가지만 사용되는 것이 아니라 두 가지 이상의 방법이 동시에 사용될 수도 있다.

플랑드르와 이탈리아에서도 활동한 작곡가로는 야콥 오브레흐트(Jacob Obrecht, c.1450-1505)와 알렉산더 아그리콜라(Alexander Agricola, 1446-1506)가 있다.
야콥 오브레흐트는 1476년부터 우트레흐트(Utrecht), 베르헨 옵 쏨(Bergen-op-Zoom), 깡브레(Cambrai), 브뤼주(Bruges) 그리고 안트위프(Antwerp) 등 프랑스 문화권과 이탈리아의 교회성가대에서 활동하였다. 1494년 안트위프(Antwerp)의 노트르담의 성직자가 되었다. 그 후 한 후원자의 간청으로 이탈리아에 체류할 때 흑사병으로 인해 짧은 생을 마감하였다.
그의 작품으로는 27개의 미사, 18개의 모테트 그리고 25여개의 샹송이 있다. 그의 음악양식은 교회음악에서 볼 수 있듯이 스승인 요하네스 오케겜보다 훨씬 단순한 리듬과 화성적 진행을 하며 구조적으로는 정선율이 강조되었다. 또한 모방기법을 사용하였으나 곡 전체

---

2. 반진행 카논 (inversion canon)

3. 역행 카논 (retrograde canon)

4. 다른 빠르기 카논 (mensuration canon)

프랑스 문화권과 이탈리아에서 활동한 작곡가
- **야콥 오브레흐트**
- **알렉산더 아그리콜라**

야콥 오브레흐트 (c.1450-1505)

음악적 특징
- 단순한 리듬과 화성적 진행
- 구조적으로는 정선율이 강조된다. (전통적 방법과 같이)
- 정선율 전체를 각 악장에 사용
- 정선율의 한 부분은 키리에(Kyrie)에, 다음 부분은 글로리아(Gloria)에 사용되는 방법을 사용

모테트

- 하나의 미사곡에 두 개 이상의 정선율을 차용하여 쓰는 방법
- 모방기법을 부분적으로 사용
- 카논의 모방기법을 많이 사용
- 구조적 투명성은 가사전달의 명확성을 중요하게여기는 시대적 경향을 반영한 것임

에 사용하지 않았다. 빌려온 선율전체를 각 악장에 사용하기도 하고 빌려온 정선율의 한 부분은 키리에(Kyrie)에, 다음 부분은 글로리아(Gloria)에 사용되는 방법을 사용한다. 하나의 미사곡에 두 개 이상의 선율을 빌려다 쓰는 방법과 카논의 모방기법을 많이 사용하는 등 선율을 다양한 방법으로 자유롭게 구사하였다.

이탈리아에서 활동한 작곡가들의 음악적 특징인 구조적 투명성은 가사전달의 명확성을 중요하게 여기는 르네쌍스 인문주의 시대의 경향을 반영한 것이다.

야곱 오브레흐트의 모테트 〈주여 용서하소서〉 (Parce Domine)

[악보 54]에 제시하는 야곱 오브레흐트의 모테트 〈주여 용서하소서〉(Parce Domine)는 다른 모테트에 비해 짧은 곡이다. 그러나 15세기 후반 플랑드르(플레미쉬)악파의 특징인 모방기법이 자유로운 대위법적인 선으로 쓰여진 기교와 표현력을 풍부하게 하는 화성의 발전을 보여주는 곡이다. 테노르에 사용된 정선율은 그 음가가 확대되었으며, 몇 개의 음이 쉼표에 의해 구분되어 두 상성부의 계속되는 선율의 흐름과 대조를 이루게 된다. 이러한 구분은 가사의 단어나 구절의 끝과 일치하여 가사를 분명하게 전달하여 가사의 의미를 분명하게 전달하는 역할을 한다. 17마디나 23마디 등의 종지에서 계류음(suspension)이 효과적으로 사용되고 있다. 마지막 종지부분에서는 두 상성부에서 병행 6도의 사용과 테노르가 e음에서 a음으로 5도 하행하여 정격종지 (V-I)의 효과를 나타낸다. 이 곡은 전통적인 교회선법에 4개를 추가한 12개의 선법의 하나인 에이올리아 선법(Aeolian mode)이다. 이 선법은 16세기의 중요한 이론서 『글라레아누스』(Glareanus)의 『도데카코르돈』(Dodekachordon)에 있다

다성음악에서의 교회음악 양식

[악보 54] 오브레흐트, 모테트 〈파르체 도미네〉 (Parce Domine)

모테트

다성음악에서의 교회음악 양식

② 제 2세대 (1490-1520)

플랑드르악파의 제2세대는 1490-1520년경 활동한 작곡가들로 그 시기는 르네쌍스의 전성기이며, 가사의 중요성으로 인해 음악과 가사의 융합에 따른 음악의 전환기로 자국어로 된 음악이 발전하기 시작하였다.

이 시기의 대표적인 작곡가는 음악 역사상 가장 중요한 인물 중 하나로 손꼽히는 죠스깽 데 프레(Josquin des Prez, c. 1450-1521)이다. 그는 부르고뉴지역에서 태어나 1459년부터 밀라노대성당의 성가대원이었다. 1486년부터 1494년까지 로마교황청 소속 음악가로 활동하며 스포르짜 일가 등 유명한 문중에서 성악가와 작곡가로 활동하였다. 1499년부터 프랑스에 거주했다. 그는 1501년부터 2년간 프랑스의 루이 12세 궁정과 1503년에는 페라라의 에르콜레 데스테 1세(Ercole I d'Este, 1450-1517)일가의 교회 성가대장으로 임명되었다. 그 이후 콩테(Condè)에 거주하다 그곳에서 생을 마쳤다. 또한 그는 16세기 초 요하네스 오케겜(Johannes Ockeghem)의 제자였다. 플랑드르 악파의 가장 뛰어난 작곡가이다. 그의 작품에서 부르고뉴악파 이후의 발전이 결실되고 르네쌍스의 전성기를 맞이하게 되었다.

다음에 제시되는 죠스깽 모테트의 예들은 죠스깽과 그 이후 시대에 작곡가들이 많이 사용했던 작곡기법을 보여주 는 작품이다. 모테트 작곡의 완성된 기교를 나타내고 있는 작품의 특징을 살펴보자.

죠스깽의 모테트 〈압살놈, 내 아들〉(Absalon, filini)의 가사는 구약성경에서 다윗왕이 아들 압살놈의 죽음을 애도하는 내용이다. 이 작품은 3부분으로 나누어져 제 1부분은 1마디 또는 2마디 간격으로 모방이 이루어지는 모방기점(point of imitation)을 보여주며 [악보 56] ①, 제 2, 3부분은 4성부의 자유로운 대위법적으로 진행된다. 특히 제 3부분에서 '내려간다'(descendam)는 의미의 가사에서는 [악보 56] ②와 같이 하행선율을 사용하여 묘사음악(그림음악 : word painting)을 보여주는 작품이다. [악보 57] ①에서와 같이 〈아베 마리아〉(Ave Maria)의 시작부분에서 원형을 그대로 사용하지는 않지만 그레고리안 챤트의 선율을 주제적 요소로 사용하고 있으며, [악보 57] ② (20-23마디, 43-46마디)에서는 아래의 두성부와 위 두성부가 쌍을 이루어 모방되고 있다. 또한 가사는 각 절마다 구분되어 모방으로 취급되는 모방양식과 호모포니 양식(homophonic style)의

---

② 제 2세대 (1490-1520)

죠스깽 데 프레
(Josquin des Prez, c. 1450-1521)

요하네스 오케겜의 제자
플랑드르 악파의 가장 뛰어난 작곡가
르네쌍스의 전성기

죠스깽 데 프레의 작품에 나타난 르네쌍스 음악의 전형적 기법의 특징

- 모방기점 (point of imitation)
- 가사그리기 (word painting)
- 패러디기법 (paraphrase)
  빌려온 선율을 수정하거나 장식하여 정선율로 사용.
  그레고리안 챤트 선율을 사용.
- 모방양식 (imitation style)과 호모포니양식 (homophonic style)이 공존
- 종지화음의 3음 생략
- 일관된 모방양식
- 음향대조기법 사용
  성부가 그룹으로 나누어 교대로 진행
- 모방에 의한 복잡한 구조를 효과적으로 완화시켜 가사전달을 분명하게 함

모테트

두 양식이 모두 나타나고 있다. 한 성부가 새로운 절을 시작할 때 그 시작부분은 앞 절의 나머지 성부의 끝과 중복되어 음악의 흐름이 끊어지지 않게 되어 있다. 분절상 중요한 부분은 완전 종지가 이루어진다. 가장중요한 부분인 곡의 마지막 마디, 종지화음에 3음이 생략되어 있다. 이 경우 마지막에서 둘째마디의 첫 박에 3화음의 3음을 사용한 후 마지막에서 3음 없이 곡을 끝마친다.

죠스깽 데 프레의 작품으로는 18개의 미사곡, 16개의 개별 미사악장, 95개의 모테트, 그리고 68개의 세속노래와 이 외 그의 것으로 추측되는 작품들이 많이 있다. 그는 가사를 자유롭게 선택할 수 있는 모테트에서 가장 그의 독창성과 예술성을 나타내었다.

모테트 작품의 특징
4성부 : 시편에서 가져 온 가사 사용
5-6성부 : 그레고리안 챤트의 선율 사용

그의 모테트 작품은 시편에서 가져온 가사를 사용한 4성부 작품들과 그레고리오 성가의 정선율을 사용한 5-6성부로 된 작품들이다. 그는 빌려온 선율을 수정하거나 장식하여 사용하는 패러디기법(paraphrase)과 모티브를 모방함에 있어 한 부분에서 각 성부가 차례로 모방하는 모방기법을 많이 사용하였다. 하나의 모티브의 모방이 끝나면 종지를 함과 동시에 새로운 동기의 모방부분이 종지와 겹쳐지면서 계속 이어져 전체적 구조는 끊어짐 없이 계속 진행된다. 이와 같이 새로운 유기적 구조와 일관된 모방양식으로 르네쌍스 음악의 전형을 만들었다. 성부가 그룹으로 나누어 교대로 진행하는 음향대조기법을 사용함으로 모방에 의한 복잡한 구조를 효과적으로 완화시켜 가사전달을 분명하게 하였다.

쏘제토 카바토 (Sogetto cavato) 기법 사용
문장의 모음에서 유도해낸 동기

또한 미사《페라라의 헤르쿨레스공》(Hercules dux Ferrarie)에서 빌려온 그레고리안 챤트의 제목《페라라의 헤르쿨레스공》에 있는 밑줄 쳐져 있는 모음 순서대로 헥사코드의 음을 붙여 '레-도-레-도-레-파-미-레'[악보 55 참조]의 선율을 정선율로 사용하는 기법을 사용하였다. 이와 같이 문장의 모음에서 유도해낸 동기를 이론가 짜를리노(Gioseffo Zarlino, 1517-1590)는 쏘제토 카바토(Sogetto cavato)라 하였다. 이러한 기법은 바흐(J.S. Bach)를 거쳐 슈만(R. Schumann)에 이르기 까지 사용되었다. [악보 55]

다성음악에서의 교회음악 양식

[악보 55] 그레고리안 챤트 'Hercules dux Ferrarie'에 사용 된 쏘제토 카바토 (Sogetto cavato) 기법

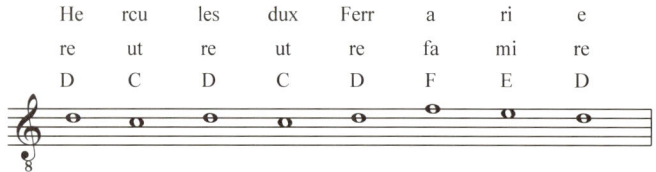

죠스깽의 모테트 〈주님만이 기적을 행하신 분〉(Tu solus, qui facis mirabilia)에서 모방양식(imitation style)과 호모포니양식(homophonic style)을 살펴보자. [악보 58]

이 시기에 죠스깽과 더불어 활동한 작곡가로는 하인리히 이삭(Heinrich Isaac, c.1450-1517), 루아체 콩페르(Loyset Compère, c.1450-1518), 쟝 무통(Jean Mouton, c.1459-1522), 피에르 드 라뤼(Pierre de la Rue, c.1460-1518), 앙트완느 프뱅(Antoine Fevin, c.1480-1512)등의 많은 작곡가들이 있다.

이 중 하인리히 이삭은 네델란드 양식을 독일에 전파한 최초의 작곡가로 독일 다성음악의 초기발전에 기여하였다. 이탈리아의 메디치가문과 비엔나 궁정을 중심으로 활동하여 국제적인 명성을 얻었다.

그는 고유미사곡을 300여곡 이상 작곡하였는데, 이 곡들은 『콘스탄틴 성가』(Chorals constantinus)라는 제목의 모음집에 들어있다. 이 책에는 15-16세기 전반에 사용하였던 다양한 기법과 양식이 나타나 있다.

하인리히 이삭 (c.1450-1517)

『콘스탄틴성가』(Chorals constantinus)라는 모음집에 하인리히 이삭의 고유미사곡 300여곡이 들어 있다.

[악보 56] 죠스깽 데 프레, 모테트의 특징 I

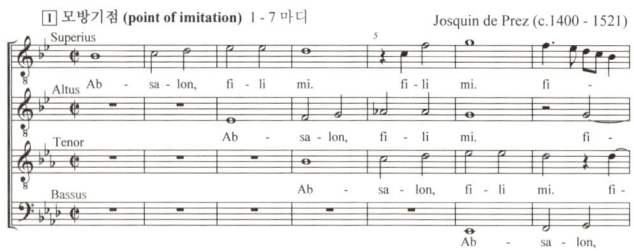

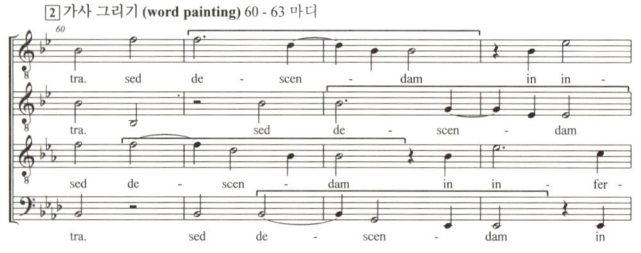

모테트

[악보 57] 죠스깽 데 프레, 모테트의 특징 Ⅱ

다성음악에서의 교회음악 양식

다성음악에서의 교회음악 양식

[악보 58] 죠스깽 데 프레, 모테트 〈주님만이 기적을 행하신 분〉 (Tu solus, qui facis mirabilia)

Josquin des Pez (c.1440 - 1521)

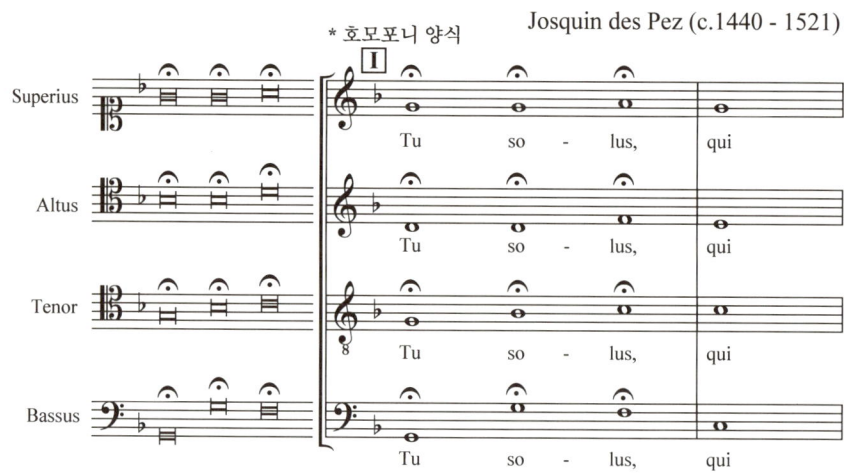

모테트

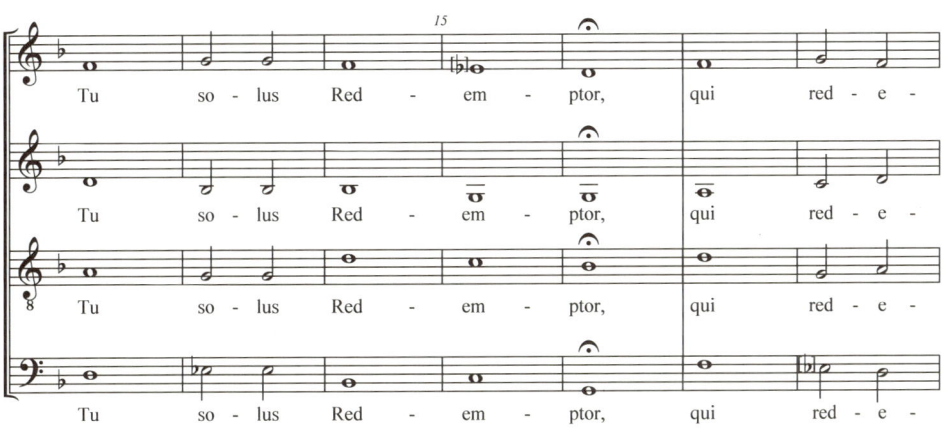

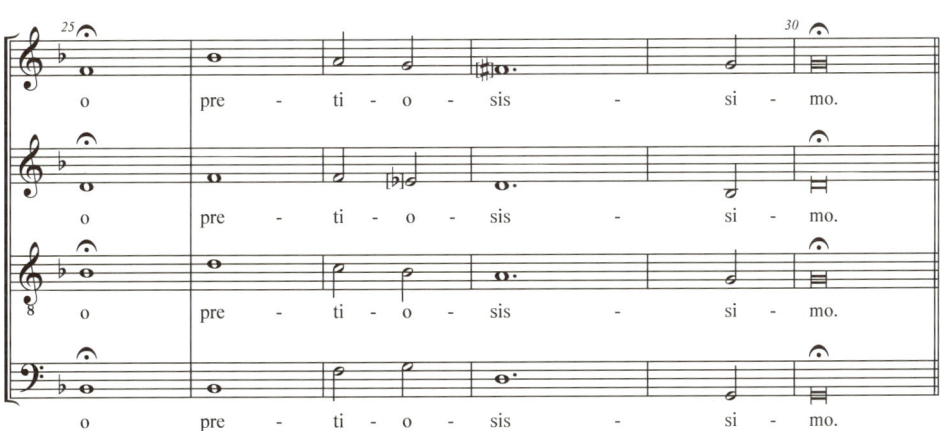

다성음악에서의 교회음악 양식

모테트

다성음악에서의 교회음악 양식

모테트

*호모포니 양식

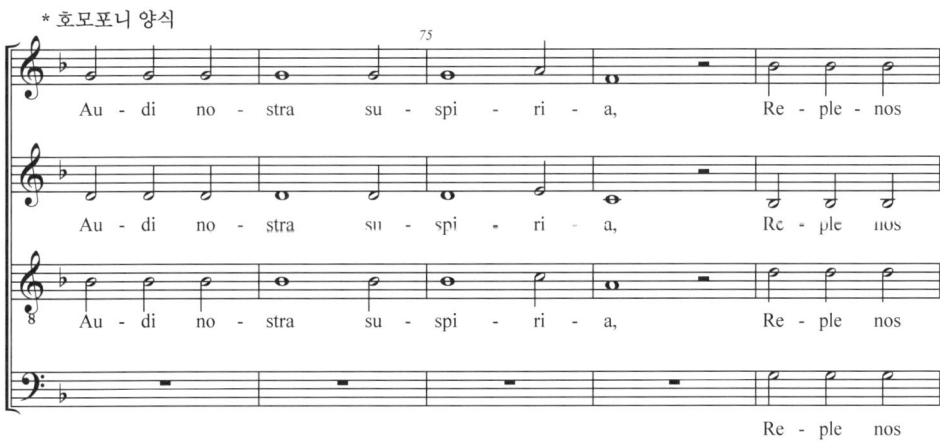

다성음악에서의 교회음악 양식

Tu solus, qui facis mirabilia;
Tu solus Creator, qui creastinos;
Tu solus Redemptor, qui redemisti nos
sanguine tuo pertiosissimo.

Ad te solum confugimus,
In te solum confidimus,
Nec alium adoramus, Jest Christe.
Ad te preces effundimus,
Exaudi quod supplicamus,
Et concede quod petimus,
Rex benigne!

D'ung aultre amer, nobis esset fallacia;
D'ung aultre amer, magna esset stultitia et peccatum.
Audi nostra suspiria,
Reple nos tua gratia, O Rex regum:
Ut ad tua servitia sistamus cum lætitia in
æternum.

모테트

③ 제 3세대 (1520-1560)

대표적 작곡가들
  아드리안 빌레르트
  니콜라 공베르
  클레멘스 논 파파

아드리안 빌레르트 (c.1490-1562)
- 두개의 성가대를 위한 기법 (Cori spezzati)을 작품에 도입
- 다성음악 (polyphony)의 비중이 약화됨
- 협주곡풍의 연주효과에 영향을 주어 바로크음악을 탄생시키는데 중요한 역할
- 베네치아악파 창시자

베네치아악파의 중심인물
(빌레르트의 제자들)
  로레 (1516-1569)
  가브리엘리 (1510-1586)
  짜를리노 (1517-1590)

(죠스깽의 제자)
  니콜라 공베르 (c.1495-1560)
    르네쌍스의 뛰어난 대위법 작곡가로 불리움

클레멘스 논 파파 (c.1515-1556)
- 제네바 시편가를 네델란드어로 편곡 및 편집
  (159곡의 3성부 「시편가」)

- 최초로 다성음악을 4성부악보 4권으로 출판 (1556-1557)
  이 책은 네델란드어로 된 150개의 시편을 다성음악으로 출판한 최초의 것이다.

③ 제 3세대 (1520-1560)

플랑드르악파의 제 3세대는 1520-1520년경 활동한 네델란드 작곡가들이다. 이 시기의 대표적인 작곡가는 아드리안 빌레르트(Adrian Willaert, c. 1490-1562)이다. 네델란드 작곡가로는 처음으로 베네치아에 영구적 직장을 얻었다. 그의 지도를 받은 성 마르코(sam Marco) 성당이 유럽에서 가장 중요한 음악의 중심지가 되어 베네치아악파를 이루게 된다. 베네치아악파의 중심인물인 로레(Cipriano de Rore, 1516-1569) 안드레아 가브리엘리(Andrea Gabrieli, 1510-1586) 그리고 짜를리노(Gioseffo Zarlino, 1517-1590)등의 제자들을 배출하여 16세기의 가장 중요한 작곡가이며 선생 중 하나로 알려지고 있다.

그는 쟝 무통과 죠스깽의 제자로 패로디 미사 8곡, 모테트 330곡, 마드리갈 60여곡 등 플랑드르 다성음악의 다양한 기법을 사용하여 작곡하였다. 특히 1527년부터 베니스의 성 마르코 성당의 악장이었다. 또한 성당 내부의 양쪽에 성가대석이 각각의 오르간과 함께 배치되어있어 새로운 입체적 음향효과(현대의 스테레오 음향효과)를 위한 두개의 성가대를 위한 기법(Cori spezzati)을 작품에 도입함으로 다성음악의 비중은 약화되었다. 협주곡풍의 연주효과에 영향을 주어 바로크음악을 탄생시키는데 중요한 역할을 한 베네치아악파 창시자이다.

니콜라 공베르(Nichola Gombert, c.1495-1560)는 죠스깽의 제자로 1526년 브뤼셀황실 성가대원으로 스페인, 북이탈리아, 독일, 오스트리아 등을 다녔다. 그는 미사 10곡, 모테트 160영곡, 샹송 60여곡 등 르네쌍스의 뛰어난 대위법 작곡가라 불리웠다.

클레멘스 논 파파(Jacob Clement, c.1515-1556)의 본명은 야콥 클레멘스로 네델란드 작곡가 야콥 파파(Jacob Papa)와 구별하기 위하여 클레멘스 논 파파로 불려졌다. 니콜라 콩베르의 대위법적 기법을 따랐으며 음악의 구조는 단순하다. 그는 미사 15곡, 모테트 230여곡, 특히 제네바 시편가를 네델란드어로 편곡 및 편집한 159곡의 3성부『시편가』(Souter-liedekens, 1540)와 샹송 90여곡이 있다. 그는 『시편가』와 기도를 위한 노래를 1556-1557년에 걸쳐 4성부악보(S, A, T, B Part book) 4권으로 출판하였다. 이 책은 네델란드어로 된 시편 150개를 다성음악으로 출판한 최초의 것이다.

다성음악에서의 교회음악 양식

④ 제 4세대 (1560-1600)

플랑드르악파의 제4세대는 1560-1600년경 활동한 작곡가들을 말한다. 16세기 후반 로마의 피에르 루이지 팔레스트리나(Pierluigi da palestrina, 1525-1586), 베네치아악파를 대표하는 안드레아 가브리엘리(Andrea Gabrieli, 1510-1586)와 지오반니 가브리엘리(Giovanni Gabrieli,1557-1612), 16세기 후반 영국의 미사곡을 유일하게 남긴 윌리암 버드(William Byrd, 1542-1623), 플랑드르 및 국제적으로 활동한 오를란드 디 랏수스(Orlande de Lassus,1532-1594)등이 있다.

팔레스트리나는 15,16세기 중엽 이탈리아 교회음악에 활력을 가져다 준 작곡가로 로마악파의 대표적인 작곡가이다. 1551년 20대 후반부터 성 베드로 성당 부속 줄리아교회(Cappella Giulia)오르간 주자 및 성가대원을 거쳐 1571년부터 성가대장으로 부임하여 1594년 그곳에서 생을 마치게 된다. 그의 작품으로는 미사 105곡, 모테트 500여곡 그리고 세속노래 마드리갈 100여곡이 있다. 그의 음악양식은 다른 곡의 선율을 차용하는 패러디기법과 고정선율기법을 사용한 점이다. 음악의 구조는 죠스깽과 비슷하나, 모방의 간격이 벌어져 있고 2성부와 4-5성부가 번갈아 나타나는 음향대조기법을 죠스깽보다 비중을 두어 더욱더 분명하고 명확하다.

종교개혁이후 교세를 회복하기 위해 가톨릭에서 단행한 개혁운동을 반종교개혁이라 하는데 이와 같이 개혁의지를 가진 교황들이 1545-1563년의 18년간에 걸쳐 개혁을 위해 행해진 종교회의인 트렌트 공의회(Council of Trent)에서는 교회음악에서 제거해야 할 세속적인 요소에 대해 논의가 되었다. 그 내용을 살펴보면 첫째, 다성음악을 허용하였으나 직접적인 제재에서는 지나치게 기교적이고 세속노래를 정선율로 사용하는 것을 금했다. 둘째, 지나친 모방대위법으로 인해 가사의 전달이 안되는 점을 지적했다. 셋째, 각 지방마다 서로 다른 시퀀스의 사용으로 인해 교회음악의 통일성이 없어짐으로 시퀀스(당시에는 4곡, 후에 1곡이 추가됨)를 5곡으로 제한한다. 넷째, 과다한 악기의 사용으로 시끄러운 점을 지적한다. 다섯째, 연주자들의 부정확한 발음과 불경스러운 태도 등에 대한 내용이다. 교회음악의 단순화와 세속적인 것을 배제하였다. 이와 같은 트렌트공의회 결정으로 그 당시 몇몇 작곡가들 즉 팔레스트리나, 랏수스, 빅토리아 등이

---

④ 제 4세대 (1560-1600)

대표적인 작곡가들
- 피에르 루이지 팔레스트리나 (1525-1586)
- 안드레아 가브리엘리(1510-1586)
- 지오반니 가브리엘리(1557-1612)
- 윌리암 버드(1542-1623)
- 오를란드 디 랏수스(1532-1594)

팔레스트리나 (1525-1586)
로마악파의 대표적인 작곡가

음악양식
1. 패러디기법
   다른 곡의 선율을 차용
2. 고정선율기법

음악의 구조
1. 모방의 간격이 벌어져 있다.
2. 음향대조기법 사용으로 더욱더 분명하고 명확하다. (2성부와 4-5성부가 번갈아 나타나는 기법)

반종교개혁

트렌트 공의회 (Council of Trent)
(1545-1563년의 18년간에 걸쳐 개혁을 위해 행해진 종교회의)

교회음악에서 제거해야할 세속적인 요소에 대해 논의
1. 다성음악을 허용하였으나, 지나치게 기교적이고 세속노래를 정선율로 사용하는 것을 금지
2. 모방대위법으로 인해 가사의 전달이 안 되는 점
3. 각 지방마다 서로 다른 시퀀스의 사용으로 인해 교회음악의 통일성이 없어짐으로, 시퀀스를 5곡으로 제한함
4. 과다한 악기의 사용으로 시끄러운 점
5. 연주자들의 부정확한 발음과 불경스러운 태도

모테트

예수회 (Jesuit)
- 스페인 로욜라의 이냐시오에 의해 창립
- 음악을 선교의 중요한 수단으로 삼아 교육과 선교활동을 함
- 기도모임에서 비예전용 교회음악인 라우다(Lauda)나 세속노래 유형에 종교적 가사를 붙인 종교적 마드리갈이 사용됨
- 위와 같은 노래에 대화식 구조가 도입되어 **오라토리오가 탄생하게 되는 중요한 계기**가 된다.

팔레스트리나의 모테트
〈목마른 사슴이〉
(Sicut cervus desiderat)

목마른 사슴이

하나님이여
사슴이 시냇물을 찾기에 갈급함같이
내 영혼이 주를 찾기에 갈급하니이다

내 영혼이
하나님 곧 생존하시는 하나님을 갈망하나니
내가 어느 때에 나아가서
하나님 앞에 뵈올꼬

사람들이 종일 내게 하는 말이
네 하나님이 어디 있느뇨 하니
내 눈물이 주야로 내 음식이 되었도다

(시편 42: 1-3)

그 요구에 부합되는 음악양식을 작곡하려고 노력한다.

그 당시 트렌트공의회의 결정과는 달리 음악을 선교의 중요한 수단으로 삼았다. 교육과 선교활동을 한 예수회(Jesuit)가 스페인 로욜라의 이냐시오 (Ignatio di Loyola, 1491-1556)사제에 의해 창립된다. 예수회의 음악정책이 선교에 효과적이라 여겨 1540년 공식교단으로 인가되었다. 그들의 활동이 확대되어 유럽에 신학교가 설립하게 된다. 특히 개인의 신앙운동을 권장하여 기도실(Oratorio)이나 수도원에서 기도모임을 하게 되었다. 이러한 자유로운 분위기에서 비예전용 교회음악인 라우다(Lauda)나 세속노래 유형에 종교적 가사를 붙인 종교적 마드리갈이 사용된다. 또한 이러한 노래에 대화식 구조가 도입되어 오라토리오가 탄생하게 되는 중요한 계기가 된다.

팔레스트리나의 모테트 〈목마른 사슴이〉(Sicut cervus desiderat)의 가사와 곡을 살펴보자. [악보 59]

이 곡은 각 성부가 거의 같은 선율로 모방되어있어 한 성부의 선율이 주도하지 않으며 모든 성부가 동등하게 중요성을 가진다.

이 곡은 모방양식으로 되어있으나 가사가 각 성부에 의해 여러 번 반복되어 사용된다. 그 결과 가사전달의 문제는 발생되지 않는 음으로 트렌트 공의회의 요구에 부합되게 작곡한 미사곡으로 평가된다.

Sicut cervus desiderat

<u>Sicut</u> cervus desiderat ad fontes aquarum,
<u>ita</u> desiderat
animamea adte, Deus,

<u>Sitivit</u> animamea ad Deum fontem vivum,
<u>quando veniam</u> et apparebo,
ante faciem Dei?

<u>Fuerunt</u> mihi lacrymae panes die acnocte,
panes die ac nocte, dum dicitur mihi quotidie,
<u>Ubi est</u> Deus tuus? Deus tuus?

(Psalm 42: 1-3)

* 밑줄친 단어는 가사의 의미를 나누는 부분의 처음 가사이다.

다성음악에서의 교회음악 양식

[악보 59] 팔레스트리나, 모테트 〈목마른 사슴이〉 (Sicut cervus desiderat)

모테트

다성음악에서의 교회음악 양식

다성음악에서의 교회음악 양식

다성음악에서의 교회음악 양식

플랑드르 제4세대의 대표적인 작곡가 중 한사람인 오를란두스 라수스(Orlandus Lassus,1532-1594)가 있다. 그는 네델란드 몽스(Mons)에서 태어나 이탈리아 로마의 라테란성당의 성가대장으로 활약한 후 독일 바이에른 궁정의 교회음악감독으로 활동하였다. 교황으로부터 기사작위를 수여받았다. 그는 1574-1577년경 5권의 교회음악 책 『파트로치니움 무지체스』(Patrocinium musices)를 출판하였고 1594년 뮌헨에서 생을 마쳤다.

팔레스트리나와 더불어 16세기 후반의 중요한 교회음악 작곡가이다. 팔레스트리나는 미사곡에서, 라수스는 모테트에서 그들의 재능을 나타낸다. 주로 교회음악을 작곡하였던 팔레스트리나와는 달리 라수스는 샹송, 마드리갈 등의 세속노래들을 작곡하였다. 그의 교회음악작품에서는 세속선율을 많이 사용하였다. 그의 작품으로는 미사, 모테트, 마그니피카트, 시편 등의 교회음악과 샹송, 마드리갈 등 2,000여곡이 있다.

그의 음악양식에서는 네델란드악파의 대위법적 양식과 이탈리아의 화성적양식, 베네치아악파의 화려함, 프랑스풍의 생동감 그리고 독일의 진지함 등이 나타난다.

그의 작품에서는 가사를 음악보다 우선적으로 생각하여 가사의 표현을 음악으로 나타내는 것을 중요하게 생각하였다.

[악보 60]에 제시하는 랏수스의 모테트 〈내 영혼이 지극히 슬퍼〉(Tristis est anima mea)는 16세기 말 모테트 형식의 완성된 절정을 보여주는 곡이다.

이 곡은 5성부로 가사의 음악적 표현을 중요하게 생각한 부분을 볼 수 있는데, 5-6마디와 9-10마디에의 최상성부를 8도 높게 시작한다. "슬픔"이란 뜻의 "트리스티스"(tristis)란 말을 강조함과 동시에 제자들과 구별된 그리스도를 상징하였다. 또한 14마디의 "죽음"이란 뜻의 "모르템"(mortem)이란 가사에서는 3음이 생략된 화음을 의식적으로 사용하여 허무함을 나타낸다. 28-33마디에서 "곧 너희가 보리라"라는 뜻의 "눈 비데비티스"(nunc videbitis)라는 가사의 부분과 49-59마디에서 "희생되러 갈 것이다"라는 뜻의 "엣 에고 바담 임몰라리"(et ego vadam immolari)라는 가사부분에서 수직적 화음형태인 호모포니로 작곡하였다. 37-40마디에서 "나를 에워싸는"이란 뜻의 "쫘 씨르꿈다비트 메"(quae circumdabit me)라는 가사를 표현하기 위해 각 성부의 모방형태가 나타난다. 짧은 8분음표로

오를란두스 라수스 (1532-1594)

5권의 교회음악 책
『파트로치니움 무지체스』를 출판

음악양식의 특징
- 여러나라의 다양한 양식을 사용
- 가사를 음악보다 우선적으로 생각

랏수스의 모테트
〈내 영혼이 지극히 슬퍼〉
(Tristis est anima mea)
- 5성부
- 가사의 음악적 표현을 중요하게 생각

모테트

시작되는 모티브가 연속적으로 사용해 가사의 긴박감을 더해준다. 41마디부터 시작되는 16세기 푸가(Fuga, 도망의 뜻)의 형태로 작곡되어 "너희는 도망가고"라는 뜻의 "보스 푸감 까삐에티스"(vos fugam capietis)가사를 표현하고 있다. 이와 같이 랏수스는 가사를 음악적으로 표현하는 것을 중요하게 생각했으며, 이러한 경향은 교회음악보다는 세속음악에서 더 많이 나타난다.

랏수스의 모테트 〈내 영혼이 지극히 슬퍼〉(Tristis est anima mea)는 세족목요일을 위한 응답송으로 다음에서 가사와 악보를 살펴보자. [악보 60]

Tristis est anima mea

Tristis est anima
mea usque ad mortem :
sustinete hic, et
vigilate mecum:
nunc videbitis turbam,
quae circumdabit me,
vos fugam capietis,
et ego vadam immolari,
pro vobis.

내 영혼이 지극히 슬퍼

내 영혼이 지극히 슬퍼
죽게 되었으니
너희는 여기 머물러
나와 함께 깨어있으라.
한 무리가 나를 에워싸는 것을
너희가 보리라,
너희는 도망가고,
나는 너희를 위해,
희생되러 가야할 것이다.
(마가복음 14장 34, 41, 50절)

다성음악에서의 교회음악 양식

[악보 60] 라수스, 모테트 〈내 영혼이 지극히 슬퍼〉 (Tristis est anima mea)

모테트

다성음악에서의 교회음악 양식

모테트

다성음악에서의 교회음악 양식

모테트

다성음악에서의 교회음악 양식

플랑드르 제4세대 중 베네치아악파를 대표하는 작곡가는 안드레아 가브리엘리(Andrea Gabrieli, 1510-1586)와 그의 조카 지오반니 가브리엘리(Giovanni Gabrieli, 1557-1612)이다. 이탈리아 본토와 분리되어 있는 섬인 베네치아는 독립된 도시로 발전하였다. 그 당시 동양과의 무역에 중심도시였다. 15세기에는 정치와 경제적으로 전성기를 맞이하였다. 15세기 후반부터는 문화가 꽃피기 시작했다. 활발한 음악활동이 전개되어 16세기 이탈리아에서 로마 다음으로 중요한 도시가 되었다. 화려하게 건축되어진 베네치아의 성 마르코(San Marco)에서 연주되어지는 음악도 교회와 국가의 위상을 나타낼 수 있도록 화려하고 장엄하였다. 이곳의 성가대 지휘자가 유럽에서 가장 인기 있는 자리였다. 여기서 활동한 음악가들은 빌레르트, 로레(Rore), 짜를리노(Zarlino), 파도바나(Annibale Padovano), 안드레아 가브리엘리(Andrea Gabrieli)와 그의 조카 지오반니 가브리엘리(Giovanni Gabrieli) 등이다. 1575년부터 30여명의 성가대원과 20여명의 악기연주자가 고용되었다. 교회음악감독 짜를리노, 빌레르트의 제자인 오르가니스트 안드레아 가브리엘리와 그의 제자이자 조카이고 뮌헨에 살며 라수스의 제자로 지내다 베네치아로 돌아왔다. 1585년부터 성 마르코 성당의 오르가니스트가 된 지오반니 가브리엘리의 노력으로 음악은 최고의 예술적 경지에 이르게 된다.

안드레아 가브리엘리(Andrea Gabrieli, 1510-1686)는 오르간 주자로 다재다능하고 많은 작곡을 하는 작곡가로 각 장르에 공헌했다. 그의 제자 지오반니 가브리엘리와 한스 레오 하슬러(Hans Leo Hassler, 1562-1621)등과 함께 이탈리아뿐만 아니라 독일음악에도 영향을 미쳤다. 그의 작품으로는 미사와 모테트 100여곡, 마드리갈 200여곡 그리고 건반악기 칸쪼나와 오르간 토카타등 많은 곡이 있다.

안드레아 가브리엘리에게 음악교육을 받은 지오반니 가브리엘리(Giovanni Gabrieli, 1557-1612)는 1585년 마르코 성당의 오르간 주자로 임명되었다. 그는 특히 여러 개의 합창을 위한 작품에서 그의 특성을 잘 보여준다. 스승 안드레아 가브리엘리와 함께 이 성당의 선임작곡가였던 빌레르트의 두개의 합창단을 위한 작곡기법을 탄생시킨다. 베네치아 악파(짜를리노, 안드레아 가브리엘리, 지오반니 가브리엘리 등)는 완벽한 음향효과를 자랑하는 마르코성당의 평면구조가 십자가형으로 양쪽끝 복도에 오르간과 성가대를 각각 배치하였다.

베네치아악파를 대표하는 작곡가

안드레아 가브리엘리
지오반니 가브리엘리

안드레아 가브리엘 (1510-1586)

이중합창
두 개의 합창단을 위한 곡으로 서로 다른 음색의 대비와 높은음역과 낮은음역의 대조되는 곡을 작곡

지오반니 가브리엘리 (1557-1612)
6-16성부의 다합창 양식 모테트에서 강약의 대비와 다양한 기악반주 등의 효과를 사용하여 작곡

모테트

**다합창 양식 모테트
(polychoral motet)**
2-5개의 합창단이 교창식으로 응답하며 독창자와 함께 웅장하게 연주하는 모테트

지오반니 가브리엘리에 의하여 연주단체가 발전되어 각각 관현악단을 수반하게 되며, 다른 음역을 노래하는 **2-5개의 합창단이 교창식(antiphonal)으로 응답**하며 독창자와 함께 웅장하게 연주하였다.
후에 바로크 음악의 특징인 **콘체르타토(concertato)양식**이 되었다.

**대표적인 모테트
〈오 크나큰 신비〉**
작품의 특징
1. 이중합창 모테트
   '높은 소리'의 합창단Ⅰ과
   '낮은 소리'의 합창단Ⅱ로 나뉘어 노래한다.
2. 호모포니의 짜임새로 되어있다.
3. 마지막 종지에 피카르디 종지
   (Picardy 3rd)를 사용
   단3화음보다는 장3화음이 더 완전하다고 생각하여, 마지막 종지에서 단3화음의 3음을 반음 올리는 변화음(Musica Ficta)을 사용하여 장3화음으로 종지하는 진행이 르네쌍스 후기 작품에서 흔히 볼 수 있다.

서로 다른 음색의 대비 및 높은 음역과 낮은 음역의 대조되는 그룹을 발전시켰다. 그는 6-16성부의 다합창 양식 모테트에서 강약의 대비와 다양한 기악반주 등의 효과를 만들어 아카펠라적인 르네쌍스음악의 특징을 넘어서게 되었다.

베네치아악파 작곡가들이 즐겨 사용한 화성적 형태와 리듬이 빌레르트 시대부터 베네치아악파 작곡가들이 작곡한 두 개의 합창단을 위한 **이중합창곡**을 만들었다. 그 결과 더욱더 발전된 여러개의 합창단을 위한 **다합창 양식 모테트(polychoral motet)**가 작곡되었다. 그 이유는 마르코 성당의 내부구조가 완벽한 음향효과를 지녔기 때문이다. 다시 말하자면 뛰어난 마르코 성당의 음향장치는 32성부 이상의 합창형태도 완벽히 소화해 내는 최고의 내부구조를 지녔다.

지오반니 가브리엘리에 의하여 연주단체가 발전되어 각각 관현악단을 수반한다. 다른 음역을 노래하는 2-5개의 합창단이 교창식(antiphonal)으로 응답하여 독창자와 함께 웅장하게 연주하였다. 이와 같이 서로 다른 음향의 대비는 후에 바로크 음악의 특징인 콘체르타토(concertato)양식이 되었다.

그의 대표적인 모테트는 〈오 크나큰 신비〉(O Magnum mysterium)이다. 이 곡은 호모포니(homophony)로 되어 있다. 두개의 합창단이 교대로 노래한다. 교대할 때는 앞의 합창단의 가사를 받아 응답한다. 또한 제1부분(1-44마디)의 22-31마디에서 모방적으로 쓰인 부분이 있다. 대체로 호모포니적이며, 제2부분(45마디-끝)에서 사용한 가사 '알렐루야'(Alleluja)부분에서는 명확한 호모포니의 짜임새로 되어있다. [악보 61] 또한 마지막 마디 합창단Ⅰ Alto의 b♭음에 제자리표(Natural : ♮)를 사용하여 마지막 종지에 르네쌍스 후기 음악에서 흔히 나타나는 화사하게 마치는 피카르디 3도(Picardy 3rd)를 사용하였다.

다음에서 지오반니 가브리엘리(Giovanni Gabrieli)의 이중합창 모테트 〈오 크나큰 신비〉(O Magnum mysterium)의 악보와 가사를 살펴보자. [악보 61]

다성음악에서의 교회음악 양식

[악보 61] 지오반니 가브리엘리, 이중합창 모테트 〈그 크나큰 기적〉 (O Magnum mysterium)

Giovanni Gabrieli (c.1557 - 1612)

모테트

다성음악에서의 교회음악 양식

모테트

다성음악에서의 교회음악 양식

모테트

365

다성음악에서의 교회음악 양식

모테트

O Magnum mysterium

O magnum mysterium,
et admirabile sacramentum,
ut animalia viderent Dominum natum,
jacentem in praesepio:
Beata Virgo, cujus viscera meruerunt
portare Dominum Christum:
Alleluja.

오 크나큰 신비

오 크나큰 신비
그리고 주님의 탄생을
보는 모든 만물의
위대한 성찬
구유에 잠자고:
축복받은 동정녀
주님을 잉태하였네
알렐루야

다성음악에서의 교회음악 양식

윌리암 버드(William Byrd, 1542-1623)는 팔레스트리나, 라수스와 동시대에 활약한 영국 최고의 작곡가이다. 그의 작품에서는 '음에 의한 회화적인 묘사법'(tone painting)을 사용하여 각 단어에 나타난 문자 그대로의 의미를 음악으로 묘사하고 있는 것을 볼 수 있다. 일관모방양식, 음향대조기법과 호모포니적 짜임새 또한 영국 특유의 불협화음적 음향을 사용하고 있다.

그의 모테트는 정선율이 있는 모테트부터 일관모방양식, 음향대조기법과 라수스의 호모포니 짜임새를 사용한 다양한 모테트들이 있다. 그의 모음집《층계송》(Gradualia, 1605)에는 방대한 양의 고유미사와 모테트가 들어있다.

다음에서 윌리암 버드(William Byrd)의 6성부 모테트『여호와의 종들아 찬양하라』(Laudate pueri dominum)의 가사와 악보를 살펴보자. [악보 62] 이 곡의 가사는 시편113편 1-2절, 121편 2절 그리고 125편 4절 말씀 내용의 3부분으로 되어있다.

윌리암 버드 (1542-1623)

작품의 특징
1. tone painting
 '음에 의한 회화적인 묘사법'
2. 일관모방양식
3. 음향대조기법
4. 호모포니적 짜임새
5. 영국 특유의 불협화음적 음향사용

여호와의 종들아 찬양하라

여호와의 종들아 찬양하라
여호와의 이름을 찬양하라
이제부터 영원까지
여호와의 이름을 찬송할지로다. (시편 113:1-2)

나의 도움은 천지를 지으신
여호와에게서로다 (시편 121: 2)

여호와여 선한 자들과
마음이 정직한 자들에게 선대하소서 (시편 125:4)

Laudate pueri dominum

Laudate, pueri, Dominum,
laudate nomen Domini:
sit nomen Domini benedictum
ex hoc nunc et usque in
saeculum.

Auxilium meum a Domino,
qui fecit caelum eet terram.

Bene fac, Domine,
bonis et rectis corde.

모테트

[악보 62] 윌리암 버드, 6성부 모테트 〈여호와의 종들아 찬양하라〉 (Laudate pueri dominum)

William Byrd (1543 - 1623)

* 알라 브레베 (¢ : alla breve) 는 빠른 2박계통을 나타낸다.

다성음악에서의 교회음악 양식

모테트

다성음악에서의 교회음악 양식

모테트

다성음악에서의 교회음악 양식

모테트

다성음악에서의 교회음악 양식

모테트

다성음악에서의 교회음악 양식

모테트

다성음악에서의 교회음악 양식

모테트

다성음악에서의 교회음악 양식

모테트

다성음악에서의 교회음악 양식

3) 바로크시대의 모테트

17세기는 조성음악의 시작과 더불어 음악형식의 변화가 많았던 시기로 악기의 사용, 독창음악의 강조, 아리아형식, 레치타티브형식, 바쏘콘티누오 등을 모테트에 적용시켜 사용하였다. 이러한 새로운 방법의 최초 모테트는 라도비코 비아다나(Ladovico Viadana, c.1560-1627)의 교회 콘체르토(concerti ecclesiatici)에 나타나 있다.

이 곡은 한 개의 노래성부와 4성부의 화성을 포함한 계속저음(Basso continuo)으로 된 오르간을 위한 곡으로 합창대신 독창자를 위해 작곡된 모테트이다. 로마와 베네치아악파에 의한 두 개의 합창단을 위한 이중합창 구조와 함께 이탈리아에서 즐겨 사용하는 양식이 되었다.

바로크 시대의 새로운 양식은 르네쌍스 양식을 완전히 배제한 것이 아니라 두 양식이 공존한 시기라 할 수 있다. 그 당시 이론가나 작곡가들은 바로크 이전의 양식과 이후 양식으로 나누어 구양식(stil antico)과 신양식(stil moderno), 장엄양식(stilus gravis)과 화려한 양식(stilus luxurians)으로 구분하였다.

각 성부가 동등한 중요성을 가지는 르네쌍스 양식에 비해 초기바로크의 성악작품은 모노디(monody)로, 선율에 간단한 화성반주가 있는 독창곡이다. 이러한 양식을 창안한 카치니(Giulio Caccini, 1545-1618)는 모노디로 작곡한 12개의 마드리갈과 10개의 아리아를 1602년 『새음악』(Le Nuove Musiche)에 수록하였다.

다음[악보 63]에 제시하는 알렛산드로 그란디(Alessandro Grandi, 1577-1630)의 모테트 〈오 당신이 얼마나 아름다운지〉(O quam tu pulchra es) 는 합창대신 독창자를 위해 작곡된 독창 모테트이다. 1-6마디는 레치타티브이고 7-21마디에서는 선율적이며 리듬적인 부분, 22-34마디는 3박자의 아리아이다. 이와 같이 레치타티브와 아리아가 교대로 곡 전체에 나타난다.

---

3) 바로크시대의 모테트

악기의 사용, 독창음악의 강조, 아리아형식, 레치타티브형식, 바쏘콘티누오 등을 모테트에 적용시켜 사용

최초의 바로크 모테트 작곡가
  비아다나 (c.1560-1627)
  교회 콘체르토에 나타나 있다

작품의 특징
① 한 개의 노래성부와 4성부의 화성을 포함한 계속저음으로 된 오르간 곡
  저음선율이 곡 전체에 지속적으로 연주되므로 **계속저음**이라 한다
② 합창대신 독창자를 위해 작곡된 모테트
③ 독창모테트는 로마와 베네치아파에 의한 두 개의 합창단을 위한 이중합창 구조와 함께 이탈리아에서 즐겨 사용하는 양식이 되었다

바로크이전의 양식과 이후 양식
  stil antico (구양식)
  stil moderno (신양식)
  stilus gravis (장엄양식)
  stilus luxurians (화려한 양식)

모노디(monody)
  선율에 간단한 화성반주가 있는 독창곡

모노디를 창안한 작곡가로 알려진 카치니(Giulio Caccini)
  『새음악』(Le Nuove Musiche)에 마드리갈 12곡, 아리아 10곡 수록

모테트

[악보 63] 그란디, 모테트 〈오 당신이 얼마나 아름다운지〉 (O quem tu pulchra es)

Alessandro Grandi (1577 - 1630)

다성음악에서의 교회음악 양식

모테트

다성음악에서의 교회음악 양식

모테트

독일 모테트의 특징

- 합창중심으로 되어있다.
- 무반주(accapella)로 연주된다.
- 독일어로 되어있다.
- 독창성부와 악기사용의 특수효과가 나타난다.

바로크시대의 주요작곡가

몬테베르디 (1567-1643)
쉿츠 (1585-1672)
륄리 (1632-1687)
북스테후데 (1637-1707)
퍼셀 (1659-1695)
스카를라티 (1660-1725)
비발디 (1675-1741)
텔레만 (1681-1767)
라모 (1683-1764)
바흐 (1685-1750)
헨델 (1685-1759)

독일 모테트의 특징

독일 모테트는 합창중심으로 작곡되었으며 무반주로 연주된다. 17세기 초 루터교회에서 독일어로 노래하기 위한 모테트가 작곡되었다. 이러한 운동의 선구자는 토마스 슈톨쩌(Thomas Stoltzer, d.1526)이다.

그는 마틴 루터의 독일어역에 의한 〈시편 제28편/ 3-7성부〉을 작곡하여 프로이센의 알베르트 공에게 헌정하였다. 독일어 작품 《종교곡집》(Geistliche Gesänge)7집 등을 남겼다. 독일어 가사를 가진 모테트를 '독일 성서 잠언 모테트' 라고 불렀다.

라틴 모테트는 18세기 초까지 인기있는 음악형식으로 지속되었다. 그 결과 교회 성가대의 수준이 낮아지고, 많은 악기를 사용함에 따라 작곡이 감소되었다.

독일 모테트의 특징은 대부분 독일어로 되어있다. 독창성부와 악기사용의 특수효과가 나타난다. 이러한 모테트는 칸타타나 교회콘체르트와의 차이점을 구별하기가 매우 어렵다.

바로크시대의 주요작곡가로는 클라우디오 몬테베르디(Claudio Monteverdi, 1567-1643), 하인리히 쉿츠(Heinrich Schütz, 1585-1672), 쟝 밥티스트 륄리(Jean Baptiste Lully,1632-1687), 디트리히 북스테후데(Dietrich Buxtehude, 1637-1707), 헨리 퍼셀(Henry Purcell, 1659-1695), 알렛산드로 스카를라티(Alessandro Scarlatti, 1660-1725), 안토니오 비발디(Antonio Vivaldi, 1675-1741), 게오르그 필립 텔레만(Georg Philippe Telemann, 1681-1767), 쟝 필립 라모(Jean Phillippe Rameau, 1683-1764), 요한 세바스챤 바흐(Johann Sebastian Bach, 1685-1750), 게오르그 프리드리히 헨델(Georg Fridrich Händel, 1685-1759)등이 있다.

루터교회에서는 라틴 모테트를 중요시 하였으며, 이 모테트들이 구약성서나 여러 기도문 내용에 따라 작곡된 반면, 프로테스탄트 교회에서는 시편이나 신약성서 내용에 따라 17세기에 많이 작곡되었다. 다음에서 쉿츠(H. Schütz, 1585-1672)와 바흐(J. S. Bach, 1685-1750)의 모테트에 대하여 살펴보기로 한다.

다성음악에서의 교회음악 양식

(1) 하인리히 쉿츠(Heinrich Schütz, 1585-1672)

하인리히 쉿츠(Heinrich Schütz)의 《종교적 심포니》(Symphoniae Sacrae)는 여러 가지 다양한 양식의 작품들로 구성되어 있다. 1629년, 1647년, 1650년 3회에 걸쳐 출판되었다. 여기에 들어있는 모테트는 대부분 독일어로 되었다. 독창성부, 악기사용을 통한 특이한 효과가 나타난다.

[악보 64]에 제시하는 하인리히 쉿츠의 모테트 〈오 당신이 얼마나 아름다운지〉(O quem tu pulchra es)는 [악보 48]에 제시한 던스터블의 모테트와 [악보 63]의 알레산드로 그란디의 모테트와 같은 가사로 솔로몬의 아가서 7장 4-7절과 11-12절의 내용이다.

이 곡은 테너와 바리톤의 독창자들과 트리오(바이올린 1, 2와 바쏘 콘티누오)로 구성으로 되어있다. 바쏘 콘티누오는 쳄발로와 첼로가 연주한다. 바리톤 솔로에 이어 바리톤과 테너의 모방과 2대 바이올린의 모방이 시작되는 신포니아(Sinfonia)부분이 연주된 후 다시 성악부분의 모방에 이어 2대 바이올린의 모방에 테너 및 바리톤 솔로가 함께 연주된다. 100마디부터는 성악부분의 모방, 기악부분의 모방 그리고 성악부분의 3도병진행을 기악부분에서 그대로 모방하는 등 다양한 방법에 의한 조화를 느낄 수 있다.

다음에서 하인리히 쉿츠의 모테트 〈오 당신이 얼마나 아름다운지〉(O quem tu pulchra es)의 악보를 살펴보자. [악보 64]

(1) 하인리히 쉿츠 (1585-1672)

《종교적 심포니》
(Symphoniae Sacrae)
여러 가지 다양한 양식의 작품들로 구성된 작품집

모테트

[악보 64] 쉿츠, 모테트 〈오 당신이 얼마나 아름다운지〉 (O quem tu pulchra es)

다성음악에서의 교회음악 양식

모테트

다성음악에서의 교회음악 양식

다성음악에서의 교회음악 양식

모테트

다성음악에서의 교회음악 양식

모테트

(2) 요한 세바스챤 바흐 (1685-1750)

아이제나흐 (1685)
  음악가의 아들로 태어남

뤼네베르크
  미하엘 교회 성가대원

아른슈타트와 뮐하우젠 (1707-1708)
  오르간주자

바이마르 빌헬름 공의 궁정
(1708-1717)
  오르간주자와 실내악 연주자
  실내악 악장

쾨텐의 레오폴드공의 궁정
(1717-1723)
  음악감독 (kapell-meister)

라이프치히의 성 토마스 교회
(1723-1750)
  지휘자 (Cantor)

바흐의 6개 모테트

모테트 1번 (BWV 225)
  새 노래로 주님을 찬양하라

모테트 2번 (BWV 226)
  성령께서 우리들의 약함을 도와주신다

모테트 3번 (BWV 227)
  예수는 나의 기쁨

2) 요한 세바스챤 바흐 (John Sebastian Bach, 1685-1750)

요한 세바스챤 바흐(John Sebastian Bach, 1685-1750)는 아이제나흐(Eisenach)에서 음악가의 아들로 태어났다. 뤼네베르크 (Lüneberg) 미하엘 교회 성가대원으로, 아른슈타트(Arnstadt / 1703-1707)와 뮐하우젠(Mühlhausen / 1707-1708)의 오르간주자로 그리고 바이마르(Weimar)의 빌헬름 공의 궁정(1708-1717)의 오르간주자와 실내악 연주자로 1714년 악장이 되었고 칸타타, 교회 콘체르트 그리고 오르간 작품을 작곡하였다. 또한 그는 쾨텐(Cöthen / 1717-1723)의 레오폴드(Leopold) 공의 궁정음악감독(Kapell-meister)이 되어 실내악곡과 관현악곡 그리고 세속칸타타를 작곡하였다. 그 후 라이프치히(Leipzig)의 성 토마스 교회 (1723-1750)의 지휘자(Cantor)가 되었다. 이 직책은 대학과 시립 관악대의 음악감독을 겸하는 것이다. 라이프치히시와 교회의 음악을 감독한 것이었다. 주일과 특별예배를 위한 칸타타와 수난음악, 마니피카트, 코랄 등 교회음악을 주로 작곡한 시기이다.

요한 세바스챤 바흐는 모테트를 많이 작곡하였는데 그의 칸타타 BWV 118 〈오! 예수는 내 삶의 빛〉(O Jesu Christ, meins Lebens Licht)은 모테트이다. 바흐의 대표적인 6개의 모테트를 살펴보면 다음과 같다.

모테트 1번 (BWV 225)
새 노래로 주님을 찬양하라
Singet dem Herrn ein neues Lied
Sing ye to the Lord a new song

모테트 2번 (BWV 226)
성령께서 우리들의 약함을 도와 주신다
Der Geist hilft unserer Schwachheit auf
The Spirit also helpeth us

모테트 3번 (BWV 227)
예수는 나의 기쁨
Jesu meine Freude (11 Movment)
Jesus, my great pleasure

다성음악에서의 교회음악 양식

모테트 4번 (BWV 228)
두려워 말라, 내 너와 함께 있나니
Fürchte dich nicht, ich bin bei dir
Be not afraid,

모테트 5번 (BWV 229)
오소서, 예수여, 오소서!
Komm, Jesu, komm!
Come, Jesus, come!

모테트 6번 (BWV 230)
주를 찬양하라, 모든 만민이여
Lobet den Herrn, alle Heiden (Psalm 117)
Praise the Lord, all ye nations

이 중 모테트 1, 2, 4, 5번은 두 개의 합창단을 위해 작곡되었고 3번은 5성부로, 6번은 4성부로 작곡되어있다.
다음에서 모테트 2, 3, 6번에 대해 간략하게 살펴보자.

1. 모테트 2번 (BWV 226)
성령께서 우리들의 약함을 도와 주신다.
Der Geist hilft unserer Schwachheit auf
(The Spirit also helpeth us)

1729년 10월 24일 파울리네르 교회(Pauliner kirche)에서 초연된다. 이 모테트는 로마서 8장 26-27절 말씀의 내용으로 되어있다. 두 개의 합창단을 위해 작곡된 8성부의 곡으로 반주부가 남아있다.
[악보 65] a에 시작부분을 제시한다. 1-145마디까지는 두 개의 합창단의 8성부로 연주된다. 146마디부터는 4성부의 곡을 두 개의 합창단이 함께 연주한다. [악보 65] b의 마지막에는 코랄이 합창파트와 같은 반주형태로 함께 연주된다. [악보 65] c

---

모테트 4번 (BWV 228)
  두려 말라, 내 너와 함께 있나니

모테트 5번 (BWV 229)
  오소서, 예수여, 오소서!

모테트 6번 (BWV 230)
  주를 찬양하라, 모든 만민이여
  (시편 117)

모테트 1, 2, 4, 5번 : 8성부
    (두 개의 합창단)
모테트 3번 : 5성부
모테트 6번 : 4성부

1. 모테트 2번 (BWV 226)
  성령께서 우리들의 약함을 도와주신다

- 로마서 8장 26-27절 말씀의 내용
- 두개의 합창단을 위해 작곡된 8성부의 곡

모테트

[악보 65] a 바흐, 모테트 2번 (BWV 226) 1-38마디
〈성령께서 우리들의 약함을 도와주신다〉 (Der Geist hilft unserer Schwachheit auf)

다성음악에서의 교회음악 양식

모테트

다성음악에서의 교회음악 양식

모테트

다성음악에서의 교회음악 양식

모테트

[악보 65] b 바흐, 모테트 2번 (BWV 226) 146-166마디

다성음악에서의 교회음악 양식

모테트

[악보 65] c 바흐, 모테트 2번 (BWV 226) 마지막 코랄

다성음악에서의 교회음악 양식

모테트

다성음악에서의 교회음악 양식

2. 모테트 3번 (BWV 227)
예수는 나의 기쁨
Jesu meine Freude (11 Movment)

Jesus, my great pleasure

1723년 작곡된 이 곡은 바흐의 유일한 코랄 모테트이다. 이 곡은 11부분으로 나누어져 있는데, 그 중 다섯 부분이 5성부로 되어있으며, 나머지는 3성 혹은 4성부로 되어있다. 또한 여덟부분이 마 단조로 되어있다. 그 구성을 〈표 34〉에서 간단히 살펴보자.

〈표 34〉 바흐, 모테트 3번 〈예수는 나의 기쁨〉의 전체구성

Motet Ⅲ (BWV 227)
Jesu meine Freude

부분	구분	성부	조성
제 1부분	Choral	4성부 (S,A,T,B)	e
제 2부분	Adagio	5성부 (SⅠ·Ⅱ,A,T,B)	e
제 3부분	Choral (제 1부분이 5성부로 변형)	5성부 (SⅠ·Ⅱ,A,T,B)	e
제 4부분	Andante	3성부 (SⅠ·Ⅱ,A)	e
제 5부분	L'itesso tempo	5성부 (SⅠ·Ⅱ,A,T,B)	e
제 6부분	Allegro non tanto	5성부 (SⅠ·Ⅱ,A,T,B)	G
제 7부분	Choral (제 1부분의 변형)	4성부 (S,A,T,B)	e
제 8부분	Andante	3성부 (A,T,B)	C
제 9부분	Allegretto	4성부 (SⅠ·Ⅱ,A,T)	a
제 10부분	Poco Adagio	5성부 (SⅠ·Ⅱ,A,T,B)	e
제 11부분	Choral (제 2부분의 변형)	4성부 (S,A,T,B)	e

다음에 제시한 부분의 악보 일부를 제시한다.
제 1부분 : Choral [악보 66] a
제 2부분 : Adagio [악보 66] b
제 3부분 : Choral [악보 66] c
제 7부분 : Choral [악보 66] d

- 바흐의 유일한 코랄 모테트
- 제 11부분으로 구성

모테트

[악보 66] a 바흐, 모테트 3번 (BWV 227) 〈예수는 나의 기쁨〉 (Jesu meine Freude)
제 1부분 코랄

다성음악에서의 교회음악 양식

모테트

[악보 66] b 바흐, 모테트 3번 (BWV 227) 제 2부분 20-47마디

다성음악에서의 교회음악 양식

모테트

다성음악에서의 교회음악 양식

모테트

[악보 66] c 바흐, Motet 3번 (BWV 227) 제 3부분 코랄

다성음악에서의 교회음악 양식

[악보 66] d 바흐, Motet 3번 (BWV 227) 제 7부분 코랄

다성음악에서의 교회음악 양식

모테트

다성음악에서의 교회음악 양식

3. 모테트 6번 (BWV 230)
   너희 모든 나라들아 여호와를 찬양하라 (시편 117편)
   Lobet den Herrn, alle Heiden (Psalm 117)
   Praise the Lord, all ye nations

시편 117편의 내용으로 4성부 합창곡으로 작곡되어있다. 이 곡은 바흐의 모테트 중 독특한 형식을 자랑한다. 곡 전체는 하나의 악장이나, 세 개의 부분으로 나누어져 있다. 그 중 첫째부분과 셋째부분이 푸가형태로 작곡되어있다. 또한 마지막에 사용된 가사 알렐루야(Alleluja)는 시편 117편에서 가져온 것이 아니다. 코랄을 사용하지 않은 유일한 모테트이다.

다음에 제시된 가사에 의해 세 개의 부분으로 나눌 수 있다.

너희 모든 나라들아 여호와를 찬양하라
Lobet den Herrn, alle Heiden

제1부분
- **너희 모든 나라들아 여호와를 찬양하며 :**
  Lobet den Herrn, alle Heiden
- **너희 모든 백성들아 그를 찬송할지어다!**
  preiset ihn, alle Völker!

제2부분
- 우리에게 향하신 여호와의 인자하심이 크시고
  Denn seine Gnade und Wahrheit
- **여호와의 진실하심이 영원함이로다.**
  Waltet über uns in Ewigkeit

제3부분
- **알렐루야**
  Alleluja

위의 가사에 의해 구분된 3부분의 악보 일부를 제시한다.
  제 1부분(1-26마디) [악보 67] a
  제 2부분(G 58마디 제2박-74마디) [악보 67] b
  제 3부분 [악보 67] c

---

3. 모테트 6번 (BWV 230)
   너희 모든 나라들아
   여호와를 찬양하라 (시편 117편)

· 코랄을 사용하지 않은 유일한 모테트
· 첫째와 셋째부분을 푸가형태로 작곡

모테트

[악보 67] a 바흐, 모테트 6번 (BWV 230)
〈너희 모든 나라들아 여호와를 찬양하라〉 (Lobet den Herrn, alle Heiden)
제 1부분 1-26마디

다성음악에서의 교회음악 양식

모테트

다성음악에서의 교회음악 양식

모테트

다성음악에서의 교회음악 양식

모테트

다성음악에서의 교회음악 양식

[악보 67] b 바흐, 모테트 6번 (BWV 230) 제 2부분 58-74마디

모테트

다성음악에서의 교회음악 양식

모테트

[악보 67] c 바흐, 모테트 6번 (BWV 230) 제 3부분 – 알렐루야 (Alleluja)

다성음악에서의 교회음악 양식

모테트

437

다성음악에서의 교회음악 양식

모테트

다성음악에서의 교회음악 양식

모테트

모테트에 사용된 가사는 다음과 같다.

그리스도여 당신을 경배하나이다 (Adoramuste, Christe)
아베 베룸 코르푸스 (Ave verum corpus ; Elevation Motet)
믿음의 십자가 (Crux fidelis)
나는 들판에 핀 꽃 (Ego flos campi)
이 날 [부활절 안티폰] (Haec dies [Easter Antiphon])
오늘 그리스도 탄생하셨도다 [성탄절 안티폰]
(Hodie Christus natus Est [Christmas Antiphon])
오 선한 예수 (O bone Jesu)
오 복된 삼위일체의 빛이여 (O lux beata Trinitas)
오 위대한 신비여 (O magnum misterium)
오 거룩한 잔치여 (O sacrum convivium)
오 구원의 희생자 (O salutaris hostia)
당신들은 모두 (O vos omnes)
내 혀로 주의 영광을 찬양 (Pange lingua gloriosi)
당신이 얼마나 아름다운지 (Quam pulchra es)
세상의 구세주 (Salvator mundi)
당신의 보호아래 (Sub tuum praesidium)
우리의 목자 부활하셨도다 (Surrexit pastor es)
너는 베드로다 (Tu es Petrus)
오소서 성령이여 (Veni Creator Spiritus)
주여 용서하소서 (Parce Domine)

다성음악에서의 교회음악 양식

4. 캐럴 (Carol)

캐럴이란 말은 본래 라틴어 '카롤라'(Carola)에서 유래된 말로 중세기에 영어나 라틴어 혹은 영어와 라틴어가 혼합된 원문으로 된 영국에서 생긴 노래의 하나이다.

캐럴의 형식은 각 절 뒤에 반복되어지는 '버든'(Burden)이라는 후렴을 가지고 있다. 그러므로 캐럴은 가사를 가지고 구분하는 것이라기보다는 음악적인 형식에 의해 구분되었다고 볼 수 있다.

중세기의 캐럴들은 어떤 주제와 연관되어지는데 대부분의 캐럴들은 동정녀 마리아나 혹은 크리스마스의 어떤 부분에 연관되어진다. 또한 캐럴은 대중에 의해 자국어로 노래되어진다. 이 캐럴은 즐거운 성격을 지니며 특히 크리스마스 캐럴들이 많이 남아있다.

초기 캐럴들은 춤을 추기위한 경쾌한 가락의 노래로 생각과 표현에 있어서 단순한 세련되지 않은 것이었다. 그러나 남녀노소를 막론하고 만족시킬 수 있는 것이었다.

1) 크리스마스 캐럴

프랑스의 크리스마스 캐럴은 노엘(Noël : Noel = Christmas)이라고 불리우고 독일에서는 '봐이나흐츠리더'(Weihnachtslieder)로 불리고 있다.

크리스마스의 기원을 살펴보면, 129년 크리스마스 때 로마의 주교 텔레스 포루스가 교회에 모인 성도들에게 '존귀하신 하나님께 영광 돌리세'라는 노래를 부르게 한 것이 교회에서 부른 크리스마스 캐럴의 시초로 생각한다. 그 후 크리스마스 캐럴을 계속해서 부른 듯하며, 8세기에는 '아기 예수 나셨으니 그의 이름 널리 전하세'라는 노래가 많이 불려졌다.

여러 나라의 크리스마스 캐럴들은 성 프란시스(St. Francis, c.1182-1226)에 의해 시작된 것에 그 기원을 두고 있다. 즉 크리스마스 절기에 교회에 마굿간을 만들고 아기와 부모, 가축 등을 상징하는 마굿간 안의 형상무대를 만들고 그 마굿간 주위를 둘러서서 노래를 부른 사실은 명백하나 이러한 형태의 캐럴은 전해지지 않고 있다. 14세기에는 당시에 유행했던 성극의 막간에 캐럴을 불렀다. 그 당시 성경 이야기의 성극보다 막간에 부르는 캐럴이 더 많은 인기와 흥미

캐럴

였다고 한다. 그 이전에는 교회 안에서 성가 이외의 노래를 부르거나 를 끌었다고 한다. 크리스마스 캐럴이 일반에게 불려진 것은 15세기였다고 한다. 그 이전에는 교회 안에서 성가 이외의 노래를 부르거나 연극이나 무용을 제약했기 때문이다.

15세기에 비로서 라틴어로 된 노래를 각 나라의 교회에서 불렀다. 이 시기에는 크리스마스 캐럴이 발전된 시기였다. 즉 이미 내려오던 전통적인 캐럴을 유지하면서 현대의 캐럴을 창작한 시기이다. 이러한 초기 캐럴의 가장 좋은 자료는 1850년에 발견된 영국의 식료품 가게 주인인 리챠드 힐(Richard Hill)의 비망록이다. 그는 1500년 경부터 1536년 사이에 잊지않고 기억해야 할 모든 것을 기록하고 있는데, 그 중에는 무게환산법, 약처방, 요리법, 아이들의 생일, 수수께끼등과 영어, 불어 라틴어로 된 시들이 있으며, 많은 캐럴들을 기록하고 있다. 지금은 옥스퍼드의 가장오래된 베일리얼 칼리지(Balliol College) 도서관에 보관되어 있다.

이 이외에 많은 캐럴들은 낱장으로 인쇄되어 다른 나라로 전해진 캐럴, 구전되어 내려오는 캐럴, 민요수집가에 의해 기록되어진 캐럴 등이 있다.

16세기에는 영국의 캐럴 전성기이다. 조지 위더(G. Wither, 1588-1677)와 라벌 헨릭(R. Henrick, 1591-1674)은 크리스마스 노래를 많이 작곡하였다. 이와 같이 영국에서 크리스마스 캐럴이 한창일 때 스페인, 러시아, 폴란드, 독일, 프랑스에서는 민요를 많이 불렀으며 그 멜로디에 종교적인 가사를 붙여서 부르기도 하였다. 독일의 종교개혁자 마틴 루터(M. Luther, 1483-1546)가 찬송가를 자국어로 부르게 한 것은 커다란 공헌이다.

17세기 크롬웰의 통치하에 있었던 영국은 종교적 행사를 부정했기 때문에 캐럴을 부르지 못하였고, 챨스 2세 때에 다시 캐럴을 불렀다. 그러나 18세기에 종교적 형식화에 따라 캐럴이 외면당하였다. 이러한 어려운 상황에서도 챨스 웨슬리(C.Wesley)가 1739년 작시한 '천사 찬송하기를'(통일 찬송가 126장)과 네이험 테이트(N. Tate)가 1703년 작시한 〈한 밤에 양을 치는 자〉(통일 찬송가 124장)는 잘 불려지는 곡이다.

인쇄된 크리스마스 캐럴 중 가장 오래된 것은 1521년 출판된 런던 최초의 악보인쇄업자 윈킨 드 워드(Wynkyn de Worde)의 모음집에 있는 캐럴들이다. 그 후 1882년에는 데이비드 길버트가 크리스

다성음악에서의 교회음악 양식

마스 캐럴집을 편찬 발행하였으며, 1833년에 윌리암 샌디가 신, 구 크리스마스 캐럴집을 발행하였고, 1852년에는 증보하여 출판했는데, 1872년 존 스테이너(J. Stainer, 1840-1901) 박사는 그것을 증보하여 70여 편의 캐럴을 모아 신,구 크리스마스 캐럴집을 발행한다.

옛 캐럴에는 작자미상의 〈주 믿는 자 기뻐하라〉(Good Christian Men, Rekpoce), 〈품, 품,품〉(Fum, Fum, Fum), 〈이 아기 누구인가?〉(What Child Is This?) 등과 옛 프랑스 캐럴 〈임금들의 행진〉(March Of The Kings), 〈파타판〉(Patapan), 〈천사들의 노래가〉(Angels We Have Heard On High) 등이 있고, 옛 영국 캐럴로는 〈첫 번 크리스마스〉(The First Noel), 〈난 세척의 배를 보았네〉(Saw Three Ships), 〈기쁘다 구주 오셨네〉(Joy To The World) 등이 있다. 옛 웨일즈 캐럴로는 〈홀을 장식하세〉(Deck The Halls With Bourgs Of Holl), 옛 독일 캐럴로는 〈그 어린 주 예수〉(Away in a Manger) 등이 있다. 오스트리아 캐럴로는 모어(Joseph Mohr, 1792-1848)가 1818년 작시하고, 그뤼버(Franz X. Grüber)가 1818년 작곡한 〈고요한 밤〉(Silent Night Holy Night)이 있고, 영국의 아이작 와츠(Isaac Watts,1674-1748)가 Händel의 메시아에서 따와 편곡한 〈기쁘다 구주 오셨네〉(Joy to the World)와 미국의 브룩스(Philips Brooks, 1835-1893)가 1868년 작시하고, 레드너(Lewis H. Redner, 1830-1908)가 1868년 작곡한 〈오 베들레헴 작은 마을〉(O Little Town of Bethlehem), 바흐(J. S. Bach,1685-1750)의 〈비추어라 오 아름다운 하늘의 빛이여〉(Break Forth, O Beauteous Heaven Light) 등이 있으며 그 이외에도 편곡하여 많이 불리우고 있는 캐럴에는 〈주께 영광〉, 〈천사 찬송하기를〉, 〈하늘위의 천사들〉등 천사들에 관한 찬송이 많다.

2) 크리스마스

① 크리스마스의 기원

구약시대의 선민들이 하나님께서 명령한 유월절, 칠칠절(초실절, 오늘날의 맥추감사절) 그리고 수장절(장막절, 오늘날의 추수감사절)을 지킨 것처럼 오늘날의 성도들도 부활절, 맥추감사절, 추수감사절 그리고 크리스마스로 이어져 한해의 삶을 감사와 기쁨으로 지내고 있

캐럴

다. 그 중 크리스마스와 부활절은 기독교의 중요한 절기이다.
크리스마스는 그리스도의 탄생을 기념하는 날로, 그 말의 근원은 고대 영어의 '그리스도 예배'(Christes Maesse)에서 시작되었고 오늘날과 같이 '크리스마스'(Christmas) 한 단어로 표시한 것은 16세기경이라 짐작하고 있다. 터어키 성지순례를 하고 안탈리야(Antalya)에 머물던 중 우리가 흔히 알고 있는 산타크로스 할아버지가 근처 도시에 있다는 이야기를 듣게 되어 터어키 남서쪽 마이라(Myra)라는 도시를 방문하게 되었다. 산타크로스가 감독으로 있었던 교회(1990년 방문 당시에는 허물어진 윤곽만 남아 있었으나 공사를 계획하고 있었다.) 그리고 '니콜라 상 : 마이라에 있는 산타 클라우스 상'(Hagia Nicola : statue of Santa Claus of Myra)이라고 쓰여 있는 산타크로스를 만난 것은 잊지 못할 기억으로 남아있고, 산타크로스라는 인물이 4세기경에 있었던 터어키인 이라는 새로운 사실을 알게 되었다.
산타크로스라는 이름은 '세인트 니콜라스'(Saint Nicolas)라는 말이 와전된 것이다. 너그러운 마음과 따뜻한 정신을 지닌 니콜라스는 많은 사람들에게 존경을 받게 되었고, 니콜라스를 수호 성자로 섬기는 교회가 있었으며, 독일이나 영국, 벨지움에는 니콜라스라는 이름을 가진 교회가 많이 있었다. 오늘날 우리에게 알려진 붉은 옷과 모자를 쓰고 사슴들이 끄는 썰매에 많은 선물을 싣고 공중으로 달리는 모습으로 연상되는 산타크로스는 1863년 미국 남북 전쟁 때 만화가 토마스 내스트라는 사람이 처음으로 그리기 시작했던 것으로 군인들을 위해 부대를 찾아다니며 선물을 나누어 준다는 내용의 만화를 주보에 실은 것이 널리 퍼져서 오늘날 우리에게도 잘 알려진 그림이 되었다.

② 크리스마스의 예언

인류의 조상들이 하나님의 말씀을 어겨 에덴동산에서 쫓겨난 후 인간의 악함을 한탄하시며 홍수 심판을 하셨을 때, 이사야서 53장 1절 말씀과 같이 하나님은 이사야 선지자를 통해 새 인간의 씨가 되실 그리스도의 탄생을 예언하셨다. 또한 미가가 쓴 미가서 5장 2절 말씀에 보면 베들레헴의 작은 고을에서 이스라엘을 다스릴 자 곧 그리스도가 탄생하셔서 나귀 새끼를 타고 예루살렘으로 입성하실 것을

다성음악에서의 교회음악 양식

예언하고 있다. 그러므로 그리스도의 탄생은 예언된 큰 사건이며 커다란 의미를 지닌 것이라 할 수 있다.

③ 크리스마스의 기원과 발전

초기 기독교에서는 크리스마스가 지켜지지 않았으나 전설에 의하면 98년 로마의 주교 텔레스 포루스가 크리스마스를 엄숙한 절기로 지키도록 명한 기록이 있다. 그러나 날짜에 대해선 여러 가지 주장이 제기되었으며 그 중에서 독일 역사가인 몸젠(Mommsen)이 4세기경 로마교회 역사가 책에서 발견한 기록에는 '가이사와 바우러스의 임기 중 서기 제1년 12월 25일 금요일 만월에 예수 그리스도가 나시었다' 는 내용을 전하고 있다. 또한 동방교회는 주현절인 1월 6일에, 서방교회는 12월 25일 콘스탄티노플에서 전 교회가 크리스마스를 지켰으며 교회력에 예수그리스도의 탄생일로 12월 25일이 제정되었다.

예수 그리스도의 탄생일을 축하하는 것은 각 나라마다 그 시기와 관습이 다르다. 영국의 경우를 살펴보면 아더(Arthur) 왕이 요크를 되찾았던 해에 처음으로 탄생축하일로 지켜졌으며, 알프레드(Alfred) 왕은 9세기에, 해마다 연말의 12일을 성탄절 축하를 위해 제공하였다. 1066년 이후 크리스마스는 이전보다 더 즐거운 절기가 되어, 주현절 전야(1월 5일)까지 식사에 초대하였다. 이러한 관습은 호화로운 종교적 야외극과 가면무도회가 첨가되어 중세까지 계속되었다. 올리버 크롬웰의 집권 하에는 크리스마스행사가 이교적 관습으로 비난받아 의회에서 크리스마스와 부활절 그리고 성령강림절을 포함하는 모든 종교적 행사를 금하는 결의를 통과시켰다. 찰스 2세 때에 서서히 과거의 풍습이 나타났으나 엄청난 축제로는 지켜지지 않았다.

빅토리아 여왕시대의 찰스 디킨스(1812-1870)의 크리스마스 캐럴은 그 당시의 관습을 반영해 건전한 풍습을 세우는데 큰 역할을 하였다. 미국으로 건너간 청교도들은 즐거운 축하행사가 없었으며, 1856년에서야 비로서 크리스마스를 법적으로 인정받았고 19세기 하반까지도 크리스마스 행사에 적극적으로 참여하지 않았다. 우리나라는 1885년 미국의 선교사들에 의해 크리스마스를 지키고 있다.

수난곡

5. 수난곡 (Passion Music)

예수그리스도의 수난에 대한 음악으로 성주일(Holy Week)동안 연주

《마태수난곡》
《마가수난곡》
《누가수난곡》
《요한수난곡》
《십자가상의 일곱 가지 말씀》

수난곡의 내용은 4복음서에 근거되어져 있다.
마태복음 26-27장
마가복음 14-15장
누가복음 22-23장
요한복음 18-19장

5. 수난곡 (Passion 〈영.독〉, Passione〈이〉)

수난곡은 예수그리스도의 수난에 대한 음악으로 성주일(Holy Week)동안 연주하며, 《마태수난곡》, 《마가수난곡》, 《누가수난곡》, 《요한수난곡》등이 있다. 그 외에 4복음서에 기록된 십자가에 관한 말씀을 가사로 한 《십자가상의 일곱 가지 말씀》이란 작품도 이에 속한다.

수난곡의 내용은 4복음서 마태복음 26-27장, 마가복음 14-15장, 누가복음 22-23장, 요한복음 18-19장에 근거되어져 있으며 15세기부터 다성음악으로 많이 작곡하게 되었다. 또한 음악의 시대와 발전에 따라 여러 가지 다양한 형태로 나타난다 할지라도 처음부터 현재까지 내용에는 변함이 없으며, 예수그리스도의 수난에 관한 음악으로 성주일 동안 연주하기 위한 순수한 교회음악이다.

수난곡은 각 시대의 음악양식과 관련되어 여러 가지 다양한 형태로 작곡되었는데, 그 기원과 발전을 시기 별로 간략하게 요약하여 가장 특징적으로 나타난 세 가지 양식 즉 단성음악 수난곡(Monophonic Passion), 다성음악 수난곡(Pholyphonic Passion) 통작 수난곡(Through-composcd passion) 그리고 오라도리오 수난곡(Oratorio Passion) · 수난 오라토리오 (Passion Oratorio)로 구분하여 살펴보자.

4세기경

성지순례자가 성 주일에 예루살렘을 방문하여 예배 시간에 그리스도의 수난에 대한 성경을 암송하는 일에 그 기원을 둔다.

9세기경

중세의 수난곡은 단선율로 되어 있으며, 대본에는 음높이, 빠르기, 크기 등이 구절마다 정해져 있었다.
인물에 따라 낭송음과 빠르기가 다른데, 일반적으로 가장 저음으로 천천히 낭송하는 것이 그리스도이며, 중간이 복음자 그리고 무리나 그 밖의 등장인물은 가장 높고 빠르게 노래한다.

다성음악에서의 교회음악 양식

1) 단성음악 수난곡 (Monophonic Passion)

12세기경

12세기부터 내려 온 대본에는 그리스도(Christ), 복음자(Evangelist), 투르바(Turba : 무리나 그 밖의 등장인물)의 말씀에 대한 음높이를 알 수 있었다.

그리스도의 역할은 한 사제에 의하여 낮은 음역으로, 복음자의 역할은 두 번째 사제에 의해 중간음역으로, 군중의 역할은 다른 사제에 의해 낭송양식으로 불리워졌다. 그 당시 자료에 의하면 프랑스, 영국, 독일, 스페인 등 각 나라의 '수난 낭독음'이 서로 달랐다는 것을 알 수 있다. 이와 같이 수난의 말씀을 여러 사람이 낭독하기 위한 '수난 낭독음'으로 나타내고 있는데, 이러한 연주법을 단성음악 수난곡(Monophonic Passsion)이라 하고, 이것은 단음으로 암송하는 것이지만 교회음악의 중요한 양식이라 할 수 있다.

14세기경

3명의 성악가가 나누어 단선율로 노래하였으며, 투르바 성부를 여러 사람이 합창으로 연주하였음을 자료를 통하여 알 수 있다.

2) 다성음악 수난곡 (Polyphonic Passion)

15세기경

15세기부터 다성음악 수난곡(Polyphonic Passion)이 나타나게 되는데, 처음에는 투르바 부분에 다성음악이 적용되었으나, 1535-1540년 사이에 그리스도 말씀에 다성음악을 작곡하기 시작하였다. 영국 작곡가 데이비(R. Davy, c.1465-1507)는 영국 최초의 수난곡 〈종려주일〉(Palm Sunday)을 작곡하였는데, 이 곡은 유럽대륙보다 투르바(Turba)를 먼저 사용한 작품으로 합창곡 40곡이 포함되어있다. 그는 1483년부터 옥스퍼드대학교 맥덜린대학 학생으로 공부를 마친 후 교회의 성가대원 및 오르가니스트로 활동하였다.

16세기 초

응답식 수난곡 (Responsorial Passion)
이태리의 수난곡으로 복음자(Evangelist)의 말씀은 단선율로, 그리

---

1) 단성음악 수난곡

12세기경

수난의 말씀을 여러 사람이 낭독하기 위한 '수난 낭독음'으로 나타내고 있는데, 이러한 연주법을 '단성음악 수난곡'이라하는데, 단음으로 낭송하는 것으로 교회음악의 중요한 양식이다

12세기부터 내려 온 대본

Christ : 그리스도
Evangelist : 복음자
Turba : 무리나 그 밖의 등장인물

14세기경

3명의 성악가 - 단선율로 연주
투르바 성부 - 여러 사람이 합창으로 연주

2) 다성음악 수난곡

15세기경

처음 : 투르바 부분에 다성음악을 적용
1535-1540년 사이 : 그리스도 말씀에도 다성음악을 작곡하기 시작

영국 작곡가
데이비(c.1465-1507)
영국 최초의 수난곡 〈종려주일〉을 작곡
유럽대륙보다 투르바를 먼저 사용한 작품으로 합창곡 40곡이 포함되어있다

16세기 초

응답식수난곡
(Responsorial Passion)

수난곡

이태리의 수난곡
  복음자 – 단선율
  그리스도와 투르바 – 다성

스도의 말씀과 투르바 부분은 다성으로 되어있는데, 이러한 형태가 가장 많이 사용되었다.

다음에서 라수스(Orlandus Lassus)와 빅토리아(Tomàs Luis de Victoria)의 라틴 수난곡(Latin Passion)을 살펴보자.

라틴수난곡 (Latin Passion)

  라틴어로 되어있는 16세기 수난곡

라틴수난곡 (Latin Passion)

라틴어로 되어있는 16세기 수난곡의 예

1. 라수스 (Orlando de Lassus, 1532-1594)
   ① 《요한수난곡》(Passio secundum Johannem / 1585 – 4 Voices)
   ② 《마태수난곡》(Passio secundum Matthaeum / 1585 – 4 Voices)

2. 빅토리아 (Tomás Luis de Victoria, 1548-1611)
   ① 《마태수난곡》(Passio Domini nostri Jesu-Christi secundum Matthaeum / 1575 – 5 Voices)
   ② 《요한수난곡》(Passio Domini nostri Jesu-Christi secundum Johannem / 1580 – 5 Voices)
   ③ 《마가수난곡》(Passio Domini nostri Jesu-Christi secundum Marcum / 1582 – 4 Voices)
   ④ 《누가수난곡》(Passio Domini nostri Jesu-Christi secundum Lucam / 1582 – 4 Voices)

3) 통작수난곡

곡 전체가 다성음악으로 되어있는 수난곡으로 모테트양식의 수난곡 (Motet Passion)이라고도 한다
  그리스도 : 2성
  복음자 : 2-4성
  투르바 : 4성

17세기경

3) 통작수난곡 (Through-composed passion)

곡 전체가 다성음악으로 되어있는 수난곡으로 모테트양식의 수난곡 (Mot Passion〈라〉, Motet Passion〈영〉)이라고도 한다.
그리스도 말씀은 2성부로, 복음자의 말씀 부분은 2-4성부를 위한 음악으로, 투르바 부분은 대개 4성부로 되어있기도 하다.

17세기경

17세기 후반에 오라토리오, 칸타타 등으로 발전하게 되는데, 성경 본문 이외의 종교적인 자유시나 독일의 코랄 등이 사용된다. 이때에 등장인물은 레치타티보나 합창으로, 자유로운 종교시는 아리아로 작곡되었다.

다성음악에서의 교회음악 양식

독일의 종교개혁 이후 수난곡을 독일어로 연주하기 시작하면서 라틴수난곡(Latin Passion)과 독일수난곡(German Passion) 으로 구분하게 되었다.

독일수난곡의 특징은 단선율 음악과 오라토리오 사이에서 나타난 형태라고 할 수 있다.

1650년경 독일수난곡은 반주하기 위해 악기를 사용하기 시작하였다. 초기 악기의 역할은 그리스도와 복음자의 노래반주를 위한 것이었으나, 점차 발전하여 신포니아(Sinfonia)가 작곡되면서 오라토리오 형식의 수난곡이 나타나게 되었다. 또한 성경말씀 이외에 그리스도의 고난과 관련있는 내용이 첨가되며, 아리아나 찬송 및 코랄 등이 삽입하게 되었다.

독일의 종교개혁 이후 수난곡을 독일어로 연주하기 시작
라틴수난곡과 **독일수난곡**으로 구분

독일수난곡의 특징
단선율 음악과 오라토리오 사이에서 나타난 형태

1650년경 독일수난곡
반주에 악기를 사용하기 시작
악기의 역할
초기 : 그리스도와 복음자의 노래 반주를 위해 사용
후기 : 신포니아(Sinfonia)가 작곡되면서 오라토리오 형식의 수난곡이 나타나게 되었다.

다음에서 독일수난곡(German Passion)을 작곡한 작곡가와 작품을 제시한다.

독일수난곡 (German Passion)

독일어로 되어있는 17세기 작품의 예

1. 풀피우스 (M. Vulpius, c.1570-1615)
   《마태수난곡》(St. Matthew Passion / 1613 - 6 Voices)

2. 슐츠 (C. Schultz, 1606-1683)
   《마가수난곡》(St. Mark Passion / 1653 - 6 Voices)

3. 쉿츠 (H. Schütz, 1585-1672)
   《누가수난곡》(St. Lucas Passion / c.1665 - 4 Voices)
   《마태수난곡》(St. Matthäus Passion / c.1666 - 4 Voices)
   《요한수난곡》(St. Johannes Passion / 1666 - 4 Voices)

4. 페란다 (M. G. Peranda, c.1625-1675)
   《마가수난곡》(St. Mark Passion / 1668)

5. 하르니쉬 (O. S. Harnisch, c.1568-1623)
   《요한수난곡》(St. John Passion / 1621 - 5 Voices)

수난곡

하인리히 쉿츠 (1585-1672)

쉿츠의 세 개의 무반주 수난곡

《누가수난곡》
《마태수난곡》
《요한수난곡》

- 독일수난곡으로 분류
  드라마틱 수난곡
  모테트 수난곡과
  오라토리오 수난곡의 중간 형태
- 복음서의 본문을 가사로 사용한 응답식 수난곡

특징
1. 장식음이 없다.
2. 한 음절에 한 음을 사용하는 음절적인 레치타티브 사용
3. 유대인 등의 대사는 짧은 다성합창으로 처리

독일수난곡 중 하인리히 쉿츠(H. Schütz, 1585-1672)의 수난곡에 대하여 살펴보자.

쉿츠는 대학에서 법학을 전공하다 베네치아 작곡가 지오반니 가브리엘리(G. Gabrieli, 1557-1612)에게 4년간 사사받게 되었다. 그의 스승이 사망하자 독일로 돌아와 악장(Kapellmeister)으로 활약하였고 그 후 교회, 왕실, 극장 등에서 연주자, 지휘자로 초청되어 명성을 얻게 된다.

쉿츠가 작곡한 세 개의 수난곡은 독일수난곡(German Passion)으로 분류되지만, 모테트 수난곡(Motet Passion)과 오라토리오 수난곡(Oratorio Passion)의 중간 형태로, 이를 드라마틱 수난곡(Dramatic Passion)이라 한다.[34] 이 양식은 쉿츠 이후 사라지게 된다.

쉿츠가 작곡한 세 개의 무반주 수난곡인 《누가수난곡》, 《마태수난곡》, 《요한수난곡》은 복음서의 본문을 가사로 하고 있다. 또한 응답식 수난곡으로 장식음이 없고, 한 음절에 한 음을 사용하는 음절적인 레치타티보를 사용하는 반면 유대인 등의 대사는 짧은 다성합창으로 처리되어있다.

다음 〈표 35〉에서 1665년경 4성부로 작곡된 《누가수난곡》(Lucas-Passion)의 전체 내용을 제시한다.

〈표 35〉 쉿츠, 《누가수난곡》의 전체구성

No.	Performance		Title(German)
1	Introitus	Chor	Das Leiden unsers Herren Jesu Christi
2	Rez. Evangelist	Tenor	Es war aber nahe das Fest der süßen Brod
3	Jesus	Baß	Gehet hin, bereitet uns das Osterlamm
4	Die Jünger	Chor	Wo willt du, daß wir es bereiten
5	Jesus		Siehe, wenn ihr hineinkommet in die Stadt
6	Evangelist		Sie gingen hin und fundens wie er ihnen gesaget hatte
7	Jesus		Die weltlichen Könige herrschen
8	Petrus	Tenor	Herr, ich bin bereit, mit dir in das Gefängnis
9	Die Jünger	Chor	Nie keinen, nie keinen
10	Jesus		Aber nun, wer einen Beutel hat, der nehme ihn
11	Die Jünger	Chor	Herr siehe, hier sind zwei Schwert

다성음악에서의 교회음악 양식

No.	Performance		Title(German)
12	Evangelist		Da aber sahen, die um ihn waren
13	Die Jünger	Chor	Herr, sollen wir mit dem Schwert dreinschlagen?
14	Evangelist		Und einer von ihnen schlug des Hohenpriesters Knecht
15	Chor		Weissage! Wer ist der dich schlug?
16	Die Hohenpriester und Schriftgelehrten	Chor	Bist du Christus, sage es uns
17	Jesus		Sage ichs euch, so glaubet ihr es nicht
18	Hohenpriester und Schriftgelehrte	Chor	Bist du denn Gottes Sohn?
19	Jesus		Ihr saget es, denn ich bin es
20	Hohenpriester und Schriftgelehrte	Chor	Was dürfen wir weiter Zeugnis?
21	Evangelist		Und der ganze Haufe stund auf
22	Hohenpriester und Schriftgelehrte	Chor	Diesen finden wir, daß er das Volk
23	Pilatus	Baß	Bist du der Juden König?
24	Hohenpriester und Schriftgelehrte	Chor	Er hat das Volk erreget
25	Evangelist		Da aber Pilatus Galiläam hörete
26	Pilatus		Ihr habet diesen Menschen zu mir bracht
27	Die ganzw Schar	Chor	Hinweg mit diesem, und gib uns Barrabam
28	Evangelist		Welcher war um einen Aufruhr!
29	Die ganze Schar	Chor	Kreuzige, kreuzige ihn
30	Pilatus		Was hat denn dieser Übels getan?
31	Jesus		Ihr Töchter von Jeruslem weinet nicht über mich
32	Evangelist		Es wurden aber auch hingeführet zween andere Übeltäter
33	Jesus		Vater, vergib ihnen, denn sie wissen nicht was sie tun
34	Die Obersten	Chor	Er hat andern geholfen, er helfe ihm selber
35	Die Kriegsknechte	Chor	Bist du der Juden König
36	Evangelist		Es war auch oben über ihm geschrieben
37	Der erste Übeltäter	Baß	Bist du Christus
38	Der zweite Übeltäter	Tenor	Und du fürchtest dich auch nicht für
39	Jesus		GottWahrlich, ich sage dir, heute wirst du mit mir
40	Der Hauptmann	Baß	Fürwahr, dieser ist ein frommer Mensch gewesen
41	Evangelist		Und alles Volk, das dabei war und zusahe
42	Beschluß	Chor	Wer Gottes Marter in Ehren hat

다음에 수난곡의 시작부분인 제 1번 (Introitus) [악보 68] a, 제 2-4번 [악보 68] b-d 그리고 제 42번인 마지막 합창 [악보 68] e를 제시한다.

[악보 68] a 쉿츠,《누가수난곡》(Lucas Passion) 제 1번

〈우리 주 예수그리스도의 수난〉(Das leiden unsers Herren Jesu Christi)

* HISTORIA des Leidens und Sterbens unsers Herrn und Heilands
  JESU CHRISTI Nach dem Evangelisten St. Lucas

다성음악에서의 교회음악 양식

수난곡

[악보 68] b 쉿츠, 《누가수난곡》 제 2번
〈무교절이 가까우매〉 (Es war aber nahe das Fest der süßen Brod)

다성음악에서의 교회음악 양식

수난곡

[악보 68] c 쉿츠, 《누가수난곡》 제 3번
〈가서 우리를 위하여 유월절을 예비하라〉 (Gehet hin, bereitet uns das Osterlamm)

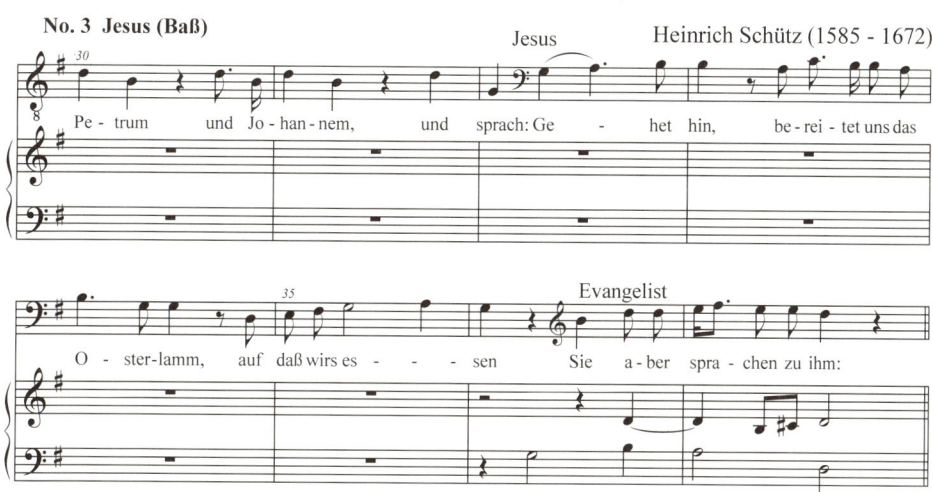

[악보 68] d 쉿츠, 《누가수난곡》 제 4번
〈어디서 예비하기를 원하시나이까〉 (Wo willst du, daß wir es bereiten)

다성음악에서의 교회음악 양식

[악보 68] e 쉿츠, 《누가수난곡》 제 42번
〈존귀하신 고난의 주〉 (Wer Gottes Marter in Ehren hat)

수난곡

다성음악에서의 교회음악 양식

다음에서 1666년경 4성부로 작곡된 《마태수난곡》(Matthäus-Passion)의 전체 내용을 제시한다. 〈표 36〉

〈표 36〉 쉿츠, 《마태수난곡》의 전체구성

제 1부 (Erster Teil)

No.	Performance		Title(German)
1	Introitus	Chor	Das Leiden unsers Herren
2	Rezitativ und Chor	Evangelist Jesus Hohepriester aund Schriftgelehrte	Und es begab sich
3	Rezitativ und Chor	Evangelist Jünger Jesu Jesus	Da nun Jesus war zu Bethanien
4	Rezitativ	Evangelist Judas	Da ging hin der Zwölfen einer
5	Rezitativ und Chor	Evangelist Jünger Jesu Jesus	Aber am ersten Tage
6	Rezitativ und Chor	Evangelist Jesus Jünger Jesu Judas	Und am Abend setzte er sich zu Tische
7	Rezitativ	Evangelist Jesus	Da sie aber aßen
8	Rezitativ	Evangelist Jesus Petrus	Und da sie den Lobgesang gesprochen hatten
9	Rezitativ	Evangelist Judas Jesus	Und da er noch redete
10	Rezitativ und Duett	Evangelist zwei falsche Zeugen	Die aber Jesum gegriffen hatten
11	Rezitativ und Chor	Evangelist Kaiphas Jesus Schriftgelehrte und Älteste	Und der Hohepriester stund auf
12	Rezitativ und Chor	Evangelist der ganze Haufe	Da speieten sie aus in sein Angesichte
13	Rezitativ und Chor	Evangelist Magd Petrus Knechte	Petrus aber saß draußen im Palast

제 2부 (Zweiter Teil)

No.	Performance		Title(German)
14	Rezitativ und Chor	Evangelist Judas Hohepriester und Älteste	Des Morgens aber hielten alle Hohenpriester
15	Rezitativ und Chor	Evangelist Hohepriester	Und er warf die Silberlinge in den Tempel
16	Rezitativ und Chor	Evangelist Pilatus Jesus Petrus Pilati Weib der ganze Haufe	Jesus aber stand vor dem Landpfleger
17	Rezitativ und Chor	Evangelist Pilatus der ganze Haufe	Pilatus sprach zu ihnen
18	Rezitativ und Chor	Evangelist Pilatus der ganze Haufe	Der Landpfleger sagete
19	Rezitativ und Chor	Evangelist Pilatus der ganze Haufe	Da aber Pilatus sahe
20	Rezitativ und Chor	Evangelist Kriegsknechte Chor	Da nahmen die Kriegsknechte des Landpflegers
21	Rezitativ und Chor	Evangelist Juden und Kriegsknechte	Und da sie ihn verspottet hatten
22	Rezitativ und Chor	Evangelist Hohepriester Schriftgelehrte und Älteste	Desgleichen auch die Hohenpriester
23	Rezitativ und Chor	Evangelist Jesus Kriegsknechte Chor	Und von der sechsten Stunde ward eine Finsternis
24	Rezitativ und Chor	Evangelist Kriegsknechte	Und bald lief einer unter ihnen
25	Rezitativ und Chor	Evangelist Hauptmann samt den Kriegsknechten	Und siehe da! Der Vorhang im Empel zerriß
26	Rezitativ	Evangelist	Und es waren viel Weiber da
27	Rezitativ und Chor	Evangelist Hohepriester und Pharisäer Pilatus	Und des anderen Tages
28	Beschluß	Chor	Ehre sei dir, Christe

다성음악에서의 교회음악 양식

《마태수난곡》은 마태복음 27장의 내용이 제 1, 2부 제 28번으로 되어 있다.

서곡과 같은 제 1번(Introitus)은 "마태복음에 기록된 대로 수난받은 우리의 귀한 구세주 예수 그리스도"라는 내용으로 된 곡으로, 짧은 4성부의 다성 합창곡으로 시작된다. [악보 69] a

제 2번에서 복음자(Evangelist)는 테너성부로 복음서에 나오는 줄거리를 모노디형식으로 낭독하고, 예수님의 말씀은 베이스 독창자가 담당하며 [악보 69] b, 그 외의 인물 9명(유다, 베드로, 하인, 빌라도 등)을 담당하는 독창부분이 있다.

이 수난곡에 쓰인 합창곡은 19곡으로, 4마디부터 42마디로 작곡된 짧은 합창곡들이다. 합창곡들은 투르바(turba)에 의해 율법학자들, 백성들, 군인들과 같은 여러 무리들을 나타낸다. 다음에 제 16번 마지막 부분의 합창곡 [악보 69] c와 제 17번과 제 18번을 제시한다. [악보 69] d-e 마지막의 제 28번은 4성부의 합창곡으로 합창곡 중 가장 긴 42마디로 되어있는데, 마지막 부분의 14마디는 〈키리에〉의 가사(Kyrie eleison, Christe eleison, Kyrie eleison)로 노래되어진다. [악보 69] f

수난곡

[악보 69] a 쉿츠, 《마태수난곡》(Matthäus-Passion) 제 1부 제 1번
〈우리 주 예수 그리스도의 수난〉(Das Leiden unsers Herren Jesu Christi)

* HISTORIA des Leidens und Sterbens unsers Herrn und Heilandes
JESU CHRISTI Nach dem Evangelisten St. Mattaus

다성음악에서의 교회음악 양식

[악보 69] b 쉿츠, 《마태수난곡》 제 1부 제 2번
〈그들이 서로 이야기하며〉 (Und es begab sich)

다성음악에서의 교회음악 양식

[악보 69] c 쉿츠, 《마태수난곡》(Matthäus-Passion) 제 2부 제 16번 중 합창
⟨예수께서 총독 앞에 섰으매⟩ (Jesus aber stand vor dem Landpfleger)

수난곡

[악보 69] d 쉿츠, 《마태수난곡》 제 2부 제 17번
〈빌라도가 그들에게 이르기를〉 (Pilatus sprach zu ihnen)

다성음악에서의 교회음악 양식

[악보 69] e 쉿츠, 《마태수난곡》 제2부 제18번
〈빌라도가 물어 가로되〉 (Der Landpfleger sagete)

수난곡

[악보 69] f 쉿츠, 《마태수난곡》 제 2부 제 28번 마지막 합창
〈그리스도께 영광 있으라〉 (Ehre sei dir, Christe)

다성음악에서의 교회음악 양식

수난곡

다성음악에서의 교회음악 양식

수난곡

다음에서 《요한수난곡》에 대하여 살펴보자.

《요한수난곡》은 요한복음 18장부터 19장 42절의 내용으로 되어있다. 이 수난곡은 3개의 수난곡 중 예수그리스도의 사적에 큰 비중을 두는 반면, 베드로의 역할을 축소시키고 있다.

이 곡의 특징은 선법으로 작곡되었고, 곡의 단조로움을 피하기 위하여 딸림3화음을 연속적으로 사용하거나 감3화음을 사용하고 있다. 또한 가사 '집필하다'(schreibet)의 모습을 멜리스마로 묘사하거나, '제거하다'(weg)의 가사에 완전4도 상행 장3도 하행의 선율을 사용함으로 십자가의 못박을 때의 부딪힘을 묘사하는 등의 음형론(text painting)을 특징으로 하고 있다.

다음에서 1666년 4성부로 작곡된 《요한수난곡》(Johannes-Passion)의 전체내용을 제시한다. 〈표 37〉

〈표 37〉 쉿츠, 《요한수난곡》의 전체구성

No.	Performance		Title (German)
1	Introitus	Chor	Das Leiden unsers Herren Jesu Christi
2	Rezitativ	Evangelist, Jesus	Da Jesus solches geredet hatte
3	Chor	Die Juden	Jesum von Nazareth
4	Rezitativ	Evangelist, Jesus	Jesus sprach zu ihnen: Ich bin's
5	Chor	Die Juden	Jesum von Nazareth
6	Rezitativ	Evangelist, Jesus	Jesus antwortet: Ich habe es euch gesagt (Choral: Jesu, meines Lebens Leben)
7	Rezitativ	Evangelist, Magd, Petrus, Jesus, Knecht	Die Schar aber und der Oberhauptmann (Choral: Du hast wollen sein geschlagen)
8	Rezitativ	Evangelist	Und Hannas sandte ihn gebunden
9	Chor	Die Juden	Bist du nicht seiner Jünger einer
10	Rezitativ	Evangelist, Petrus, Knecht, Pilatus	Er verleugnete aber und sprach: Ich bin es nicht
11	Chor	Die Juden	Wäre dieser nicht ein Übeltäter
12	Rezitativ	Evangelist, Pilatus	Da sprach Pilatus zu ihnen: So nehmet ihr ihn hin
13	Chor	Die Juden	Wir dürfen niemand töten
14	Rezitativ	Evangelist, Pilatus, Jesus	Auf daß erfüllet würde das Wort Jesu (Choral: König, dem kein König gleichet)

다성음악에서의 교회음악 양식

No.	Performance		Title(German)
15	Rezitativ	Evangelist, Pilatus, Jesus	Da sprach Pilatus zu ihm: So bist du dennoch ein König?
16	Chor	Die ganze Schar	Nicht diesen, sondern Barrabam
17	Rezitativ	Evangelist	Barrabas aber war ein Mörder
18	Chor	Die Kriegesknechte	Sei gegrüßet, lieber Judenkönig
19	Rezitativ	Evangelist	Und gaben ihm Backenstreiche (Choral: O Haupt voll Blut und Wunden)
20	Rezitativ	Evangelist, Pilatus	Da ging Pilatus wieder heraus
21	Chor	Der ganze Haufe	Kreuzige ihn
22	Rezitativ	Evangelist, Pilatus	Pilatus spricht zu ihnen: Nehmet ihr hin und kreuziget ihn
23	Chor	Die JudenEvangelist,	Wir haben ein Gesetze
24	Rezitativ	Pilatus, Jesus	Da Pilatus das Wort horete, furchtet er sich noch mehr
25	Chor	Die Juden	Lassest du diesen los
26	Rezitativ	Evangelist, Pilatus	Da Pilatus das Wort hörete, fuhrete er Jesum heraus
27	Chor	Die Juden	Weg, weg mit dem, kreuzige ihn
28	Rezitativ	Evangelist, Pilatus	Spricht Pilatus zu ihnen: Soll ich euern König kreuzigen?
29	Chor	Die Hohenpriester	Wir haben keinen König
30	Rezitativ	Evangelist	Da überantwortet er ihnen, daß er gekreuziget würde (Choral: O welt, sieh hier dein Leben)
31	Rezitativ	Evangelist	Pilatus aber schrieb eine Überschrift
32	Chor	Die Hohenpriester	Schreibe nicht: Der Juden König
33	Rezitativ	Evangelist, Pilatus	Pilatus antwortet: Was ich geschrieben habe
34	Chor	Die Kriegesknechte	Lasset uns den nicht zerteilen
35	Rezitativ	Evangelist, Jesus	Auf daß erfüllet würder die Schrift
36	Beschluß	Chor	O hilf, Christe, Gottes Sohn (Choral: Ich danke dir von Herzen)

다음에서 《요한수난곡》 제 1번 [악보 70] a, 제 5번 [악보 70] b, 제 6번과 [악보 70] c, 제 7번의 일부분 [악보 70] d 그리고 제 36번인 마지막 합창 [악보 70] e의 악보를 제시한다.

수난곡

[악보 70] a 쉿츠, 《요한수난곡》 (Johannes Passion) 제 1번*
〈우리 주 예수 그리스도의 수난〉 (Das Leiden unsers Herren Jesu Christi)

* HISTORIA des Leidens und Sterbens unsers Herrn und Heilands
   JESU CHRISTI Nach dem Evangelisten St. Johannes

다성음악에서의 교회음악 양식

수난곡

477

다성음악에서의 교회음악 양식

[악보 70] b 쉿츠, 《요한수난곡》 제 5번
〈나사렛 예수〉 (Jesum von Nazareth)

수난곡

[악보 70] c 쉿츠, 《요한수난곡》 제 6번
〈예수께서 이르시되 내가 너희에게 이르노라〉
(Jesus antwortet: Ich habe es euch gesagt)

다성음악에서의 교회음악 양식

[악보 70] d 쉿츠, 《요한수난곡》 제 7번
〈이 사람이 아니라 바라바〉 (Die Schar aber und der Oberhauptmann)

수난곡

[악보 70] e 쉿츠, 《요한수난곡》 제 36번 마지막 합창
〈하나님의 아들 그리스도를 도우소서〉 (O hilf, Christe, Gottes Sohn)

다성음악에서의 교회음악 양식

수난곡

다성음악에서의 교회음악 양식

Choral:
Ich danke dir von Herzen

수난곡

4) 오라토리오 수난곡 · 수난 오라토리오 (Oratorio Passion · Passion Oratorio)

18세기경

18세기 중반 이후에는 수난곡의 연주장소가 교회에서 연주회장으로 옮겨지고, 가사도 성경 이외의 감상적인 종교시로 변하게 된다.

18세기 독일 수난곡을 '오라토리오 수난곡'(Oratorio Passion)과 '수난 오라토리오'(Passion Oratorio)로 구분하게 되었다.

오라토리오 수난곡 (Oratorio Passion)

4복음서 내용의 종교시에 의한 수난곡으로 아리아, 중창 그리고 합창을 포함한 형식이고, 독창부분이 많으며 반주는 관현악단이나 소규모의 앙상블(ripieno)과 콘티누오(continuo)가 담당한다.

수난 오라토리오 (Passion Oratorio)

성경말씀의 내용을 근거하여 작사한 가사에 의한 수난곡으로 그리스도의 고난을 깊이 깨닫기 위한 감정적인 시로 되어있다.

이 형식은 성경말씀을 낭독하는 복음자(Evangelist) 의 부분이 없어지게 된 것이 특징이며, 일반적인 오라토리오와는 비교가 되는 것으로 교회의 특별 연주회와 비슷하다.

수난 오라토리오의 대표적인 가사와 작곡자는 다음과 같다.

1. **피 흘리고 돌아가신 예수님**
   (Der blutende und sterbende Jesus)
   작사 : 후놀트 (C. F. Hunold / 1704)
   작곡 : 카이저 (Keiser / 1704)

2. **세상 죄를 위하여 고난 받고 돌아가신 예수님**
   (Der für Sünden der Welt gemartete und sterbende Jesu)
   작사 : 부로크스 (B. H. Brockes)
   작곡 : 카이저 (Keiser, 1674-1739 / 1712)
   　　　텔레만 (G. P. Telemann, 1681-1758)
   　　　스퇼첼 (Stölzel, 1690-1749 / 1725)

다성음악에서의 교회음악 양식

3. **예수님의 죽음**
   (Der Tod Jesu)
   작사 : 람러 (K. W. Ramler / 1755)
   작곡 : 그라운 (C. H. Graun, 1703-1759 / 1755)
   　　　텔레만 (G. P. Telemann, 1681-1767 / 1755)
   　　　요한 크리스토프 프리드리히 바흐 (J. C. F. Bach, 1732-1793)

4. **십자가상의 칠언**
   (Die Sieben letzten Worte)
   이 곡은 십자가 위에 달리신 예수 그리스도의 일곱 가지 내용의 말씀을 오라토리오 형식으로 작곡하였으나, 그 내용이 수난에 관한 것으로 수난곡으로 분류되어진다.

   작곡 : 쉿츠 (H. Schütz, 1585-1672 / c.1645년 작곡)
   　　　하이든 (F. J. Haydn, 1732-1809 / 1785년 작곡)
   　　　구노 (Charles Gounod, 1818-1893 / 1855년 작곡)
   　　　드보아 (Thèodore Dubois, 1837-1924 / 1867년 작곡)

수난곡의 주요 작곡가로는 요한 세바스챤 바흐(Johann Sebastian Bach, 1685-1750)를 들 수 있는데, 그 수난곡의 특징을 살펴보면 첫째, 복음자와 수난이야기의 다른 인물들이 낭독조로 노래하고 있고 둘째, 곡의 길이가 길며 셋째, 아리아가 많으며 넷째 투르바의 역할을 하는 합창곡 이외의 합창곡이 많이 포함되어있다.

바흐의 수난곡은 다섯 곡이라 알려지고 있으나 확실하지 않으며, 현재 남아있는 것은 오라토리오 수난곡(Oratorio Passion)으로 《요한수난곡》(Johannes Passion), 《마태수난곡》(Matthäus Passion), 《마가수난곡》(Markus Passion)이며, 라이프찌히 토마스교회의 음악감독(Cantor)으로 있을 때 작곡한 작품인 《요한수난곡》(1723)과 《마태수난곡》(1729) 두 곡만 연주되고 있다.

다음에서 바흐의 《요한수난곡》을 살펴보자. 〈표 38〉a에서는 역할에 따른 독창자 및 악기구성을 제시하였으며, 〈표 38〉b에서는 제 1, 2부로 되어있는 곡 전체의 구성을 제목과 함께 제시하였다.

요한 세바스챤 바흐 (1685-1750)

수난곡의 특징
1. 복음자와 수난이야기의 다른 인물들이 낭독조로 노래함
2. 곡의 길이가 길다
3. 아리아가 많다
4. 투르바의 역할을 하는 합창곡 이외의 합창곡이 많이 포함

오라토리오 수난곡
《요한수난곡》 (1723)
《마태수난곡》 (1729)
《마가수난곡》

〈표 38〉 a 바흐, 《요한수난곡》 BWV 245 악기편성

VOICES AND CHARACTERS

Evangelist	Tenor
Jesus	Bass
Petrus [Peter]	Bass
Magd [Maid]	Soprano
Diener [Servant]	Tenor

Soprano, Alto, Tenor and Bass Soli

Chorus [SATB] (Coro)

INSTRUMENTATION

2Flutes (*Flauto traverso* I & II)
2Oboes (*Oboe* I & II)
Oboe d'Amore
2Oboes da Caccia (*Oboe da caccia* I & II)
Violin I (*Volino* I)
Violin II (*Volino* II)
Viola
2Violas d'Amore (*Viola d'amore* I & II)
Viola da Gamba
Lute (*Liuto*)
Organ and Continuo (*Organo e Continuo*)
(Continuo: Cellos, Bassoons, Double Bass)
(*Violoncelli, Bassoni, Violone*)

다성음악에서의 교회음악 양식

〈표 38〉 b 바흐, 《요한수난곡》의 전체구성*

제 1부 (Erster Teil)

No.			German		English
1		Chor	Herr, unser Herrscher	Chorus	Lord, our Redeemer
2	Evang. Jesus	Recit.	Jesus ging mit seinen Jüngern	Recitative	Jesus went with His disciples
3		Chor	Jesum von Nazareth	Chorus	Jesus of Nazareth
4	Evang. Jesus	Recit.	Jesus spricht zu ihnen: Ich bin's	Recitative	Jesus saith unto them
5		Chor	Jesum von Nazareth	Chorus	Jesus of Nazareth
6	Evang. Jesus	Recit.	Jesus antwortete: Ich hab's euch gesagt	Recitative	Jesus answered again
7		Choral	O grosse Lieb', o Lieb'	Chorale	O, wond'rous Love
8	Evang. Jesus	Recit.	Auf dass das Wort erfüllet würde	Recitative	So that the saying then might be fulfilled
9		Choral	Dein Will' gescheh', Herr Gott	Chorale	Thy will, O Lord our God be done
10	Evang.	Recit.	Die Schar aber und der Oberhauptmann	Recitative	The band then, together with the captain
11	Alto	Arie	Von den Stricken meiner Sünden	Aria	From the bondage of transgression
12	Evang.	Recit.	Simon Petrus aber folgete Jesu nach	Recitative	Simon Peter followed Jesus
13	Soprano	Arie	Ich folge dir gleichfalls	Aria	I Follow Thy footsteps
14	Evang Jesus Petrus Magd. Diener	Recit.	Derselbige Jünger war dem Hohenpriester	Recitative	That other disciple was well-known
15		Choral	Wer hat dich so geschlagen	Chorale	O, Lord, who dares to smite Thee
16	Evang.	Recit.	Und Hannas sandte ihn gebunden	Recitative	Now Annas ordered Jesus bound
17		Chor	Bist du nicht seiner Jünger einer	Chorus	Art thou not one of his disciples?
18	Evang Petrus Diener	Recit.	Er leugnete aber und sprach	Recitative	But Peter denied it and said:
19		Arie	Ach, mein Sinn, wo willt du	Aria	Ah! My soul, ah!
20	Tenor	Choral	Petrus, der nicht denkt züruck	Chorale	Peter, faithless, thrice denies

* PASSION UNSERES HERRN JESU CHRISTI NACH DEM EVANGELISTEN JOHANNES
(PASSION OF OUR LORD JESUS CHRIST ACCORDING TO ST. JOHN)

수난곡

제 2부 (Zweiter Teil)

No.			German		English
21		Choral	Christus, der uns selig macht	Chorale	Christ who gives us Life and Light
22	Evang. Pilatus	Recit.	Da führeten sie Jesum	Recitative	From Caiaphas they led Hime
23		Chor	Wäre dieser nicht ein Uebeltäter	Chorus	If this man were not an evil doer
24	Evang. Pilatus	Recit.	Da sprach Pilatus zu ihnen: So nehmet	Recitative	Then Pilate said unto them thus
25		Chor	Wir dürfen niemand töten	Chorus	It is unlawful to put a man to death
26	Evang. Jesus Pilatus	Recit.	Auf dass erfüllet würde das Wort	Recitative	So that the saying be fulfilled
27		Choral	Ach, grosser König, gross	Chorale	O, mighty King, eternal is Thy glory
28	Evang. Jesus Pilatus	Recit.	Da sprach Pilatus zu ihm: So bist du	Recitative	Now Pilate said unto him
29		Chor	Nicht diesen, diesen nicht	Chorus	Not this man, not this one, no
30	Evang.	Recit.	Barrabas aber war ein Mörder	Recitative	Barrabas was a thief
31	Bass	Arioso	Betrachte, meine Seel'	Arioso	Consider, O, my soul
32	Tenor	Arie	Erwäge, wie sein blutgefärbter	Aria	Behold Him, behold Him
33	Evang.	Recit.	Und die Kriegsknechte flochten	Recitative	The soldiers plaited then a crown of thorns
34		Chor	Seigegrüsset, lieber Judenkönig	Chorus	We salute Thee, of all Jews the ruler
35	Evang. Pilatus		Und gaben ihm Backenstreiche	Recitative	And then with their hands they smote him
36		Chor	Kreuzige, kreuzige	Chorus	Crucify, crucify
37	Evang. Pilatus	Recit.	Pilatus sprach zu ihnen: Nehmet ihr	Recitative	And Pilate saith unto them
38		Chor	Wir haben ein Gesetz	Chorus	We have a sacred law
39	Evang. Jesus Pilatus	Recit.	Da Pilatus das Wort hörete, fürchtet' er sich	Recitative	But when Pilate heard them
40		Choral	Durch dein Gefängnis, Gottes Sohn	Chorale	When Thou in prison took Thy place
41	Evang.	Recit.	Die Juden aber schrieen	Recitative	But then the Jews did cry out
42		Chor	Lässest du diesen los, so bist du	Chorus	If thou let this man go

다성음악에서의 교회음악 양식

No.			German		English
43	Evang. Pilatus	Recit.	Da Pilatus das Wort hörete, führete er Jesum heraus	Recitative	And when Pilate heard the Jews speak so
44		Chor	Weg, weg mit dem, kreuzige ihn	Chorus	Away with Him, away with Him
45	Evang. Pilatus	Recit.	Spricht Pilatus zu ihnen: Soll ich	Recitative	Pilate saith unto them then
46		Chor	Wir haben keinen König	Chorus	We, we have no King but Caesar
47	Evang.	Recit.	Da überantwortete er ihn	Recitative	Delivered he Him therefore to them, so to be crucified
48	Bass solo und Chor	Arie	Eilt, ihr angefocht'nen Seelen	Aria with Chorus	Haste, haste, ye victims of agression
49	Evang.	Recit.	Allda kreuzigten sie ihn	Recitative	And they crucified him there
50		Chor	Schreibe nicht: der Juden König	Chorus	Write thou not, write thou not
51	Evang. Pilatus	Recit.	Pilatus antwortete: Was ich geschrieben	Recitative	But Pilate gave answer
52		Choral	In meines Herzens Grunde	Chorale	Into my heart's foundation
53	Evang.	Recit.	Die Kriegsknechte aber	Recitative	And then the four soldiers
54		Chor	Lasset uns den nicht zerteilen	Chorus	Let us not tear and divide
55	Evang. Jesus	Recit.	Auf dass erfullet würde die Schrift	Recitative	So that the scripture might be
56		Choral	Er nahm alles wohl in acht	Chorale	Ev'rything He comprehends
57	Evang. Jesus	Recit.	Und von Stund an nahm sie der Jünger zu sich	Recitative	And from that hour she stayed
58	Alto	Arie	Es ist vollbracht, o Trost	Aria	It is fulfilled, it is fulfilled
59	Evang.	Recit.	Und neigte das Haupt und verschied	Recitative	His head bowed, he gave up
60	Bass solo und Chor	Arie	Mein teurer Heiland	Aria with Chorus	Beloved Saviour, hear my question
61	Evang.	Recit.	Und siehe da, der Vorhang	Recitative	And then behold, the veil
62	Tenor	Arioso	Mein Herz, indem die	Arioso	My heart, behold how all the world
63	Soprano	Arie	Zerfliesse, mein Herze	Aria	Dissolve, O my heart, into torrents
64	Evang.	Recit.	Die Juden aber, weil es Rüsttag war	Recitative	The Jews came therefore, as Passover was prepared
65		Choral	O hilf, Christe, Gottes Sohn	Chorale	Help us, Christ, Almighty
66	Evang.	Recit.	Darnach bat Pilatum Joseph	Recitative	And after this there came Joseph
67		Chor	Ruht wohl, ihr heiligen Gebeine	Chorus	Rest well, oh saviour, may Thy sleep be blessed
68		Choral	Ach Herr, lass dein' lieb' Engelein	Chorale	O, Lord, Thy dearest angel send

수난곡

다음에 요한수난곡 제 1번 [악보 71] a, 제 2번 [악보 71] b, 제 13번 [악보 71] c, 제 17번 [악보 71] d, 제 29번 [악보 71] e, 제 31번 [악보 71] f, 제 32번 [악보 71] g와 제 68번인 마지막 코랄합창 [악보 71] h를 제시한다.

다성음악에서의 교회음악 양식

[악보 71] a 바흐, 《요한수난곡》(Johannes Passion) BWV 245 제1부 제1번 1-39마디
〈오 주여, 우리의 주인이시여〉(Herr, unser Herrscher)

수난곡

다성음악에서의 교회음악 양식

수난곡

다성음악에서의 교회음악 양식

[악보 71] b 바흐, 《요한수난곡》 제 1부 제 2번
〈예수께서 그의 제자들과 함께 가시니〉 (Jesus ging mit seinen Jüngern)

수난곡

[악보 71] c 바흐,《요한수난곡》제 1부 제 13번
〈기쁘게 당신을 따르겠습니다〉(Ich folge dir gleichfalls)

다성음악에서의 교회음악 양식

[악보 71] d 바흐, 《요한수난곡》 제 1부 제 17번
〈당신도 그의 제자 중 하나가 아니뇨〉 (Bist du nicht seiner Jünger einer)

수난곡

[악보 71] e 바흐, 《요한수난곡》 제 2부
　　　제 29번 〈그가 아니라 바라바를〉 (Nicht diesen, diesen nicht)
　　　제 30번 〈바라바는 살인자였다〉 (Barrabas aber war ein Mörder)

다성음악에서의 교회음악 양식

[악보 71] f 바흐, 《요한수난곡》 제 2부 제 31번
〈내 영혼아 상고하라〉 (Betrachte, meine Seele)

다성음악에서의 교회음악 양식

[악보 71] g 바흐, 《요한수난곡》 제 2부 제 32번
〈보라 피로 물든 그의 등을〉 (Erwäge, wie sein blutgefärbter)

수난곡

다성음악에서의 교회음악 양식

[악보 71] h 바흐, 《요한수난곡》 제 2부 제 68번 마지막 코랄합창
〈오 주님, 천사로 하여 나를 천국으로 인도 하소서〉
(Ach Herr, lass dein liebe Engelein)

수난곡

505

다성음악에서의 교회음악 양식

1729년 4성부로 작곡된 바흐의 《마태수난곡》(Matthäus Passion)은 마태복음 27장의 수난 받은 예수 그리스도에 관한 내용으로 78개의 짧은 악장으로 구성되어 있다.

다음에서 바흐의 《마태수난곡》을 살펴보자. 〈표 39〉 a에서는 두 개의 합창단에 따른 악기편성을 제시하였으며, 〈표 39〉 b에서는 제 1, 2부로 되어있는 곡 전체의 구성을 제목과 함께 제시하였다.

〈표 39〉 a 바흐,《마태수난곡》 BWV 244 악기편성

BESETZUNG / ENSEMBLE
Soprano in ripieno

Soli – Coro	*Soli – Coro*
Soprano	Soprano
Alto	Alto
Tenore	Tenore
Basso	Basso
CHORUS I :	CHORUS II :
Flauto dolce I, II	Flauto traverso I, II
Flauto traverso I, II	Oboe, auch Oboe d'amore I, II
Oboe, auch Oboe d'amore, auch Oboe da caccia I, II	
Violino I, II	Violino I, II
Viola	Viola
Viola da gamba	Viola da gamba
Continuo (Violoncello, Violone, [Fagooto]), Organo	Continuo (Violoncello, Violone, [Fagooto]), Organo (ossia Cembalo)

수난곡

〈표 39〉 b 바흐, 《마태수난곡》(Matthäus Passion)의 전체구성[*]

제 1부 (Erster Teil)

BWV	Chorus	Performance	German	English
1	I, II Sopr. in rip.	Chorus	Kommt, ihr Töchter, helft mir klagen	Come, ye daughters, share my wailing
2	I	Evangelista (Tenore) Jesus (Basso)	Da Jesus diese Rede vollendet hatte	When Jesus then had finished with all these sayings
3	I, II	Choral	Herzliebster Jesu, was hast du verbrochen	Ah, Jesus, dear, what precept hast Thou broken
4	I	Evangelista (Tenore)	Da versammleten sich die Hohenpriester	Then assembled the elders with the scribes
5	I, II	Chori	Ja nicht auf das Fest	Not upon the feast
6	I	Evangelista (Tenore)	Da nun Jesus war zu Bethanien	Now when Jesus sojourned in Bethany
7	I	Chorus	Wozu dienet dieser Unrat	For what purpose is this wasted
8	I	Evangelista (Tenore) Jesus (Basso)	Da das Jesus merkete	When Jesus had heard them thus
9	I	Recitativo	Du lieber Heiland du	My dearest Saviour Thou
10	I	Aria	Buß und Reu	Woe and rue
11	I	Evangelista (Tenore) Judas (Basso)	Da ging hin der Zwölfen einer	One of Jesus twelve disciples
12	II	Aria	Blute nur, du liebes Herz	Bleed thou must, beloved heart
13	I	Evangelista (Tenore)	Aber am ersten Tage der süßen Brot	Now on that day, the first of unleavened bread
14	I	Chorus	Wo willst du, daß wir dir bereiten	Where wilt Thou, Lord, that we shall all eat
15-a	I	Evangelista (Tenore) Jesus (Basso)	Er sprach: Gehet hin in die Stadt	He said: Go ye into the city
15-b	I	Evangelista (Tenore)	Und sie wurden sehr betrübt	Then were they exceeding grieved

[*] PASSION UNSERES HERRN JESU CHRISTI NACH DEM EVANGELISTEN MÄTTHAUS
 (PASSION OF OUR LORD JESUS CHRIST ACCORDING TO ST. MATTHEW)

다성음악에서의 교회음악 양식

BWV	Chorus	Performance	German	English
15-c	I	Chorus	Herr, bin ichs	Lord, not I
16	I, II	Choral	Ich bins, ich sollte büßen	'Tis I who should, repenting
17	I	Evangelista (Tenore) Jesus (Basso)	Er antwortete und sprach	He answered to them and said
18	I	Recitativo (Soprano)	Wiewohl mein Herz in Tränen schwimmt	Alas! my heart is bathed in tears
19	I	Aria (Soprano)	Ich will diri mein Herze schenken	Lord, my heart I gladly grant Thee
20	I	Evangelista (Tenore) Jesus (Basso)	Und da sie den Lobgesang gesprochen hatten	And when they had sung a hymn of praise together
21	I, II	Choral	Erkenne mich, mein Hüter	Remember me, my Saviour
22	I	Evangelista (Tenore) Jesus (Basso) Petrus (Basso)	Petrus aber antwortete	Peter then gave Him answer
23	I, II	Choral	Ich will hier bei dir stehen	I stand here close beside Thee
24	I	Evangelista (Tenore) Jesus (Basso)	Da kam Jesus mit ihnen zu einem Hofe	Then came Jesus with them unto a garden
25	I, II	Recitativo I: Tenore II: Chorus	O Schmerz! hier zittert das gequälte Herz	Ah woe! how trembles His tormented heart
26	I, II	Aria I: Tenore II: Chorus	Ich will bei meinem Jesu wachen	Yea, I will watch with Jesus gladly
27	I	Evangelista (Tenore) Jesus (Basso)	Und ging hin ein wenig	And He went yet farther
28	II	Recitativo (Basso)	Der Heiland fällt vor seinem Vater nieder	The Saviour falling down before His Father
29	II	Aria (Basso)	Gerne will ich mich bequemen	Gladly will I, fear disdaining
30	I	Evangelista (Tenore) Jesus (Basso)	Und er kam zu seinen Jungern	Now He came to His disciples
31	I, II	Choral	Was mein Gott will, das gscheh allzeit	What God resolves will He achieve
32	I	Evangelista (Tenore) Jesus (Basso) Judas (Basso)	Und er kam und fand sie aber schlafend	And He came again and found them sleeping

수난곡

BWV	Chorus	Performance	German	English
33-a	I, II	Aria I: Soprano Alto II: Chorus	So ist mein Jesus nun gefangen	Behold, my Jesus now is taken
33-b	I, II	Chori	Sind Blitze, sind Donner	Will lightning and thunder
34	I	Evangelista (Tenore) Jesus (Basso)	Und siehe, einer aus denen	Behold then, one of His disciples
35	I, II	Choral	O Mensch, bewein dein Sünde groß	O man, thy grievous sins bemoan

제 2부 (Zweiter Teil)

BWV	Chorus	Performance	German	English
36	I, II	Aria I: Alto II: Chorus	Ach, nun ist mein Jesus hin	Ah! now is my Jesus gone
37	I	Evangelista (Tenore)	Die aber Jesum gegriffen hatten	And they who had so laid hold on Jesus
38	I, II	Choral	Mir hat die Welt trüglich gericht'	The world, with treachery replete
39	I, II	Evangelista Pontifex Testis I: Tenore, Basso II: Alto, Tenore	Und wiewohl viel falsche Zeugen herzutraten	Yea, tho' many lying witnesses were offered
40	II	Recitativo (Tenore)	Mein Jesus schweigt zu falschen Lügen stille	He answers not, to lying tongues is silent
41	II	Aria (Tenore)	Geduld	Be calm
42-a	I	Evangelista (Tenore) Pontifex (Basso) Jesus (Basso)	Und der Hohepriester antwortete	And the high priest gave Him answer
42-b	I, II	Chori	Er ist des Todes schuldig	Of death this man is guilty
43-a	I	Evangelista (Tenore)	Da speieten sie aus	Then spat they on Him
43-b	I, II	Chori	Weissage uns, Christe	Thou Prophet, Thou Christ
44	I, II	Choral	Wer hat dich so geschlagen	Who was it, Lord, did smite Thee

다성음악에서의 교회음악 양식

BWV	Chorus	Performance	German	English
45	I	Evangelista (Tenore) Ancilla I: Soprano II: Soprano Petrus (Basso)	Petus aber saß draußen im Palast	Peter sat in the palace court without
46-a	II	Chorus	Wahrlich, du bist auch einer von denen	Surely, thou also art a disciple
46-b	I	Evangelista (Tenore) Petrus (Basso)	Da hub er an, sich zu verfluchen	And still did he deny with cursing
47	I	Aria (Alto)	Erbarme dich	Have mercy, Lord
48	I, II	Choral	Bin ich gleich von dir gewichen	Tho' from Thee temptation lured me
49-a	I	Evangelista (Tenore) Judas (Basso)	Des Morgens aber hielten alle Hohepriester	Now when the morning came there was a council
49-b	I, II	Chori	Was gehet uns das an	And what is that to us
50	I	Evangelista (Tenore) Pontifex I: Basso II: Basso	Und er warf die Silberlinge in den Tempel	Then he cast the silver pieces down in the temple
51	II	Aria (Basso)	Gebt mir meinen Jesum wieder	Give me back my Lord I pray ye
52	I	Evangelista (Tenore) Pilatus (Basso) Jesus (Basso)	Sie hielten aber einen Rat	And they took councel among themselves
53	I, II	Choral	Befiehl du deine Wegs	Entrust thy ways unto Him
54-a	I, II	Evangelista (Tenore) Pilatus (Basso) Uxor Pilati (Soprano) Chori	Auf das Fest aber hatte der Landpfleger Gewohnheit	Now the governor, at that feast had made it a custom
54-b	I, II	Chori	Laß ihn kreuzigen	Have Him crucified
55	I, II	Choral	Wie wunderbarlich ist doch diese Strafe	How strange, how wondrous strange, this crucifixion
56	I	Evangelista (Tenore) Pilatus (Basso)	Der Landpfleger sagte	The governor asked them
57	I	Recitativo (Soprano)	Er hat uns allen wohlgetan	For us He naught but good has done

수난곡

BWV	Chorus	Performance	German	English
58	I	Aria (Soprano)	Aus Liebe will mein Heiland sterben	For love of me my Lord is dying
59-a	I	Evangelista (Tenore)	Sie schrieen aber noch mehr	But cried they out yet the more
59-b	I, II	Chori	Laß ihn kreuzigen	Have Hime crucified
59-c	I	Evangelista (Tenore) Pilatus (Bass)	Da aber Pilatus sahe	When Pilate had seen
59-d	I, II	Chori	Sein Blut komme über uns	His blood be on all of us
59-e	I	Evangelista (Tenore)	Da gab er ihnen Barrabam los	And Pilate then set Barabbas free
60	II	Recitativo (Alto)	Erbarm es Gott	O gracious God
61	II	Aria (Alto)	Können Tränen meinerWangen	If my weeping may not reach Thee
62-a	I	Evangelista (Tenore)	Da nahmen die Kriegsknechte	The governor's soldiers
62-b	I, II	Chori	Gegrüßet seist du, Jüdenkönig	We hail Thee, King of the Jews
62-c	I	Evangelista (Tenore)	Und speieten ihn an	And spat upon His face
63	I, II	Choral	O Haupt voll Blut und Wunden	Oh Head, all scarr'd and bleeding
64	I	Evangelista (Tenore)	Und da sie ihn verspottet hatten	And after they had mocked Him
65	I	Recitativo (Basso)	Ja freilich will in uns das Fleisch und Blut	Yea, truly flesh and blood
66	I	Aria (Basso)	Komm, süßes Kreuz	Come blessed cross
67-a	I	Evangelista (Tenore)	Und da sie an die Stätte kamen	And when in thiswise they were come
67-b	I, II	Chori	Der du den Tempel Gottes zerbrichst	Thou who destroy the temple of God
67-c	I	Evangelista (Tenore)	Desgleichen auch die Hohenpriester	And likewise also did the chief priests
67-d	I, II	Chori	Andern hat er geholfen	Saviour was He of others
68	I	Evangelista (Tenore)	Desgleichen schmäheten ihn auch die Mörder	The two thieves also which with Him were crucified
69	I	Recitativo (Alto)	Ach Golgatha	Ah Golgotha
70	I, II	Aria I: Alto II: Chorus	Sehet, Jesus hat die Hand	Look ye, Jesus waiting stands
71-a	I	Evangelista (Tenore) Jesus (Basso)	Und von der sechsten Stunde an	Now from the sixth hour onward

다성음악에서의 교회음악 양식

BWV	Chorus	Performance	German	English
71-b	I	Chorus	Der rufet dem Elias	He calleth for Elias
71-c	I	Evangelista (Tenore)	Und bald lief einer unter ihnen	And straightway one of them did run
71-d	II	Chorus	Halt! laß sehen	Wait to see now
71-e	I	Evangelista (Tenore)	Aber Jesus schriee abermal	And again did Jesus cry out
72	I, II	Choral	Wenn ich einmal soll scheiden	When comes my hour of parting
73-a	I	Evangelista (Tenore)	Und siehe da, der Vorhang im Tempel zerriß	And now behold, the veil of the emple was rended
73-b	I, II	Chori in unisono	Wahrlich, dieser ist Gottes Sohn gewesen	Truly this was the Son of God
73-c	I	Evangelista (Tenore)	Und es waren viel Weiber da	Many women were gathered there
74	I	Recitativo (Basso)	Am Abend, da es kühle war	At even, sweet, cool hour of rest
75	I	Aria (Basso)	Mache dich, mein Herze, rein	Let my heart be pure as Thine
76-a	I	Evangelista (Tenore)	Und Joseph nahm den Leib	The body Joseph took
76-b	I, II	Chori	Herr, wir haben gedacht	Sir, we bear it in mind
76-c	I	Evangelista (Tenore) Pilatus (Basso)	Pilatus sprach zu ihnen	And Pilate said to them
77	I, II	Recitativo I: Soprano Alto Tenore Basso II: Chorus	Nun ist der Herr zur Ruh gebracht	And now the Lord is laid to rest
78	I, II	Chorus	Wir setzen uns mit Tränen nieder	Here at Thy grave sit we all weeping

수난곡

다음에 《마태수난곡》 제 1번(1-39마디)의 시작부분 [악보 72] a와, 제1번 54-63마디에서 리삐에노(Soprano in ripieno)와 합창 I, II로 연주되는 부분 [악보 72] b, 복음자(테너)와 예수(베이스)가 연주하는 제 2번 [악보 72] c, 두 개의 합창단이 4성부 코랄을 함께 연주하는 제 3번 [악보 72] d, 오르간 콘티누오에 의한 복음자의 연주 제 4번 [악보 72] e, 두 개의 합창단이 5도 위 모방으로 시작하는 제 5번 [악보 72] f, 두 개의 합창단이 4성부로 함께 연주하는 제 31번 코랄 [악보 72] g, 제 67번 d의 시작부분에서는 두 개의 합창단이 나뉘어 연주되나 곧 합하여 4성부로 연주되며 [악보 72] h, 오르간의 콘티누오에 복음자의 연주인 제 68번 [악보 72] i의 65마디에서는 감7화음과 네오폴리탄(Neopolitan) 화음의 사용이 나타난다.

제 69번의 앨토를 위한 레치타티보 〈아! 골고다〉(Ach! Golgatha)의 악보를 살펴보자. [악보 72] j 이 곡의 악보에서 '레시타티보'라고 기록된 것은 '아리오소' 양식으로, 자유로운 리듬과 음절법으로 되어있는 레시타티보와 일정한 리듬과 섬세한 선율로 되어있는 아리아의 중간 형태에 해당한다고 할 수 있다. 즉 리듬은 엄격하지만 성악선율은 가사의 음절에 맞추어진 음절법으로 되어있으며 선율보다는 가사의 정확한 표현에 중점을 두고 있다.

골고다 언덕에 대해 가사의 표현을 매우 감동적으로 나타내고 있는데, 음에 대한 회화적인 기법(tone-painting)을 사용하여 "멸망하다"(verderben), "십자가"(Kreuz), "죽음"(sterben)등의 단어가 잘 표현되도록 하였으며 "천국"(Himmel), "대기"(Luft)등의 단어에는 높은 음을, "땅"(Erde)의 단어에는 낮은 음을 사용하였다. 아리오소 반주의 선율과 화성은 약간의 변화가 있으나 리듬은 동일한 형태로 진행하고 있다.

다성음악에서의 교회음악 양식

[악보 72] a 바흐, 《마태수난곡》(Matthäus Passion) BWV 244 제 1부 제 1번 1-39마디
〈오라 딸들아 와서 나를 탄식에서 구하라〉
(Kommt, ihr Töchter, helft mir klagen)

Johann Sebastian Bach (1685 - 1750)

수난곡

다성음악에서의 교회음악 양식

수난곡

다성음악에서의 교회음악 양식

수난곡

다성음악에서의 교회음악 양식

[악보 72] b 바흐, 《마태수난곡》 제1부 제1번 54-63마디
〈오라 딸들아 와서 나를 탄식에서 구하라〉
(Kommt, ihr Töchter, helft mir klagen)

다성음악에서의 교회음악 양식

수난곡

[악보 72] c 바흐,《마태수난곡》제 1부 제 2번
〈예수께서 이 말씀을 다 마치시고〉(Da Jesus diese Rede vollendet hatte)

다성음악에서의 교회음악 양식

[악보 72] d 바흐, 《마태수난곡》 제 1부 제 3번
〈사랑의 예수여 무슨 죄를 지으셨기에〉
(Herzliebster Jesu, was hast du verbrochen)

[악보 72] e 바흐, 《마태수난곡》 제1부 제4번
〈대제사장들이 모여 의논하여 가로되〉
(Da versammleten sich die Hohenpriester)

다성음악에서의 교회음악 양식

[악보 72] f 바흐, 《마태수난곡》 제 1부 제 5번
⟨나에게 허락하소서⟩ (Ja nicht auf das Fest)

수난곡

다성음악에서의 교회음악 양식

[악보 72] g 바흐, 《마태수난곡》 제1부 제31번
〈하나님의 뜻이 언제 이루어지리이까〉
(Was mein Gott will, das gscheh allzeit)

수난곡

다성음악에서의 교회음악 양식

[악보 72] h 바흐, 《마태수난곡》 제 2부 제 67번 d
〈이제 주께서 안식에 드셨다〉 (Und da sie an die Stätte kamen)

수난곡

다성음악에서의 교회음악 양식

수난곡

다성음악에서의 교회음악 양식

[악보 72] i 바흐, 《마태수난곡》 제 2부 제 68번
〈함께 못 박힌 강도들도 이와 같이 욕하더라〉
(Desgleichen schmäheten ihn auch die Mörder)

[악보 72] j 바흐, 《마태수난곡》 제 2부 제 69번
〈아! 골고다여〉 (Ach! Golgatha)

수난곡

다성음악에서의 교회음악 양식

19세기경

19세기에는 오라토리오 수난곡(Oratorio Passion)이 많이 작곡되나, 20세기로 들어서면서 후고 디스틀러 (Hugo Distler, 1908-1942)와 에른스트 페핑(Ernst Pepping, 1901-1981)등이 다시 성서적 수난곡의 작곡을 시도하였다.

수난곡에 사용된 언어는 종교개혁까지 라틴어를 사용했으며, 가톨릭 교회에서는 라틴어를 사용하여 오늘에 이르고 있다.

19세기경

19세기
  오라토리오 수난곡(Oratorio Passion)이 많이 작곡됨.

20세기
  성서적 수난곡의 작곡을 시도

  수난곡에 사용된 언어는 종교개혁까지 라틴어를 사용

예전극

6. 예전극 (Liturgical Drama)

1) 초기 예전극의 형태

예배의식에 의한 예전극(禮典劇)은 10세기 이후 교회에서 연출하게 되었다. Liturgical Drama (Play)〈영〉, Liturgisches Drama〈독〉, Drama Liturgico〈이〉, Drame Liturgique〈프〉 등으로 불리는 예전극은 성서의 이야기를 묘사하거나 교회에서의 상연을 목적으로 쓰여진 것으로 10세기부터 13세기의 많은 필사본이 남아있다. 이 예전극은 시퀀스와 마찬가지로 단성성가의 트로프나 해설로써 시작되는데, 그 명칭은 예전의 일부분으로 사용되지 아니한 경우에도 예전극이라 불리워진다. 가사는 거의 라틴어로 되어 있으며 네우마 기보법으로 되어있다. 초기에는 신부들이 모든 역을 다 담당하여 의상과 간단한 장치를 이용하였다.

예전극의 기원은 10세기 초 부활절 미사의 입례송 (Introit)의 전에 세 개의 문장으로 된 짧은 트로프가 첨가되는 습관으로 거슬러 올라가는데 이것을 '무덤에서'(Sepolcro)라 하였으며, 예수님의 빈 무덤에서 천사와 십자가에 못박힌 예수의 몸을 찾으러 온 세 명의 여인들과의 간략한 대화와 예수 그리스도의 부활에 의한 내용으로 되어 있다. "무덤에서 누구를 찾느냐?"(Quem Quaeritis in Sepulchro)로 시작되는 트로프는 10세기 말 부활절 해뜨기 직전 밤기도 (Matins)의 끝 부분으로 옮겨져 의상과 소품을 갖춘 연극의 형태로 확대되어 나타난다. 또한 이것을 공연할 때의 '무대지침' (Stage Direction)이 많은 필사본에 표시되는데 현존하는 필사본 중 가장 초기의 것은 《윈체스터 트로프》(Winchester Trope)이다. 이후에 여러 장면들이 첨가되어 부활절 극의 특별한 종류로서 나타난 것은 새로 도입된 선법(Tonus Peregrinus)으로 알려져 있다. 후에 이와 유사한 트로프들이 크리스마스나 주현절 (Epiphany:크리스마스로부터 12일 후인 1월 6일)을 위해 작곡되어졌다. 이와 같이 12세기에 쓰여진 대화는 성숙한 음악적 드라마들로 성직자들에 의해 각색되어져 아직도 예전의 해뜨기 직전 밤기도 (Matins)에 사용된다. 이러한 것들은 처음에 라틴어로 교회 안에서 행해졌으나 후에 여러 나라에서 모국어로 연출되며 한 개의 짧은 장면으로 되어 있었다. 이 예전극이 오라토리오의 전신이라 할 수 있다.

다성음악에서의 교회음악 양식

예전극의 음악은 대본과 같은 방법으로 발전하였다. 처음에는 그레고리안 챤트의 선율 즉 안티폰(Antiphon), 찬송가(Hymn), 시퀀스(Sequence)들의 전체 선율이나 혹은 일정한 그레고리안 챤트 형식에서 선택한 선율들을 사용하였다. 후에는 독창적인 선율 작곡의 사용이 증가됨에 따라 이 예전극의 음악은 발전 되어졌다. 대부분의 예전극은 적절한 예전상의 찬트(Liturgical Chant)로 끝나는데 가장 많이 사용 되는 것은 캔티클(Canticle) 《Te Deum Laudamus》(We Praise Thee, O Lord : 오 주여, 당신을 찬양합니다) 이다.

다음에서 1150년경에 쓰인 예전극(Liturgical Drama)의 하나인 다니엘극 중 〈너희는 나의 명령에 복종하라〉(*Vos qui paretis* from The Play of Daniel)를 살펴보자. [악보 73]

예전용 원문가사와 음악으로 독창과 합창부분으로 나뉘어 쓰여진 이 곡은 크리스마스극에서 가장 찬란한 것이다. 몇 군데를 제외하고 운이 맞는 압운시로 되어있는 대사는 동시대의 찬송가나 시퀀스의 가사와 유사하다. 음들의 대부분은 한 음절에 한 음을 지닌 단음절식으로 되어있다.

[악보 73]의 ①부분 처음에 시작되는 왕 벨사살(Belshazzar)의 대사 '너희는 나의 명령에 복종하라'(Vos qui parentis)는 구약 성경 다니엘서 5장 이하에 나오는 내용으로 선율의 형태가 ABCB'의 음악적 구조로 되어있다. 이것은 찬송가 운율(Hymnal Stanza ; 8.6.8.6)에 따라 작곡된 〈하나님의 독생자 그리스도〉(Christe, redemptor omnium)의 음악적 구조 ABCA와 유사하다. [악보 74] 또한 '그 만든 신들을 찬양하니라'(Jubilemus regi nostro magno) [악보 73]의 ②부분은 한 줄 혹은 두 줄씩 반복되어진다. 즉 AB AB CD EE CD CD C' D' FG CD HH의 구조를 지닌다. 이 것은 시퀀스의 같은 선율에 두 개의 절의 가사가 붙는 이중시행의 선율을 연상하게 된다. 이 부분의 힘찬 합창에서 주목할 것은 그 당시 교회음악에서는 사용되지 않고 세속음악에서 흔히 쓰이던 C음으로 시작되는 아이오니아 선법(Ionian Mode)을 사용한 것이다.

다음 [악보 73]의 ③부분 '누구든지 이 글자를 읽고 해석하면'(Qui scripturam)은 AB CD C' D'의 구조를 가진다.

[악보 73]의 ④부분 '우리는 그 글을 해석할 수 없나이다'(Nescimus per solvere)에서는 겁에 질려 있는 박사들의 소심함을 아주 극적으로 나타내기 위해 같은 선율에 공급하는 대구를 사용한다.

<u>12세기</u>

오라토리오의 전신

성숙한 음악적 드라마들로 성직자들에 의해 각색되어져 아직도 예전의 해뜨기 직전 아침기도(Matins)에 사용된다. 이러한 것들은 처음에 라틴어로 교회 안에서 행해졌으나 후에 여러나라에서 모국어로 연출되며 한 개의 짧은 장면으로 되어 있었다. 이 예전극이 오라토리오의 전신이라 할 수 있다

예전극 음악의 특징

처음에는 그레고리안 챤트의 선율 즉 안티폰(Antiphon), 찬송가(Hymn), 시퀀스(Sequence)들의 전체 선율이나 혹은 일정한 그레고리안 챤트 형식에서 선택한 선율들을 사용하였으며, 후에 독창적인 선율 작곡의 사용이 증가됨에 따라 이 예전극의 음악은 발전되었다. 대부분의 예전극은 예전상의 찬트로 끝나는데 가장 많이 사용 되는 것은 캔티클 「오 주여, 당신을 찬양합니다」(Te Deum Laudamus) 이다

예전극 (Liturgical Drama)

다니엘극 (c.1150)
  '너희는 나의 명령에 복종하라'

예전극

살펴본 바와 같이 다니엘극은 장절형식(Strophic form)으로 되어 있다. 그 절들은 자주 찬송과 시퀀스로부터 빌려온 효과로 대구를 포함하여 같은 선율에 두 개 절의 가사가 붙여지는 이중시행의 선율 구조를 이루고 있다.

다성음악에서의 교회음악 양식

[악보 73] 《다니엘극》
〈너희는 나의 명령에 복종하라〉(*Vos qui parentis* from The Play of Daniel)

예전극

다성음악에서의 교회음악 양식

[악보 74] 〈하나님의 독생자 그리스도〉(Christe, redemptor omnium)

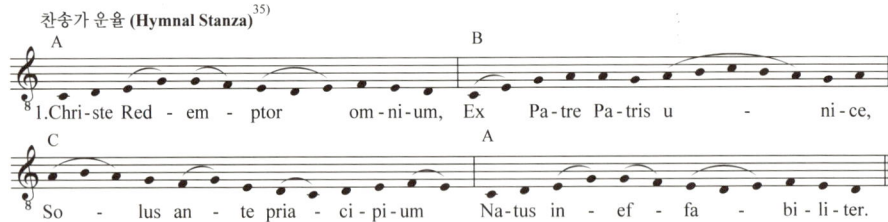

2. Tu lumen, tu splendor Patris
   Tu spes perennis omnium
   Intende quas fundunt preces
   Tui per orbem famuli

3. Memento salutis Auctor
   Quod nostri quondam corporis,
   Ex illibata Virgine
   Nascendo, formam sumpseris.

4. Sic praesens testatur dies,
   Currens per anni circulum
   Quod solus a sede Patris
   Mundi salus adveneris.

5. Hunc caelum, terra, hunc mare,
   Hunc omne quod in eis est,
   Auctorem adventus tui
   Laudans exsultat cantico.

6. Nos quoque, qui sancto tuo
   Redempti sanguine sumus,
   Ob diem natalis tui
   Hymnum novum concinimus.

7. Gloria tibi Domine,
   Qui natus es de Virgine,
   Cum Patre et Sancto Spiritu,
   In sempiterna saecula. Amen.

예전극

다음에서 콘둑투스로 명명되어있는 예전극인 다니엘극의 〈주님의 날에〉(Hic verus Dei)를 살펴보자. [악보 75]

[악보 75] 《다니엘극》 〈주님의 날에〉 (*Hic verus Dei* from The Play of Daniel)

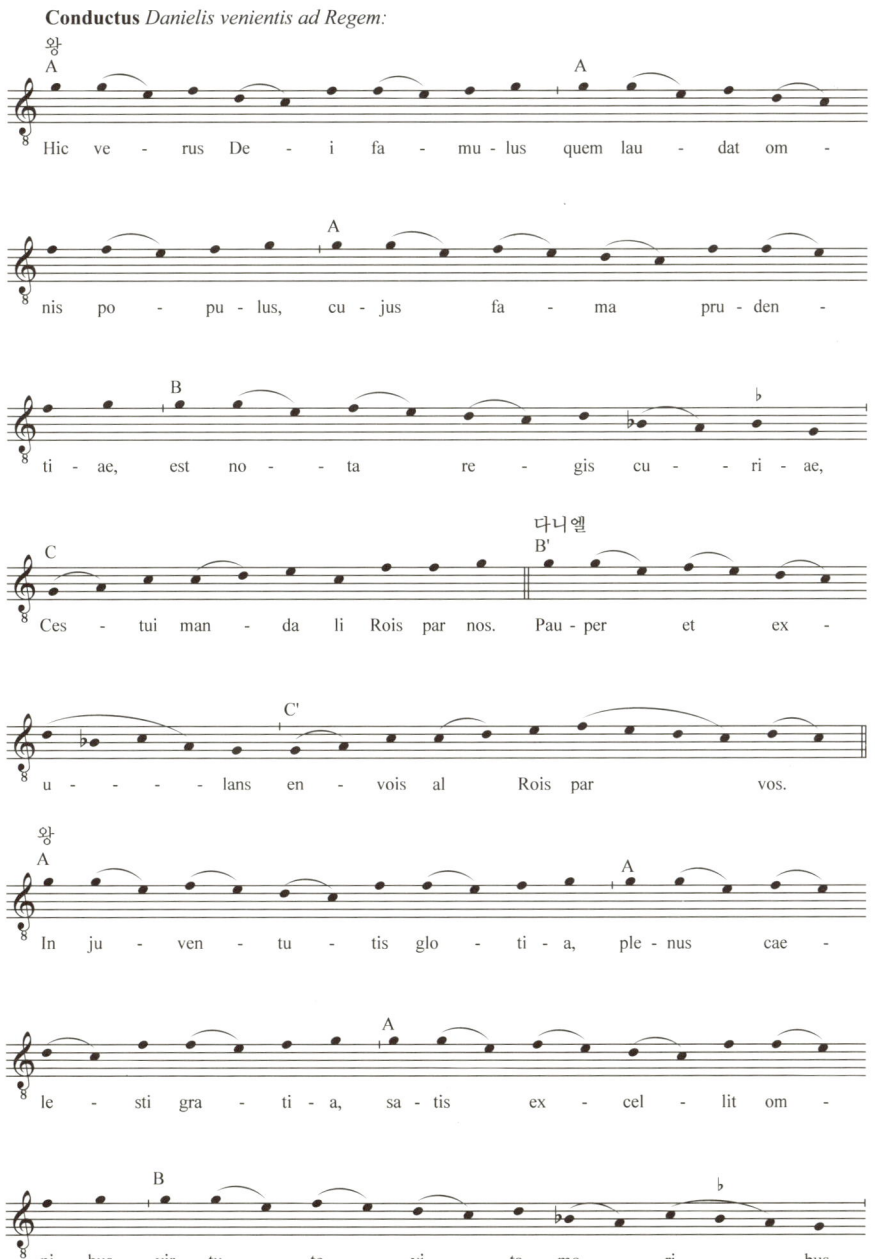

다성음악에서의 교회음악 양식

예전극

다니엘 극의 〈주님의 날에〉(Hic verus Dei)가 콘둑투스로 명명되어 있는 이유는 왕 앞으로 영웅 다니엘이 입장하는 장면이 연주되기 때문이다. 그것은 세 개의 절(Stanza)로 되어있다. 각 절은 7행으로 구성되어 있는데, 처음 3행의 가사에 같은 선율(A A A)을 붙인 반면 나머지 4행은 두 개의 다른 선율 B와 C가 교대로 사용된다.(B C B′ C′).

"그는 우리에 의해 치리자로 세워졌다"("Cestui manda ....")로 시작되는 행은 C의 선율이 쓰여지는데, 각 선율에 붙여진 각각 다른 가사와는 달리 C의 선율에는 똑같은 가사("Cestui manda ......")가 사용됨으로 각 행의 뒤에 붙여진 후렴과 같이 구성되었다고 볼 수 있다.

다음에서 세 개의 절(Stanza)과 각 절의 7행을 각 선율의 형태로 적어보면 다음과 같다.

Daniel

1절 : A A A B |C| B′ C′
2절 : A A A B |C| B′ C′
3절 : A A A B |C| B′ C′

위에서 보는 바와 같이 같은 선율 A라 하더라도 그 선율에 붙은 가사는 각각 다르다. 그러나 C의 선율과 다니엘이 연주하는 B′, C′의 선율에는 똑같은 가사가 사용되어 있다. 다음에 영어로 된 가사를 제시한다.

Nobles : He is a true servant of the Lord.
praised by all people ; the fame of his
wisdom is acclaimed at the ruler's
court. He is summoned to the monarch by us.

Daniel : Poor and exiled, I go to the King with you

Nobles : In the glory of youth, full of heaven's
grace, he surpasses all in vitrue, life
and morality. He is summoned to the
monarch by us.

다성음악에서의 교회음악 양식

Daniel : Poor and exiled, I go to the King with you

Nobles : Here is the man whose aid will decipher the written mystery that so aroused the King. He is summoned to the monarch by us.

Daniel : Poor and exiled, I go to the King with you

Appearing before the King, Daniel says to him :
O King, live forever.

앞에서 살펴 본 《다니엘극》[악보 73]과 [악보 75]의 악보에서 리듬에 대한 지시는 적혀있지 않다. 그러나 적어도 13세기 파리 악파(Parisian School)의 리듬선법(Rhythmic Modes)에 따라 연주되었을 것이다.

이러한 예전극이 교회의 안팎에서 다양하게 쓰여져 행해졌으며 길고 복잡한 예들도 있다. 또한 이러한 종교극은 계속 인기를 얻었다. 이와 관련된 여러 형태가 그 당시에도 또한 오늘날에도 연출되는데 다음에서 앞에서 살펴 본 예전극 이외에 오라토리오 전신으로 여겨지는 다양한 형태에 대하여 간단히 살펴보기로 한다.

2) 오라토리오 전신의 다양한 형태

(1) 종교적 대화극 (Sacred dramatic dialogue)

라틴어 오라토리오와 가까운 형식은 종교적이며 극적인 대화극이다. 예전극에서 살펴 본 바와 같이 미사의 입례송(Introit) 전의 대화 삽입곡(dialogue trope)이 이에 속하는데, 가장 잘 알려진 예로는 10세기부터 부활절 아침 예배 직전의 짧은 트로프 〈꾸엠 꽈에리티스〉(Quem quaeritis)이다. 이러한 형태는 2~3인의 대화체 곡(Dilogo〈이〉, dialogus〈라〉, dialogue〈영〉)으로 특히 부활절과 성탄절에 사용되었다. 발전된 대화극으로는 앞에 언급한 '무덤에서'(Sepolcro)가 포함되는데 이러한 형식을 라틴어로 '무덤 방문'(Visitatio Sepulchri)이라 하며 원래 약 600개의 각본이 있었다고 추측되나

2) 오라토리오 전신의 다양한 형태

(1) 종교적대화극

종교적이며 극적인 대화극
입례송 전의 대화 삽입곡

대표적 작품
〈꾸엠 꽈에리티스〉
(Quem quaeritis)

세속적 내용의 대화 : 칸타타로 발전
종교적 내용의 대화 : 오라토리오로 발전

예전극

400여개 이상이 남아 있다고 한다. 사용된 음악은 그레고리안 챤트이다.

대화체 곡은 두 가지로 나눌 수 있는데 세속적 내용의 대화가 칸타타로 발전되었으며, 종교적 내용의 대화는 오라토리오로 발전되었다. 이탈리아의 오라토리오라 여기는 많은 작품의 제목에 '대화'(Dialogo)라는 단어가 남아있다.

(2) 수난극

예수 그리스도의 수난의 내용을 담은 음악극으로 라틴어로 되어 있다.

초기 교회에서 4세기부터 수난절 전에 수난극이나 수난곡을 연주.

16세기 이후 작곡된 수난곡은 거의 오라토리오 수난곡으로 오라토리오의 부류에 포함시킨다.

(2) 수난극 (Passion Play)

수난극은 예수 그리스도의 수난의 내용을 담은 것으로 라틴어로 되어 있는 음악극이다. 이것은 수난의 내용이지만 성금요일 예배에는 사용되지 않는다. 중세부터 내려온 예가 두 개만 남아있다. 바바리아(Bavaria)의 오베람메르간(Oberammergan)에서 4년에 한번 연출되는 수난극은 16, 17세기부터 내려온 것이다.

초기 교회에서 4세기부터 수난절 전에 수난극이나 수난곡을 연주하였는데, 제 Ⅳ장 제 5항에서 언급한 수난곡의 역사와 같은 발전을 하게 된다. 이러한 수난곡 형식은 오늘날에도 사용되고 있으며 성격적인 묘사가 반주와 함께 음악으로 표현되어 있고, 16세기 이후 작곡된 수난곡은 거의 오라토리오 수난곡으로 오라토리오의 부류에 포함시킨다.

(3) 이야기

1. 중세기 성무일과에서 발전된 것으로시편, 캔티클, 찬송, 안티폰, 응답송, 기도등으로 이루어지는데, 예배에서 기념하는 사람이나 사건을 위해 특별히 작사한 히스토리아가 안티폰과 응답송 등과 합쳐져 커다란 하나의 작품으로 되었다.

2. 16,17세기 독일의 루터교회에서 봉독되거나 노래되는 성경말씀을 '히스토리에(Historie)'라 한다. 히스토리에의 가장 중요한 유형은 수난에 관한 것이며, 성경에 나오는 인물의 말은 솔로로, 무리(turba)의 말은 합창으로 하는 응답형식의 사용으로 오라토리오 발달에 영향을 준 가장 중요한 것이다.

(3) 이야기 (Historia)

히스토리아는 역사적으로 두 가지로 나누어 볼 수 있는데 하나는 중세기 성무일과에서 발전된 것으로 시편, 캔티클, 찬송, 안티폰, 응답송, 기도등으로 이루어져, 그 날 기념하는 사람이나 사건을 위해 특별히 작사한 '히스토리아'가 예배를 연결하는 역할을 하는 안티폰과 응답송등과 합쳐져 커다란 하나의 작품으로 되었다. 이러한 '히스토리아'는 산문체로 되어 있었으나 10-12세기에 압운으로 기록되어 13세기에 발달의 절정을 이루었다. 14-15세기에 약화되기 시작하여 16세기 트렌토 종교회의(Council of Trent, 1545-1563)에서는 '히스토리아'를 사용하지 못하도록 결의가 되었다.

다른 하나는 16,17세기 독일의 루터교회에서 봉독되거나 노래되는 성경말씀을 '히스토리에'(Historie)라 하였으며, '히스토리에'의 가장 중요한 유형은 수난에 관한 것으로 성경에 나오는 인물의 말은

다성음악에서의 교회음악 양식

솔로로, 무리(turba)의 말은 합창으로 하는 응답형식의 사용으로 오라토리오 발달에 영향을 준 가장 중요한 것이었다.

(4) 종교적 묘사 (Sacra Rappresentazione)

종교적 묘사의 형태는 13세기 엄브리아(Umbria)지방의 찬미곡에서 발전되어 15세기 이후에 절정을 이루었으나 16세기에 쇠퇴한다. 라프레센타치오네의 주제를 살펴보면, 「아브라함과 이삭」, 「그리스도의 수난」, 「방탕한 아들」등이 있으며, 종교적 라프레센타치오네는 사순절(Lent)에 행해진 종교극이었다.

(5) 찬미곡 (Lauda)

찬미곡 (Lauda, Laude 〈복수〉)은 비예전적인 종교곡으로 이탈리아어로 되어있는데, 일반적으로 이탈리어로 되어있는 비예전적인 종교적 가사의 음악형식은 '마드리갈레 스피리투알레' (madrigale spirituale)이다. 17세기 초에 유절형식이 아닌 '영적인 찬양' 의 의미를 지닌 '라우다 스피리투알레' (Lauda spirituale)를 '영적인 마드리갈' (Madrigale spirituale)이라고 하였다.

13세기의 라우다는 단성의 단순한 형태로 누구나 쉽게 부를 수 있었으며 이탈리아의 발라타(ballata)와 같이 여러 개의 절(strophe) 사이마다 후렴(ripresa)을 부른다.

다성 라우다(polyphonic laude)가 14세기부터 나타나며 15세기에는 2, 3성부의 간단한 화성양식으로 되었다. 16세기 라우다의 가사는 압운과 운문구조로 작사되어 있으며 1563년 출판된 찬미곡의 가사 모음집들이 오라토리오의 모임에서 사용하게 된다. 이 찬미곡의 가사가 초기 오라토리오 발전에 큰 영향을 미치게 되었으며 17세기 오라토리오 대본들의 가사가 찬미곡의 가사와 같거나 주제 및 형식이 매우 흡사하다.

(5) 크리스마스 예전극 (Christmas Play)

크리스마스 예전극의 최초의 것으로는 투틸로(Tutilo)의 「목자 트로프」를 들 수 있다. 크리스마스 예전극은 부활절 예전극과 같이 트로프에 기원을 두며 그리스도의 탄생에 대한 복음과 목자들의 경배, 동

---

(4) 종교적 묘사

13세기 엄브리아의 찬미곡에서 발전

라프레센타치오네의 주제
「아브라함과 이삭」
「그리스도의 수난」
「방탕한 아들」 등

종교적 라프레센타치오네
사순절에 행해진 종교극

(5) 찬미곡

비예전적인 종교곡으로
이탈리아어로 되어있다.

17세기의 '영적인 찬양' (Lauda spirituale)을 '영적인 마드리갈' (Madrigale spirituale)이라고 하였다.

13세기
 단성 라우다
 단순한 형태로 쉽게 부를 수 있다.
14세기
 다성 라우다
15세기
 2, 3성부의 간단한 화성양식
16세기
 라우다의 가사는 압운과 운문 구조로 작사되어 있다.
 1563년 찬미곡의 가사 모음집 출판
17세기
 오라토리오 대본들의 가사가 찬미곡의 가사와 같거나 주제 및 형식이 매우 흡사하다.

5) 크리스마스 예전극

크리스마스 예전극은 부활절 예전극과 같이 트로프에 기원을 두며 간단한 대화극이 포함된다.

예전극

최초의 크리스마스 예전극
투틸로의 《목자 트로프》

방박사, 헤롯왕 등의 여러 이야기를 패러프레이즈 (Paraphrase)하여 음악과 함께 연출되었으며 간단한 대화극이 포함된다. 11세기부터 내려온 각본이 20여개 남아있다.

(6) 신비극 · 기적극

성경 본문에 의한 이야기를 연극화 한 것으로 특히 영국에서 14세기 후기부터 16세기 중기까지 주로 사용한 연극

《나사로의 회생》
《슬기로운 처녀와 미련한 처녀》
《최후의 심판》
《다니엘극》
《사도바울극》 등이 있다.

신비극
14~16세기에 융성
성서에 바탕을 둔 장면의 극적 표현으로서 예전적이라기보다는 세속극에 가깝다.

이탈리아에서는 '종교적 묘사'(Sacre Rappresentazione)라 불리고 스페인, 포르투갈에서는 아우토(Auto)로 발전하여 오라토리오, 오페라나 근대극의 시조가 되었다.

(6) 신비극 (Mystery Play) · 기적극 (Miracle Play)

성경 본문에 의한 이야기를 연극화하여 특히 영국에서 14세기 후기부터 16세기 중기까지 주로 사용한 연극이다. 각 도시나 지역에서 전통적으로 성경 인물이나 성인 한 사람에 대한 작품을 해마다 그 지역에 한 번씩 연출하였다.

예전극 대부분의 내용은 부활절과 크리스마스에 대한 이야기인데 그 이외에도 성모와 성인, 신·구약성서에 나타나는 인물들 예를 들면 《나사로의 회생》 (Raising of Lazarus), 《슬기로운 처녀와 미련한 처녀》 (Wise and Foolish Virgins), 《최후의 심판》 (Last Judgement), 《다니엘극》 (The Play of Daniel), 《사도바울극》 (The Play of Paul)등이 있다.

14~16세기에는 신비극이 융성해진다. 이 신비극은 성서에 바탕을 둔 장면의 극적 표현으로서 예전극이라기보다는 세속극에 가까운것이다. 이탈리아에서는 '종교적묘사' (Sacre Rappresentazione)라 불리고 스페인과 포르투갈에서는 아우토(Auto)로 발전하여 오라토리오, 오페라나 근대극의 시조가 되었다.

7) 뮤지컬

뮤지컬은 20세기 영어권에 속한 사람들에게 가장 인기 있는 음악으로 1890년대 영국에서 발전한 것이다. 형식은 보통 2막으로 되어 있으며 내용(Story)보다는 음악이 더 중요하게 취급된다. 보통 한 작품에 대략 20여곡의 노래가 불려진다.

(7) 뮤지컬 (Musical Comedy, Musical Play)

뮤지컬은 20세기 영어권에 속한 사람들에게 가장 인기 있는 음악으로 1890년대 영국에서 발전한 것이다. 이것의 형식은 보통 2막으로 되어 있으며 내용(Story)보다는 음악이 더 중요하게 취급된다. 보통 한 작품에 대략 20여곡의 노래가 불려진다.

완전히 세속적인 내용으로 된 뮤지컬은 1960, 1970년부터 교회의 주목을 받게 되어 종교적인 내용을 가진 유명한 뮤지컬이 생기게 된다. 가장 대표적인 작품은 〈지져스 크라이스트 슈퍼스타〉(Jesus Christ Superstar), 〈가스펠〉(Godspell) 등을 들 수 있는데 이것은 종교적인 내용을 지닌 것이나 교회용 뮤지컬은 아니다. 교회용 뮤지컬로는 1966년 오스트레일리아 블랙번 장로교회 (Black burn Presbyterian Church)에서 초연된 《바울 이야기》 (The Paul

다성음악에서의 교회음악 양식

Story / 각본: Douglas Mckenzie, 작곡-작사: Marjorie Spicer)와 1973년 작 《시원한 풀무속》(It's Cool in the Furnace / 각본: Grace Hawthorne 작곡: Buryl Red)을 들 수 있다. 《시원한 풀무속》은 다니엘의 이야기로 1990년 한국교회 음악학회 주최 교회용 뮤지컬 연주회에서 '이화 콜레기움 무지쿰'에 의해 소개되었다.

예배용 뮤지컬에는 《알렐루야!》(Alleluia! / 각본: William J. and Gloria Gaither 작곡: William J. Gaither)가 1979년 출판되어 (김성혜 역: 서울서적 출판부) 불리워지는데 이 곡의 구성은 다음과 같다.

예배용 뮤지컬

《알렐루야!》

제 1장 주께 찬양을 드리세
    (Let's Just Praise The Lord)

    [1] 인도자(또는 목사) – 환영과 기도
    [2] 합창단, 낭독자 그리고 회중 / '주께 찬양을 드리세'

제 1장 : 주께 찬양을 드리세

제 2장 예수 그리스도…인자가 되신…하나님의 아들!
    (Jesus Christ… Son of God!)

    [1] 인도자, 독창자
        어부 · 세리 · 우물가의 여인 · 소경이었던 사람 · 합창단 /
        '그의 이름 놀라워라'
    [2] 합창단/ '왕의 왕 – 주의 주'
    [3] 독창자(노래와낭독) · 합창단 / '베들레헴…갈릴리…겟세마네'
    [4] 인도자 · 독창자 / '하늘 노래'
    [5] 합창단 · 회중 / '주께 찬양을 드리세' (반복)

제 2장 : 예수 그리스도 …
        인자가 되신 …
        하나님의 아들 !

제 3장 믿는 자들의 이야기 (The Believers Speak)

    [1] 간증 – 나이 많은 성도
    [2] 독창자 · 합창단 / '그분을 더 오래 섬길수록'
    [3] 간증 – 자신의 선택으로 낭패했던 인생
    [4] 독창자 · 합창단 / '험한 십자가'
               '갈보리 언덕'
    [5] 간증 – 지적(知的)으로 갈등하던 사람
    [6] 독창자 · 합창단 / '살아계신 주'

제 3장 : 믿는 자들의 이야기

예전극

제 4장 : 주님을 찬양 !

제 4장 주님을 찬양! (Praise Him!)

아름다우신 예수님 – 휘날레
 [1] 합창단·인도자·회중 / '아름다우신 예수님'
 [2] 합창단·회중 / '주께 찬양을 드리세'
 [3] 합창단·독창자·회중 / '모두 기뻐하세'
 [4] 합창단·회중 / '살아계신 주'
 [5] 합창단·회중 / '알렐루야'
 [6] 인도자(또는 목사) – 감사기도
 [7] 합창단 – 응답송

다성음악에서의 교회음악 양식

7. 오라토리오 (Oratorio)

1) 이탈리아의 오라토리오

독일 루터의 종교개혁에 영향을 받아 이탈리아 가톨릭교회의 반종교개혁이 일어나면서 개인의 신앙적 훈련을 위한 하나의 형태로 나타난 것이 이탈리아 종교지도자 필리포 네리(Filippo Neri, 1515-1595)를 중심으로 영적훈련을 위한 기도모임(1558년)이었다. 이 모임이 활성화되자 교회 옆에 오라토리움(Oratorium, 기도실)을 짓도록 허락받았으며, 이들은 이 오라토리움에 모여 대화를 하며 다른 프로그램, 설교 그리고 '영적인 찬양'(Laudi Spirituali)를 불렀다.

유래는 중세기 이탈리아의 비 예전음악 중 가장 중요한 음악형식으로서 단성음악으로 출발했다. 14세기에 다성음악 형태로 발전하기 시작하여 3, 4성부 대위법을 이용한 단순한 호모포니 양식으로 쓰여진다. 그 가사는 성경에 나타난 이야기로 극적인 대화체 형식으로 되어있다. 16세기에 이러한 가사는 다성 마드리갈과 대화극에 사용되었는데, 반극적(semidramatic)인 라우다라는 특별한 유형이 후에 오라토리오를 낳게 하였다. 또한 17세기에는 단성 마드리갈이나 칸타타에 사용되기도 하였으며 초기 오페라 발달과 오라토리오 발전에 많은 영향을 미쳤다.

피렌체의 카메라타(Camerata)그룹에 속한 사람들이 희랍의 음악양식을 극 형식으로 나타내려고 한 사고가 바로크 시대의 오페라 형식을 낳게 하였다. 그 결과 청중의 교화를 목표로 한 대화체 형식의 레시타티보와 표현이 풍부한 독창연주형태(monody stile rappresentativo)인 아리아로 발전되었다. 이 카메라타의 주요 인물중 한사람인 카발리에리(Emillio de' Cavalieri, 1550-1602)가 청중의 교화를 목표로 한 종교적 내용의 도덕극인 종교오페라 《영혼과 육체의 극》(Rappresentazione di Anima e di Corpo)을 작곡하였다.

이 작품은 3막극으로, 유절형식의 아리아, 마드리갈, 레치타티보, 합창, 신포니아 그리고 리토르넬로 등으로 구성되어 있는 종교적 오페라로, 특히 각 막 사이에 막간극(Intermezzo 또는 Intermedio)을 연주하라고 지시되었는데, 이 막간극은 100년 후의 희가극인 오페라 부파(opera buffa)의 발전에 영향을 주게 되었다. 이러한 형태가 종

---

7. 오라토리오 (Oratorio)

1) 이탈리아의 오라토리오

이탈리아 종교지도자 필리포 네리(1515-1595)를 중심으로 영적훈련을 위한 기도모임이 활성화되어 오라토리움에 모여 대화를 하며 다른 프로그램, 설교 그리고 '영적인 찬양'(Laudi Spirituali)를 불렀다.

Laudi Spirituali
'영적인 찬양'을 의미하며, 중세기 이탈리아의 비 예전음악 중 가장 중요한 음악형식으로서 단성음악이다.

14세기
다성음악 형태가 발전하기 시작하여 3, 4성부 대위법을 이용한 단순한 호모포니 양식으로 쓰여 진다.

16세기
가사는 성경에 나타난 이야기로 극적인 대화체 형식으로 되어있으며 다성 마드리갈과 대화극에 사용되었는데, 반극적(semidramatic)인 라우다라는 특별한 유형이 후에 오라토리오를 낳게 하였다.

반주가 붙은 모노디로 'stile rappresentativo'라 불리우는 표현이 풍부한 낭송형식이 나타난다.

카발리에리 (c.1550-1602)
피렌체 카메라타(Camerata)의 대표적인 작곡가

최초의 오라토리오
《영혼과 육체의 극》 작곡

오라토리오

《영혼과 육체의 극》에 나타나는 막간극은 100년 후의 희가극인 '오페라 부파'의 발전에 영향을 주게 되었다. 이러한 형태가 종교적 주제에 의한 극적인 대화극, 독창, 합창, 관현악반주 계속저음을 사용한 작품들로 변형되어 나타나 '오라토리오' (Oratorio : Ora〈기도〉, torio〈장소〉)라는 명칭으로 하여 발전

교적 주제에 의한 극적인 대화극, 독창, 합창, 관현악반주 계속저음을 사용한 작품들로 변형되어 나타나 '오라토리오'(Oratorio : 'Ora'〈기도〉, 'torio'〈장소〉)라는 명칭으로 하여 발전되었다. 또한 일반적인 '오라토리오'와는 다르게 프랑스 코믹 오페라에서 발레가 첨가되고, 나폴리 악파의 영향을 받아 무대창치와 소도구가 발달하고 화려한 의상이 등장한다. 1600년 로마의 '콘그레가지오네 델 오라토리오'(Congregazione dell Oratorio)에서 초연되어 '오라토리오'라는 명칭으로 구별된 장르로 이것은 최초의 오라토리오이며, 반주가 붙은 모노디 레치타티보 양식으로 출판된 최초의 작품으로 음악사적 중요한 의의를 가진다.

[악보 76]에 제시된 장면은 전 3막 중 2막 중간 부분이다. 이 부분에서의 특징은 모노디 부분(1-19마디 제1박), 짧은 트리오 부분(19마디 제2박의 끝음-38마디 제1박)과 더 짧은 리토르넬로(ritornello ; 38마디 제2박-42마디) 다음에 특징적인 모노디가 다시 나타나는데, 하성부의 베이스 선율은 바로크시대의 계속저음(continuo)으로 되어있다.

다성음악에서의 교회음악 양식

[악보 76] 카발리에리, 오라토리오 《영혼과 육체의 극》
(Rappresentatione di Anima e ci Corpo) 제 2막 중간부분

오라토리오

다성음악에서의 교회음악 양식

오라토리오

다성음악에서의 교회음악 양식

오라토리오

다성음악에서의 교회음악 양식

오라토리오는 형식이나 성격에 있어 오페라와 비슷하다. 일반적으로 무대장치와 의상 그리고 연기 등에서 차이점이 있다고 하나 그 발생에서는 확실히 구별되지 않는다. 그럼에도 불구하고 현대에 이르러서 오페라와 달리 오라토리오 연주시 고유 의상을 착용하지 않는것이 보편화 되어 있는 점, 오라토리오의 대본이 오페라보다 극적인 요소보다 명상적인 면이 강조된다는 점과 수난곡과 마찬가지로 이야기 줄거리(Testo)를 낭독하는 해설자(때로는 Historicus)를 포함한다는 점에서 그 명확한 차이를 보인다. 이야기 줄거리는 오페라에서처럼 연기를 하지 않으나 오라토리오에서는 극의 흐름을 알려주는 역할을 하기 위해 필요하다.

17세기 중엽 이탈리아의 오라토리오는 라틴어 가사의 라틴어 오라토리오(Oratorio latina)와 이탈리아 가사의 이탈리아어 오라토리오(Oratorio volgare)두 종류가 있다. 그 중 이탈리아어 오라토리오가 오페라와 함께 많은 변화와 발전을 한다.

카릿시미(Giacomo Carissimi, 1605-1674)는 많은 모테트와 칸타타를 작곡한 작곡자이나 라틴어 오라토리오 작곡자로 유명하며, 그의 대표적인 라틴어 오라토리오 《입다》(Historia di Jephtha, 1645)는 사사기 11장 29-40절의 내용으로 되어있다.

그 내용을 살펴보면, 길르앗의 주장이 된 입다는 죄를 짓지 않은 이스라엘을 암몬이 치려할 때 '이 전쟁에서 이기게 해주시면 내가 돌아올 때에 나를 영접하는 자를 번제로 드리겠다' 고 서원한다. 전쟁에 이기고 돌아와 그의 집에 이를 때에 입다의 무남독녀인 딸이 소고를 잡고 춤추며 영접하여 제물로 바쳐지게 되는 상황이 된다. 카릿시미는 입다의 승리 분위기가 그의 딸로 인해 슬픔으로 바뀌게 되는 극적인 변화를 음악적으로 잘 표현하고 있는데, 승리한 아버지를 영접하며 기뻐하는 딸의 독창과 친구들의 이중창은 장조화성 사용과 선율이나 리듬 사용에서 기쁨과 즐거움의 분위기를 나타내고 있다. 이 작품에서 이야기를 전개하는 해설자(Historicus)는 한 사람이 아니라 알토와 베이스 두 사람이 맡으며, 계속저음 반주에 모노디의 레치타티보와 극적인 독창곡 그리고 줄거리의 일부로서 합창이 그 역할을 담당한다.

다음에 카릿시미 오라토리오 《입다》 마지막 부분의 가사와 악보를 제시한다. 이 부분에서의 해설자(Historicus)는 알토, 베이스 솔로와 합창이 연주한다. [악보 77]

카릿시미 (1605-1674)
라틴어 오라토리오의 대표적인 작곡가

대표적인 라틴 오라토리오
《입다》
(Historia di Jephtha, 1645)
사사기 11장 29-40절의 내용

이 작품에서 이야기를 전개하는 해설자 (Historicus)는 한 사람이 아니라 알토와 베이스 두 사람이 맡으며, 계속저음 반주에 모노디의 레치타티보와 극적인 독창곡 그리고 줄거리의 일부로서 합창이 그 역할을 담당한다.

오라토리오

카릿시미, 오라토리오 《입다》 마지막 부분의 가사

가 사	
라틴어	영어
HISTORICUS Cum vidisset Jephte qui votum Domino voverat filiam suam venientem in occursum, in dolore et lacrimis scidit vestimenta sua et ait:	NARRATOR When Jephta realized that he had promised to God his daughter who came running to meet him, in sorrow and tears he tore his clothing and said:
JEPHTE Heu, heu mihi filia mea, heu! decepisti me filia unigenita, decepisti me, et tu pariter. Heu, filia mea, decepta es, decepta es.	JEPHTA Alas, woe to me, my daughter, Alas, you have brought me low, [my] only child, you have victimized me and yourself equally. Alas, my daughter, you have been brought low, you have been victimized.
FILIA Cur ego te pater decepi et cur ego filia tua unigenita decepta sum?	DAUGHTER How have I brought you low, father, and how have I, your only child, been victimized?

JEPHTE
Aperui os meum ad Dominum
ut quicumque primus de domo mea occurrerit mihi
offeram illum Dominum in holocaustum.
Heu mihi filia mea,
heu! decepisti me filia unigenita,
decepisti me et tu pariter
heu! filia mea decepta es, decepta es.
	JEPHTA
	I have opened my mouth to God
	that whatever first came running to meet me from
	   my house
	I would offer that to God as burnt offering.
	Woe to me, my daughter,
	Alas! you have brought me low, only child,
	you have victimized me and yourself equally.
	Alas! my daughter, you have been brought low,
	   you have been victimized.

FILIA Pater mi, pater mi, si vovisti votum Domino, reversus victor ab hostibus, ecce ego filia tua unigenita offer me in holocaustum victoriae tuae hoc solum, pater mi praesta filiae tuae unigenitae ante quam moriar.	DAUGHTER My father, my father, if you have vowed a vow to God, having returned victor over the enemy, behold, I, your only-begotten child, offer me as burnt offering for your victory. only this one thing, my father, grant to your only-begotten child before I die.
JEPHTE Quid poterit animam tuam, quid poterit te moritura filia consolari?	JEPHTA What could console your spirit, what could comfort you, daughter about to die?

FILIA
Dimitte me ut duobus mensibus circumeam
   montes,
ut cum sodalibus meis plangam,
plangam virginitatem meam.
	DAUGHTER
	Let me go away for two months to walk about in
	   the mountains,
	so that I, with my companions, may bewail,
	bewail loudly, my virginity.

JEPHTE Vade filia, vade filia mea unigenita et plange, et plange virginitatem tuam.	JEPHTA Go, daughter, go, my only-begotten child, and weep, and bewail your virginity.

다성음악에서의 교회음악 양식

가 사	
라틴어	영어
HISTORICUS-CHORUS Abiit ergo in montes filia Jephte et plorabat cum sodalibus virginitatem suam dicens:	HISTORICUS, with CHORUS Therefore, Jephta's daughter went away into the mountains and, with her companions, bewailed her virginity, saying:
FILIA Plorate, plorate colles, dolete, dolete montes, et in afflictione cordis mei ululate, et in afflictionis cordis mei ululate.	DAUGHTER Weep, weep, little hills, Grieve, grieve, mountains, and wail loudly for my heartfelt affliction, and caterwaul for my heartfelt affliction.
ECO: Ululate.	ECHO: Caterwaul.
FILIA Ecce nunc moriar virgo et non potero morte mea meis filiis consolari— ingemiscite silvae, fontes, et flumina in interitu virginis lacrimate, fontes et flumina in interitu virginis lacrimate.—	DAUGHTER: Behold, now, I am to die a virgin and in my death** I will not be able to be consoled by my children — Groan and sigh, forests, fountains, and rivers, weep for a virgin's annihilation, fountains and streams, for a virgin's sacrifice, weep.
ECO: Lacrimate.	ECHO: Weep!
FILIA Heu me dolentem, heu me dolentem in laetitia populi in victoria Israel et gloria patris mei ego sine filiis virgo ego filia unigenita moriar et non vivam! Exhorrescite rupes, obstupescite colles, valles et cavernae in sonitu horribili, resonate, valles et cavernae in sonitu horribili, in sonitu horribili, resonate!	DAUGHTER Woe, for my sorrowing, Alas, for my grieving, in the unrestrained gladness of the people in Israel's victory and my father's glory, I, a virgin, childless, I, only-begotten daughter, to die and not live! Shudder exceedingly, rocky cliffs, Be astounded, little hills, valleys and caverns, with horrible noises, resound, valleys and caverns, with frightful sounds, with horrible sounds, resound!
ECO: Resonate!	ECHO: Resound!
FILIA Plorate, plorate filii Israel, plorate virginitatem meam et Jephte filiam unigenitam in carmina doloris lamentamini, et Jephte filiam unigenitam in carmine doloris lamentamini.	DAUGHTER Weep, weep, Israeli children, bewail my virginity and lament Jephta's only-begotten child in songs of sorrow, and lament Jephta's only-begotten child in songs of sorrow.
CHORUS Plorate filii Israel, plorate omnes virginem et filiam Jephte unigenitam, in carmine doloris, lamentamini, lamentamini, lamentamini. (Stanza of text is repeated)	CHORUS: Mourn, Israeli children, All mourn the virgin and Jephta's only child, in songs of sorrow, lament, wail, weep.

오라토리오

[악보 77] 카릿시미, 오라토리오 《입다》(Jephte) 마지막 부분

다성음악에서의 교회음악 양식

오라토리오

다성음악에서의 교회음악 양식

다성음악에서의 교회음악 양식

오라토리오

다성음악에서의 교회음악 양식

오라토리오

다성음악에서의 교회음악 양식

오라토리오

다성음악에서의 교회음악 양식

오라토리오는 오페라 세리아와 함께 발전하게 되며 1700년 이후 나폴리 악파의 작곡가들에 의해 호모포니적이고 단순한 전형적인 오라토리오가 생기는데, 이때의 레치타티보는 반주가 첨가되지 않는 세코(secco)나 반주를 동반하는 아캄파냐멘토(accompagnamento)로 발전되었다. 아리아는 나폴리 악파의 특징인 다카포 아리아(A B A) 구조였고, 합창이 덜 중요시되는 특징을 갖는다. 반면에 비엔나 작곡가들은 대위법적인 기교의 오라토리오를 작곡하였다. 이들은 합창을 중요시 하며, 프랑스 오페라의 서곡을 사용하였다.

이탈리아의 현대 오라토리오 작곡가로는 라틴어와 이탈리아어의 수많은 오라토리오를 남긴 페로시(Lorenzo Perosi, 1872-1956)가 있으며, 작품으로는 레스피기(Ottorino Respighi, 1879-1936)의 《이집트의 마리아》(Maria Egiziaco, 1932), 피젯티(Ildebrando Pizzetti, 1880-1968)의 《아브라함과 이삭》과 《성녀 우레바》, 말리페에로(Gian Francesco Malipiero, 1882-1973)의 《아씨시의 성 프란시스》(St. Francesco d'Assisi, 1931) 그리고 《수난》(La Passione, 1935)등이 있다.

레치타티보 양식
레치타티보 세코
 (recitativo secco)
레치타티보 아캄파냐멘토
 (recitativo accompagnamento)

이탈리아의 현대 오라토리오 작곡가
페로시 (1872-1956)
레스피기 (1879-1936)
 《이집트의 마리아》 (1932)
피젯티 (1880-1968)
 《아브라함과 이삭》과 《성녀 우레바》
말리페에로 (1882-1973)
 《아씨시의 성 프란시스》 (1931)
 《수난》 (1935)

오라토리오

2) 독일의 오라토리오

17세기 독일 개신교의 교회음악 양식 중 '히스토리아'(Historie〈독〉, História〈라〉)는 크리스마스나 부활절 이야기의 성경 가사에 음악을 붙이는 것이었다. 히스토리아 중에서 가장 중요한 것은 수난곡(Passion)이며, 그 대표적인 작곡가는 하인리히 쉿츠(Heinrich Schütz, 1585-1672))이다. 그의 누가, 마태, 요한수난곡의 제목에 'Historia'라는 단어가 적혀있는데 이 'Historia'는 바로크 시대의 새로운 기법인 모노디 양식과 독창이나 중창에 한 두 개의 기악반주와 계속저음을 사용하는 콘체르토양식 그리고 모테트와 같은 합창곡을 결합시킨 특수한 형태로 독일의 오라토리오로 확장되어진다.

독일 오라토리오의 시조는 하인리히 쉿츠로 《부활 오라토리오》[36] (1623)와 《크리스마스 오라토리오》(1664)가 있으며, 쉬츠의 전통을 이어받은 바흐(J.S. Bach)의 《크리스마스 오라토리오》[37](Die Weihnachts/oratorium/1734-35), 텔레만(Georg Telemann, 1681-1767)의 매우 극적인 작품 《심판의 날》(Der Tag des Gerichts/ 1762), 하이든(Franz Joseph Haydn, 1732-1809)의 《천지창조》(Die Schöpfung,1797-98)와 《십자가 상의 칠언》(Die Sieben letzten Worte des Erlosers am Kreuze, 1785)은 오케스트라로 반주되는 아캄파냐멘토 레시타티보의 나폴리 악파적인 요소와 헨델에 의해 도입된 영국의 전통적 다성 합창기법 그리고 연극이 가미된 독일 오페라(징스필)의 기법을 사용하여 고전주의 오라토리오의 최고의 경지를 개척하였다. 또한 베토벤(Ludwig van Beethoven, 1770-1827)의 《감람산 위의 그리스도》(Christus am Oelberge, 1803)는 비엔나의 시인 프란츠 후버(Franz Huber)가 겟세마네 동산의 사건을 내용으로 한 시(詩)에 의해 작곡된 작품이다.

독일의 낭만파 오라토리오는 시포어(Johann Caspar Seyfert, 1731-1772)와 레베(Johann Carl Gottfried Loewe, 1796-1869)를 거쳐 멘델스존 (Felix Mendelssohn Bartholdy, 1809-1847)과 슈만(Robert A. Schumann, 1810-1856)에 의해 절정을 이루게 되는데, 성경에 나오는 인물을 주제로 한 멘델스존의 유명한 오라토리오 《바울》(Paulus,1836)과 《엘리야》(Elias,1846) 그리고 세속 오라토리오에 속하나 종교적인 신비성을 지닌 작품인 슈만의 《천국과 지옥》(Das Paradies und die Peri, 1843) 등이 이에 속한다.

---

2) 독일의 오라토리오

17세기 독일 개신교의 교회음악양식

히스토리아 (História〈라〉)
크리스마스나 부활절 이야기의 성경 가사에 음악을 붙이는 것으로 가장 중요한 것은 수난곡이다. 대표적인 작곡가는 하인리히 쉿츠이며, 그의 누가, 마태, 요한수난곡이 이에 속하며, 이 'Historia'는 바로크 시대의 새로운 기법인 모노디 양식과 독창이나 중창에 한 두 개의 기악반주와 계속저음을 사용하는 콘체르토양식 그리고 모테트와 같은 합창곡을 결합 시킨 특수한 형태로 독일의 오라토리오로 확장되어진다.

하인리히 쉿츠 (1585-1672)
《부활 오라토리오》 (1623)
《크리스마스 오라토리오》 (1664)

바흐 (1685-1750)
《크리스마스 오라토리오》 (1735)

텔레만 (1681-1767)
《심판의 날》 (1762)

하이든 (1732-1809)
《십자가 상의 칠언》 (1785)
《천지창조》 (1798)

베토벤 (1770-1827)
《감람산 위의 그리스도》 (1803)

멘델스존 (1809-1847)
《바울》 (1836)
《엘리야》 (1846)

슈만 (1810-1856)
《천국과 지옥》 (1843)

다성음악에서의 교회음악 양식

또한 리스트(Franz Liszt,1811-1886)의 《엘리자베스 전》(Die Legende von der heiligen Elizabeth, 1857-1862), 《그리스도》(Christus,1862-67)등은 그레고리안 챤트를 사용한 곡으로 자유스러운 대위법과 아카펠라 혹은 오르간 반주의 다성 모테트 그리고 푸가와 교향시를 접목한 19세기의 대표적인 오라토리오이다. 그 외 프로테스탄트의 오라토리오에는 쿠르트 토마스(Kurt Georg H. Thomas, 1904-1973)의 《크리스마스 오라토리오》(Weihnachts-Oratorium, 1931)와 《부활》(Auferstehungs-Oratorium, 1934) 이 있으며 특히 디스틀러(Hugo Distler, 1908-1942)의 《천국이 올 것을》(Weihnachtsgeschichte, 1933)과 오르프(Carl Orff, 1895-1982)의 《부활》(Comoedia de Christi resurrectione, 1957)등이 있다.

오라토리오의 역사는 오페라 역사의 변천과 같다고 볼 수 있는데, 17세기 로마에서는 6-8개의 오라토리오가 공연되었으며 이탈리아에서는 1640-1700년 사이에 1,000여개의 오라토리오가 작곡된 것으로 추정하고 있다. 이 형식은 칸타타와 비슷하며 제 3장 수난곡에서 제시된 바와 같이 4복음서 내용의 종교시에 의한 그리스도의 수난에 대한 내용의 오라토리오를 '오라토리오 수난곡(Oratorio Passion)' 이라 하며 현재 남아있는 바흐의 《요한수난곡》과 《마태수난곡》은 '오라토리오 수난곡'(Oratorio Passion)이다. 〈제 Ⅳ 장 제 5항 수난곡 참조〉 다음에서 독일의 오라토리오 《천지창조》를 살펴보기로 한다.

하이든이 영국을 방문(1791, 1794)했을때 웨스트민스터 성당의 헨델 추모 메시아공연에서 깊은 감동을 받았다. 밀턴(Milton)의 실낙원(Paradise Lost)을 스비텐(Gottfried van Swieten)이 독일어 번역한 것을 간추려 리들리(Lidley)가 작사한 오라토리오 천지창조로 작곡(1796-1798)했다. 3부 (하나님의 완전성, 삼위일체 상징), 33곡 (예수님 일생의미)으로 구성된 대위적 기교의 묘사음악으로 일생에 걸친 작곡기법을 총망라한 대작을 탄생시켰다. 독실한 기독교 신자였던 하이든의 예술성이 뛰어난 이 작품은 겸허하게 하나님 앞에서 써내려 갔고 모든 작품에 '하나님께 영광'(Laus Deo)이라는 귀절을 써 넣은 것으로도 유명하다.

작곡가 요셉 하이든(Joseph Haydn, 1732-1809)은 1732년 오스트리아 로라우 지방에서 수레를 만드는 부친의 14번째 자녀이자, 두번째 아내의 장남으로 태어났다. 그는 6살부터 교회의 성가대원과 독창자로 활동하였으며, 13세쯤 변성기를 맞이하여 성가대에서 나와

리스트 (1811-1862)
《엘리자베스 전》 (1862)
《그리스도》 (1931)

쿠르트 토마스 (1904-1973)
《크리스마스 오라토리오》 (1867)
《부활》 (1934)

디스틀러 (1908-1942)
《천국이 올 것을》 (1933)

오르프 (1895-1982)
《부활》 (1957)

바흐의 《요한수난곡》과 《마태수난곡》은 오라토리오 수난곡(Oratorio Passion)이다.

요셉 하이든 (1732-1809)

오라토리오

소년들을 가르치며 어려운 생활을 하였다. 유명한 작곡가 니콜라 안토니오 포르포라(Nicola Antonio Porpora, 1686-1768)에게 25세부터 작곡을 공부하게 된 그는 2년 후에 모르친 백작의 악단장으로 일하였고, 그 후 안톤 에스테르하지(Pàl Anton Esterhàzy, 1711-1762) 후작의 부악장을 거쳐 악장으로 평생 일하게 된다. 안톤 에스테르하지 후작 사후 그의 동생 니콜라우스 에스테르하지(Niklòs Jòzsef, 1714-1790)가 후작을 계승하여 하이든과 함께 음악회를 열었는데, 이 때에 하이든은 교향곡 12번-61번, 오페라, 오라토리오 그리고 미사곡 등 많은 작품을 작곡하였다. 1780년 그의 명성이 유럽 전역에 퍼져나갔으며, 그 때 교향곡 82-91번, 두 곡의 오페라, 관현악곡, 현악4중주 그리고 칸타타 등을 작곡하였으나 1790년 니콜라우스 후작 사후 안톤 에스테르하지 2세가 계승하여 음악에 관심을 보이지 않아 '명예악장'의 칭호를 받고 유럽전역을 다니며 작곡 및 교육에 힘을 기울였다. 1794년 음악에 많은 관심을 가진 니콜라우스 2세가 직위를 계승하자 하이든은 흩어졌던 악단을 다시 재건하였으며 많은 미사곡의 작곡과 1797-1798년에 걸쳐 작곡한 《천지창조》를 연주하여 비엔나에서 호평을 받았고, 1801년에는 《사계》를 작곡하여 초연하였다. 말년에는 현악4중주 작곡에 주력하였으나 1803년 이후 공식 활동을 하지 않고 1809년 5월 31일 세상을 떠났다.

하이든의 오라토리오

《토비아의 귀환》 (1775)
《십자가 상의 칠언》 (1785)
《천지창조》 (1797-98)
《사계》 (1799-1801)

그는 1775년부터 1801년 사이에 4개의 오라토리오를 작곡하게 된다. 첫 번째 작품은 비엔나의 자선단체가 위촉한 작품인데, 이것은 이탈리아 나폴리 악파의 오라토리오 양식으로 작곡한『토비아의 귀환』(Il ritorno di Tobia, 1775)으로 콜로라투라 아리아 중심으로 작곡되어 있다. 두 번째 작품은 《십자가 상의 칠언》(Die sieben letzen Worte des Erlösers am Kreuze, 1785)으로 1785년에 작곡한 관현악곡을 오라토리오로 개작한 것이다. 이 작품은 강렬한 감정이 표출된 독일어 대본으로 되어있는 북독일 악파 양식의 작품이다. 그 후 영국 방문을 통하여 헨델의 오라토리오를 접하게 되며 헨델 오라토리오에서 독창부분과 대편성의 합창 그리고 오케스트라의 표현기법 등에 큰 영향을 받게 된다.

《천지창조》(Die Schöpfung, 1797-98)와 《사계》(Die Jahreszeiten, 1799-1801)는 화려한 이탈리아 풍의 기법과 구조적 안정성을 지닌

다성음악에서의 교회음악 양식

독일 풍의 특징 그리고 대위법적인 작곡기법과 화성적인 다양한 작곡기법 등이 적용된 작품이다. 음악 애호가이며 오라토리오에 조예가 깊은 반 스비텐 남작은 하이든이 런던에서 가져 온 창세기와 밀턴의 실낙원을 바탕으로 자유롭게 번역하여 대본을 만들었으며 하이든의 오라토리오 《천지창조》 작곡에 많은 도움을 주었다.

하이든의 《천지창조》는 제 3부로 구성되어 있으며 제 1, 2부는 낙원과 뱀과 스랍을 다스리는 가브리엘, 세상과 지옥의 가장 깊은 곳인 타르타루스를 지배하는 우리엘 그리고 인간의 영혼을 다스리는 라파엘의 세 천사를 중심으로 6일간의 천지창조 과정을, 제 3부는 낙원의 아담과 이브의 사랑을 이야기하고 있다. 이 곡에서는 레시타티브로 하나님의 창조하시는 일을 설명하고 아리아로 창조물들의 모습을 나타내었으며, 창조의 이루심을 찬양하는 합창으로 창조한 각 날의 결론을 짓는다.

다음에서 우리에게 가장 잘 알려진 독일의 오라토리오 하이든의 《천지창조》(Die Schöpfung)의 전체구성을 제시한다. 〈표 40〉[38]

하이든의 《천지창조》
제 3부로 구성

제 1, 2부는 가브리엘, 우리엘, 라파엘의 세 천사를 중심으로 6일간의 천지창조 과정을, 제 3부는 낙원의 아담과 이브의 사랑을 이야기하고 있다.

오라토리오

〈표 40〉 하이든, 오라토리오 《천지창조》의 전체구성

Joseph Haydn
Die Schöpfung

Sopran   Tenor   Bass
Gabriel ; Eva   Uriel   Raphael ; Adam

부분	내용(창조날)	No.	제목 (우리말 · German · English)	연주
제1부	첫째날		서곡 (Die Vorstellung des Chaos)	Einleitung
		1	태초에 하나님 천지를 창조하셨다 Im Anfange schuf Gott Himmel und Erde In the beginning God created the heaven and the earth	Recitativ und Chor Raphael Chor Uriel
		2	빛나는 주의 광채 Nun schwanden vor dem heiligen Strahle Now vanish before the holy beams Verweiflung, Wuth und Schrecken Despairing cursing rage	Arie mit Chor Uriel Chor
	둘째날	3	창공을 만드시고 Und Gott machte das Firmament And God made the firmament	Rezitativ (Raphael)
		4	놀라워 주가 하신 일 Mit Staunen machte das Firmament The marv'lous n'ork beholds amaz'd	Solo und Chor Gabriel Chor
	셋째날	5	하늘아래 있는 물이 한곳에 모여 Und Gott sprach : Es sammle sich das wasser And God said : Let the waters	Rezitativ (Raphael)
		6	바다는 거품을 내며 Rollend in schäumenden Wellen Rolling in foaming billows	Arie (Raphael)
		7	땅에서 푸른 움이 돋아나거라 Und Gott sprach : Es bringe die Erde Gras hervor And God said : Let the earth bring forth grass	Rezitativ (Gabriel)
		8	눈 앞에 환히 펼쳐진 Nun beut die Flur das frische Grün With verdure clad the fields appear	Arie (Gabriel)
		9	천군 천사들이 셋째날 됨을 알리네 Und die himmlischen Heerschaaren And the heavenly host proclimed	Rezitativ (Uriel)
		10	거문고 타고 피리를 불며 Stimmt an die Saiten Awake the harp, the lyre awake	Chor
	넷째날	11	하늘 창공에 빛을 내는 것들이 생겨라 Und Gott sprach : Es sei'n Lichter an der Feste And God said : Let there be lights in the firmament	Rezitativ (Uriel)
		12	빛나는 광채 찬란하게 해가 솟으니 In vollem Glanze steiget jetzt In splendor bright is rising now	Rezitativ (Uriel)
		13	하늘은 말하네 주의 영광 Die Himmel erzählen die Ehre Gottes The heavens are telling the glory of God	Chor mit Soli
제2부	다섯째날	14	물고기와 새들이 생겨라 Und Gott sprach : Es bringe das Wasser And God said : Let the maters bring forth	Rezitativ 9Gabriel)
		15	하늘 높이 나는 독수리 Auf starkem Fittige schwinget sich On mighty pens uplifted soars	Arie (Gabriel)

579

다성음악에서의 교회음악 양식

부분	내용(창조날)	No.	제목 (우리말 · German · English)	연주
제2부	다섯째날	16	큰 물고기와 온갖 새들 Und Gott schuf grosse Wallfische And tGod created great whales	Rezitativ (Raphael)
		17	다섯째 날의 놀라움 Und die Angel rührten ihre Harfen And the angels struck their harps	Rezitativ (Raphael)
		18	우아한 자태로 초록색 옷을 입고 In holder Aumuth stehn, mit jungem Grün Most beautiful appear, with verdure young	Terzett Gabriel Uriel Raphael
		19	위대하신 주의 능력 Der Herr ist gross in seiner Macht The Lord is great, and great his might	Terzett und Chor Gabriel Uriel Raphael
	여섯째날	20	땅은 온갖 동물을 내어라 Und Gott sprach : Es bringe die Erde hervor And God said : Let the earth bring forth	Rezitativ(Raphael)
		21	대지의 품이 열리어 Gleich offnet sich der Erde Schoos Strait opening her fertile womb	Rezitativ (Raphael)
		22	찬란한 광채로 빛나는 하늘 Nun scheit in vollem Glanze der Himmel Now heav'n in fullest glory shone	Arier (Raphael)
		23	그의 모습대로 인간을 지어내셨다 Und Gott schuf den Menschen And God created man in his own image	Rezitativ (Uriel)
		24	고귀한 위엄 지니고 Mit Würd' und Hoheit angethan In native worth and honour clad	Arie (Uriel)
		25	지으신 모든 것을 보시니 Und Gott sah jedes Ding And God saw ev'ry thing	Rezitativ (Raphael)
		26	큰 위업을 이루셨네 Vollendet ist das grosse Werk Achived is the glorious work	Chor
		27	이세상 만물은 우러러 주께 구하니 Zu dir, o Herr, blickt Alles auf On thee each living soul awaits	Trezett Gabriel Uriel Raphael
		28	큰 위업을 이루셨네 하나님을 찬양하라 Vollendet ist das grosse Werk Achived is the glorious work	Chor
제3부	안식 (에덴동산)	29	장밋빛 하늘에 고운노래 울려 퍼지니 Aus Rosenwolken bricht, gewecht In rosy mantle appears, by tunes	Rezitativ (Uriel)
		30	주 하나님의 선하심이 온누리에 찼도다 Von deiner Güt', o Herr und Gott By thee with bliss, o bounteous Lord 오 아름다운 밝은 별 Gesegnet sei des Herren Macht For ever blessed be his pow'r	Duett und Chor Eva Adam
		31	주 하나님 앞에 감사의 예배 드렸네 Nun ist die erste Pflicht erfüllt Our duty we performed now	Rezitativ Adam Eva
		32	오 내사랑 Holde Gattin! Dir zur Seite Graceful consort! At thy side	Duett Adam Eva
		33	오 행복한 한 쌍의 부부여 O glücklich Paar! und glücklich immerfort O happy pair! and always happy yet	Rezitativ (Uriel)
		34	우리 주께 노래하자 Singt dem Herrn alle Stimmen Sing the Lord ye voices all	Schlusschor mit Soli

오라토리오

다음에 하이든의 《천지창조》 중 제 1부 첫째날의 제 1번 서곡과 〈태초에 하나님이 천지를 창조하셨다〉 (라파엘, 우리엘의 레시타티브와 합창) [악보 78] a와 제 1부의 마지막 곡 넷째날의 제 13번 합창과 가브리엘, 우리엘, 라파엘의 삼중창 〈하늘은 말하네 주의 영광〉 [악보 78] b, 제 2부 여섯째날의 제 23번 우리엘 레시타티브 〈그의 모습대로 인간을 지어내셨다〉 [악보 78] c와 제 24번 우리엘의 아리아 〈고귀한 위엄 지니고〉 [악보 78] d, 제 3부 안식 제 33번 우리엘의 레시타티브 〈오 행복한 한 쌍의 부부여〉 [악보 78] e, 제 3부 마지막 합창곡 제 34번 〈우리 주께 노래하자〉 [악보 78] f 의 악보를 제시한다.

다성음악에서의 교회음악 양식

[악보 78] a 하이든, 오라토리오 《천지창조》(Die Schöpfung) 제 1부 제 1번
〈태초에 하나님이 천지를 창조하셨다〉(Im Anfange schuf Gott Himmel und Erde)

오라토리오

다성음악에서의 교회음악 양식

오라토리오

다성음악에서의 교회음악 양식

[악보 78] b 하이든, 오라토리오 《천지창조》 제 1부 제 13번
〈하늘은 말하네 주의 영광〉 (Die Himmel erzählen die Ehre Gottes)

오라토리오

다성음악에서의 교회음악 양식

다성음악에서의 교회음악 양식

오라토리오

다성음악에서의 교회음악 양식

오라토리오

다성음악에서의 교회음악 양식

오라토리오

다성음악에서의 교회음악 양식

오라토리오

다성음악에서의 교회음악 양식

[악보 78] c 하이든, 오라토리오 《천지창조》 제 2부 제 23번
〈그의 모습대로 인간을 지어내셨다〉 (Und Gott schuf den Menschen)

[악보 78] d 하이든, 오라토리오 《천지창조》 제 2부 제 24번
〈고귀한 위엄 지니고〉 (Mit Würde und Hoheit angethan)

다성음악에서의 교회음악 양식

오라토리오

다성음악에서의 교회음악 양식

오라토리오

[악보 78] e 하이든, 오라토리오 《천지창조》 제 3부 제 33번
〈오 행복한 한 쌍의 부부여〉 (O glücklich Paar! und glücklich immerfort)

[악보 78] f 하이든, 오라토리오 《천지창조》 제 3부 제 34번
〈우리 주께 노래하자〉 (Singt dem Herrn alle Stimmen)

다성음악에서의 교회음악 양식

604

오라토리오

다성음악에서의 교회음악 양식

오라토리오

다성음악에서의 교회음악 양식

다성음악에서의 교회음악 양식

오라토리오

다성음악에서의 교회음악 양식

오라토리오

멘델스존 (1809-1847)

다음에서 우리에게 가장 잘 알려진 19세기의 가장 유명한 독일의 오라토리오 멘델스존의 《엘리야》에 대해 살펴보기로 한다.

작곡가 멘델스존(Felix Mendelssohn Bartholdy, 1809.2.3-1847.11.4)은 1809년 함부르크의 부유한 은행가의 아들로 태어났는데, 그의 할아버지는 당시 저명한 철학자였으며, 그의 어머니는 부유한 유태인의 딸이었다. 이와 같이 멘델스존은 정통파 유대인의 가정이었는데 기독교로 전향하였다.

어머니로부터 피아노를 배우기 시작한 이후 비고트(Bigot), 베르거(Berger), 젤터(Zelter)등에게 사사하여 10살 때 공개연주를 통해 천재성을 나타내게 되었다. 21세인 1829년에 바흐의 《마태수난곡》을 연주하였고, 1830년 이탈리아, 영국, 웨일즈, 스코틀랜드, 프랑스 등을 여행하며 얻은 영감을 가지고 〈핑갈의 동굴〉, 《무언가》, 〈교향곡 3번〉(Scottish)등을 작곡하였으며 1835년 라이프찌히 게반트하우스 관현악단의 지휘자로 그 관현악단을 크게 발전시키는데 큰 공헌을 하게 되었다.

1837년 프랑스 개혁파 교회 목사의 딸인 세실 샤를로트 소피 장르노(Cécil Charlotte Sophie Jeanrenaud)와 결혼하여 5명의 자녀를 두었다. 1837년 런던에서 오라토리오 《바울》을 지휘하여 호평을 받았으며, 1843년에 유럽의 유명한 음악학교가 된 라이프찌히 음악학교를 설립하였다. 그러나 건강의 악화로 자신의 작품 초연에도 참석할 수 없게 되었으며, 잠시 회복된 1846년 빅토리아 여왕의 초청으로 버밍엄에서 19세기 최고의 오라토리오 《엘리야》를 초연하였고, 이듬해인 1847년 4월 영국에서 6회에 걸쳐 《엘리야》를 연주하였으며, 같은해 11월4일 비엔나에서 《엘리야》를 지휘하기로 예정되었는데, 38세의 나이로 라이프찌히에서 사망하였다.

그의 음악은 낭만주의의 작곡가임에도 형식과 구성에서 고전주의적 특성이 나타났고 뚜렷한 표현과 대체로 밝고 아름다운 음악을 작곡하였다.

멘델스존의 오라토리오

《바울》 (1836)
《엘리야》 (1846)
《그리스도》 (1846 / 미완성)

오라토리오는 헨델 이후 하이든, 베토벤에 의해 계승되어 왔으며, 멘델스존의 오라토리오는 19세기 최고의 오라토리오라 할 수 있다. 그의 오라토리오는 1836년의 《바울》(Paulus), 1846년의 《엘리야》(Elias) 그리고 1846년의 미완성 작품인 《그리스도》(Christus)등 3개의 작품이 있다.

다성음악에서의 교회음악 양식

멘델스존의 《엘리야》는 1845부터 작곡하기 시작하여 1846년에 완성하였고 그 해 8월 26일 영국 버밍검 음악제 (Birmingham Festival)에서 작곡자 자신의 지휘로 초연되었으며, 8번의 앙코르를 받을 정도로 성공적인 연주였다. 이 곡의 가사는 원래 독일어 성경(German Lutheran)을 사용하였으나 영국 버밍검 음악제에서의 초연은 윌리엄 바돌로매(William Bartholomew)의 도움을 받아 킹 제임스(King James) 판 성경을 사용하였다. 이 연주 후 약간의 수정과 함께 메트로놈 표시 등 자세하게 편집하여 최종판이 본(Bonn)의 출판사(Edition Simrock)에 맡겨져 1847년에는 합창보와 파트보가 1848년 1월에는 총보가 출판되었다.

이 곡은 제 1, 2부로 나누어져 있으며 42악장으로 되어있다. 열왕기상 17장에서 19장에 기록된 선지자 엘리야를 통한 이스라엘의 여호와 하나님과 유대의 바알 우상과의 대립 그리고 엘리야의 승천을 소재로 하고 있다.

제 1부에서는 기원전 9세기 인접한 강국인 앗시리아를 두려워하여, 부유한 페니키아와 동맹관계를 맺고 이를 더 튼튼히 유지하기 위해 이스라엘 왕 아합과 페니키아의 여왕 이세벨과의 정략결혼을 하게 되는데, 그 결과 여호와 신앙을 지켜 온 이스라엘에 이방신 바알의 신상을 들여오게 되어 일어나는 사건이다. 제 1부 갈멜산에서의 대결에서 엘리야의 확신에 찬 아리아와 바알 선지자들의 절망적인 절규가 가장 극적인 분위기를 나타내며 불이 내려오는 것이 가장 큰 사건이다. 이에 대해 제 2부는 엘리야가 승천하는 것이 클라이막스인데, 왕이 엘리야의 행한 일을 왕후 이세벨에게 고한 일과 엘리야의 탈출 그리고 엘리야의 승천이 아주 드라마틱하게 나타난다.

다음에 오라토리오 《엘리야》의 전체구성을 제시한다. 〈표 41〉[39]

독일의 오라토리오

멘델스존의 《엘리야》

제 2부로 구성

열왕기상 17장에서 19장에 기록된 선지자 엘리야를 통한 이스라엘의 여호와 하나님과 유대의 바알 우상과의 대립 그리고 엘리야의 승천을 소재로 한 내용으로, 제 1, 2부 12장의 43곡으로 되어있다.

오라토리오

〈표 41〉 멘델스존, 오라토리오《엘리야》의 전체구성

Felix Mendelssohn Bartholdy
Elias
Alt   Tenor   Bariton
Der Engel   Obadjah   Elias

부분	장	내용	곡(No.)	제 목 (우리말 · German)	연주	가사
제1부	제1장	징계의예언, 가뭄의참혹함, 이스라엘 백성의 믿음과 참을성 없는 탄원	서창 서곡	살아계신 여호와 이름으로 맹세하노니 (So wahr der Herr, der Gott Israels, lebet)	Einleitung (Elias) Ouvertüre	열왕기상 17:1
			1	도우소서 주여 (Hilf, Herr! Willst du uns denn gar vertilgen)	Chor	예레미야 8:19-20
			2	주여 우리 기도를 들으소서 (Herr, höre unser Gebet!)	Duett (Sopran, Alt) mit Chor	
			3	너희의 마음을 찢으라 (Zerreisset eure Herzen)	Rezitativ (Obadjah)	요엘 2:13
			4	참 맘으로 나를 찾으면 (So ihr mich von ganzem Herzen suchet)	Arie (Obadjah)	욥기 23:3
			5	하나님이 보지 않으셨다 (Aber der Herr sieht es nicht)	Chor	신명기 28:15,22
	제2장	엘리야의 은거와 과부의 아들이 살아남	6	엘리야 너는 여기를 떠나라 (Elias! Gehe weg von hinnen)	Rezitativ (Der Engel)	열왕기상 17:2-5
			7	주 하나님의 천사들 너를 따르고 (Denn er hat selnen Engeln befohlen)	Doppelquartett(Die Engel)	잠언 3:23 시편 91:11-12 열왕기상 17:2-5
			7A	시냇물이 말랐도다 (Num auch der Bach vertrocknet ist)	Rezitativ (Der Engel)	
			8	어찌 내게 이런 일이 있소 (Was hast du an mir getan)	Duett(Die Wittwe, Elias)	열왕기상 17:17-24
			9	주를 경외하는 자는 복이 있도다 (Wohl dem, der den Herrn Fürchtet)	Chor	시편 112:1,4
	제3장	엘리야의 귀환과 아합의 바알 신과의 대결	10	살아계신 하나님 앞에 나는 섰노라 (So wahr der Herr Zebaoth lebet)	Rezitativ(Elias, Ahab) mit Chor	왕열기상 18:1, 15-25
			11	바알신이여 응답하소서 (Baal, erhöre uns)	Chor	열왕기상 18:26
			12	더 크게 부르라 (Rufet lauterl Denn er ist ja Gott)	Rezitativ (Elias) und Chor	열왕기상 18:27
			13	더욱 크게 부르짖으라 (Rufet lauter! Er hört euch nicht)	Rezitativ (Elias) und Chor	열왕기상18:28-30
			14	아브라함과 이삭의 하나님 (Herr Gott Abrahams, Isaaks und Israel)	Arie (Elias)	열왕기상 18:36, 37
			15	너의 짐을 주께 맡기라 (Wirf dein Anliegen auf den Herrn)	Quartett	시편 55:22
			16	생명을 만드신 주여 (Der du deine Diener machst zu Geistern)	Rezitativ (Elias) mit Chor	시편 104:4 열왕기상 18:38-40
			17	주의 말씀은 불같지 않더냐 (Ist nicht des Herrn Wort wie ein Feuer)	Arie (Elias)	예레미야 23:29, 시 7:11-12
			18	하나님 버리는 자는 고통을 받으리라 (Weh ihnen, daß sie von mir weichen)	Arioso (Alt)	호세아 7:13
			19	하나님의 사람이여 당신의 백성을 도우소서 (Hilf deinem Volk, du Mann Gottes)	Rezitativ (Obadjah, Elias, der Knabe) mit Chor	열왕기상 18: 43

다성음악에서의 교회음악 양식

부분	장	내용	곡(No.)	제 목 (우리말 · German)	연주	가사
제1부	제4장	가뭄의 해소	19A	오 하나님! 이제는 적들이 멸망하였으니 (O Herr! du hast nun deine Feinde verworfen)	Rezitativ (Elias) mit Chor	
			20	하나님께 감사하라 (Dank sei dir Gott, du trankest das durst'ge Land)	Chor	시편 93:3-4
제2부	제1장	하나님께서 용기를 주심	21	들으라 이스라엘아 (Höre ye, Israel, hear what the Lord speaketh)	Arie (Sopran)	이사야 41:10
			22	두려워 말라 (Fürchte dich nicht, spricht unser Gott)	Chor	이사야 41:10
	제2장	엘리야의 아합에 대한 질책과 이세벨이 백성들을 선동함	23	하나님께서 너를 세우사 (Der Herr hat dich erhoben aus dem Volk)	Rezitativ (Elias, die Königin) mit Chor	예레미야 26:11
			24	그를 죽이라 (Wehe ihm! er muß sterben!)	Chor	
	제3장	엘리야의 도주와 낙심함	25	하나님의 사람이여 (Du Mann Gottes, Laß meine Rede)	Rezitativ (Obadjah und Elias)	열왕기상 19:4,10
			26	만족합니다 (Es ist genug! So nimm nun, Herr)	Arie (Elias)	
	제4장	주안에서의 쉼과 안위	27	보라 그가 자고 있다 (Siehe, er schläft unter dem Wachholder)	Rezitativ (Tenor)	열왕기상 19:5
			28	네가 산을 향하여 눈을 들라 (Hebe deine Augen auf zu den Bergen)	Terzett (Die Engel : Sopran I · II, Alt)	시편 121:1-4
			29	주께서 이스라엘을 지켜 주시라 (Siehe, der Hüter Israels schläft noch schlummert nicht)	Chor	시편 121:4-5, 138:7
	제5장	하나님의 응답을 기다림	30	일어나라 엘리야 (Stehe auf, Elias, denn du hast einen großen Weg)	Rezitativ (Der Engel, Elias)	열왕기상 19:7-8
			31	주 안에 쉬라 (Sei stille dem Herrn und warte auf ihn)	Arie (Der Engel)	시편 37:1, 4, 5, 7, 8
			32	끝까지 잘 견디는 자 (Wer bis an das Ende beharrt)	Chor	마태복음 24:13
	제6장	하나님의 임재	33	주여 이제 밤이 되었습니다 (Herr, es wird Nacht um mich)	Rezitativ (Elias, der Engel)	시편 22:19, 143:6-7
			34	하나님이 지나가신다 (Der Herr ging vorüber)	Chor	열왕기상 19:11-12
			35	스랍들이 높은 곳에서 (Heilig ist Gott, der Herr Zebaoth)	Rezitativ (Alt) Soli und Chor	이사야 6:3
	제7장	새 힘 얻은 엘리야의 사역과 승천	36	이제 돌아 가거라 (Gehe wiederum hin ab)	Chor - Rezitativ (Elias)	열왕기상 19:15, 18
			37	높은 산이 평탄케 되고 (Ja es sollen wohl Berge weichen)	Arioso (Elias)	아가 54:10
			38	선지자 엘리야 불같이 솟아나고 (Und der Prophet Elias brach hervor)	Chor	열왕기하 2:11, 전도서(외경) 48:1, 6, 7
	제8장	심판 날과 메시야의 예언	39	이 땅에 정의 나타나서 (Dann werden die Gerechten leuchten)	Arie (Tenor)	마태복음 13:43, 이사야 51:11
			40	하나님이 엘리야를 보내셨다 (Darum ward gesendet der Prophet Elias)	Rezitativ (Sopran)	말라기 4:5-6
			41	천사들이 해 돋는 곳에서 (Aber einer erwacht von Mitternacht)	Chor	이사야 41:25
			42	오라 너 목마른 자들아 물로 나오라 (Wohl an, Alle die ihr durstig seid, kommt her zum Wasser)	Quartett (order Chor)	"
			43	그때 너희 빛이 (Als dann wird euer Licht hervorbrechen)	Schlusschor	이사야 58:8

오라토리오

다음에 멘델스존의 《엘리야》 중 제 1부의 제 1장 서창(Einleitung – Elijah) 〈살아계신 여호와 이름으로 맹세하노니〉[악보 79] a와 서곡(Overtüre)[악보 79] b, 제 4장 제 20번 합창 〈하나님께 감사하라〉[악보 79] c, 제 2부의 제 4장 제 28번 〈네가 산을 향하여 눈을 들라〉(여성3중창/처음에는 Duet곡 초연 후 변경되었음)[악보 79] d, 제 7장 제 37번 엘리야의 아리오소 〈높은 산이 평탄케 되고〉[악보 79] e와 제 38번 합창 〈선지자 엘리야 불같이 솟아나고〉[악보 79] f의 악보를 제시한다.

다성음악에서의 교회음악 양식

[악보 79] a 멘델스존, 오라토리오 《엘리야》 (Elias) 제 1부 서창
〈살아계신 여호와 이름으로 맹세하노니〉
(So wahr der Herr, der Gott Israels, lebet)

오라토리오

[악보 79] b 멘델스존, 오라토리오 《엘리야》 제 1부 서곡

다성음악에서의 교회음악 양식

오라토리오

다성음악에서의 교회음악 양식

오라토리오

[악보 79] c 멘델스존, 오라토리오 《엘리야》 제 1부 제 20번
〈하나님께 감사하라〉 (Dank sei dir Gott, du tränkest das durst'ge Land)

다성음악에서의 교회음악 양식

다성음악에서의 교회음악 양식

오라토리오

다성음악에서의 교회음악 양식

다성음악에서의 교회음악 양식

오라토리오

다성음악에서의 교회음악 양식

오라토리오

[악보 79] d 멘델스존, 오라토리오《엘리야》제 2부 제 28번
〈네가 산을 향하여 눈을 들라〉(Hebe deine Augen auf zu den Bergen)

다성음악에서의 교회음악 양식

오라토리오

[악보 79] e 멘델스존, 오라토리오 《엘리야》 제 2부 제 37번
〈높은 산이 평탄케 되고〉 (Ja, es sollen wohl Berge weichen)

다성음악에서의 교회음악 양식

오라토리오

[악보 79] f 멘델스존, 오라토리오 《엘리야》 제 2부 제 38번
〈선지자 엘리야 불같이 솟아나고〉 (Und der Prophet Elias brach hervor)

다성음악에서의 교회음악 양식

오라토리오

다성음악에서의 교회음악 양식

오라토리오

다성음악에서의 교회음악 양식

다성음악에서의 교회음악 양식

3) 영국의 오라토리오

영국의 오라토리오 전통은 헨델에 의해서 이루어졌다. 게오르그 프리드리히 헨델(Georg Friedrich Händel, 1685-1759)은 1685년 중부 독일 할레에서 태어나 음악교육을 받았고, 1703년경 오케스트라 제2바이올린 주자로 활약하면서 오페라를 작곡하기 시작하였으나 오페라 단장인 라인하르트 카이저나 그의 친구 마테존등에게 인정받지 못하게 된다. 1709년경 이탈리아로 유학한 후, 휴직기간에 1년간 런던에 머물 수 있게 하는 고용 조건으로 하노버 궁정 음악감독(Kapellmeister)으로 임명받게 된다. 그 후 영국의 퀸즈극장(Queen's Theatre)에서 연출하기 위해 영국으로 가게 되는데 이 극장의 매니저 아론 힐(Aaron Hill)의 오페라 줄거리 초고에 의해 극장의 거류 시인 지아코모 로시(Giacomo Rossi)의 대본이 만들어지게 되고 그 대본에 의해 최초의 이탈리아 오페라 《리날도》(Rinaldo)를 작곡하여 1711년 2월 24일 초연하게 되며 6월까지 15번이나 공연되는 성공을 하게 된다. 그 후 영국인으로 귀화하여 활동하며 훌륭한 오라토리오를 작곡하게 되는데, 1759년 영국인으로 매우 영광스러운 웨스트민스트 사원(Westminster Abbey)에 안장되었다.

헨델의 최초 영국 오라토리오는 《에스더》(Esther)로 1718년 초연된 것으로 추측되며, 그 후 수정하여 1732년 공연에서는 큰 성공을 하게 되었고, 이에 힘을 입어 1733년 초연된 《드보라》(Deborah)는 인기를 얻지 못하였으나 같은 해에 작곡된 《아탈리아》(Athalia)는 4,000여 명의 청중들이 동원되어 매우 좋은 반응을 보였다고 한다. 오라토리오 작곡이 잠시 중단되었으나 1738년에 작곡하여 1739년에 초연된 《사울》(Saul)은 초연당시보다 2년 후인 더블린(Dublin)에서의 공연에서 큰 인기를 얻게 되었다. 1738년 작곡된 《이집트의 이스라엘인》(Israel in Egypt)은 성경말씀을 그대로 사용한 작품으로 주로 합창곡으로 구성되었으며, 그 당시에는 하나님의 말씀을 노래한다는 것에 대해 이해되지 못하였다. 1741년에 그리스도의 생애를 다룬 《메시아》(Messiah)가 작곡되어 더블린에서 초연되었고 오늘날에도 많은 사람들의 사랑을 받고 있다. 그 후 오라토리오 작품으로는 《삼손》(Samson / 1743)과 《요셉》(Joseph and his brethren)이 성서에 의한 오라토리오이며 극적인 면에서 뛰어난 《벨샤쟈르》(Belshazzar)는 1745년 초연되었으나 인기를 얻지 못하였고, 1747년 초연된 종교적 오라토리오

3) 영국의 오라토리오

헨델 (1685-1759)

헨델의 오라토리오

《에스더》 (1718)
《드보라》 (1733)
《아탈리아》 (1733)
《사울》 (1738)
《이집트의 이스라엘인》 (1738)
《메시아》 (1741)
《삼손》 (1743)
《요셉》
《벨샤쟈르》 (1745)
《마카베우스의 유다》 (1747)
《알렉산더 발루스》 (1747)
《여호수아》 (1748)
《솔로몬》 (1748)
《수잔나》 (1748)
《테오도라》 (1749)
《입다》 (1752)
《시간과 진실의 승리》 (1757)

오라토리오

(Sacred Oratorio) 《마카베우스의 유다》(Judas Maccabaeus)는 매우 인기가 있어 1759년 까지 54회 연주 되었으나 그의 속편인 《알렉산더 발부루스》(Alexander Balbulus)는 인기를 얻지 못하였다. 1748년 초연된 《여호수아》(Joshua), 1749년 《솔로몬》(Solomon), 《수잔나》(Susanna), 1750년 그의 유일한 기독교 인물에 대한 오라토리오인 《테오도라》(Theodora)가 초연되었는데 이는 순교당한 기독교 여성과 로마군병과의 사랑과 신앙에 대한 내용이다. 《입다》(Jephtha)는 그의 눈병으로 인해 시작한지 9개월 만에 완성되어 1752년 2월 초연되었고, 1757년 초연된 《시간과 진실의 승리》(The Triumph of Time and Truth)가 있다.

이와 같이 헨델은 서사시적이거나 희곡적인 줄거리에 힘찬 합창을 사용하여 고전적인 오라토리오를 완성하였고, 그의 당대 작곡가로는 그린(Maurice Greene, 1696-1755), 아르네(Thomas Augustine Arne,1710-1778) 그리고 존 스탠리(John Stanley, 1712-1786)의 《입다》(Jephtha / 1757), 《이집트의 멸망》(The fall of Egypt), 《짐리》(Zimri)등이 있다. 19세기 말 존 스테이너(John Stainer, 1840-1901)의 《십자가상의 죽음》(The Crucifixion / 1887), 20세기 초 엘가(Edward Elgar, 1857-1934)의 《제론티우스의 꿈》(The dream of Gerontius / 1899-1900)과 《왕국》(The Kingdom / 1906)을 시점으로 홀스트(Gustav Holst, 1874-1934)의 《예수의 찬송》(The hymn of Jesus), 영국 20세기 음악의 대가인 랠프 본 윌리엄스(Ralph Vaughan Williams, 1872-1958)의 유일한 오라토리오인 《거룩한 성》(Santa Civitas, 1923-25)은 그의 합창곡 특성을 잘 나타내고 있으며, 가사(King James Version, 1611)는 요한계시록의 내용으로 테너와 바리톤 솔로와 혼성4부 합창단, 20여명의 작은합창단(Semi-chorus), 멀리 떨어져 있는 합창단(Distant Chorus) 그리고 오케스트라의 편성으로 되어있다. 이 곡은 609마디의 짧은 길이의 곡인데, 80번이나 변하는 박자표, 35번의 빠르기 변화 그리고 400여 번의 다이나믹의 변화를 갖고 있으며 조표가 자주 바뀜에도 불구하고 조성이 뚜렷하지 않다. 또한 이 곡의 특징은 부분의 구분 없이 하나의 곡으로 되어있음에도 상당한 변화가 이루어져 풍부한 느낌을 준다.

존 스탠리 (1712-1786)
《입다》(1757)
《이집트의 멸망》(c.1774)
《짐리》(c.1760)

존 스테이너 (1840-1901)
《십자가상의 죽음》(1887)

에드워드 엘가 (1857-1934)
《제론티우스의 꿈》(1900)
《왕궁》(1906)

구스타브 홀스트 (1874-1934)
《예수의 찬송》

랠프 본 윌리엄스 (1872-1958)
《거룩한 성》(1925)

다성음악에서의 교회음악 양식

다음에서 영국의 오라토리오 헨델의 《메시아》에 대해 살펴보기로 한다. 이 작품은 제 3부로 구성되었으며 프랑스 서곡(느리고-빠르게)으로 시작하여 제 1부 예언과 탄생, 제 2부 고난, 제 3부 부활과 영생으로 되어있다.

다음에서 헨델의 오라토리오 《메시아》(Messiah)의 전체구성을 제시한다. 〈표 42〉[40]

헨델의 《메시아》

제 3부로 구성

그리스도의 생애를 다룬 작품으로 제1부 예언과 탄생, 제2부 고난, 제3부 부활과 영생으로 되어있다.

오라토리오

<표 42> 헨델, 오라토리오 《메시아》의 전체구성

George Frederic Handel
Messiah

CONTENTS

부분	장	내용	곡(No.)	제 목 (우리말 · English)	연주	가사
제1부 예언 탄생			1	서곡(Overture)	Sinfonia	
	제1장	평화의 왕으로 오실 메시아	2	내 백성 위로하고 (Comfort ye my people)	Recitative (Tenor or Soprano)	사40;1-3
			3	골짜기마다 (Ev'ry valley shall be exalted)	Air (Tenor(or Soprano)	사40:4
			4	주의 영광 (And the glory of the Lord)	Chorus	사40:5
	제2장	심판의 주로 오실 메시아	5	만군의 여호와가 말하노라 (Thus saith the Lord)	Recitative (Bass)	학2:6-7 말3:1
			6	그 임라는 날을 누가 당하며 (But who may abide the day of his coming?/ Version Ⅰ /Version Ⅱ)	Air for Alto(Version Ⅰ) Transposed for Soprano (Version Ⅱ)	말3:2
			7	레위의 자손을 (And he shlall purify)	Chorus	말3:3
	제3장	임마누엘로 오실 메시아	8	보라 동정녀가 잉태하여 (Behold, a virgin shall conceive)	Recitative(Alto)	사7:14 마1;23
			9	아름다운 소식 전하는 자여 (O thou that tellest good tidings to Zion)	Air and Chorus(Alto)	사40:9
	제4장	큰 빛으로 오실 메시아	10	어둠이 따을 덮음을 보라 (For behold, darkness shall cover the earth)	Recitative(Bass)	사60:2-3
			11	흑암에 행하던 백성이 (The people that walked in darkness)	Air(Bass)	사9:2
			12	우리를 위해 (For unto us a child is born)	Chorus	사9:6
	제5장	첫 번 크리스마스	13	전원교향곡 ("Pastoral Symphony")	Pifa	
			14	(a) 그 지경에 목자들이 (There were shepherds abiding in the field) (b) 주의 사자가 곁에 서고 (And lo, the angle of the Lord came upon them)	Recitative(Soprano)	(a)눅2:8 (b)눅2:9
			15	천사가 일러 가로되 (And suddenly there was with the angel)	Recitative(Soprano)	눅2:10-11
			16	홀연히 허다한 하늘 군사가 (And suddenly there was with the angel)	Recitative(Soprano)	눅2:13
			17	지극히 높은 곳엔 주께 영광 (Glory to God)	Chorus	눅2:14
	제6장	메시아 오신 기쁨과 그에게 나오라는 권유	18	기뻐하라 (Rejoice greatly, O daughter of Zion /version Ⅰ)	Air(Soprano)	슥9:9-10
			19	그 때 소경의 눈이 밝으며 (Then shall the eyes of the blind)	Recitative(Alto)	사35:5-6
			20	목자와 같이 양을 먹이며 He shall feed his flock (Version Ⅰ) (Version Ⅱ)	Air for Soprano(Version Ⅰ) Transposed for A. and S. (Version Ⅱ)	사40:11 마11:30
			21	그 멍에는 쉽고 그 짐은 가벼워 (His yoke is easy, and his burthen is light)	Chorus	마11:30
제2부 고난	제1장	주님은 우리를 위한 속죄의 제물-하나님 의 어린양	22	세상 죄를 지고 가는 하나님의 어린양 (Behold the Lamb of God)	Chorus	요129
			23	그는 멸시를 받았으며 (He was despised)	AirAlto(Alto)	사53:3, 50:6
			24	그는 실로 우리의 질고를 지고 (Surely the hath borne our griefs)	Chorus	사53:4-5
			25	그가 채찍 맞아서 (And with his stripes we are healed)	Chorus	사53:5
			26	우리는 다 양 같아서 (All we like sheep have gone astray)	Chorus	사53:6
	제2장		27	그를 보는 자는 비웃으며 (All they that see him laugh him to scorn)	Recitative(Tenor)	시22:7
			28	저가 여호와께 의탁하나 (He trusted in God)	Chorus	시22;8

다성음악에서의 교회음악 양식

부분	장	내용	곡(No.)	제 목 (우리말 · English)	연주	가사
제2부 고난	제2장	주님이 고난을 당하심	29	훼방이 그 마음을 상하여 (Thy rebuke hath broken his heart)	Recitative (Tenor or Soprano)	시69:20
			30	볼찌어다 그의 근심 같은 근심 (Behold, and see if there be any sorrow)	Air (Tenor or Soprano)	애1:12
			31	그가 산자의 땅에서 끊어지심은 (He was cut off of the land of the living)	Recitative Tenor or Soprano	사53:8
	제3장	주님의 부활과 승천	32	그 영혼을 음부에 버리지 아니하시며 (But thou didst not leave his soul in hell)	Air (Tenor or Soprano)	시16:10
			33	문들이여 너희 머리를 (Lift up your heads, O ye gates)	Chorus	시24:7-10
			34	하나님께서 어느 때에 천사에게 (Unto which of the angels said he at any time)	Recitative (Tenor)	히1:5
			35	하나님의 천사들아 주께 경배할지어다 (Let all the angels of God worship him)	Chorus	히1:6
			36	주께서 높은 곳으로 오르시며 (Thou art gone up on high / Version Ⅰ) / Version Ⅱ)	Air for Alto (Version Ⅰ) Transposed for Soprano (Version Ⅱ)	시68:18
	제4장	복음의 전파	37	주께서 말씀을 주시니 (The Lord gave the word)	Chorus	시68:11
			38	아름다워라 그 발이여 (How beautiful are the feet / Version Ⅰ)	Air (Soprano)	롬10:15
			39	그 소리가 온 땅에 퍼지고 (Their sound is gone out / Version Ⅰ)	Chorus	롬10:18
	제5장	적그리스도의 항거와 그리스도의 영원한 승리	40	어찌하여 열방들이 분노하며 (Why do the nations so furiously rage together? /Version Ⅰ, Air ; Version Ⅱ, Air and Recitative)	Air (Bass)	시2:1-2
			41	우리가 맨 것을 끊고 (Let us break their bonds asunder)	Chorus	시2:3
			42	하늘에 계신 자가 웃으심이여 (He that dwelleth in eaven)	Recitative Tenor	시2:4
			43	주가 저희를 깨뜨림이여 (Thou shalt break them)	Air Tenor	시2:9
			44	할렐루야 (Halleluiah)	Chorus	계19:6,11:15, 19:16
제3부 부활 영생	제1장	부활에 대한 확신	45	내 구주가 살아계심을 (I know that my redeemer liveth)	Air (Soprano)	욥19:25-26 고전15:20
			46	사망이 사람으로 말미암았으니 (Since by man came death)	Chorus	고전15:21-22
			47	보라 내가 너희에게 비밀을 말하노니 (Behold, I tell you a mystery)	Recitative Bass	고전15:51
			48	나팔 소리가 나매 (The trumpet shall sound)	Air Bass	고전15:52-53
	제2장	죽음아 네 승리는 어디 있느냐?	49	거룩한 말씀이 응하리라 (Then shall be brought to pass)	Recitative Alto	고전15:54
			50	사망아 네 쏘는 것이 어디 있느냐? (O death, where is thy sting? /Duet)	Duet, A.T (Alto, Tenor)	고전15:55-56
			51	이김을 주시는 하나님께 감사하노니 (But thanks be to God)	Chorus	고전15:57
	제3장	영원한 하늘 나라의 찬송	52	누가 능히 하나님 택하신 자들을 (If God be for us / Version Ⅰ) Version Ⅱ)	Air for Soprano (Version Ⅰ) Transposed for Alto (Version Ⅱ)	롬8:31,33,34
			53	죽임 당하신 어린양 (Worthy is the Lamb that was slain) 아멘 (A-men)	Chorus	계5:12-13

오라토리오

다음에 헨델의 《메시아》 중 제 1부의 제 1번 〈서곡〉(Sinfonia) [악보 80] a와, 제 1장 제 4번 합창 〈주의 영광〉 [악보 80] b, 제 2부 제 5장의 마지막 합창곡인 제 44번 〈할렐루야〉 [악보 80] c, 제 3부 제 1장 제 45번 소프라노 에어(Air) 〈내 구주가 살아계심을〉 [악보 80] d와 이 곡의 마지막 곡인 제 53번 합창 〈죽임 당하신 어린양〉 [악보 80] e의 악보를 제시한다.

다성음악에서의 교회음악 양식

[악보 80] a 헨델, 오라토리오 《메시아》(Messiah) 제 1부 제 1번
〈서곡〉(Sinfonia)

오라토리오

다성음악에서의 교회음악 양식

오라토리오

[악보 80] b 헨델, 오라토리오《메시아》제 1부 제 4번
〈주의 영광〉(And the glory of the Lord)

이사야 40:5

다성음악에서의 교회음악 양식

다성음악에서의 교회음악 양식

오라토리오

다성음악에서의 교회음악 양식

오라토리오

다성음악에서의 교회음악 양식

오라토리오

[악보 80] c 헨델, 오라토리오 《메시아》 제 2부 제 44번
〈할렐루야〉 (Halleluiah)

요한계시록 19:6, 11:15, 19:16

다성음악에서의 교회음악 양식

오라토리오

663

다성음악에서의 교회음악 양식

오라토리오

다성음악에서의 교회음악 양식

오라토리오

다성음악에서의 교회음악 양식

오라토리오

다성음악에서의 교회음악 양식

오라토리오

[악보 80] d 헨델, 오라토리오 《메시아》 제 3부 제 45번
〈내 구주가 살아계심을〉 (I know that my redeemer liveth)

욥기 19:25 - 26, 고린도전서 15:20

다성음악에서의 교회음악 양식

오라토리오

673

다성음악에서의 교회음악 양식

오라토리오

다성음악에서의 교회음악 양식

[악보 80] e 헨델, 오라토리오 《메시아》 제 3부 제 53번
〈죽임 당하신 어린양〉 (Worthy is the Lamb that was slain)

요한계시록 5:12-13

오라토리오

다성음악에서의 교회음악 양식

오라토리오

다성음악에서의 교회음악 양식

다성음악에서의 교회음악 양식

오라토리오

다성음악에서의 교회음악 양식

오라토리오

685

다성음악에서의 교회음악 양식

오라토리오

687

다성음악에서의 교회음악 양식

오라토리오

다성음악에서의 교회음악 양식

4) 프랑스의 오라토리오

프랑스의 오라토리오는 샤르팡티에(Marc-Antoine Charpentier, c.1645-1704)에 의해 이루어지게 되는데, 그는 카리시미의 제자로 라틴어 가사를 사용하여 깊은 감정과 풍부한 극적 표출의 수많은 성서 오라토리오를 작곡하였으며, 1675년경 《에스더》(Historia Esther), 1680년경 《여호수아》(Josue), 1690년경의 《유대의 목자들에게 천사들이 나타나 주의 탄생을 예고》(Dialogus inter angelos et pastores Judeae in navititatem Domini) 등이 있다.

19세기 작곡가 베를리오즈(Hector Berlioz,1803-1869)의 《그리스도의 어릴 때》(L'enfance du Christ, 1850-54)가 가장 선호되는 오라토리오이며, 세쟈르 프랑크(Cèsar Franck, 1822-1890)는 구약성서에 기초한 《룻》(Ruth,1843)과, 《바벨탑》(La tour de Babel, 1865)을, 신약성서에 기초한 《팔복》(Les Bèatitudes, 1872-79)을 작곡하여 예수 그리스도의 산상수훈에 바탕을 둔 근대 교회음악에 크게 기여하였다. 그 외에 오페라적인 요소가 있는 구노(Charles Gounod, 1818-1893)의 《구원》(La Rèdemption, 1879), 《죽음과 삶》(Mort et Vita, c. 1885), 교향악적 오라토리오인 생상(Charles Camille Saint-Saens, 1835-1921)의 예수그리스도에 관한 《노엘》(Oratorio de Noèl, 1858)과 구약성서에 기초한 《대홍수》(Le dèluge, 1875)와 《약속의 땅》(The promised land, 1913) 등이 있으며, 현대적 신비극인 댕디(Vincent D'indy, 1851-1931)의 《성 크리스토프전》(La lègende de Saint Christophe, 1908-15), 피에르네(Gabriel Piernè, 1863-1937)의 《소년 십자군》(La croisade des enfants, 1902)과 《아씨시의 성 프란시스》(St. François d'Assise, 1912), 오네거(Arthur Honegger, 1892-1955)의 《다윗왕》(Le roi David, 1925)과 《화형대 위의 쟌다르크》(Jeanne d'Arc au bücher, 1934-35)가 가장 유명하다.

4) 프랑스의 오라토리오

프랑스의 오라토리오는 17세기 후반 샤르팡티에에 의해 이루어지게 된다.

샤르팡티에 (c. 1645-1704)
《에스더》 (c.1675)
《여호수아》 (c.1680) 등 수많은 오라토리오가 있다.

베를리오즈 (1803-1869)
《그리스도의 어릴 때》 (1854)

프랑크 (1822-1890)
《룻》 (1843)
《바벨탑》 (1865)
《팔복》 (c.1879)

구노 (1818-1893)
《구원》 (1879)
《죽음과 삶》 (c.1885)

생상 (1835-1921)
《노엘》 (1858)
《대홍수》 (1875)
《약속의 땅》 (1913)

댕디 (1851-1931)
《성 크리스토프전》 (1915)

피에르네 (1863-1937)
《소년 십자군》 (1902)
《아씨시의 성 프란시스》 (1912)

오네거 (1892-1955)
《다윗왕》 (1925)
《화형대 위의 쟌다르크》 (1935)

오라토리오

5) 그 밖의 오라토리오

20세기 작곡가

스트라빈스키 (1882-1971)
《트레니》(1958)

프로코피에프 (1891-1953)
《평화의 수호》(1950)

5) 그 밖의 오라토리오

현대의 오라토리오로는 20세기 중요한 작곡가 스트라빈스키(Igor Stravinsky, 1882-1971)의 비종교적인 오라토리오《오디프스왕》(Oedipus rex, 1926-27)과 구약성서 예레미아서에 의한《트레니》(Threni : id est Lamentationes Jeremiae prophetae, 1957-58)가 있다. 그 외의 비종교적인 오라토리오로는 프로코피에프(Sergei prokokiev, 1891-1953)의《평화의 수호》(Ivan the Terrible or Na strazhe mira, 1950)등이 있다.

다성음악에서의 교회음악 양식

8. 칸타타 (Cantata)

기악반주가 있는 한 개 또는 그 이상의 성부를 위한 성악곡을 칸타타라 한다.

칸타타는 이태리어의 '노래하다'(cantare)라는 뜻에서 유래되었다. 초기 바로크 시대에는 변주된 유절형식의 모노디로 된 아리아를 지칭하였고, 소나타(Sonata)라는 기악곡의 대칭으로 오페라나 오라토리오를 제외한 성악곡을 칸타타(Cantata)라 하였으며, 이 단어는 그란디(Alessandro Grandi, c.1575-1630)가 1620년 그의 작품 (Cantade et arie a voce sola)에 처음 사용하였다.

칸타타의 종류는 크게 두 가지로 구분하는데, 17세기 초 이탈리아에서 발생하여 발전된 독창자를 위한 세속칸타타인 실내칸타타(cantata da camera⟨이⟩)와 이탈리아 작곡가들의 영향을 받은 독일의 교회칸타타(cantata da chiesa⟨이⟩)로 구분할 수 있다.

1) 실내칸타타 (cantata da camera)

실내칸타타는 세속칸타타로, 17세기 초(1620년) 이탈리아에서 발생한 칸타타는 세속음악장르였다.

이탈리아의 칸타타는 여러 악장으로 구성되어 있으며, 낭독조와 아리아를 번갈아가며 노래하는 변주된 유절형식(strophic variation)의 모노디 아리아를 지칭하는 것으로 독창형 칸타타가 많았다.

17세기 중엽에는 다악장 형태의 성악곡으로 오페라, 오라토리오와 함께 바로크의 3대 성악장르를 형성하게 되었으며, 가사의 내용은 사랑이나 교훈적인 내용의 서술적 양식이었고, 음악은 가사에 따라 레시타티브와 아리아 그리고 아리오소로 이루어져 독창과 콘티누오(continuo)로 연주하였다.

콘티누오는 계속저음(basso continuo)의 짧은 형으로 계속적인 저음을 의미하며 다양한 악기들로 연주할 수 있는데, 실제로는 베이스 악기(첼로, 비올라 다 감바, 바순)와 함께 화성을 연주할 수 있는 악기(키보드, 류트) 또는 하프로 연주한다.

이 시기 이탈리아의 중요한 칸타타 작곡가는 롯시(Luigi Rossi, 1597-1653)와 카릿시미(Carissimi, 1605-1674)로, 롯시의 300여 개 칸타타와 카릿시미의 150여개 칸타타가 있다. 그 외에 마라쫄리(M. Marazzoli, 1602-1662), 스트라델라(A. Stradella, c.1642-

8. 칸타타 (Cantata)

- 기악반주가 있는 한 개 또는 그 이상의 성부를 위한 성악곡
- 이태리어의 '노래하다'라는 뜻의 cantare 에서 유래
- 초기 바로크 시대에는 변주된 유절형식의 모노디로 된 아리아를 지칭하였고, 소나타라는 기악곡의 대칭으로 오페라나 오라토리오를 제외한 성악곡을 칸타타라 하였다.

칸타타의 두 종류
- 실내칸타타 (세속칸타타) (cantata da camera ⟨이⟩)
- 교회칸타타 (cantata da chiesa ⟨이⟩)

1) 실내칸타타

18세기 (1700년) 이전

17세기 초

독창형 칸타타 (Solo Cantata)
- 이탈리아 칸타타는 여러 악장으로 구성되어 있으며, 낭독조와 아리아를 번갈아가며 노래하는 변주된 유절형식의 모노디 아리아로 독창자를 위한 것이 많았다.

17세기 중엽
- 다악장 형태의 성악곡인 칸타타는 오페라, 오라토리오와 함께 바로크의 3대 성악장르를 형성
- 레시타티보와 아리아 그리고 아리오소로 이루어져 독창과 콘티누오로 연주

이탈리아의 중요한 칸타타 작곡가
- 롯시 (1597-1653)
- 마라쫄리 (1602-1662)
- 카릿시미 (1605-1674)
- 스트라델라 (c.1642-1682)
- 스카를라티 (1660-1725)

칸타타

1682)등의 작곡자들이 있으며, 17세기 말 600여개의 칸타타를 작곡한 스카를라티(Alessandro Scarlatti, 1660-1725)에서 칸타타의 절정을 이루게 된다.

프랑스의 작곡가
샤르팡티에 (c.1645-1704)
카릿시미의 제자로 카릿시미의 오라토리오를 프랑스에 전하였으며, 18개의 전통적인 라틴어 오라토리오와 두 개의 칸타타를 작곡한 작곡가로 18세기 이전 칸타타를 작곡한 프랑스 유일의 작곡가이다.

프랑스의 작곡가 샤르팡티에(Marc-Antoine Charpentier, c.1645-1704)는 카릿시미(Carissimi, 1605-1674)의 제자로 카릿시미의 오라토리오를 프랑스에 전하였으며, 18개의 전통적인 라틴어 오라토리오와 두 개의 칸타타를 작곡하였고 18세기 이전 칸타타를 작곡한 프랑스 유일의 작곡가이다.

18세기 (1700년) 이후
· 다카포 아리아 형식 2,3곡과 그 사이에 낭독부분이 있는 곡으로 구성되었다.
· 두 명의 성악가를 위한 칸타타는 이중창 포함
· 합창중심으로 작곡된 칸타타는 낭독부분, 아리아, 중창과 합창으로 구성

아리아 : 오블리가토 악기로 반주
낭독조 : 콘티누오로 반주
합　창 : 소규모 앙상블(ripieno)과 콘티누오로 반주

18세기에 이르러서 독창형 칸타타(Solo Cantata)형식은 다카포 아리아 형식 2곡 내지 3곡과 그 사이에 낭독부분이 있는 곡으로 구성되었다.

두 명의 성악가를 위한 곡이면 이중창이 포함되고, 독창이 아닌 합창중심으로 작곡된 곡은 낭독부분, 아리아, 중창과 합창으로 되어 있었다. 가사는 서정적이며 극적이고 종교적인 내용으로 관현악으로 연주되었는데, 이때 보조악기로 오블리가토(obbligato) 악기들을 사용하였다. 오블리가토 악기는 선율을 연주할 수 있는 모든 악기를 사용 할 수 있었으며, 주로 바이올린, 플루트, 트럼펫, 오보에 등을 사용하였다. 아리아는 오블리가토 악기로, 낭독조이면 콘티누오로, 합창의 경우에는 소규모 앙상블(ripieno)과 콘티누오 반주로 하였다.

작곡가
프랑스
　라모 (1683-1764)
영국
　헨델 (1685-1759)
이탈리아
　레오 (1694-1744)
　빈시 (c.1690-1730)
독일
　핫세 (1699-1783)

18세기 초 프랑스에서 많은 작품들이 작곡되었는데, 작곡가로는 캄프라(André Campra, 1660-1744), 클레랑보(Louis Nicolas Clerambault, 1647-1704), 무레(Jean-Joseph Mouret, 1682-1738), 라모(Jean-Philippe Rameau, 1683-1764)등이 있으며, 대표 작곡가로는 영국의 헨델(George Frideric Handel〈영〉, 1685-1759), 이탈리아의 레오(Leonardo Leo, 1694-1744), 빈시(Lepnardo Vinci, c.1690-1730), 좀멜리(Niccolò Jommelli, 1714-1774) 독일의 핫세(Johann Adolf Hasse, 1699-1783)등이 있다.

다성음악에서의 교회음악 양식

2) 교회칸타타 (cantata da chiesa)

교회칸타타로 발전된 독일의 칸타타는 이탈리아 작곡가들의 영향을 받았으나, 17세기에 작곡된 세속칸타타로는 단지 1683년 카스파 키텔(Kaspar Kittel)의 'Arien und Kantaten'이며, 쉿츠(H. Schütz)의 『Symphoniae Sacrae』(1629)에 들어있는 롯시(Luigi Rossi, 1597-1653)나 그란디(Alessandro Grandi, c.1575-1630)의 작품은 라틴어로 되어있는 교회칸타타로 볼 수 있다.

독일의 칸타타

(1) 중부독일 칸타타의 특징

전형적인 독일의 교회칸타타는 1700년경에 탄생하게 되는데, 칸타타 마지막에 4성부를 위한 단순한 코랄을 연주하는 것이 특징이다. 이러한 형태는 17세기 초에 확립되었는데, 중부지방 왕궁의 음악감독(Kapellmeister)들은 이와 같은 방법을 사용하였다. 프란츠 툰더(Franz Tunder, 1614-1667)와 로젠뮬러(Johann Rosenmüller, c.1619-1684)에 의해 독일 교회칸타타의 전형이 되는 코랄칸타타가 작곡된다. 이 코랄칸타타는 회중찬송인 코랄을 중심으로 합창곡, 독창곡, 중창곡을 묶어서 하나의 곡을 이루게 되는데, 독일칸타타 성립에 공이 큰 작사자는 에르트만 노이마이스터(Erdmann Neumeister, 1671-1756)목사로 '칸타타(Cantata)'라는 용어를 처음 사용하였다. 또한 교회력에 따른 4년간의 가사를 작사했으며, 바흐는 그의 가사에 많은 곡을 붙였다. 그 후 피칸더(Picander, 1700-1764)가 코랄가사를 아리아나 레치타티보 및 합창형식에 맞게 변형시킴으로 코랄칸타타가 발전하게 되었다. 로젠뮬러는 그의 작품 교회 콘체르토(sacred concerto) 다섯 곡의 마지막 악장에 코랄을 사용하였으며, 바흐는 칸타타 마지막 악장에 대부분 코랄을 사용하였다.

바흐는 300여곡의 칸타타를 작곡하였는데, 그의 칸타타는 텔레만(Georg Philipp Telemann, 1681-1767)의 칸타타와 같이 쉽고 실용적인 교회음악이 아니라 에르트만 노이마이스터와 유사한 형태의 가사에 의한 것으로, 모테트와 같이 성경봉독과 설교 사이에 넣어져 복음서와 설교의 메시지를 보강하게 하였다. 그러므로 칸타타는 큰 규모의 모테트라 할 수 있으며, 음악형식은 기악곡, 합창, 레치타티

2) 교회칸타타

칸타타 마지막에 4성부를 위한 단순한 코랄을 연주하는 것으로, 17세기 초에 확립되었으며, 중부지방 왕궁의 음악감독(Kappellmeister)들은 이와 같은 방법을 사용하였다.

독일의 칸타타

(1) 중부독일 칸타타의 특징

칸타타 마지막에 4성부를 위한 단순한 코랄을 연주하는 것이 특징

코랄칸타타
회중찬송인 코랄을 중심으로 합창곡, 독창곡, 중창곡을 묶은 하나의 곡

작곡자
로젠뮬러 (c. 1619-1684)
툰더 (c. 1614-1667)

작사자
에르트만 노이마이스터 (1671-1756)
- '칸타타'라는 용어를 처음 사용
- 교회력에 따른 4년간의 가사를 작사

피칸더 (1700-1764)
- 코랄칸타타를 발전시킴
- 코랄가사를 아리아나 레치타티보 및 합창형식에 맞게 변형시킴

칸타타

보, 독창 등으로 구성되는 오라토리오와 차이가 없다. 그래서 가사에 줄거리가 없다.

이와 같이 오페라의 음악적 방법을 사용한 것은 영적내용을 구체화하기 위한 것이었다. 칸타타는 감정에 호소하는 음악이면서도 전혀 해가 되지 않았기에 교회윤리위원회도 이 연주를 허용하였다. 또한 이 칸타타들은 성경 그대로의 가사를 사용한 쉿츠(Heinrich Schütz, 1585-1672)의 음악이 초기 루터교 음악의 새로운 출발이 되었다.

바흐가 칸타타에서 사용한 가사는 너무 훌륭하여 기독교의 진리를 음악으로 표현한 위대한 작품으로 남아있다. 또한 5년 주기의 칸타타를 완성하여 5년 동안 매 주일과 성일에 새로운 칸타타가 연주되도록 작곡하였다. 현재 그의 300여 편의 칸타타 중 200여 편이 남아있으며, 루터교의 요청에 의해 창작되었으나 하나님에 대한 믿음과 예수님과의 개인적인 관계의 기쁨을 표현하고 있는 기독교 음악의 중요한 유산이다.

(2) 북부독일 칸타타의 특징

(2) 북부독일 칸타타의 특징

- 독창자와 합창단을 위한 악장으로 구성되어 있다.
- 코랄에 의한 코랄 칸타타(Choral Cantata)가 중요하게 되었다.
- 북부독일 작곡가들은 기존 작곡되어 잘 알려진 코랄을 사용하지 않고 독립된 순수 코랄 칸타타를 작곡하였다.

18세기 초부터 독일 루터교회에서는 칸타타를 중요하게 여겨 여러 가지 칸타타를 사용하였는데, 대부분 독창자와 합창단을 위한 악장으로 구성되어 있다. 합창곡의 경우 복잡하고 긴 경우도 있으나, 대부분 독일의 프로테스탄트 교회에서 사용하는 회중찬송인 코랄을 사용하였다. 여러 형태의 칸타타 중 코랄에 의한 코랄 칸타타(Choral Cantata)가 중요하게 되었다.

원래의 코랄 칸타타는 잘 알려진 코랄 선율을 여러가지 방법으로 편곡하고 마지막에 원래의 코랄을 그대로 연주하는 것이 일반적이나, 북독일 작곡가들은 기존 작곡되어 있는 것들을 사용하지 않고 독립된 순수 코랄 칸타타를 작곡하였다.

순수 코랄 칸타타 작곡가
북부독일
툰더 (1614-1667)
브룬스 (1665-1697)
북스테후데 (c.1637-1707)

순수 코랄 칸타타 작곡가로는 북부독일의 작곡가 프란츠 툰더(Franz Tunder, 1614-1667), 니콜라우스 브룬스 (Nicolaus Bruhns, 1665-1697), 북스테후데 (Dietrich Buxtehude, c.1637-1707)가 있고, 중부독일의 작곡가로는 토마스 교회(Thomaskirche)의 칸토르 (Kantor) 로젠뮐러 (Johann

다성음악에서의 교회음악 양식

Rosenmüller, c.1619-1684) 등이 있으며, 크리거 (J.P. Krieger, 1649-1725)의 칸타타 《내 주는 강한 성이요》(Ein feste Burg)는 그의 유일한 코랄 칸타타이다. 남부독일에서는 파헬벨 (Johann Pachelbel, 1653-1706) 이외에는 칸타타 형식을 사용한 작곡가는 거의 없다.

18세기에는 순수 코랄 칸타타가 사라지게 되고 혼합된 양식이 나타난다. 혼합된 양식의 대표적인 작품으로는 쿠나우(Johann Kuhnau, 1660-1722)의 《그리스도가 죽음의 속박에 누우셨다》(Christ lag in Todesbaden)와 《아침별이 얼마나 아름답게 비치는가!》(Wie schön leuchtet der Morgenstern)등이 있다.

바흐(Johann Sebastian Bach, 1685-1750)는 독일 아른슈타트(Arnstadt)에서 가까운 도시 아이제나흐(Eisennach)의 음악가 집안에서 1685년 3월 21일 태어났다. 그 집안의 음악가 조상을 거슬러 올라가면 파이트 바흐(Veit Bach)를 들 수 있는데 그는 제과업에 종사하면서 류트악기 주자였고, 7세대 후에는 8명의 바흐가 전문적인 음악가로 활동하였다. 이러한 집안배경을 가진 바흐는 현악과 관악을 그의 아버지에게서 배웠고, 아이제나흐의 게오르크교회에서 1685년 3월 23일 세례를 받았다는 기록이 교회 옛문서에 기록되어 있으며, 7세인 1692년경 성 게오르크교회 부속 라틴어 학교를 다녔다. 15세인 1700년 뤼네베르크(Lüneberg)의 성 미하엘 학교에서 음악공부를 하며 북독일 악파 오르가니스트의 대가 게오르크 뵘의 영향을 받아 오르간 코랄변주곡을 작곡하였으며, 북독일 오르간악파 라이켄의 음악을 듣고 큰 감명을 받게 되었다. 또한 찔레의 궁정악단의 연주를 듣고 프랑스 악파의 양식을 알게 되어 그의 작품경향에 큰 영향을 받게 된다. 오르간 주자로 있었던 아른슈타트(Arnstadt : 1703-1707년)에서와, 1707년 마리아 바바라 바흐와 결혼 후 뮐하우젠(Mühlhausen:1707-1708년)의 성 블라시우스 교회의 오르간주자(1707)로 봉사하였으며 바이마르(Weimar) 빌헬름 공의 궁정에 머무는 동안(1708-1717) 오르간을 위한 작품을 주로 작곡하였고, 1714년 바이마르 궁정의 음악감독(Konzertmeister)으로 있으면서 4주마다 칸타타를 새로이 작곡하였다. 쾨텐(Cöthen: 1717-1723년)의 레오폴드 공의 음악감독(Kapellmeister)을 지낼 때에는 주로 실내악과 관현악곡 등의 세속음악 작곡을 많이 하였다. 1720년 그의

중부독일
로젠뮬러 (c.1619-1684)
크리거 (1649-1725)

남부독일
파헬벨 (1653-1706)

18세기 에는 순수 코랄 칸타타가 사라지게 되고 혼합된 양식이 나타난다.

혼합된 양식의 대표적인 작품
쿠나우 (1660-1722)
《그리스도가 죽음의 속박에 누우셨다》
《아침별이 얼마나 아름답게 비치는가!》

바흐 (1685-1750)

아이제나흐(Eisennach)의 음악가 집안에서 1685년 3월 21일 태어남.

1. **학습시기**

    아이제나흐 (1685-1695)
    1685년 3월23일 게오르크교회에서 세례를 받았으며, 1692년경 성 게오르크교회 부속 라틴어학교를 다님.

    오르드루프 (1695-1700)
    1694년 양친을 잃고 맏형 요한 크리스토프(1671-1721)를 따라 오르드루프로 이주함.

    뤼네베르크 (1700-1702)
    성 미하엘 학교에서 음악공부 북독일 악파 오르가니스트의 대가 게오르크 뵘의 영향을 받아 오르간 코랄변주곡을 작곡하였으며, 라이켄의 음악을 듣고 큰 감명을 받음. 또한 찔레의 궁정악단의 연주를 듣고 프랑스 악파의 양식을 알게 되어 작품의 경향에 영향을 받게 됨.

2. **아른슈타트 (1703-1707)와 뮐하우젠 (1707-1708) 시기**
    오르간 주자

칸타타

3. **바이마르 시기 (1708-1717)**
   궁정 오르간 주자
   바흐 '오르간곡의 시기' 라함
   바이마르 궁정의 음악감독
   (konzertmeister,1714)

4. **쾨텐시기 (1717-1723)**
   음악감독 (Kapellmeister)

5. **라이프치히 시기 (1723-1750)**
   성 토마스 교회의 지휘자(Cantor)
   이며 대학과 시(市)의 음악감독

   라이프치히 제 1기 (1723-29)
   　교회음악 전념

   라이프치히 제 2기 (1729-1735)
   　콜레기움무지쿰(Collegium
   　musicum)용(用)의 기악곡이나
   　세속칸타타

   라이프치히 제 3기 (1736-1750)
   　이전의 작품 개정 및 곡집의 형
   　태로 정리 또는 출판

Ⅰ권
　① Klavierübung 제 1권 제 1부
　　(1731년 출판)
　　1726년 이후 작곡한 6개의 파
　　르티타를 하나로 묶어 출판함
　② Klavierübung 제 1권 제 2부
　　(1735년 출판)
　　이탈리아 협주곡 (BWV 971)
　　프랑스풍 서곡 (BWV 831)
　③ Klavierübung 제 1권 제 3부
　　(1739년 출판)
　　오르간 미사
　　(BWV 552, 669–689,
　　　802–805)
　④ Klavierübung 제 1권 제 2부
　　(1742년 출판)
　　골드베르크 변주곡 (BWV 988)

Ⅱ권
　① Clavierübung 제 2권
　　(1744년 출판)
　　BWV 870–893(여러시기에 만
　　들어진 것을 1744년에 정리함)

부인 마리아 바바라 사망 후, 1721년 안나 막달레나 빌켄과 재혼하였고, 1723년 루터교의 매우 중요한 직책인 라이프치히 토마스 교회(Thomaskirche)의 지휘자이며 음악감독(Kantor, 1723-1750)으로 지내는 동안에는 주로 교회음악 작품 활동을 하였으며 매주 많은 도시들을 위해 칸타타를 제공하였다. 라이프치히에서의 시기를 제 3기로 나눌 수 있는데, 제 1기 (1723-1729)는 교회음악에 전념하였고, 제 2기 (1729-1735)는 대학생의 연주단체인 콜레기움 무지쿰(Collegium musicum)용(用)의 기악곡이나 세속칸타타를 작곡한 시기이며, 제 3기 (1736-1750)는 이전의 작품 개정 및 곡집의 형태로 정리 또는 출판하였다. 그 예로는 《클라비어 연습곡집》(Klavierübung) 제 1권 제 1부를 1721년 출판하였는데, 그 내용은 1726년 이후 작곡한 6개의 파르티타를 하나로 묶어 출판한 것이며, 제 2부는 1735년 출판된 〈이탈리아 협주곡〉(BWV 971)과 〈프랑스풍 서곡〉(BWV 831), 제 3부는 1739년 출판된 〈오르간미사〉(BWV 552, 669-689, 802-805), 제 4부는 1742년에 출판된 〈골드베르크 변주곡〉이다. 제 2권 BWV 870-893은 여러 시기에 만들어진 것을 1744년에 정리하여 출판한 것이다.

그 후 1747년 프로이센 프리드리히 2세(대왕)를 만나기 위해 포츠담을 방문하게 되는데, 이 때 바흐를 영접하는 왕을 위해 왕이 제시한 주제를 바탕으로 즉흥연주를 들려주게 되고, 이 곡이 〈음악의 헌정〉(Musikalisches Opfer, BWV 1079)이다. 그 해에 이론가 미즐러(Lorenz Christoph Mizler, 1711-78)가 창립한 〈음악학 협회〉(Societät der musikalischen Wissenschaften)에 가입하여 오르간을 위한 카논풍의 변주곡 〈높은 하늘에서〉(Vom Himmel hoch/ BWV 769)를 작곡하여 출판하였다. 1748년부터 1749년 초에 걸쳐 마지막 대작인 《푸가의 기법》(Die Kunst der Fuge/ BWV 1080)이 작곡되고 있었는데, 1749년 5월경 뇌일혈과 시력의 감퇴로 작곡이 불가능하게 되어 《푸가의 기법》 작곡이 중단되었고, 1750년 3,4월 두 차례에 걸친 눈의 수술로 시력을 완전히 잃게 되었으며, 7월경 시력이 잠시 회복되었으나 1750년 7월 28일 생을 마치게 된다. 현재 라이프치히의 토마스 교회 안에 바흐의 묘가 있다.

바흐는 독일전통의 완벽한 대위법적 기법과 당시 독일의 궁정문화에 침투되어 있는 프랑스나 이탈리아의 새로운 양식을 끊임없이 받아들였다. 즉 코렐리나 비발디의 영향으로 이탈리아 음악의 조성적

다성음악에서의 교회음악 양식

이며 풍부한 화성과 협주양식의 조형감을 프랑스의 영향으로는 클라브생의 건반기법과 서곡형식의 도입이다. 또한 이러한 여러 가지 요소를 북독일의 북스테후데와 중부독일의 파헬벨에게서 영향 받은 오르간 음악에 융합시켜 선율적인 콘체르토 양식의 이상적인 결합으로, 교육적 작품인 인벤션(Invention)과 평균율(Wohltemperiertes Klavier /48 Präludien und Fugen), 교회음악 작품인 칸타타, 수난곡, 오라토리오 등의 많은 작품을 작곡하였다.

바흐의 성악곡은 라이프치히 제 1기(1723-1729) 교회음악에 전념하던 기간에 작곡하게 되며, 교회칸타타, 세속칸타타, 수난곡, 오라토리오, 미사, 마니피카트, 모테트, 가곡 등이 있다. 그 중 가장 많이 작곡한 것이 칸타타인데, 초기의 작품은 모테트 풍을 계승하고 있으며, 바이마르 후기에는 오페라 풍의 아리아나 레치타티보가 나타난다. 라이프찌히의 초기에는 코랄칸타타를 많이 작곡하게 되는데, 대표적인 작품으로 '제 80번'과 '제 140번'을 들 수 있다. 대규모의 성악곡으로 대표적인 작품으로는 《마태수난곡》, 《요한수난곡》을 들 수 있으며, 이미 만든 곡에 다른 가사를 붙이는 패로디(Parody)에 의해 만들어진 대작으로는 《크리스마스 오라토리오》를 들 수 있는데, 이것은 6개의 칸타타를 하나의 작품으로 만든 특이한 유형으로 제 1-3곡은 성탄절을, 제 4곡은 할례절을, 제 5곡은 신년 후 첫 번째 주일을, 제 6곡은 현현절을 위한 곡으로 구성되어 있다. 성경가사와 자유운율시가 교대로 불리는데 이 중 많은 곡들이 이미 작곡되었던 세속칸타타의 곡에 종교적인 가사를 붙여 사용하였다. 또한 바흐는 교회들을 위한 예배음악을 담당하면서 많은 교회성악음악을 작곡하였는데, 이를 위해 매 주일 예배와 특별예배를 위한 칸타타를 작곡하였다. 또한 성 금요일을 위한 수난곡, 마그니피카트, 시의회 창립기념의 연례적인 세속칸타타, 장례모테트, 결혼칸타타, 대학을 위한 행사음악 등을 작곡하였다.

(3) 바흐의 교회칸타타

교회칸타타는 종교개혁 이후 개신교 예배에 있어서 가장 중요한 부분으로서, 복음서 읽기와 설교 사이에 연주되었다. 두 부분으로 나누어져 있는 칸타타에서 제 1부는 설교 전에, 제 2부는 설교 후에 연주

<u>1747년</u>
① 〈음악의 헌정〉 작곡
 (프로이센 프리드리히 대왕이 제시한 주제에 의해 즉흥연주 한 것임)
② 음악학 협회에 가입(미즐러 창립)
③ 오르간을 위한 카논풍의 변주곡 '높은 하늘에서' 작곡 및 출판

<u>1748년부터 1749년 초</u>
《푸가의 기법》 작곡(미완성)

바흐의 성악곡
라이프치히 제 1기(1723-1729) 교회 음악에 전념하던 기간에 작곡한 것으로 교회칸타타를 가장 많이 작곡하였다.

작품
교회칸타타, 세속칸타타, 수난곡, 오라토리오, 미사, 마니피카트, 모테트, 가곡 등이 있다.

코랄칸타타의 대표적인 작품
'제 80번'과 '제 140번' 등

대규모의 성악곡으로 대표적인 작품
《마태수난곡》, 《요한수난곡》을 들 수 있다.

패로디에 의해 만들어진 대작
《크리스마스 오라토리오》
· 6개의 칸타타를 하나의 작품으로 만든 특이한 유형
 제 1-3곡 : 성탄절
 제 4곡 : 할례절
 제 5곡 : 신년 후 첫 번째 주일
 제 6곡 : 현현절을 위한 곡으로 구성
· 성경가사와 자유운율시가 교대되며 불리운다
· 많은 곡들이 이미 작곡되었던 세속칸타타의 곡에 종교적인 가사를 붙여 사용한 패로디에 의해 만들어진 작품

(3) 바흐의 교회칸타타

교회칸타타는 종교개혁 이후 개신교 예배에 있어서 가장 중요한 부분으로서, 복음서 읽기와 설교 사이에 연주되었다.

칸타타

바흐는 1723년에 라이프치히의 음악감독으로 시(市)전체 교회의 예배음악을 담당하면서 특히 성 니콜라이교회와 성 토마스교회에서 격주로 1년에 60여회 칸타타를 연주해야 했다. 그리하여 1723년 교회칸타타 첫 번째 묶음 60여곡을 완성하였고, 1740년까지 다섯 번째 묶음의 교회칸타타를 착수하였으나, 현재 200여곡이 남아있다.

되었다.

바흐는 1723년에 라이프치히의 음악감독으로 전체 교회의 예배음악을 담당하면서 성악작품을 많이 남겼다. 이 도시는 여러 개의 교회가 있었는데, 그 중 니콜라이교회(Nicolaikirche)와 토마스교회(Thomaskirche)가 중요하며 바흐는 이 두 교회에서 격주로 1년에 60여회 칸타타를 연주해야 했다. 그래서 바이마르에서 작곡한 교회칸타타와 세속칸타타를 다시 사용하게 되는데, 이 때에 세속칸타타의 가사는 교회에서 사용할 수 있는 가사를 다시 붙여 사용하였다. 이렇게 1년분의 교회칸타타 첫 번째 묶음 60여곡을 완성하였고, 1724년에 두 번째 묶음을 완성하였으며, 그 후 계속하여 1740년까지 다섯 번째 묶음의 교회칸타타를 착수하였으나 그 중 200여곡이 현재 남아있다.

다음에서 바흐의 교회칸타타 목록을 제시한다. 〈표 43〉[41]

다성음악에서의 교회음악 양식

〈표 43〉 바흐, 교회칸타타 목록

BWV	곡명	작곡연대	비고
1	Wie schön leuchtet der Morgenstern 샛별은 정말 아름답도다	1725	수태고지일
2	Ach Gott, vom Himmel sieh darein 아 하나님이여 하늘에서 굽어보소서	1724	삼위일체주일 이후 제2주일
3	Ach Gott, wer manches Herzeleid 아아 하나님이여, 마음의 상처 많사오니	1725	주현절 둘째 주일
4	Christ lag in Todesbanden 그리스도는 죽음의 포로가 되어도	1708/ 1724개작	부활절
5	Wo soll ich fliehen hin 어디로 피할 것인가	1724	삼위일체주일 이후 제19주일
6	Bleib' bei uns, wenn es will Abend werden 저녁이 되니 나와 함께 있으라	1725	부활절
7	Christ unser Herr zum Jordan kamm 우리 주 그리스도가 요단강에 오셨도다	1724	요한의 날
8	Liebster Gott, wann werd' ich sterben 사랑하는 하나님이여, 나는 언제 죽나이가	1724	삼위일체주일 이후 제16주일
9	Es ist das Heil uns kommen her 구원이 우리에게 이르렀도다	1724?/ 1732-35	삼위일체주일 이후 제6주일
10	Meine Seel' erhebt den Herren 내 마음은 주님을 찬양하도다	1724	성모방문일
11	Lobet Gott in seinenReichen 그 나라에서 주님을 찬양하라	1735?	승천일 〈오라토리오〉
12	Weinen, Klagen, Sorgen, Zagen 눈물 흘리며, 탄식하고, 근심하고, 두려워하도다	1714?	부활절 이후 세 번째 주일
13	Meine Seufzer, meine Tränen 나의 한숨, 나의 눈물	1726	주현절 이후 둘째 주일
14	War Gott nicht mit uns diese Zeit 하나님이 우리와 함께 계시지 않는다면	1735	주현절 이후 넷째 주일
15	Denn du wirst meine Seele nicht in der Hölle lassen 그대 내 영혼을 저승에 버리지 않는다면	1735	부활절
16	Herr Gott, dicj loben wir 우리 주 하나님이시여, 당신을 찬양합니다	1726	신년
17	Wer Dank opfert, der preiset mich 감사하는 자, 나를 찬양하도다	1726	삼위일체주일 이후 제14주일
18	Gleich wie der Regen und Schnee vom Himmel fällt 하늘에서 눈비 내리듯	1713/1714/ 1715	수난절 이전 제2주일
19	Es erhub sich ein Streit 싸움은 일어나고	1726	미카엘의 날
20	O Ewigkeit, du Donnerwort 오 영원이여, 우뢰같은 목소리여	1724	삼위일체주일 이후 제1주일
21	Ich hatte viel Bekümmernis 내 마음에 근심이 많도다	1714 1723개작	지정 없음
22	Jesus nahm zu sich die Zwölfe 예수께서 사도들을 끌어당기셨도다	1723	수난절 이전 주일

칸타타

BWV	곡명	작곡연대	비고
23	Du wahrer Gott und Davids Sohn 그대 진실한 하나님이자 다윗의 아들	1723	수난절 이전 주일
24	Ein ungefäbt Gemüte 꾸밈 없는 마음이여	1723	삼위일체주일 이후 제4주일
25	Es ist nichts Gesundes an meinem Leibe 내몸 편치 못하도다	1723	삼위일체주일 이후 제14주일
26	Ach wie flüchtig, ach wie nichtig 아아, 얼마나 덧없고 얼마나 허무한가	1724	삼위일체주일 이후 제24주일
27	Wer weiss, wie nahe mir mein Ende? 내 종말이 가까움을 누가 알랴?	1726	삼위일체주일 이후 제16주일
28	Gottlob! Nun geht das Jahr zu Ende 고맙도다, 이제 한해가 끝나도다	1725	성탄일 후 주일
29	Wir danken dir, Gott, wir danken dir 주여, 감사드리나이다	1731	시 참사위원 선거
30	Freue dich, erloste Schar 기뻐하라, 구원받은 무리여	1735~42/ 1736~40,	요한의 날
31	Der Himmel lacht! die Erde jubilieret 하늘은 웃고 땅은 환호하도다	1715, 1731개작	부활절
32	Liebster jesu, mein Verlangen 사랑하는 예수, 나의 소망	1726	주현절 첫째 주일
33	Allein zu dir, Herr Jesu Christ 오직 당신 하나이신, 주 예수 그리스도여	1724	삼위일체주일 이후 제13주일
34	O ewiges Feuer, O Ursprung der Liebe (Pfingsten) 아아 영원한 불길, 사랑의 샘	1735~42/ 1741~49	성령강림절
35	Geist und Seele wird verwirret 마음도 영혼도 어찌할 바 몰라	1726	삼위일체주일 이후 제12주일
36	Steigt freudig in die Luft 기뻐 춤추어라	1731	구주강림절 제1일
37	Wer da glaubet und getauft wird 믿고 세례를 받은 자는	1724	승천일
38	Aus tiefer Not schrei' ich zu dir 고통의 심연에서 나 당신을 부르나이다	1724	삼위일체주일 이후 제21주일
39	Brich dem Hungrigen dein Brot 굶주린 자에게 빵을 나눠 주어라	1726	삼위일체주일 이후 제1주일
40	Darzu ist erschienen der Sohn Gottes 그때 하나님 아들은 나타나셨도다	1723	성탄절 제2일
41	Jesu nun sei gepreiest 예수여, 이제 찬양합니다	1725	신년
42	Am Abend aber desselbigen Sabbats 그래도 같은 안식일의 저녁에	1725	부활절 이후 첫째 주일
43	Gott fähret auf mit Jauchzen 환호 속에 주께서 승천하셨도다	1726	승천일
44	Sie werden euch in den Bann tun 그들은 너희를 추방하도다	1724	승천일 제1주일
45	Es ist dir gesagt, Mensch, was gut ist 사람들이여, 너희에게 좋은 일을 알리셨도다	1726	삼위일체주일 이후 제8주일

다성음악에서의 교회음악 양식

BWV	곡명	작곡연대	비고
46	Schauet doch und sehet, obirgend ein Schmerz sei 보라, 고통이 어디 있는가를	1723	삼위일체주일 이후 제10주일
47	Wer sich selbst erhöhet, der soll erniedriget werden 자기를 높이는 자는 낮추어야 하느니라	1726	삼위일체주일 이후 제17주일
48	Ich elender Mensch, wer wird mich erlösen 나는 불행한 자, 누가 나를 구하리	1723	삼위일체주일 이후 제19주일
49	Ich geh'und suche mit Verlangen 나, 동경으로써 구하리도다	1726	삼위일체주일 이후 제20주일
50	Nun ist das Heil und die Kraft(단편?) 이제 구원과 힘이 오도다	1735~44/ 1740년경	미카엘의 날
51	Jachzet Gott in allen Landen 만인이여, 환호하여 하나님을 맞이하라	1730	삼위일체주일 이후 제15주일
52	Falsche Welt, dir trau'ich nicht 거짓된 세상이여, 나 너를 의지하지 않느니	1726	삼위일체주일 이후 제23주일
53	Schlage doch, gewunschte Stunde(단편?) 자, 기다렸던 때를 알리라		장례
54	Widerstehe doch der Sünde(단편?) 자, 죄악과 싸우라	1714/1730년경 /1731~35	용도불명/삼위일체주일 이후 제7주일
55	Ich armer Mensch, ich Südenknecht 나는 가난한 자, 나는 죄악의 종	1726	삼위일체주일 이후 제22주일
56	Ich will den Kreuzstab gerne tragen 나 기꺼이 십자가를 지겠노라	1726	삼위일체주일 이후 제19주일
57	Selig ist der Mann 그 사람은 행복하도다	1725	성탄절 제2일
58	Ach Gott, wie manches Herzeleid 아 하나님이여, 마음의 상처가 얼마나 많을까	1727	신년 제1주일
59	Wer mich liebet, der wird mein Wort halten 나를 사랑하는 자는 내 말을 지킬지니	1716/1723?	성령강림절 제1일
60	O Ewigkeit, du Donnerwort 오오, 영원이여 그대 우뢰 같은 말씀이여	1723	삼위일체주일 이후 제24주일
61	Nun komm, der Heiden Heiland 자, 오라 이교도의 구세주여	1714	구주강림절 제1일
62	Nun komm, der Heiden Heiland 자, 오라 이교도의 구세주여	1724	구주강림절 제1일
63	Christen, ätzet diesen Tag 그리스도 신자여, 이 날을 명심하라	1713년경	성탄절 제1일
64	Sehet, welch eine Liebe hat uns der Vater erzeiget 보라, 아버지이신 하나님의 위대한 사랑을	1723	성탄절 제3일
65	Sie werden aus Saba alle kommen 그들은 모두 사바에서 오도다	1724	주현절
66	Erfruet cuch, ihr Herzen 기뻐하라, 그대들의 마음	1724?/1731	부활절 제2일
67	Halt im Gedächtnis Jesum Christ 예수 그리스도를 기억하라	1724	부활절 이후 첫 번째 주일
68	Also hat Gott die Welt geliebt 이토록 하나님은 세상을 사랑하셨도다	1725	성령강림절 제2일

칸타타

BWV	곡명	작곡연대	비고
69	Lobe den Herrn, meine Seele 내 영혼이여, 주를 찬양하라	1741~49/ 1743~50	시 참사위원 선거/ 삼위일체일 이후 제12주일
70	Wachet, beted, seid bereit allezeit 깨어서 기도하고 마음 가다듬으라	1716, 1723 개작	삼위일체주일 이후 제26주일
71	Gott ist mein König 하나님은 나의 왕이시도다	1708	시 참사회원 선거
72	Alles nur nach Gottes Willen 모든 것은 오직 하나님의 뜻대로	1723~27/ 1726	주현절 세 번째 주일
73	Herr, wie du wilt, so schicks mit mir 주여, 당신 뜻대로 나는 있으리로다	1723	주현절 세 번째 주일
74	Wer mich liebet, der wird mein Wort halten 나를 사랑하는 자는 내 말을 지킬지니	1725	성령강림절 제1일
75	Die Eleden sollen essen 가난한 자는 잔치에 불리리라	1723	삼위일체주일 이후 제1주일
76	Die Himmel erzählen die Ehre Gottes 하늘은 하나님의 영광을 말하도다	1723	삼위일체주일 이후 제2주일
77	Du sollst Gott, deinen Herren, lieben 너희의 주이신 하나님을 사랑하라	1723	삼위일체주일 이후 제13주일
78	Jesu, der du meine Seele 예수여, 내 영혼을	1724	삼위일체주일 이후 제14주일
79	Gott der Herr ist Sonn und Schild 주 하나님은 태양이시며 방패이시니라	1925	종교개혁 기념일
80	Ein feste Burg ist unser Gott 우리의 하나님은 견고한 성이시도다	1724?/1730	종교개혁 기념일
80a	Alles, was von Gott geboren 하나님께서 지으신 모든 것은	1715	수난절 세 번째 주일
81	Jesus schläft, was soll ich hoffen 예수 잠드시면 우리가 무엇에 의지하랴	1724	주현절 네 번째 주일
82	Ich habe genug 나는 흡족하도다	1727	성촉절
83	Erfreute Zeit im neuen Bunde 새로운 맹세의 기쁨의 때	1724	성촉절
84	Ich bin vergnügt mit meinem Glücke 나의 행복에 만족하도다	1727	수난절 이전 세 번째 주일
85	Ich bin ein guter Hirt 나는 착한 목자로다	1725	부활절 이후 두 번째 주일
86	Wahrlich, wahrlich, ich sage euch 진실로, 진실로, 너희에게 이르노니	1724	부활절 이후 다섯 번째 주일
87	Bisher habt ihr nichts gebeten in meinem Namem 너희들 내 이름으로 기도한 일 없도다	1725	부활절 이후 다섯 번째 주일
88	Siehe, ich will viel fischer aussenden 보라, 내 많은 어부를 보내리니	1726	삼위일체주일 이후 제5주일
89	Was soll ich aus dir machen, Ephraim? 에프라임이여, 나 너희를 어찌하리오?	1723	삼위일체주일 이후 제22주일
90	Es reifet euch ein schlecklich Ende 무서운 종말이 너희에게 다가왔도다	1723	삼위일체주일 이후 제25주일

다성음악에서의 교회음악 양식

BWV	곡명	작곡연대	비고
91	Gelobet seist du, Jesu Christ 예수 그리스도여, 찬송을 받으소서	1724	성탄절 제1일
92	Ich hab in Gottes Herz und Sinn 나는 하나님 뜻에 맡기나이다	1725	수난절 이전 세 번째 주일
93	Wer nur den lieben Gott läßt walten 다만 하나님의 섭리에 맡기는 자	1724	삼위일체일 이후 제5주일
94	Was frag ich nach der Welt 내 어찌 세상을 괴로와하리	1724	삼위일체주일 이후 제9주일
95	Christus, der ist mein Leben 내 생명인 그리스도여	1723	삼위일체주일 이후 제16주일
96	Herr Christ, der ein'ge Gottes Sohn 하나님의 독생자이신, 주 그리스도	1724	삼위일체주일 이후 제18주일
97	In allen meinen Taten 모든 나의 행동에	1734	용도불명
98	Was Gott tut, das ist wohlgetan 하나님의 하시는 일은 모두 선하다	1726	삼위일체주일 이후 제21주일
99	Was Gott tut, das ist wohlgetan 하나님의 하시는 일은 모두 선하다	1724	삼위일체주일 이후 제15주일
100	Was Gott tut, das ist wohlgetan 하나님의 하시는 일은 모두 선하다	1732~35	삼위일체주일 이후 제15주일 또는 제21주일
101	Nimm von uns, Herr, du treuer Gott 주여, 진실한 하나님이시여, 우리들로부터 죄악을 거둬 주소서	1724	삼위일체주일 이후 제10주일
102	Herr, deine Augen sehen nach dem Glauben 주여, 당신의 눈은 믿는 자를 지켜 주시도다	1726	삼위일체주일 이후 제10주일
103	Ihr ewrdet weinen und heulen 너희 울부짖으랴	1725	부활절 이후 세 번째 주일
104	Du Hirte Israel, höre 들으라, 그대들 이스라엘의 목자여	1724	부활절 이후 두 번째 주일
105	Herr, gehe nicht ins Gericht 주여, 꾸짖지 마소서	1723	삼위일체주일 이후 제9주일
106	Gotttes Zeit ist die allerbeste Zeit(애도행사-Actus tragicus) 하나님의 때는 최상의 때로다	1707/1708	장례/ 삼위일체주일 이후 제16주일
107	Was willst du dich betrüben 너희 무엇을 슬퍼하느냐	1724	삼위일체주일 이후 제7주일
108	Es ist euch gut, dass ich hingehe 내 이 세상을 떠남은 너희를 위함이라	1725	부활절 이후 네 번째 주일
109	Ich glaube, lieber Herr, filf meinem Unglauben 내 믿나이다, 사랑하는 하나님이여, 신앙이 없는 나를 구해주소서	1723	부활절 이후 네 번째 주일
110	Unser Mund sei vall Lachens 우리들의 입이 웃음으로 차게 하소서	1725	성탄절 제1일
111	Was mein Gott will, das g'scheh' allzeit 나의 하나님 뜻대로 항상 일어나리라	1725	주현절 세 번째 주일
112	Der Herr ist mein getreuer Hirt 주는 나의 참된 목자	1731/ 1727~29	부활절 이후 두 번째 주일
113	Herr Jesu Christ, du höchstes Gut 선한 주 예수 그리스도	1724	삼위일체주일 이후 제11주일

칸타타

BWV	곡명	작곡연대	비고
114	Ach, lieben Chrusten, seid getrost 아, 사랑하는 그리스도 신자여, 마음 편히 가지라	1724	삼위일체주일 이후 제17주일
115	Mache dich, meine Geist, bereit 내 마음이여, 준비하라	1724	삼위일체주일 이후 제22주일
116	Du friedefürst, Herr Jesu Christ 평화의 왕, 주 예수그리스도	1724	삼위일체주일 이후 제25주일
117	Sie Lob und Ehr' dem höchsten Gut 지고의 선에 찬미와 영광 있으라	1733	용도불명
118	O Jesu Christ, mein's Lebens Licht (장송 모테토) 오 예수 그리스도, 내 생명의 빛	1731경/1740개작	장례
119	Preise, Jerusalem, den Herrn 예루살렘이여, 주를 찬양하라	1723	시 참사회원 선거
120	Gott, man lobet dich in der Stille 하나님이시여, 인간은 당신을 남몰래 찬양합니다	1728년경/1717~29	시 참사회원 선거
121	Christum wir sollen loben schon 우리는 진실로 그리스도를 찬양한다	1724	성탄절 제2일
122	Das neugebor' ne Kindelein 새로 태어나신 아기	1724	성탄절 이후 첫 번째 주일
123	Liebster Immanuel, Herzog der Frommen 사랑하는 임마누엘, 신앙 깊은 자의 장군이여	1725	주현절
124	Meinen Jesum lass' ich nicht 나 예수를 버리지 않으리	1725	주현절 이후 첫 번째 주일
125	Mit Freied' und Frud' ich fahr' dahin 평화와 환희로 가리라	1725	결혼식
126	Erhalt' uns, Herr, bei deinem Wort 주여, 말씀으로 우리를 지켜 주소서	1725	수난절 이전 두 번째 주일
127	Herr, Jesu Christ, wahr'r Mensch und Gott 진실한 인간이시며 하나님이신 주 예수 그리스도	1725	수난절 이전 첫 번째 주일
128	Auf Chrisri Himmelfahrt allein 오직 그리스도의 승천에 의해서만	1725	승천일
129	Gelobet sei Herr, mein Gott 하나님이신 주여, 찬양받으소서	1726/1727	삼위일체일
130	Herr Gott, dich laben alle wir 주 하나님이시여, 우리 모두 당신을 찬양하나이다	1724	미카엘의 날
131	Aus der Tiefe ich, Herr, zu Bahn 주여, 깊은 심연에서 당신을 부르나이다	1707	용도 불명
132	Bereitet die Wege, bereitet die Bahn 길을 준비하라	1715	구주강림절 제4일
133	Ich freue mich in dir 나, 당신 안에 있으므로 기쁘도다	1724	성탄절 제3일
134	Ein Herz, das seinen Jesum lebend weiss 예수에 의하여 삶을 깨달은 마음은	1724	부활절 제3일
135	Ach Herr, mich armen Sünder 아 주여, 가엾은 죄인인 나를	1724	삼위일체주일 이후 제3주일
136	Erforsche mich, Gott, und erfahre mein Herz 하나님이시여, 나를 살피시고 나의 마음을 헤아려 주소서	1723	삼위일체주일 이후 제8주일

다성음악에서의 교회음악 양식

BWV	곡명	작곡연대	비고
137	Lobe den Herren, den mächtigen König der Ehren 힘센 영광의 왕이신 주를 찬양하라	1725	시 참사회원 선거/ 삼위일체주일 이후 제12주일
138	Warum betrübst du dich, meinen Herz 내 마음아, 어찌 슬퍼하느냐	1723	삼위일체주일 이후 제15주일
139	Wohl dem, der sich auf seinen Gott 스스로 하나님을 따르는 자는 행복할지어다	1724	삼위일체주일 이후 제23주일
140	Wachet auf, ruft uns die Stimme 눈뜨라고 부르는 소리 있도다	1731	삼위일체주일 이후 제27주일
141	Das ist je gewisslich wahr 그것은 언제나 진실하도다	1731	삼위일체주일 이후 제27주일 텔레만의 작/구주강림절 제3일
142	Uns ist ein Kind geboren 독생자 우리들에게 태어나시다		성탄절 제1일
143	Lobe den Herrn, meine Seele 내 영혼아, 주를 찬양하라	1735?	신년
144	Ninn, was dein ist, und gehe hin 너희의 것을 가지고 가라	1724	수난절 이전 제3일요일
145	Auf, mein Herz! Des Herren Tag (So du mit deinem Munde bekennest) 일어나라, 내 마음이여! 주님의 날이도다(그리하여 그대의 입으로 예수께 고할지어다)	1729?	일부 위작/부활절 제3일
146	Wir müssen durch viel Trübsal 우리들 많은 고난을 겪고	1735~44	부활절 이후 세 번째 주일
147	Herz und Mund und Tat und Leben 마음과 입과 행동과 생명으로	171, 1723개작	구주강림절 네 번째 주일/ 성모 방문일
148	Bringet dem Herrn Ehre seines Namens 주를 향해서만 그 이름의 영광을 찬양하라	1723?/25	삼위일체주일 이후 제17주일
149	Man sunget mit Freuden vom Sieg 인간은 기쁨으로 승리의 노래를 부른다	1728~29	미카엘의 날
150	Nach dir, Herr, verlanget mich 주여, 나 당신을 구하나이다	1712이전 /1708~10	용도 불명
151	Susser Trost, mein Jesus kommt 달콤한 위로, 나의 예수가 오셨도다	1725	성탄절 제3일
152	Tritt auf die Glaubensnahn 믿음의 길을 걸으라	1714	성탄절 이후 첫 번째 주일
153	Schau, liber Gott, wie menie Feind' 사랑하는 하나님이시여, 살피소서, 내 적이 얼마나 있는가를	1724	신년 제1주일
154	Mein liebster Jesus ist verloren 내 가장 사랑하는 예수를 잃었도다	1724	주현절 이후 첫 번째 주일
155	Mein Gott, wie lang' ach lange 주여, 얼마나 오랫동안을	1716	주현절 이후 두 번째 주일
156	Ich stch' mit einem Fuss im Grabe 한쪽 발은 무덤에	1729?	주현절 이후 세 번째 주일
157	Ich lasse dich nicht, du segnest mich denn 나 당신을 버리지 않으리니, 축복을 내리소서	1727	성촉절/장례식
158	Der Friede sei mit dir 평화가 당신과 함께 있기를	1708~17/ 1723~44	성촉절/부활절 제3일
159	Sehet, wir geh'n hinauf gen Jerusalem 보라, 우리들은 예루살렘으로 향한다	1728~29?	수난절 이전 첫 번째 주일

칸타타

BWV	곡명	작곡연대	비고
160	Ich weiss, dass mein Erlöser lebt 나는 아노라, 구세주께서 살아 계심을		텔레만의 작/부활절 제1일
161	Komm, du süsser Todesstunde 오라, 달콤한 죽음이여	1715	삼위일체주일 이후 제16주일
162	Ach, ich sehe itzt, da ich zur Hochzeit gehe 아, 나는 보았노라, 결혼식 길에서	1715 1723개작	삼위일체주일 이후 제20주일
163	Nun jedem das Seine 하나님은 오직 만인을 위해서만	1715	삼위일체주일 이후 제23주일
164	Ihr, die ihr euch von Christo nennet 너희는 스스로 그리스도에게 이름받은 자	1716, 1725 개작	삼위일체주일 이후 제13주일
165	O heil'ges Geist-und Wasserbad 오, 성스러운 세례	1715, 1724 개작	삼위일체주일
166	Wo gehest du hin? 너희 어디로 가는가?	1724	부활절 이후 네 번째 주일
167	Ihr Menschen, rühmet Gottes Liebe 너희들 인간이어, 하나님의 사랑을 찬양하라	1723	요한의 날
168	Tue Rechnung! Donnerwort 측량하라! 우뢰같은 말씀을	1725	삼위일체주일 이후 제9주일
169	Gott soll allein mein Herze haben 하나님만이, 내 마음을 아시나니	1726	삼위일체주일 이후 제18주일
170	Vergnügte Ruh', beliebte Seelenlust 안식을 즐기고, 마음의 기쁨을 가지라	1726	삼위일체주일 이후 제6주일
171	Gott, wie dein Name, so ist auch dein Ruhm 하나님이어, 당신 이름과 같이, 영광도 있나이다	1729?	신년
172	Ershallet, ihr Lieder 울려 퍼지라, 너희의 노래소리	1714	성령강림절 제1일
173	Erhöhtes Fleisch und Blut 고귀한 살과 피	1724?/1724~27	성령강림절 제2일
174	Ich liebe den Höchsten von ganzem Gemüte 나 마음으로부터 높은 곳에 계신 이를 사랑하노라	1729	성렬강림절 제2일
175	Er rufet seinen Schafen mit Namen 그는 양의 이름을 부르시도다	1725	성령강림절 제3일
176	Es ist ein trotzig und verzagt Ding 그것은 저항하고 낙담한 것이도다	1225	삼위일체주일
177	Ich ruf' zu dir, Herr Jesu Christ 소리쳐 부르나이다, 주 예수 그리스도여	1732	삼위일체주일 이후 제4주일
178	Wo Gott, der Herr, nicht bei uns hält 주 하나님은, 우리 곁에 계시지 않고 다른 곳에 계시도다	1724	삼위일체주일 이후 제8주일
179	Siehe zu, dass deine Gottesfurcht nicht Heuchelei sei 보라, 너의 믿음이 거짓이 아닌가를	1723	삼위일체주일 이후 제11주일
180	Schmücke dich, o liebe Seele 오 사랑하는 심령이여, 너희를 꾸미라	1724	삼위일체주일 이후 제20주일
181	Leichtgesinnte Flattergeister 경박한 마음 가지는 자는	1724	수난절 이전 두 번째 주일
182	Himmelskönig, sei willkommen 하늘의 왕이시여, 어서 오소서	1714, 1724 개작	성지주일 / 수태고지일

다성음악에서의 교회음악 양식

BWV	곡명	작곡연대	비고
183	Sie werden euch in den Bann tun 그들이 너를 추방하리라	1725	승천일 이후 첫 번째 주일
184	Erwuüschtes Freudenlicht 대망하던 기쁨의 빛이여	1724	성령강림절 제3일
185	Barmherziges Herze der ewigen Liebe 영원한 사랑의 자비 깊은 마음이어	1715, 1723 개작	삼위일체주일 이후 제4주일
186	Argre dich, o Seele, nicht 오 심령이여, 성내지 말지어다	1716, 1723 개작	삼위일체주일 이후 제7주일
187	Es wartet alles auf dich 온 세상이 당신을 고대하도다	1726	삼위일체주일 이후 제7주일
188	Ich habe meine Zuversicht 나 굳게 믿노라	1728경	삼위일체주일 이후 제21주일
189	Meien Seele rühmt und preist 나의 영혼이 찬양하리니		위작/용도 불명
190	Singet Herrn ein neues Lied 주께 새 노래를 드리라	1724	신년
191	Gloria in excelsis Deo(라틴어의 축제음악. 칸타타가 아님) 높으신 하나님께 영광 있기를	1735~50/ 1741~49	성탄 제1일
192	Nun danket alle Gott(미완) 자, 모두 하나님께 감사하자	1730?	용도 불명
193	Ihr Tore zu Zion(미완) 너희, 시온에 이르는 문이여	1726	시 참사회원 선거
194	Höchsterwünschtes Freudenfest 더 없는 소망인 축하연은	1723	헌당식/삼위일체일
195	Dem Gerechten muss das Licht 바른 자에게 빛을	1728~31?/ 1741~49	결혼식
196	Der Herr danket an uns 주께서 우리를 염려하시도다	1708	결혼식
197	Gott ist unsre Zuversicht 하나님은 우리들의 확신	1735경 /1736~40	결혼식
197a	Ehre sei Gott in der Höhe(미완) 높으신 하나님께 영광 있기를	1728경 /1727~29	성탄절 제1일
198	Lass Fürstin, lass noch einen Strahl 후비여, 또 한줄기 빛을	1727	선거후비의 추도
199	Mein Herze schwimmt im Blut 나의 마음은 피 바다를 건느노라	1714,1723? 개작	삼위일체주일 이후 제11주일
200	Bekennen will ich seinen Namen(단편) 나, 그의 이름으로 고백하나이다	1736~49	성촉절

칸타타

바흐의 교회칸타타 유형
· 코랄칸타타
· 노이마이스터 유형의 칸타타
· 독창칸타타
· 성경구절에 의한 칸타타
· 자유로운 코랄칸타타

바흐의 교회칸타타의 유형은 코랄의 여러 절을 변주하여 만든 코랄칸타타(BWV 4), 코랄. 레치타티보. 아리아 등이 포함되어있는 노이마이스터 유형의 칸타타(BWV 38), 독창칸타타(BWV 56), 성경구절에 의한 칸타타(BWV 79) 그리고 자유로운 구성으로 되어있으나 마지막에 코랄로 마치는 자유로운 코랄칸타타 등 여러 가지의 유형이 있다.

바흐의 교회칸타타 중 코랄칸타타가 46곡 있는데, 그 중 잘 알려진 곡은 BWV 1, 4, 62, 80, 113, 126, 140번 등이다.

종교개혁 칸타타

다음에서 종교개혁 칸타타인 작품번호(BWV : Bach Werke Verzeichnis의 약자로 1950년 볼프강 슈미더가 붙인 바흐의 작품번호) 79 《주 하나님은 해요 방패시라》(Gott der Herr, ist Sonn und Schild)와 작품번호 80 《내 주는 강한 성이요》(Ein feste Burg ist unser Gott)에 대하여 살펴보자.

1) BWV 79
《주 하나님은 해요 방패시라》

1725년 완성된 작품번호 79 《주 하나님은 해요 방패시라》(Gott der Herr, ist Sonn und Schild)는 제 6곡으로 되어 있다.

제 1곡은 합창이 시작되기 전에 44마디의 긴 도입부를 가지는 것이 특징이며, 제 1곡 도입부에서 호른이 연주하는 테마선율이 제 3곡의 코랄 반주에서 다시 나타난다. 제 1곡에 사용된 가사는 시편 84편 12절 말씀의 내용으로 모든 악기로 연주한다.

제 2곡은 알토의 아리아로 오보에와 오르간 반주로 되어있으며, 가사내용은 시편내용과 연결되는 것으로 하나님의 보호하심을 찬양한다.

제 3곡은 도입부 호른의 테마선율이 호모포니 합창의 반주에 사용되어 호른이 이 선율을 연주한다. 이 곡은 마틴 린카르트(1636)가 작사하고 크뤼거(J.P. Crüger, 1647)가 작곡한 찬송(통일찬송가 20장)의 1절 가사를 사용하여 하나님의 은혜에 대한 감사 찬양을 하는 것이다.

제 4곡은 베이스 레치타티보로 말씀에 대한 회상을 통해 '하나님을 찬양하라 우리는 축복의 길을 아네'라는 내용으로 노래한다.

제 5곡은 소프라노와 베이스의 호모포닉적인 이중창으로 제1,2 바이올린과 바쏘 콘티누오 반주로 보호하심에 대한 간구와 찬양을 한다.

제 6곡은 루드비히 헬름볼트의 간절한 기도와 찬양의 힘찬 코랄(Nun lasst uns Gott dem Herren)로 마지막절인 8절가사로 끝마친다.

다성음악에서의 교회음악 양식

모든 악기가 연주하는 악장(Tutti)은 제 1, 3, 6악장으로 오보에와 함께 연주한다.

다음에 작품번호 79《주 하나님은 해요 방패시라》(Gott der Herr, ist Sonn und Schild)의 전체구성을 살펴보자. 〈표 44〉[42]

칸타타

〈표 44〉 바흐, 교회칸타타 BWV 79 《주 하나님은 해요 방패시라》의 전체구성

Kantate BWV 79   칸타타 No. 79
am Reformatonfest   종교개혁기념
"Gott der Herr, ist Sonn und Schild"   《주 하나님은 해요 방패시라》

J. S. Bach (1685-1750)

곡(No.)	운율가사 독일어	운율가사 우리말	연주	내용
제1곡	· Gott der Herr ist Sonn und Schield · der Herr gibt Gnade und Ehre · Er wird kein Gutes man eln lassen den Frommen	· 주 하나님은 해요 방패시라 · 주님을 자비와 영광을 주시리라 · 그는 믿는 자에게 좋은 것을 주시네	도입부 Coro	시 84:12
제2곡	· Gott der Herr ist Sonn und Schield · Darum ruemet dessen Guete unser dankbares Gemuete, die er fuer sein Haeuflein hegt. · Denn er will uns ferner schuetzen,ob die Feinde Pfeile schnitzen und Laesterhund gleich bellt.	· 주 하나님은 해요 방패시라 · 감사드리세 선하심과 인자하심을 돌보시는 주를 감사와 찬양드리세 · 그는 원수의 두려움과 공포에서 우리를 보호하여 주시리	전주 (Ob.solo) Aria (Alto)	시편의 내용과 연결
제3곡	· Nun danket alle Gott mit Herzen, Mund und Haenden, · der grosse Dinge tut an uns und allen Enden · der uns von Mutterleib und Kindesbeinen an · unzaehlig viel zugut und noch itzund getan	· 다 감사드리세 온 맘을 주께 바쳐 · 그 섭리 놀라와 온 세상 기뻐하네 · 옛부터 계신 복 한없는 그사랑 · 선물로 주시니 이제와 영원히	Choral	마틴 린카르트의 시 1절
제4곡	· Gott lob, wir wissen den rechten Weg zur Seligkeit · denn Jesu, 여 Name jederzeit gepriesen. · drum bleibt dein Name jederzeit gepriesen. · Weil aber viele noch zu dieser Zeit an fremdem Joch aus Blindheit ziehen muessen · ach! so erbarme dich auch ihrer gnaediglich, · dass sie den rechten Weg erkenen · und dich bloss ihren Mittler nennen	· 찬양 우리는 축복의 길을 아네 · 예수께서 말씀으로 인도하여 주시니 · 당신의 이름을 찬양합니다. · 아직도 많은 사람이 어리석음에서 벗어나야만 합니다.. · 당신의 자비하심으로 자비를 베푸러 주시사 · 그들이 옳은 길을 깨달아서 · 중보자 주를 알게 하소서	Recitativo (Baß)	말씀에 대한 회상
제5곡	· Gott, ach Got, verlass die Deinen nimmermehr! · Lass dein Wort uns helle scheinen, dein Wort uns helle scheinen · obgleich sehr wider uns die Feinde toben, · so soll unser Mund dich loben unser Nund loben	· 오 주여 더는 버리지마소서 · 당신의 말씀이 우리에게 밝게 비쳐 주소서 · 우리와 대항하여 원수가 매우 날뛰오니 · 우리 입술로 당신을 경배합니다.	Aria (Sopran, Baß)	보호하 심에 대한 간구와 찬양
제6곡	· Erhalt uns in der Wahrheit, gibt ewigliche Freiheit, · zur preisen deinen Namen durch Jesum Christum, Amen.	· 우리로 진리가운데 있게 하소서 · 영원한 진리를 주소서 · 예수 그리스도의 이름을 찬양할 수 있도록 아멘 [루드비히 헬름볼트의 노래 "Nun lasst uns Gott dem Herren" 의마지막절(8절)]	Choral	기도와 찬양

Instrumentation	악기편성
· Soli (Sopran, Alto, Baß) · Chor · Corno I · II · Pauken · Flöte I · II · Oboe I · II · Violine I · II · Viola · Basso Continuo	· 독창자(소프라노, 알토, 베이스) · 합창 · 호른 · 팀파니 · 플루트 1 · 2 · 오보에 1 · 2 · 바이올린 1 · 2 · 비올라 · 바쏘 콘티누오

다성음악에서의 교회음악 양식

종교개혁 칸타타 작품번호 80 《내 주는 강한 성이요》(Ein feste Burg ist unser Gott)의 구성〈표 45〉a, b를 살펴보자.
이 곡은 8개의 악장으로 구성되어 있으며, 4명의 독창자, 합창 그리고 큰 규모의 오케스트라를 위한 곡이다. 이 곡은 마틴 루터(Martin Lether, 1483-1546)가 작곡한 코랄 〈내 주는 강한 성이요〉(Ein feste Burg ist unser Gott)가 사용된다. 이 곡은 루터의 신앙고백을 기념하여 작곡된 큰 규모의 칸타타이다. 코랄 선율은 제 1,2,5,8번 곡에서 사용되고 있으며, 이 선율의 사용은 복잡한 대위법적인 구조를 통일 시키고 있다.
1악장 합창곡은 코랄선율에 의한 힘찬 판타지아이다. 처음의 시작부분은 푸가형태로 시작된다. 또한 107마디의 반주에서 연주되는 트럼펫의 높은 음역의 선율을 한마디 뒤에서 계속저음의 최저음역에서 따라 나오는 카논선율이 '강한 성'의 느낌을 더해준다.
2악장 소프라노와 베이스를 위한 이중창에서 소프라노가 코랄의 2절 가사로 코랄의 선율을 부르는 동안 베이스는 2절 내용을 재해석한 가사에 의해 새로운 선율을 노래한다.
3악장은 코랄가사가 아닌 시(詩)적인 가사에 의해 베이스를 위한 레치타티보에서 아리오소로 연결되는데, 레치타티보에서는 조성의 변화가 많으나 올림바 단조(f# minor)의 아리오소로 연결된다.
4악장은 나 단조(b minor)로 시작되는데, 3악장과 마찬가지로 시(詩)적인 가사에 의한 소프라노를 위한 아리아이다.
5악장은 코랄선율을 연주하기 전에 코랄 프렐류드가 오케스트라 반주에 의해 연주된 후 3절 가사에 의해 합창의 유니즌과 다른 성부의 오케스트라 반주에 의해 연주된다.
6악장은 시(詩)적인 가사에 의해 테너의 레치타티보와 아리오소가 연주되며,
7악장은 사(G) 장조로 시(詩)적인 가사에 의해 알토와 테너를 위한 이중창이 연주된다. 다른 칸타타와 마찬가지로 마지막인 8악장에서는 시작조성인 라(D) 장조로 4절 가사에 의해 4성부 코랄이 연주되는데, 이때에는 회중과 함께 오케스트라 반주에 의해 연주됨으로서 매우 장엄하다.

2) BWV 80
《내 주는 강한 성이요》

칸타타

〈표 45〉a 바흐, 교회칸타타 BWV 80 《내 주는 강한 성이요》의 전체구성

Kantate BWV 80　　　　　　　　칸타타 No. 80
am Reformatonfest　　　　　　　종교개혁기념
"Ein feste Burg ist unser Gott"　　《내 주는 강한 성이요》

J. S. Bach (1685-1750)

곡(No.)	연주	연주자	반주	코랄가사	조성
1	Coro	합창 Chorus	오케스트라 반주 · Trompete Ⅰ,Ⅱ,Ⅲ · Pauken · Oboe Ⅰ,Ⅱ · Viola · Basso continuo	1절 코랄선율에 의한 힘찬 판타지아 푸가형태의 도입 최고음과 최저음의 카논선율사용	D Major
2	Aria	소프라노와 베이스를 위한 이중창 Sopran Baß	삼중주 구성의 반주 · Oboe · Violine Ⅰ,Ⅱ · Viola · Basso continuo	소프라노:2절 베이스:2절을 재 해 석한 내용의 가사	D Major
3	Recitativo Arioso	Baß	계속저음 반주 · Basso continuo	시(詩)적인 가사	f# minor
4	Aria	Sopran	계속저음 반주 · Basso continuo	시(詩)적인 가사	b minor
5	Choral	Choral Prelude Choral (Unison)	오케스트라 반주 · Trompete Ⅰ,Ⅱ,Ⅲ · Pauken · Ob.d'am. Ⅰ,Ⅱ · Violine Ⅰ,Ⅱ · Viola · Basso continuo	3절	D Major
6	Recitativo Arioso	Tenor	계속저음 반주 · Basso continuo	시(詩)적인 가사	f# minor
7	Duetto	알토와 테너를 위한 이중창 Alto Tenor	삼중주 구성의 반주 · Ob. da cacc. · Basso continuo	시(詩)적인 가사	G Major
8	Choral	합창 Chorus	오케스트라 반주 (4성부 화성의 편곡) · Trompete Ⅰ,Ⅱ,Ⅲ · Pauken · Oboe Ⅰ,Ⅱ · Viola · Basso continuo	4절 회중과 함께 부른다	D Major

다성음악에서의 교회음악 양식

〈표 45〉 b 바흐, 교회칸타타 BWV 80 《내 주는 강한 성이요》의 가사와 연주형태

　　　Kantate BWV 80　　　　　　　　　칸타타 No. 80
　　　am Reformationfest　　　　　　　　종교개혁기념
　　　"Ein feste Burg ist unser Gott"　　　《내 주는 강한 성이요》

J. S. Bach (1685-1750)

곡(No.)	운율가사		연주	코랄 사용
	독일어	우리말		
제1곡	· Ein feste Burg ist unser Gott ein gute Wehr und Waffen · er hilft uns, frei aus aller Not die uns itzt hat betrofen · Der alte boese Feind, Mit Ernst er's itzt meint, gross Macht uns viel List. · Sein grausam Ruestung ist, auf Erd nicht seinsgleichen	· 내 주는 강한 성이요 방패와 병기 되시니 · 큰 환란에서 우리를 구하여 내시리로다 · 옛 원수 마귀를 모략과 권세로 무기를 삼으니 · 천하에 누가 당하랴	Coro	○
제2곡	· Mit unsrer Macht ist Hichts getan wir sind gar bald verloren · Es streit vor uns der rechte, der rechte Mann, den Gott selbst hat erkoren · Fragst du, Wer er ist? · Er heisst Jesus Christ, der Zebaoth, und kein Gott · Alles, alles, was von Gott geboren, alles, was von Gott geboren · ist zum Siegen auserkoren, zum Siegen auserkoren · Wer bei Christi Blutpanier, bei Christi Blutpanier, in der Taufe, Treu seschworen, siegt in Christo fuer und feur siegt in Christo.	· 제 힘만 의지할때는 마침내 패할 수 밖에 없다 · 힘있는 장수 나와서 싸우네 · 이 장수 누군가? · 주 예수 그리스도 만군의 주로다 · 하나님께로 나온 모든 자들은 · 반드시 이기리로다 · 누구든지 그리스도 보혈 의지하여 주께 충성을 맹세하면 성령안에서 승리하리로다.	Aria (Sop. Bass)	○
제3곡	· Erwaege doch, Kind Gottes, die so grosse Liebe, · da Jesus sich mit seinem Blute dir verschrieben, · womit er dich zum siege wider Satans Heer · und wider Welt und Suende geworben hat. · Gib nicht in deiner Seele dem Satan und den Lastern statt! · Lass nicht in dein Herz, den Himmel Gottes auf der Erden, zur Wueste werden! · Bereue deine Schuld mit Schmerz, dass Christi Geist mit dir sich fest verbinde.	· 생각하라 너희여 그 크신 사랑을 · 예수께서 그의 피를 흘리시사 · 사탄의 군대와 · 세상, 죄악과 맞서 싸워 이겨 승리했네 · 너의 영혼을 사탄과 행악에게 내주지 말라 · 이 땅위에 하늘나라 너의 마음 사막되게 말라 · 애통하며 너의 죄를 회개하라 그리스도의 영이 너와 하나가되도록	Recitativo Arioso	
제4곡	· Komm in mein Herzenshaus · Herr, Jesu, mein Verlangen! · Treib' Welt und Satan aus, · und lass dein Bild in mir erneuert prangen! · Weg, schoeder Suenden Graus!	· 오소서 나의 마음에 · 주 예수여 나의 소망이여 · 세상과 사탄을 물리쳐 주시고 · 내 속에 주 형상 새롭게 하소서 · 너 죄의 공포야 물러나거라 물러나가라	Aria (Sop.)	
제5곡	· Und wenn die Welt voll Teufel waer · und wollten uns verschlingen · so fuerchten 쫙 uns nicht so sehr, es soll uns 애초 gelingen · Der Fuerst dieser Welt, wie saur er sich stellt, · tut er uns doch nichts, das macht, er ist gericht': · ein Woertlein kann ihn faellen	· 이 땅에 마귀 들끓어 · 우리를 삼키려 하나 · 겁내지 말고 섰거라 이기리로다 · 세상 제왕이 겁을 주어도 · 해할 수 없네 그는 심판에 서리 · 한마디에 그는 쓰러지리라	Choral	○

칸타타

곡(No.)	운율가사		연주	코랄 사용
	독일어	우리말		
제6곡	· So Stehe denn bei Christi blutgefaerbter Fahne, · o Seele, fest, und glaube, dass dein Haupt dich nicht verlasst · ja dass sein Sieg auch dir den Weg zu deiner Krone bahne · Tritt freudig an den Krieg! · Wirst du nur Gottes so hoeren als bewahren, so wird der Fein gezwungen auszufahren · dein Heiland bleibt dein Hort	· 주님의 피로 묻은 깃발 곁에 서라 · 오 영혼아 너의 대장이 너를 떠나지 않음을 굳세게 믿어라 · 그가 승리하여 너의 영광의 길 예비하리 · 기뻐하며 싸우라 · 주의 말씀으로 두려워 떨게 되리 적군들이 무서워 달아나리라 · 너의 주께서 피난처 되시리니 너의 산성이 되시리이다	Recitativo Arioso	
제7곡	· Wie selig sind doch die Gott im Munde tragen doch sel'ger ist Herz, das ihn Glauben traegt · Es bleibt unbesiegt und kann die Feinde schlagen · und wird zuletzt gekroent, wenn es Tod erlegt	· 축복있으라 입으로 주를 시인하는 자는 축복있으라 믿음을 지닌 자여 · 원수를 물리치며 싸워 이기리로다 · 최후의 그날에 면류관 쓰리로다	Duetto (Alt. Ten.)	
제8곡	· Das Wort sie sollen lassen und kein Dank dazu haben · Er ist bei uns wohl auf dem Plan mit seinem Geist und Gaben · Nehmen sie uns den Leib, Gut, Ehr, Kind und Weib, lass fahren dahin · Sie haben's kein Gewinn; das Reich muss uns doch bleiben	· 악마들이, 설사 하나님의 말씀을 훔친다 하더라도 얻는 것이 없으리라 · 하나님은 그의 영과 은혜로써 항상 우리들과 함께 계신다. · 친척과 재물과 명예와 생명을 다 빼앗아가도 · 그들은 이기지 못하리로다 그 나라 영원하리라	Choral	O
	Instrumentation Soli (Sopran, Alto, Ten. Baß) Chor Oboe I · II (Oboe da caccia, Oboe d'amore) String Ensemble (Violine I · II, Viola) Timpany (Pauken) Trumpet I · II · III Basso Continuo	악기편성 독창자(소프라노, 알토, 테너, 베이스) 합창 오보에 I · II (오보에 다 카치아, 오보에 다모레) 현악합주 (바이올린 I · II, 비올라) 팀파니 트럼펫 I · II · III 바쏘 콘티누오		

다성음악에서의 교회음악 양식

17세기 말 벡커(G.C. Wecker, 1695), 브론너(Georg Bronner, 1696), 크리거(J. P. Krieger, 1697), 니트(Nicholas Niedt, 1698)등 여러 작곡가들의 칸타타가 출판 되었다. 이 중 크리거(J. P. Krieger, 1649-1725)와 텔레만(G. P. Telemman, 1681-1767)은 2000여곡 이상의 칸타타를 작곡하였다.

교회력에 따라 칸타타 대본을 작사한 노이마이스터(Erdmann Neumeister, 1671-1756) 목사는 시인이자 신학자로 라이프찌히대학 졸업 후 함부르크에 있는 야곱교회(Jacobikirche)에서 40여 년간 봉사했다. 또한 1695년에서 1742년 사이에 일년간 각 절기의 예배시간마다 사용하기 위해 9개의 '칸타타와 싸이클'(cantata cycle)⁴³⁾을 작사하여 교회음악사에 커다란 공헌을 하였다. 이러한 칸타타의 대본은 주로 성경구절과 아리아에 사용되는 시적인 말씀이 섞여 사용되었으나 때때로 코랄가사를 사용하기도 하였다. 이러한 '싸이클'은 1704년에 처음으로 출판되었으며, 노이마이스터의 '칸타타 싸이클'(Cantata cycle)을 가지고 작곡한 작곡가는 엘레바흐(P.H. Erlebach), 스퇼첼(G.H. Stölzel), 쾨퍼(J.P.Käfer)등이며, 바흐(J.S. Bach)도 칸타타 BWV 18, 24, 28, 59, 61번 등 5곡에서 이 '싸이클'을 가지고 작곡하였다.

칼 필립 엠마누엘 바흐(C.P.E. Bach)시대의 칸타타는 관현악단 반주로 되어있는 합창곡으로, 여러 악장으로 구성되어 있으며, 합창 이외에 독창자를 위한 아리아와 중창 등이 포함 되었다. 그 이후에는 칸타타와 오라토리오 양식이 합쳐져 결혼식, 특별한 일 등을 축하하기위해 칸타타가 작곡되어졌으며, 교회칸타타는 바흐시대의 대표적인 양식으로 남게 되었다.

다음에서 종교개혁 칸타타 BWV 80 《내 주는 강한 성이요》(Ein feste Burg ist unser Gott)의 악보를 살펴보자. [악보 81]

또한 〈표 46-48〉에서 바흐 칸타타 작품번호 140, 143, 145의 전체 구성과 악보 일부를 제시한다. [악보 82-84]

교회력에 따른 칸타타 대본 작사자 노이마스터 (1671-1756)
시인이자 신학자로 라이프찌히대학 졸업 후 함부르크에 있는 야곱교회에서 40여 년간 봉사함.

9개의 'cantata cycle'을 작사 (1695-1742)
칸타타의 대본은 주로 성경구절과 아리아에 사용되는 시적인 말씀이 섞여 사용 되었으나 때때로 코랄가사를 사용함.

바흐의 칸타타 작품번호 18, 24, 28, 59, 61번 등 5곡에서 노이마이스터의 싸이클을 가지고 작곡

C.P.E. Bach 시대의 칸타타
· 관현악단 반주로 되어있는 합창곡
· 여러 악장으로 구성되어 있다.
· 합창 이외에 독창자를 위한 아리아와 중창 등이 포함 되었다.

BWV 80 종교개혁 칸타타
《내 주는 강한 성이요》

칸타타

〈표 46〉 바흐, 교회칸타타 BWV 140 《눈뜨라고 부르는 소리 있도다》의 전체구성

Kantate BWV 140
am 27 Sonntag nach Trinitatis
"Wachet auf, ruft uns die Stimme"

칸타타 No. 140
삼위일체주일 이후 제 27주일
《눈뜨라고 부르는 소리 있도다》

J. S. Bach (1685-1750)

곡(No.)	연주	연주자	반주	코랄가사	조성
1	Coro	합창 Chorus	오케스트라 반주 · Corno · Oboe I, II · Taille · Violino piccolo · Violino I, II · Viola · Basso continuo	1절	E♭ Major
2	Recitativo	Tenor	계속저음반주 · Basso continuo		c minor
3	Aria Duetto	소프라노와 베이스를 위한 이중창 Soprano, Basso	삼중주 구성의 반주 · Violin · picclo · Basso continuo		c minor
4	Choral	Tenore	· Violino piccolo · Violino I, II · Viola · Basso continuo	코랄편곡 2절	E♭ Major
5	Recitativo	Basso	· Violine I, II · Viola · Basso continuo		E♭ Major B♭ Major
6	Aria Duetto	소프라노와 베이스를 위한 이중창 Soprano, Basso	· Oboe Solo · Basso continuo		f# minor
7	Choral	합창 Chorus	오케스트라 반주 (4성부 화성의 편곡) · Corno · Oboe I, II · Taille · Violino piccolo · Violino I, II · Viola · Basso continuo	3절	E♭ Major

다성음악에서의 교회음악 양식

```
                    Besetzung (Scoring)

Sopran, Tenor und Baß Solo          Soprano, tenor and Bass-Solo
vierstimmiger gemischter Chor       four-part mixed chorus
und Orchester                       and Orchestra

Corno                               Corno
Oboe Ⅰ·Ⅱ                            Oboe Ⅰ·Ⅱ
Taille(Oboe da caccia)              Taille(Oboe da caccia)
Violino piccolo                     Violino piccolo
Violino Ⅰ·Ⅱ                         Violin Ⅰ·Ⅱ
Viola                               Viola
Basso continuo                      Basso continuo

＊Violino piccolo : 작은 비올라 (piccolo는 '작다'라는 의미)
```

〈표 47〉 바흐, 교회칸타타 BWV 143 《내 영혼아 주를 찬양하라》의 전체구성

Kantate BWV 143   칸타타 No. 143
am Neujahrstag   신년
"Lobe den Herrn, meine Seele"   《내 영혼아 주를 찬양하다》

J. S. Bach (1685-1750)

곡(No.)	연주	연주자	반주	조성
1	Coro	합창 Chorus	· Horn Ⅰ,Ⅱ,Ⅲ · Fagott · Pauken · Violino Ⅰ,Ⅱ · Viola · Basso continuo	B♭ Major
2	Choral	Sopran	· Violino · Basso continuo	B♭ Major
3	Recitativo	Tenor	· Basso continuo	E♭ Major c minor
4	Aria	Tenor	· Violino Ⅰ,Ⅱ · Viola · Fagott · Basso continuo	c minor

칸타타

곡(No.)	연주	연주자	반주	조성
5	Aria	Baß	· Horn I, II, III · Pauken · Fagott · Basso continuo	B♭ Major
6	(Aria)	Tenor	· Fagott · Violino I, II · Viola · Basso continuo	g minor
7	Coro	합창 Chorus	· Horn I, II, III · Fagott · Pauken · Violino I, II · Viola · Basso continuo	B♭ Major

Besetzung(Scoring)

Sopran, Tenor und Baß Solo vierstimmiger gemischter Chor	Soprano, tenor and Bass-Solo four-part mixed chorus
Horn I · II · III Pauken Violino I · II Viola Basso continuo	Horn I · II · III Timpani Violin I · II Viola Basso continuo

다성음악에서의 교회음악 양식

〈표 48〉 바흐, 교회칸타타 BWV 145 《일어나라, 내 마음이여! 주님의 날이도다》의 전체구성

    Kantate BWV 145　　　　　　　　칸타타 No. 145
    am Osterfest　　　　　　　　　　　부활절
    "Auf, mein Herz, des Herren Tag"　《일어나라, 내 마음이여! 주님의 날이도다》

J. S. Bach (1685-1750)

곡(No.)	연주	연주자	조성	비고
1	Choral	합창 Chorus	D Major	Mel : "Jesus, meine Zuversicht"
2	Coro	합창 Chorus	D Major	
3	Duetto	Sopran Tenor	D Major	소프라노와 베이스를 위한 이중창
4	Recitativo	Tenor	b minor	
5	Aria	Bass	D Major	
6	Recitativo	Sopran	A Major	
7	Choral	합창 Chorus	E♭ Major	Mel : "Erschienen ist der herrliche Tag"

칸타타

[악보 81] 바흐, 교회칸타타 BWV 80 [종교개혁기념]
《내 주는 강한 성이요》(Ein feste Burg ist unser Gott)

1. 합창

Johann Sebastian Bach (1685 - 1750)

다성음악에서의 교회음악 양식

칸타타

다성음악에서의 교회음악 양식

다성음악에서의 교회음악 양식

다성음악에서의 교회음악 양식

다성음악에서의 교회음악 양식

다성음악에서의 교회음악 양식

칸타타

733

다성음악에서의 교회음악 양식

칸타타

다성음악에서의 교회음악 양식

칸타타

다성음악에서의 교회음악 양식

다성음악에서의 교회음악 양식

칸타타

다성음악에서의 교회음악 양식

칸타타

2. 아리아
(이중창 - 소프라노, 베이스)

다성음악에서의 교회음악 양식

칸타타

다성음악에서의 교회음악 양식

칸타타

다성음악에서의 교회음악 양식

칸타타

다성음악에서의 교회음악 양식

다성음악에서의 교회음악 양식

칸타타

3. 레치타티보
(아리오소 - 베이스)

다성음악에서의 교회음악 양식

다성음악에서의 교회음악 양식

칸타타

다성음악에서의 교회음악 양식

다성음악에서의 교회음악 양식

5. 코랄
(코랄 프렐류드와 코랄제창)

Unis. Sopr. ed Alto in 8va
Ten. col Basso

Und wenn die Welt___ voll Teu - fel

다성음악에서의 교회음악 양식

칸타타

다성음악에서의 교회음악 양식

다성음악에서의 교회음악 양식

다성음악에서의 교회음악 양식

칸타타

6. 레치타티보
(아리오소 - 테너)

다성음악에서의 교회음악 양식

칸타타

7. 이중창
(알토, 테너)

다성음악에서의 교회음악 양식

다성음악에서의 교회음악 양식

다성음악에서의 교회음악 양식

칸타타

다성음악에서의 교회음악 양식

8. 코랄 합창

칸타타

다성음악에서의 교회음악 양식

[악보 82] 바흐, 교회칸타타 BWV 140
《눈뜨라고 부르는 소리 있도다》 (Wachet auf, ruft uns die Stimme)

1. 합창

Johann Sebastian Bach (1685 - 1750)

칸타타

다성음악에서의 교회음악 양식

다성음악에서의 교회음악 양식

칸타타

다성음악에서의 교회음악 양식

다성음악에서의 교회음악 양식

다성음악에서의 교회음악 양식

다성음악에서의 교회음악 양식

칸타타

다성음악에서의 교회음악 양식

다성음악에서의 교회음악 양식

다성음악에서의 교회음악 양식

다성음악에서의 교회음악 양식

칸타타

[악보 83] 바흐, 교회칸타타 BWV 143 [신년]
《나의 영혼아, 주를 찬양하라》 (Lobe den Herrn, meine Seele)

1. 합창

Johann Sebastian Bach (1685 - 1750)

다성음악에서의 교회음악 양식

다성음악에서의 교회음악 양식

칸타타

[악보 84] 바흐, 교회칸타타 BWV 145 [부활절]
《일어나라, 내 마음이여! 주님의 날이도다》(Auf, mein Herz, des Herren Tag)

합창

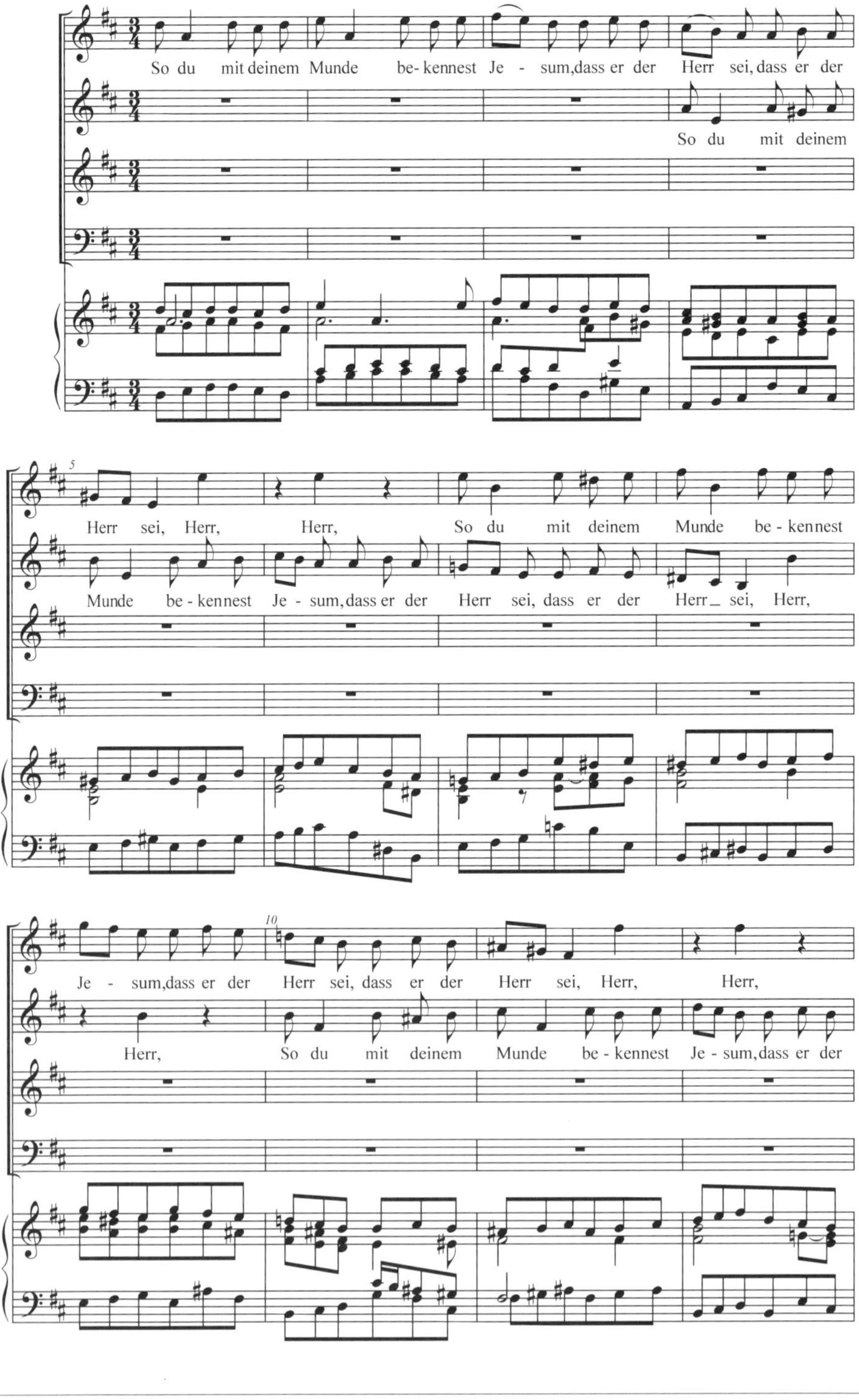
So du mit deinem Munde be- kennest Je - sum,dass er der Herr sei, dass er der
So du mit deinem
5
Herr sei, Herr, Herr, So du mit deinem Munde be - kennest
Munde be - kennest Je - sum,dass er der Herr sei, dass er der Herr_ sei, Herr,
Je - sum,dass er der Herr sei, dass er der Herr sei, Herr, Herr,
10
Herr, So du mit deinem Munde be - kennest Je - sum,dass er der

칸타타

다성음악에서의 교회음악 양식

간타타

다성음악에서의 교회음악 양식

다성음악에서의 교회음악 양식

9. 코랄 (Choral)

1) 르네쌍스와 종교개혁

대위법적 기법보다는 간단한 **화성반주에 의한 독창곡이 우세**

종교개혁시대의 음악은 대위법적 기법보다는 간단한 화성반주에 의한 독창곡이 우세하게 된다. 16세기말에는 음악적 관심이 종교적 작품에서 세속적인 것으로 바뀌게 된다. 그와 더불어 개신교 교회의 새로운 필요성에 따라 새롭고 중요한 교회음악 등이 쓰여지게 되었다. 카톨릭 교회음악의 형태인 미사와 모테트가 라쏘(Orlando di Lasso 〈네〉 1592-1594), 팔레스트리나(Palestrina 〈이〉 c.1525-1594), 버드(William Byrd 〈영〉 1543-1623) 등에 의해 나타나게 된다. 독일, 영국, 프랑스, 스위스에 나타난 종교개혁 당시 교회음악의 특징을 살펴보면 다음과 같다.

(1) 독일

마틴 루터 (1483-1546)

독일의 루터파 교회는 카톨릭 의전을 상당히 보존시켰고 예배에서도 라틴어나 본래의 가사 대신에 독일어로 번역한 가사를 사용하거나 혹은 옛선율에 종교적인 내용의 독일어 가사를 붙여서 사용

마틴 루터의 음악적 공헌
독일어 코랄
  장절식 회중 찬송가의 출현
다성부 합창음악
  요한 발터 (1496-1570)
    5개의 모테트와 38개의 코랄편곡 출판
  게오르크 로오 (1488-1548)
    123개의 코랄편곡 출판
교회에서 기악 사용

(1) 독일

마틴 루터(Martin Luther, 1483-1546)

독일의 루터파 교회는 카톨릭 의전을 상당히 보존시켰고 예배에서도 라틴어나 본래의 가사 대신에 독일어로 번역한 가사를 사용하거나 혹은 옛선율에 종교적인 내용의 독일어 가사를 붙여서 사용하였으며,[44] 가장 중요한 음악적 공헌은 독일어 코랄이라고 부르는 장절식 회중 찬송가의 출현이었다. 처음에는 화성이나 반주없이 동음으로 부르는 회중노래였으나, 루터파 작곡가들은 코랄에 다성음악을 붙이게 된다. 이러한 것들은 요한 발터(Johann Walter, 1496-1570)의 5개 라틴어 모테트와 함께 38개의 코랄 편곡으로 출판되었고, 그 후 1544년 비텐베르크(Wittenberg)에서 123곡의 코랄편곡과 모테트를 포함한 모음집이 게오르크 로오(Georg Rhaw, 1488-1548)에 의해 출판되었다. 이와 같이 다성의 코랄편곡은 회중을 위한 것이라기보다는 성가대를 위한 것이었다. 그것은 아마도 주선율만 동음으로 노래되고, 나머지 성부들은 기악으로 중복되었던 것으로 본다. 특히 오르간을 적극 장려하였는데 루터교회에서의 오르간은 독자적인 기악음악이라기 보다는 합창의 전주·간주·후주에 사용한 것으로 여겨진다. 루터는 20여개의 코랄을 직접 작곡하였는데, 그 중 『내 주는 강한 성이요』는 잘 알려진 곡이다. 그 후 코랄을 가지고 다양한 편곡이 나타나게 되며 여러가지 다양한 악곡형식을 이루게 된다.

다성음악에서의 교회음악 양식

(2) 영국

영국의 종교개혁은 다른 나라의 종교개혁에 대한 관심에서라기보다는 헨리 8세(Henry Ⅷ)와 아라곤의 캐서린(Catherine of Aragon)의 이혼이 로마와의 관계를 끊어야만 하는 정치적 필요에 의해 이루어진 것이었다.

영국교회는 헨리 8세에 의해 로마 카톨릭 공동체에서 공식적으로 분리된다. 1536년 수장령(the Act Supremacy)공포 후 마일즈 커버데일(Miles Coverdale)이 찬송가집 『**시편가와 영가**』(Goostly Psalms and Spiritual Songs)를 출판하였으나 배척받았다. 그 당시의 카톨릭 교회는 성찬식과 화려하고 웅장한 음악에 있어서 로마의 전통을 유지하고 있었으며, 기독교 문화의 중심지들인 대성당과 윈저궁에 있는 왕실예배당(Chapel Royal)이 옥스퍼드, 케임브리지, 윈체스터 그리고 이튼 대학교 등과 연결되어 있었다. 예배에 대한 개혁이 중세의 전통을 완전히 배제한 것이 아니며 그 결과 영국교회의 예배형식은 과거의 전통적인 것과 관계되어있다.

16세기 초 『**이튼 성가곡집**』(Eton Choirbook)과 같은 다성부 합창곡의 모음곡집들이 제작되었다. 이 합창곡은 중세의 전통을 지녔으며, 예배를 위해 장식되고 공들여 만든 화려한 것이어서 에라스무스(Erasmus)는 "현대음악은 너무나 구조적이어서 회중이 단 한마디도 알아들을 수가 없다. 성가대원들조차도 그들이 무엇을 노래하고 있는지 알지 못한다."라고 기록하였다.[45]

에드워드 6세(Edward Ⅵ, 1547-1552) 원년에 예배에 대한 전면적인 명령을 내렸다. 그 내용은 복잡성을 줄일 것, 상징물을 간소화 할 것, 오르간의 사용금지, 라틴어 교송이나 응답송 혹은 시퀀스금지, 성가대의 인원축소 등이었다. 그 중 링컨 성당(Lincoln Cathedral)에 내린 명령은 다음과 같다.

"성가대는 지금부터 성모나 다른 성인들에 대한 찬송을 부르지 말며 오직 주님에 대한 찬송을 부르되 라틴어로해서는 안 된다. 가장 우수하고 기독교에 가장 적합한 것을 택하여 영어로 똑같이 번역하라. 거기에 평이하고 명확한 음을 한 음절마다 붙이도록 하라. 성가대는 이것을 불러야 하며 다른 어떤 것도 부를 수 없다."[46]

이와 같은 통일령에 의해 라틴어 대신 영어를 사용하게 되었으며, 이 영어가사에 "각 음절에 하나씩 쉽고 분명한 음을 붙여"[47] 노래하

---

(2) 영국

헨리 8세
로마 카톨릭에서 공식적으로 분리

마일즈 커버데일
찬송가집 『**시편가와 영가**』 출판

16세기초
『**이튼 성가곡**』
다성부 합창곡의 모음곡집 제작

에드워드 6세
1. 주님에 대한 찬송을 부를 것 (성모나 다른 성인들에 대한 찬송을 부르지 말것)
2. 복잡성을 줄일 것
3. 상징물을 간소화 할 것
4. 오르간의 사용금지
5. 라틴어 대신 영어 사용
6. 단음절적인 화성음악 양식

코랄

영국 교회음악의 주된 형식 　서비스 (Service) 　앤섬 (Anthem)	는 것을 명하게 된다. 즉 단음절적인 화성음악 양식이 된다. 영국의 윌리엄 버드는 카톨릭 신자였으나 영국국교를 위해 5개의 서비스(Service)와 60개 정도의 앤섬(Anthem)[48]을 작곡했다. 그 외에도 영국 교회음악의 아버지 올란도 기본스(Orlando Gibbons, 1583-1625), 토마스 윌크스(Thomas Weelkes)와 토마스 톰킨스(Thomas Tomkins, 1572-1656) 등이 있다. 그러므로 영국 교회음악의 주된 형식은 서비스(Service)와 앤섬(Anthem)이다.
(3) 스위스 　쯔빙글리 (1484-1531) 　예배에서 음악을 전면적으로 거부 　예배에 음악이 강조되지 않도록 함	**(3) 스위스** 쯔빙글리 (Ulrich Zwingli) 유럽 종교개혁의 또 다른 큰 줄기는 스위스에서 비롯되었다. 1518년 대성당의 민중사제로 취임한 쯔빙글리(Ulrich Zwingli, 1484-1531)에 의해 처음 시작되었고, 그 다음은 칼뱅(Jean Calvin)을 통해 제네바(Geneva)에서 일어났다. 그러나 기독교 개혁의 선봉자들이 교리의 필수요소들에 대한 서로 다른 견해로 의견이 일치되지 못하였다. 쯔빙글리는 상당한 수준의 음악교육을 받았으며 악기를 다루는 재능이 있었지만, 어떠한 형태로든 예배에 음악이 강조되지 않도록 하였다. 그는 다성음악의 복잡하고 어려운 대위법적 예술세계에 관심이 있고 회중찬송과 같은 단순한 합창에는 관심이 없었으며, 그의 음악에 대한 민감성은 더 절박한 문제들로 인해 압도당했다 쯔빙글리는 마음으로 찬송하고 기도하는 것이 옳으며, 외면적으로 부르는 노래는 의미가 없을 뿐만 아니라 심지어 해가 될 수 있다고 주장하여 교회에서의 음악을 전면적으로 거부했다.[49]
(4) 프랑스 　장 칼뱅 (1509-1564) 　성경에 없는 가사에 의해 노래하는 것을 금지	**(4) 프랑스** 장 칼뱅 (Jean Calvin) 프랑스 교회는 장 칼뱅(Jean Calvin, 1509-1564)에 의해 종교개혁이 일어났는데, 마틴 루터(M. Luther)보다 카톨릭 의전과 행사들을 보전하는 것에 대해 더욱 맹렬히 반대하게 되며, 결국 성경에 없는 가사에 의해 노래하는 것을 금지시키게 된다. 칼뱅파 교회음악의 소산 중 중요한 것은 『시편가』(Psalter)이다. 이것은 규칙적인 박자

다성음악에서의 교회음악 양식

와 운이 있는 시편 번역에 새로 작곡한 선율 또는 대중적인 곡조나 평성가(Plainsong)[50]에서 채택한 선율을 붙이는 것이다. 이 시대 교회예배에서의 시편은 동음으로 노래되고 반주가 붙지 않았다. 가정예배를 위해서는 4성부 이상의 곡이 붙여졌고, 주선율은 테노르나 소프라노에 있었다. 이 양식은 수직적 화음양식으로 단순한 4성부 편곡으로, 공공예배에서도 사용되게 된다.[51] 독일에서는 『시편가』(Psalter)의 선율들이 코랄로 채택되었으며, 이 선율들은 독일 코랄의 직접적이고 열정적인 특성에 비교해 산뜻하고 친밀하며 엄격하였다. 그러므로 독일의 코랄은 여러가지 성가형식으로 발전되었으나 이 선율들은 큰 형식의 성악 또는 기악음악으로 발전되지 않았다.

칼뱅파 교회음악의 중요한 소산
시편가 (Psalter)
- 규칙적인 박자와 운이 있는 시편 번역에 새로 작곡한 선율 또는 대중적인 곡조나 평성가에서 채택한 선율을 붙이는 것

교회예배
 시편은 동음으로 노래
 악기 사용 금지
가정예배
 4성부 이상의 곡이 붙여짐
수직적 화음양식
 단순한 4성부 편곡으로, 공공예배에서도 사용

2) 종교개혁시대 음악의 양상

마틴 루터가 종교개혁을 일으켰던 16세기는 중세로부터 커다란 변화가 있었던 르네상스 시기이다. 그 당시 이탈리아와 영국의 마드리갈은 근대적 장·단조 조성과 선법의 아름다운 혼합으로 새로운 음악어법이 성장했으며, 간단한 화성반주에 의한 독창곡이 우세하게 된 점은 16세기의 중요한 발전이었다.

르네상스의 음악은 인간화, 표면화, 세속화되는 경향이 있었으며, 세속음악이 중요한 위치를 차지하게 된 시기이다. 그러나 세속적인 것만 있었다는 것은 아니다. 이렇듯 세속음악이 절정에 있을 때 독창곡이 새로운 길을 개척하기 시작했으며, 바로크적인 성격을 갖는 작품들과 신교교회의 새로운 필요성에 의해 새롭고도 중요한 교회음악들이 쓰여졌으며 장조와 단조의 조성으로 향하는 경향이 나타났다.

중세의 봉건적이고 교권적 사상에 대한 반동으로 일어난 1517년의 종교개혁으로 개신교회가 생겨나게 되었으며, 마틴 루터의 개신교 교회음악은 그레고리안 챤트의 전통으로부터 일어난 예전적인 단성의 노래, 예술적인 다성의 미사와 모테트 음악 그리고 단성적으로나 다성적으로 부를 수 있는 찬송가 등의 3가지 형태로 되어있다.

특히 마틴 루터에 의한 개신교 교회음악은 회중찬송인 코랄을 탄생하게 하여 음악사적으로 아주 중요한 공헌을 하게 되었다. 이 코랄은 바흐(J.S. Bach, 1685-1750)의 창조적인 작품에 의해 절정에 달하게 되며, 음악의 커다란 성장을 가져오게 되었다. 즉 17세기 중엽까지 예배에 있어서의 음악형식과 코랄편곡, 코랄전주곡 혹은 모테트

코랄

등이 루터의 코랄에 기초를 두고 작곡되었으며, 바흐는 코랄에 화성을 붙여(Harmonized Chorale or Four-Part Chorale) 오늘날의 찬송가를 낳게하는 교회음악 분야에 중요한 위치를 차지하게 되었다.

3) 코랄선율에 의한 다양한 음악양식

코랄이란 독일 프로테스탄트 교회에서 회중들이 부르는 찬송(Kirchengesänge)을 의미한다.

마틴 루터 시대의 코랄(Choral)은 라틴 챤트를 말하는 것이었으나, 16세기 후반에는 일반적으로 루터교회의 회중찬송을 코랄이라 하였다.

그러나 현대 독일어에서의 코랄은 코랄선율이나 같은 가사에 따라 만든 곡인 세팅(setting)을 말하며, 선율에 가사를 붙인 콘트라팍툼의 형태는 '키르헨리트'(Kirchenlied)라고 구분된다. 또한 영어의 코랄(Chorale)은 선율과 선율에 따라 가사를 붙인 모든 것을 포함한 것을 의미한다.

코랄은 종교개혁 때부터 현재에 이르기까지 특히 종교개혁 이후 200여 년간 여러 가지 작곡형식을 위한 중요한 자료가 되었으며, 처음에는 단성이었으나 나중에는 4성부의 단순한 화성으로 작곡되었다.

---

3) 코랄선율에 의한 다양한 음악양식

코랄
독일 프로테스탄트 교회에서 회중들이 부르는 찬송

마틴 루터 시대의 Choral
라틴 챤트

16세기 후반의 Choral
루터교회의 회중찬송

다성음악에서의 교회음악 양식

다음에서 코랄선율이 기악작품에 사용되어 나타난 중요한 음악양식을 살펴보자.

코랄선율에 의한 중요한 음악양식

(1) 코랄 모테트 (Chorale Motet)
  4성부에 의한 코랄[1586년 신학자 루카스 오시안더(Lucas Osiander)가 처음으로 출판]로서, 모든 성부가 동시에 가사를 함께 부르고, 코랄의 한 절에 나타나는 각 악절이 명확한 종지로 구분되며, 페르마타로 표시되어 있다. 이 형식은 19세기 말엽과 20세기에 접어들면서 부흥을 맞이하였다.

(2) 코랄 콘체르토 (Chorale Concerto)
  17세기 초에 발달된 형식으로 코랄선율이 바탕이 된 성악곡의 일종으로 한 사람 이상의 성악가와 콘티누오(Continuo) 반주로 되어있으며, 때로는 보조악기가 포함되기도 한다.

(3) 코랄 칸타타 (Chorale Cantata)
  칸타타에 있어서 두 개 이상의 악장이 독일의 코랄가사와 선율을 바탕으로 작곡된 형식이다.

코랄을 사용한 오르간음악의 양식

(1) 코랄 판타지아 (Chorale Fantasia)
  코랄의 일부분을 사용하여 자유로운 판타지로 작곡한 작품

(2) 코랄 푸가 (Chorale Fugue)
  코랄의 일부분을 주제로 하여 푸가기법을 사용하여 작곡한 작품

(3) 코랄 파르티타 / 코랄변주곡
  (Chorale Partita / Chorale Variation)
  코랄을 테마로 하여 작곡한 변주곡

(4) 코랄 리체르카르 (Chorale Ricercar)
  코랄선율을 정선율로, 이 선율이 모든 성부
  에서 부분적으로 모방되거나 카논기법으로 작곡한 작품

코랄

(5) 코랄 프렐류드 (Choral Prelude)

프렐류드의 어원은 라틴어 '앞서가다'(praeludere)에서 유래된다. 이 프렐류드는 주로 기악곡의 전주로 오르간, 피아노, 류트를 위한 곡이 많다.

17세기에 전주의 의미로 사용한 용어로는, 프레암블룸(Praeambulum), 인토나치오(Intonatio), 카프리치오(Capriccio), 토카타(Toccata), 인트라다(Intrada), 판타지아(Fantasia), 리체르카르(Ricercar) 등이 있다. 바흐가 그의 모음곡의 전주로 사용한 용어로 영국모음곡에서는 프렐류드(Prélude)를 사용하였다. 파르티타에서는 프렐류디움(Praeludium), 신포니아(Sinfonia), 판타지아(Fantasia), 오버튜어(Ouvertüre), 프레암블룸(Praeambulum), 토카타(Toccata) 등을 사용하였다. 또한 이 프렐류드가 성악곡의 전주로 사용될 때에는 조성을 확립하여 제시하는 역할을 한다. 기악곡의 전주는 주로 푸가(Fuga〈이〉, Fuge〈독〉, Fugue〈영,프〉)앞에 나온다.

바흐는 평균율곡집(Wohltemperiertes Klavier)에서, 3-5성의 엄격한 폴리포니의 푸가 앞에 자유로운 형식의 프렐류드를 작곡하였다. 이 프렐류드는 푸가와 같은 조성으로 되어있다. 한 옥타브의 12개 장조와 그 동주음조인 12개 단조로 24개의 조성을 사용하였다. 12개의 홀수번호에서는 12개의 장조 [C, C#, D, E♭, E, F, F#, G, A♭, A, B♭, B]가, 짝수번호에서는 12개의 단조 [c, c#, d, e♭, e, f, f#, g, g#, a, b♭, b]가 반음계 음의 순으로 사용되어 있다.

고전주의 시대에는 프렐류드가 쇠퇴한다. 낭만주의 시대의 멘델스존, 슈만 등의 작곡가들에 의해 바로크의 푸가와 프렐류드를 모방한 작품들이 작곡되었다. 또한 19세기에는 프렐류드와 짝을 이루어 작곡되었던 푸가와 분리되어 독립적인 성격소곡으로 나타난다. 이러한 예로는 쇼팽의 24개 프렐류드를 들 수 있다. 쇼팽은 바흐와 같이 24개의 프렐류드를 작곡하여 조성에 따라 정리하였다. 바흐가 반음계의 순서로 정리한 장조와 그 동주음조를 교차시켜 정리한 반면 쇼팽은 5도권의 순서로 정리한 장조와 그 병행단조를 교차하여 정리하였다. 즉 [C, a, G, e, D, b, A, f#, E, c#, B, g#, F#, e♭, D♭(C#), b♭, A♭, f, E♭, c, B♭, g, F, d]의 순서로 정리되어 있다.

다성음악에서의 교회음악 양식

후기낭만과 인상주의 시대의 작곡가들에 의해서도 프렐류드가 작곡되었는데, 그 중 중요한 작품으로는 라흐마니노프(Sergey Vassilievich Rakhmaninov, 1873-1943)의 프렐류드(1903-4)와 스크리아빈(Alexander Nikolayevich Skriabin,1872-1915)의 프렐류드, 드뷔시(Claude Achille Debussy, 1862-1918)의 프렐류드 1권(12곡, 1910)과 2권(12곡, 1913), 메시앙(Olivier Messiaen, 1908-1992)의 프렐류드(1929)가 있고, 힌데미트(Paul Hindemith, 1895-1963)의 『음의 유희』(Ludus Tonalis, 1943)는 바흐의 평균율처럼 12음의 반음을 사용하여 푸가를 작곡하였다. 정리한 순서는 바흐나 쇼팽과는 달리, 그의 자연배음에 의해 만든 음렬의 음을 순서대로 적용하여 [C, G, F, A, E, E♭, A♭, D, B♭, D♭, H(B), F♯]의 조성 순으로 푸가를 작곡하였는데, 이 작품의 시작에는 전주(Praeludium)가 있고, 푸가와 푸가 사이에는 간주(Interludium)가 있으며 마지막에는 후주(Postludium)가 있다.

이와 같이 코랄에 의해 많은 음악형식이 생기게 되었으며 개신교 교회음악이 세속음악에 영향을 주었음을 알 수 있다. 특히 음악이론에 통찰력을 지닌 마틴 루터(Martin Luther, 1483-1546)는 찬송가를 작곡함에 있어 교회선법의 확대 즉 8개의 교회선법을 12개로 확대하여 사용하여 오늘날의 장·단조의 조성을 낳게 하는 길을 열어 주었으며, 복잡한 리듬사용 및 형식 등의 진보적인 음악이론과 대위법적 편곡이나 자유로운 창조성을 통해 음악발전에 많은 공헌을 하였다. 이러한 교회에서 발전된 음악적 기교가 일반으로 옮겨져 세속음악이 교회음악의 영향을 받게 된다.

다음에는 교회음악인 코랄이 영향을 주어 나타난 형태 중 하나로, 교회에서 사용하는 기악작품인 코랄 프렐류드에 대하여 살펴보자.

4) 코랄 프렐류드(Choral Prelude)

코랄 프렐류드(Choral Prelude)는 16세기 루터교회의 회중찬송인 코랄(Choral)을 부르기 전에 조성을 알리는 역할을 하여 음을 잡을 수 있도록 하였다. 코랄은 회중이 쉽게 부르게 하기 위하여 단순한 언어와 유절형식의 노래하기 쉬운 선율로 되어있다.

16세기 루터교회 최초의 찬송은 요한 발터(Johann Walter,1496-1570)가 담당하였으며, 마틴 루터(Martin Luther,1483-1546)가

쇼팽의 24개 프렐류드

쇼팽은 5도권의 순서로 정리한 장조와 그 병행단조를 교차하여 정리 즉 [C, a, G, e, D, b, A, f♯, E, c♯, B, g♯, F♯, e♭, D♭(C♯), b♭, A♭, f, E♭, c, B♭, g, F, d] 의 순서로 정리되어 있다

후기낭만과 인상주의 시대의 프렐류드 작곡가

라흐마니노프 (1873-1943)
스크리아빈 (1872-1915)
드뷔시 (1862-1918)
힌데미트 (1895-1992)
『음의 유희』(Ludus Tonalis) 자연배음에 의해 만든 음렬의 음을 순서대로 적용하여 푸가를 작곡하였는데, 이 작품의 시작에는 전주(Praeludium), 푸가와 푸가사이에는 간주(Interludium) 마지막에는 후주(Postludium)가 있다

마틴 루터 (1483-1546)
교회선법의 확대
8개의 교회선법을 12개로 확대하여 사용하여 오늘날의 장·단조의 조성을 낳게 하는 길을 열어 주었다

4) 코랄 프렐류드

16세기 루터교회의 회중찬송인 코랄을 부르기 전에 조성을 알리는 역할을 하여 음을 잡을 수 있도록 하였다

루터교회 최초의 찬송 담당자
요한 발터 (1496-1570)

코랄

마틴루터가 편집한 소책자의 찬송가
『Geistliches Gesänge Büchlein』 (38곡)

1551년
소책자 찬송가의 명칭이 변경됨.
『Wittenbergisch-deutsch geistlich Gesangbüchlein』

게오르크 로오 (1488-1548)
『Neue deutsche geistliche Gesange』를 출판 (123곡)

바흐 (1685-1750)
코랄에 4성부 화음을 붙였으며, 371개의 4성부 코랄을 편집

편집한 『소책자의 찬송가』(Geistliches Gesänge Büchlein)에는 32개의 코랄가사에 의한 35개의 코랄과 4-5성부로 편곡된 곡을 포함하여 38곡이 있었다. 1551년에는 독일의 코랄 세팅과 라틴어로 된 곡 등 80여곡이 포함된 제6판이 출판되었으며, 1544년 이 곡집의 명칭이 『비텐베르크 - 독일 소책자의 찬송가』(Wittenbergisch-deutsch geistlich Gesang-büchlein)으로 바뀌었다. 또한 게오르크 로오(Georg Rhaw, 1488-1548)는 19명의 작곡가가 만든 초기의 코랄 세팅 123곡으로 구성된 『새 독일 찬송가』(Neue deutsche geistliche Gesange)를 출판하였다.

17세기의 바흐는 코랄에 4성부 화음(harmonized chorale 또는 four-part chorale)을 붙였으며, 371개의 4성부 코랄을 편집하였다. 여기에는 271곡의 선율이 있으며 그 나머지는 같은 선율에 편곡을 하는데, 그 중 80개의 선율은 두 번 이상 사용되었다.

다음에 바흐의 371개의 4성부 코랄의 목록을 제시한다. 〈표 49〉[52]

다성음악에서의 교회음악 양식

<표 49> 바흐, 371개의 4성부 코랄목록

No.	German	English
1	Aus meines Herzens Grunde	From the depths of my heart
2	Ich dank' dir, lieber Herre	I thank Thee, dear Lord
3	Ach Gott, vom Himmel sieh' darein	Ah, God, from heaven look therein and be merciful
4	Es ist das Heil uns kommen her	Salvation has come to us
5	An Wasserflüssen Babylon	By the rivers of Babylon
6	Christus, der ist mein Leben	Christ is my life
7	Nun lob', mein' Seel', den Herren	Now praise the Lord, my soul
8	Freuet euch, ihr Christen alle	Rojoice, ye Christians all
9	Ermuntre dich, mein schwacher Geist	Rouse thyself, my weak spirit
10	Aus tiefer Not schrei' ich zu dir	From deep need I cry to Thee
11	Jesu, nun sei gepreiset	Jesus now be praised
12	Puer natus in Bethlehem	A Boy born in Bethlehem
13	Allein zu dir, Herr Jesu Christ	Only in Thee, Lord Jesus Christ
14	O Herre Gott, dein göttlich Wort	O Lord our God, Thy holy word
15	Christ lag in Todesbanden	Christ lay in the bonds of death
16	Es woll' uns Gott genädig sein	May God be merciful to us
17	Erschienen ist der herrliche Tag	The glorious day has dawned
18	Gottes Sohn ist kommen	The Son of God has come
19	Ich hab'mein' Sach' Gott heimgestellt	I have placed all my affairs in God's hands
20	Ein' faste Burg ist unser Gott	A stronghold is our God
21	Herzlich tut mich verlangen	I desire sincerely a blessed ending
22	Schmücke dich, o liebe Seele	Deck thyself, dear soul
23	Zeuch ein zu deinen Toren	Enter Thy gates
24	Valet will ich dir geben	I wish to bid you farewell
25	Wo soll ich fliehen hin	Whither am I to flee?
26	O Ewigkeit, du Donnerwort	O Eternity, thou word of thunder
27	Es spricht der Unweisen Mund	The lips of the foolish say
28	Nun komm, der Heiden Heiland	Now come, Savior of the Gentiles
29	Freu' dich sehr, o meine Seele	Rejoice greatly, O my soul
30	Jesus Christus, unser Heiland	Jesus Christ, our Savior
31	Ach lieben Christen, seid getrost	Ah, dear Christians, be comforted
32	Nun danket alle Gott	Now let all thank God
33	Herr, ich habe missgehandelt	Lord, I have transgressed
34	Erbarm' dich mein, o Herre Gott	Have mercy on me, O Lord God
35	Gott des Himmels und der Erden	God of heaven and of earth
36	Nun bitten wir den heiligen Geist	Now let us beg true faith of the Holy Ghost
37	Jesu, der du meine Seele	Jesus, Thou Who saved my soul
38	Straf' mich nicht in deinem Zorn	Punish me not in Thy wrath
39	Ach was soll ich Sünder machen	Ah, what am I, a sinner, to do

코랄

No.	German	English
40	Ach Gott und Herr, wie gross und schwer	Ah, God and Lord, how great and heavy my sins
41	Was mein Gott will, das g'scheh'	May what my God wills come to pass
42	Du Friedensfürst, Herr Jesu Christ	Thou Prince of Peace, Lord Jesus Christ
43	Liebster Gott, wann werd' ich sterben	Dearest God, when shall I die
44	Mach's mit mir, Gott, nach deiner Güt'	Do with me as Thy goodness prompts Thee
45	Kommt her zu mir, spricht Gottes Sohn	"Come to me," speaks the Son of God
46	Vom Himmel hoch, da komm' ich her	From heaven above I hither come
47	Vater unser im Himmelreich	Our Father, Who art in heaven
48	Ach wie nichtig, ach wie flüchtig	Ah, how empty! ah, how fleeting!
49	Mit Fried' und Freud' ich fahr' dahin	With peace and joy I journey thiter
50	In allen meinen Taten	In all my deeds
51	Gelobet seist du, Jesu Christ	Praised be Thou, Jesus Christ
52	Wenn mein Stündlein vorhanden ist	When my brief hour is come
53	Das neugeborne Kindelein	The new-born Babe
54	Lobt Gott, ihr Christen, allzugleich	Praise God, ye Christians, all together
55	Wir Christenleut'	We Christian folk
56	Christum wir sollen loben schon	Let us be praising Christ
57	O Traurigkeit, o Herzeleid	O sadness, O bitter pain
58	Herzlich lieb hab' ich dich, o Herr	Dearly I love Thee, O Lord
59	Herzliebster Jesu, was hast du	Dearest Jesus, how hast Thou transgressed
60	Ich freue mich in dir	I rejoice in Thee
61	Jesu Leiden, Pein und Tod	Jesus' suffering, pain, and death
62	Wer nur den lieben Gott lässt	He who lets only beloved God rule
63	Nun ruhen alle Wälder	Now all the forests are at rest
64	Freu' dich sehr, o meine Seele	Rejoice greatly, O my soul
65	Was Gott tut, das ist wohlgetan	What God does is well done
66	Christ, unser Herr, zum Jordan kam	Christ our Lord came to the Jordan
67	Freu' dich sehr, o meine Seele	Rejoice greatly, O my soul
68	Wenn wir in höchsten Nöten sein	When we are in utmost need
69	Komm, heiliger Geist, Herre Gott	Come, Holy Ghost, Lord God
70	Gott sei gelobet und gebenedeiet	God be praised and blessed
71	Ich ruf' zu dir, Herr Jesu Christ	I call to Thee, Lord Jesus Christ
72	Erhalt' uns, Herr, bei deinem Wort	Preserve us, Lord, by Thy word
73	Herr Jesu Christ, du höchstes Gut	Lord Jesus Christ, Thou highest good
74	O Haupt voll Blut und Wunden	O Head, bloody and wounded
75	Das walt' mein Gott	My Lord grant it!
76	Freu' dich sehr, O meine Seele	Rejoice greatly, O my soul
77	In dich hab' ich gehoffet, Herr	On Thee I have set my hope, O Lord
78	Herzliebster Jesu, was hast du	Dearest Jesus, how hast Thou transgressed
79	Heut' triumphieret Gottes Sohn	Today God's Son triumphs
80	O Haupt voll Blut und Wunden	O Head, bloody and wounded

다성음악에서의 교회음악 양식

No.	German	English
81	Christus, der uns selig macht	Christ, Who makes us blessed
82	O grosser Gott von Macht	O great God of might
83	Jesu Leiben, Pein und Tod	Jesus' suffering, pain, and death
84	Nun bitten wir den heiligen Geist	Now let us beg true faith of the Holy Ghost
85	O Gott, du frommer Gott	O God, Thou good God
86	Wie schön leuchtet' der Morgenstern	How brightly shines the morning star
87	Du, o schönes Weltgebäude	Thou, O fair universe
88	Helft mir Gott's Güte preisen	Help me praise God's goodness
89	O Haupt voll Blut und Wunden	O Head, bloody and wounded
90	Hast du denn, Jesu, dein Angesicht	Hast Thou then, Jesus, hidden Thy countenance
91	Verleih' uns Frieden gnädiglich	Mercifully grant us peace
92	O Jesu Christ, du höchstes Gut	O Jesus Christ, Thou highest good
93	Wach' auf, mein Herz, und singe	Awake, my heart, and sing
94	Warum betrübst du dich, mein Herz	Why do you grieve, my heart?
95	Werde munter, mein Gemüte	Be glad, my soul
96	Jesu meine Freude	Jesus, my joy
97	Nun bitten wir den heiligen Geist	Now let us beg true faith of the Holy Ghost
98	O Haupt voll Blut und Wunden	O Head, bloody and wounded
99	Helft mir Gott's Güte preisen	Help me praise God's goodness
100	Durch Adams Fall ist ganz verderbt	Adam's fall entirely corrupted human nature
101	Herr Christ, der ein'ge Gott'ssohn	Lord Christ, the only Son of God
102	Ermuntre dich, mein schwacher Geist	Rouse thyself, my weak spirit
103	Nun ruhen alle Wälder	Now all the forests are at rest
104	Wer nur den lieben Gott lässt	He who lets only beloved God rule
105	Herzliebster Jesu, was hast du	Dearest Jesus, how hast Thou transgressed
106	Jesu Leiben, Pein und Tod	Jesus' suffering, pain, and death
107	Herzlich lieb hab' ich dich, o Herr	Dearly I love Thee, O Lord
108	Valet will ich dir geben	I wish to bid you farewell
109	Singen wir aus Herzens Grund	Let us sing from the depths of our herts
110	Vater unser im Himmelreich	Our Father, Who art in heaven
111	Herzliebster Jesu, was hast du	Dearest Jesus, how hast Thou transgressed
112	Wer nur den lieben Gott lässt	He who lets only beloved God rule
113	Christus, der uns selig macht	Christ, Who makes us blessed
114	Von Gott will ich nicht lassen	From God I will not depart
115	Was mein Gott will, das g'scheh'	May what my God wills come to pass
116	Nun lob', mein' Seel', den Herren	Now praise the Lord, my soul
117	Nun ruhen alle Wälder	Now all the forests are at rest
118	In dich hab' ich gehoffet, Herr	On Thee I have set my hope, O Lord
119	Christ, unser Herr, zum Jordan kam	Christ our Lord came to the Jordan
120	Was mein Gott will, das g'scheh'	May what my God wills come to pass
121	Werde munter, mein Gemüte	Be glad, my soul

코랄

No.	German	English
122	Ist Gott mein Schild und Helfersmann	If God is my shield and helper
123	Helft mir Gott's Güte preisen	Help me praise God's goodness
124	Auf, auf, mein Herz, und du mein ganzer Sinn	Up, up, my Heart, and thou my entire being
125	Allein Gott in der Höh' sei Ehr'	Only to God on high be glory!
126	Durch Adams Fall ist ganz verderbt	Adam's fall entirely corrupted human nature
127	Dies sind die heil'gen zehn Gebot'	These are the sacred ten commandments
128	Alles ist an Gottes Segen	Everything is on God's blessing dependent
129	Keinen hat Gott verlassen	God hath forsaken no one
130	Meine Seele erhebet den Herrn	My soul exalts the Lord
131	Liebster Jesu, wir sind hier	Dearest Jesus, we are here
132	Kyrie, Gott Vater in Ewigkeit	Kyrie, God the Father eternally
133	Wir glauben all' an einen Gott, Schöpfer	We all believe in one God, the Creator
134	Du, o schönes Weltgebäude	Thou, O fair universe
135	Gott der Vater wohn' uns bei	God the Father, dwell with us
136	Herr Jesu Christ, dich zu uns wend'	Lord Jesus Christ, turn towards us
137	Wer Gott vertraut, hat wohl gebaut	He who trusts God has built well
138	Jesu meine Freude	Jesus, my joy
139	Warum sollt' ich mich denn grämen	Why should I then grieve?
140	In allen meinen Taten	In all my deeds
141	Seelen-Bräutigam	Bridegroom of the soul
142	Schwing' dich auf zu deinem Gott	Soar upwards to thy God
143	In dulci jubilo	In sweet jubilation
144	Wer in dem Schutz des Höchsten ist	He who is in the protection of the Highest
145	Warum betrübst du dich, mein Herz	Why do you grieve, my heart?
146	Wer nur den lieben Gott lässt	He who lets only beloved God rule
147	Wenn ich in Angst und Not	When I in anxiety and need
148	Uns ist ein Kindlein heut' gebor'n	A Child is born to us this day
149	Nicht so traurig, nicht so sehr	Not so sadly, not so deeply troubled
150	Welt, ade! ich bin dein müde	World, adieu! I am tried of thee
151	Meinen Jesum lass' ich nicht, Jesus	I will not leave my Jesus; Jesus will not leave me
152	Meinen Jesum lass' ich nicht, weil	I will not leave my Jesus, since He gave Himself
153	Alle Menschen müssen sterben	All men must die
154	Der du bist drei in Einigkeit	Thou Who art three in unity
155	Hilf, Herr Jesu, lass gelingen	Help, Lord Jesus, send good speed!
156	Ach Gott, wie manches Herzeleid	Ah, God, full many a heartbreak
157	Wo Gott zum Haus nicht gibt sein' Gunst	If God does not bestow His grace
158	Der Tag, der ist so freudenreich	This day is so joyful
159	Als der gütige Gott	When merciful God
160	Gelobet seist du, Jesu Christ	Praised be Thou, Jesus Christ
161	Ihr Gestirn', ihr hohlen Lüfte	Ye stars, ye airy winds
162	Das alte Jahr vergangen ist	The old year has passed away

다성음악에서의 교회음악 양식

No.	German	English
163	Für Freuden lasst uns springen	Let us leap with joy
164	Herr Gott, dich loben alle wir	Lord God, we all praise Thee
165	O Lamm Gottes, unschuldig	O Lamb of God, innocent
166	Es stehn vor Gottes Throne	There stand before God's throne
167	Du grosser Schmerzensmann	Thou great Man of Sorrow
168	Heut' ist, o Mensch, ein grosser	This day, O mortal, is a great day of sorrow
169	Jesu, der du selbsten wohl	Jesus, Thou Who Thyself indeed hast tasted death
170	Nun komm, der Heiden Heiland	Now come, Savior of the Gentiles
171	Schaut, ihr Suüder	Behold, ye sinners
172	Sei gegrüsset, Jesu gütig	Hail to Thee, Jesus kind
173	O Herzensangst, o Bangigkeit	O anguish of heart! O fear!
174	Jesus Christus, unser Heiland	Jesus Christ, our Savior
175	Jesus, meine Zuversicht	Jesus, my confidence
176	Erstanden ist der heil'ge Christ	Blessed Christ hath risen
177	Ach bleib bei uns, Herr Jesu Christ	Ah, stay with us, Lord Jesus Christ
178	Das neugeborne Kindelein	The new-born Babe
179	Wachet auf, ruft uns die Stimme	"Awake!" the voice is calling to us
180	Als Jesus Christus in der Nacht	When Jesus Christ in the night
181	Gott hat das Evangelium	God gave the Gospel
182	Wär' Gott nicht mit uns diese Zeit	If God were not with us this time
183	Nun freut euch, lieben Christen, g'mein	Now rejoice, dear Christians, together
184	Christ lag in Todesbanden	Christ lay in the bonds of death
185	Nun freut euch, Gottes Kinder all'	Now rejoice, all ye children of God
186	Ach Gott, erhör' mein Seufzen	Ah, God, hear my sighing
187	Komm, Gott Schöpfer, heiliger Geist	Come, God the Creator, Holy Ghost
188	Ich dank' dir schon durch deinen Sohn	I thank Thee, indeed, through Thy Son
189	Herr Jesu Christ, wahr'r Mensch und Gott	Lord Jesus Christ, true Man and God
190	Herr, nun lass in Frieden	Lord, permit now in peace Thy servant to depart
191	Von Gott will ich nicht lassen	From God I will not depart
192	Gottlob, es geht nunmehr zu Ende	Thank God, it now is almost over
193	Was bist du doch, o Seele, so betrübet	Why art thou yet, O soul, so troubled?
194	Liebster Immanuel, Herzog der Formmen	Deareset Immanuel, Lord of the devout
195	Wie schön leuchtet der Morgenstern	How brightly shines the morning star
196	Da der Herr Christ zu Tische sass	As Lord Christ was at supper
197	Christus ist erstanden, hat überwunden	Christ is risen, has conquered
198	Christus, der uns selig macht	Christ, Who makes us blessed
199	Hilf, Gott, dass mir's gelinge	Help me, God, to succeed
200	Christus ist erstanden, hat überwunden	Christ is risen, has conquered
201	O Mensch, bewein' dein' Sünde gross	O Man, bewail thy great sins
202	O wir armen Sünder	O we poor sinners
203	O Mensch, schau Jesum Christum an	O Man, behold Jesus Christ

코랄

No.	German	English
204	Wer weiss, wie nahe mir mein Ende	Who knows how near my end may be
205	Herr Gott, dich loben wir	Lord God, we praise Thee
206	So gibst du nun, mein Jesu, gute Nacht	Must Thou now thus, my Jesus, say good-night
207	Des heil'gen Geistes reiche Gnad'	The Holy Ghost's abundant mercy
208	Als vierzig Tag' nach Ostern	When forty days after Easter
209	Dir, dir, Jehovah, will ich singen	To Thee, Thee, Jehovah, I will sing
210	Christe, du Beistand deiner Kreuzgemeine	Christ, Thou support of Thy followers
211	Weltlich Ehr' und zeitlich Gut	Worldly honor and temporal good
212	Herr, ich denk' an jene Zeit	Lord, I am thinking of that time
213	O wie selig seid ihr doch, ihr Frommen	O how blessed ye are, ye faithful
214	Mitten wir im Leben sind	In the midst of life, we are surrounded by death
215	Verleih' uns Frieden gnädiglich	Mercifully grant us peace
216	Es ist genug; so nimm, Herr	It is enough! So take, Lord
217	Ach Gott, wie manches Herzeleid	Ah, God, full many a heartbreak
218	Lass, o Herr, dein Ohr sich neigen	Bow Thine ear, O Lord
219	O wie selig seid ihr doch, ihr Frommen	O how blessed ye are, ye faithful
220	Sollt' ich meinem Gott nicht singen	Am I not to sing to my God
221	Herr, straf mich nicht in deinem Zorn	Lord, punish me not in Thy wrath
222	Nun preiset alle Gottes Barmherzigkeit	Now let all praise God's mercy
223	Ich dank' dir, Gott, für all' Wohltat	I thank Thee, God, for all Thy benefits
224	Das walt' Gott Vater und Gott Sohn	God the Father and God the Son grant it!
225	Gott, der du selber bist das Licht	God, Who art Thyself the light
226	Herr Jesu Christ, du hast bereit	Lord Jesus Christ, Thou hast already
227	Lobet den Herren, denn er ist sehr freundlich	Praise the Lord, for He is most gracious
228	Danket dem Herren, denn er ist sehr freundlich	Thank ye the Lord, for He is very gracious
229	Ich danke dir, o Gott, in deinem Throne	I thank Thee, O God upon Thy throne
230	Christ, der du bist helle Tag	Christ, Who art clear day
231	Die Nacht ist kommen	Night has come
232	Die Sonn' hat sich mit ihrem Glanz	The sun in its splendor has set
233	Werde munter, mein Gemüte	Be glad, my soul
234	Gott lebet noch	God still lives
235	Heilig, heilig	Holy, holy
236	O Jesu, du mein Bräutigam	O Jesus, Thou my bridegroom
237	Was betrübst du dich, mein Herze	What makes you grieve, my heart?
238	Es wird schier der letzte Tag	The final day will soon arrive
239	Den Vater dort oben	The Father there above
240	Nun sich der Tag geendet hat	When now the day is at an end
241	Was willst du dich, o meine Seele	Why do you wish, O my soul, to feel grieved
242	Wie bist du, Seele, in mir so gar betrübt	Why art thou, soul, so troubled within me
243	Jesu, du mein liebstes Leben	Jesus, Thou my dearest life
244	Jesu, Jesu, du bist mein	Jesus, Jesus, Thou art mine

다성음악에서의 교회음악 양식

No.	German	English
245	Chrite, der du bist Tag und Licht	Christ, Who art day and light
246	Singt dem Herrn ein neues Lied	Sing the Lord a new song
247	Wenn wir in höchsten Nöten sein	When we are in utmost need
248	Sei Lob und Ehr' dem höchsten Gut	Praise and honor to the highest Good!
249	Allein Gott in der Höh' sei Ehr'	Only to God on high be glory!
250	Ein' faste Burg ist unser Gott	A stronghold is our God
251	Ich bin ja, Herr in deiner Macht	I am indeed, Lord, in Thy power
252	Jesu, nun sei gepreiset	Jesus now be praised
253	Ach Gott, vom Himmel sieh' darein	Ah, God, from heaven look therein and be merciful
254	Weg, mein Herz, mit den Gedanken	Away, my heart, with the thoughts
255	Was frag' ich nach der Welt	Why do I ask for the world
256	Jesu, deine tiefen Wunden	Jesus, Thy deep wounds
257	Nun lasst uns Gott, dem Herren	Now let us to God the Lord give thanks
258	Meine Augen schliess' ich jetzt	Now I close my eyes
259	Verleih' uns Frieden gnädiglich	Mercifully grant us peace
260	Es ist gewisslich an der Zeit	It is certainly time
261	Christ lag in Todesbanden	Christ lay in the bonds of death
262	Ach Gott, vom Himmel sieh' darein	Ah, God, from heaven look therein and be merciful
263	Jesu meine Freude	Jesus, my joy
264	Jesu, meines Herzens Freud'	Jesus, joy of my heart
265	Was mein Gott will, das g'scheh'	May what my God wills come to pass
266	Herr Jesu Christ, du höchstes Gut	Lord Jesus Christ, Thou highest good
267	Vater unser im Himmelreich	Our Father, Who art in heaven
268	Nun lob', mein' Seel', den Herren	Now praise the Lord, my soul
269	Jesu, der du meine Seele	Jesus, Thou Who saved my soul
270	Befiehl du deine Wege	Entrust thy ways
271	Gib dich zufrieden und sei stille	Be content and be silent
272	Ich dank' dir, lieber Herre	I thank Thee, dear Lord
273	Ein' faste Burg ist unser Gott	A stronghold is our God
274	O Ewigkeit, du Donnerwort	O Eternity, thou word of thunder
275	O Welt, sieh hier dein Laben	O World, behold thy life
276	Lobt Gott, ihr Christen, allzugleich	Praise God, ye Christians, all together
277	Herzlich lieb hab' ich dich, o Herr	Dearly I love Thee, O Lord
278	Wie schön leuchtet' der Morgenstern	How brightly shines the morning star
279	Ach Gott und Herr, wie gross und schwer	Ah, God and Lord, how great and heavy my sins
280	Eins ist not! ach Herr, dies Eine	One thing is needful, O Lord, this one thing
281	Wo soll ich fliehen hin	Whither am I to flee?
282	Freu' dich sehr, o meine Seele	Rejoice greatly, O my soul
283	Jesu meine Freude	Jesus, my joy
284	Herr Jesu Christ, wahr'r Mensch und Gott	Lord Jesus Christ, true Man and God
285	Wär' Gott nicht mit uns diese Zeit	If God were not with us this time

코랄

No.	German	English
286	Befiehl du deine Wege	Entrust thy ways
287	Herr, ich habe missgehandelt	Lord, I have transgressed
288	Gelobet seist du, Jesu Christ	Praised be Thou, Jesus Christ
289	Nun ruhen alle Wälder	Now all the forests are at rest
290	Es ist das Heil uns kommen her	Salvation has come to us
291	Was frag' ich nach der Welt	Why do I ask for the world
292	Nimm von uns, Herr, du treuer Gott	Avert from us, Lord, Thou faithful God, the punishment
293	Was Gott tut, das ist wohlgetan	What God does is well done
294	Herr Jesu Christ, du höchstes Gut	Lord Jesus Christ, Thou highest good
295	Herr Jesu Christ, mein's Lebens Licht	Lord Jesus Christ, light of my life
296	Nun lob', mein' Seel', den Herren	Now praise the Lord, my soul
297	Jesu, der du meine Seele	Jesus, Thou Who saved my soul
298	Weg, mein Herz, mit den Gedanken	Away, my geart, with the thoughts
299	Meinen Jesum lass' ich nicht, weil	I will not leave my Jesus, since He gave Himself
300	Warum betrübst du dich, mein Herz	Why do you grieve, my heart?
301	Ach lieben Christen, seid getrost	Ah, dear Christians, be comforted
302	Hilf, Gott, dass mir's gelinge	Help me, God, to succeed
303	Herr Christ, der ein'ge Gott'ssohn	Lord Christ, the only Son of God
304	Auf meinen lieben Gott	In my dear God
305	Wie schön leuchtet' der Morgenstern	How brightly shines the morning star
306	O Mensch, bewein' dein' Sünde gross	O Man, bewail thy great sins
307	Christus, der uns selig macht	Christ, Who makes us blessed
308	Ach Gott, wie manches Herzeleid	Ah, God, full many a heartbreak
309	Ein Lämmlein geht und trägt die Schuld	A Lambkin goes and bears the guilt
310	Mach's mit mir, Gott, nach deiner Güt'	Do with me as Thy goodness prompts Thee
311	Dank sei Gott in der Höhe	Thanks be to God on high
312	O Gott, du frommer Gott	O God, Thou good God
313	Allein Gott in der Höh' sei Ehr'	Only to God on high be glory!
314	Das alte Jahr vergangen ist	The old year has passed away
315	O Gott, du frommer Gott	O God, Thou good God
316	Christus, der ist mein Laben	Christ is my life
317	Herr, wie du willst, so schick's mit mir	Lord, ordain what Thou wilt for me
318	Herr, wie du willst, so schick's mit mir	Lord, ordain what Thou wilt for me
319	Sanctus, Sanctus Dominus Deus Sabaoth	Holy, holy, Lord God of Sabaoth
320	Gott sei uns grädig und barmherzig	God be gracious and merciful to us
321	Wir Christenleut'	We Christian folk
322	Wenn mein Stündlein vorhanden ist	When my brief hour is come
323	Wie schön leuchtet' der Morgenstern	How brightly shines the morning star
324	Jesu meine Freude	Jesus, my joy
325	Mit Fried' und Freud' ich fahr' dahin	With peace and joy I journey thither

다성음악에서의 교회음악 양식

No.	German	English
326	Allein Gott in der Höh' sei Ehr'	Only to God on high be glory!
327	Jesu, nun sei gepreiset	Jesus now be praised
328	Liebster Jesu, wir sind hier	Dearest Jesus, we are here
329	Sei Lob und Ehr' dem höchsten Gut	Praise and honor to the highest Good!
330	Nun danket alle Gott	Now let all thank God
331	Wo soll ich fliehen hin	Whither am I to flee?
332	Von Gott will ich nicht lassen	From God I will not depart
333	Es woll' uns Gott genädig sein	May God be merciful to us
334	Fur deinen Thron tret' ich hiermit	Before Thy throne I herewith come
335	Es ist das Heil uns kommen her	Salvation has come to us
336	Wo Gott der Herr nicht bei uns hält	Had God the Lord not remained with us
337	O Gott, du frommer Gott	O God, Thou good God
338	Jesus, meine Zuversicht	Jesus, my confidence
339	Wer nur den lieben Gott lässt	He who lets only beloved God rule
340	Befiehl du deine Wege	Entrust thy ways
341	Ich dank' dir, lieber Herre	I thank Thee, dear Lord
342	Lobt Gott, ihr Christen, allzugleich	Praise God, ye Christians, all together
343	Nun lieget alles unter dir	Now all lies beneath Thee
344	Vom Himmel hoch, da komm' ich her	From heaven above I hither come
345	O Haupt voll Blut und Wunden	O Head, bloody and wounded
346	Meines Lebens letzte Zeit	The last hour of my life
347	Was Gott tut, das ist wohlgetan	What God does is well done
348	Meinen Jesum lass' ich nicht, weil	I will not leave my Jesus, since He gave Himself
349	Ich hab' in Gottes Herz und Sinn	I have in God's heart and mind
350	Jesu, meiner Seelen Wonne	Jesus, joy of my soul
351	Wenn mein Stündlein vorhanden ist	When my brief hour is come
352	Es woll' uns Gott genädig sein	May God be merciful to us
353	Der Herr ist mein getreuer Hirt	The Lord is my faithful shepherd
354	Sei Lob und Ehr' dem höchsten Gut	Praise and honor to the highest Good!
355	Nun ruhen alle Wälder	Now all the forests are at rest
356	Jesu meine Freude	Jesus, my joy
357	Warum sollt' ich mich denn grämen	Why should I then grieve?
358	Meine Seele erhebet den Herrn	My soul exalts the Lord
359	Allein zu dir, Herr Jesu Christ	Only in Thee, Lord Jesus Christ
360	Wir Christenleut'	We Christian folk
361	Du Lebensfürst, Herr Jesu Christ	Thou Prince of Life, Lord Jesus Christ
362	Es ist gewisslich an der Zeit	It is certainly time
363	O Welt, sieh hier dein Laben	O World, behold thy life
364	Von Gott will ich nicht lassen	From God I will not depart
365	Jesu, meiner Seele Wonne	Jesus, joy of my soul
366	O Welt, sieh hier dein Laben	O World, behold thy life

코랄

No.	German	English
367	Befiehl du deine Wege	Entrust thy ways
368	Hilf, Herr Jesu, lass gelingen	Help, Lord Jesus, send good speed!
369	Jesu, der du meine Seele	Jesus, Thou Who saved my soul
370	Kommt her zu mir, Spricht Gottes Sohn	"Come to me," speaks the Son of God
371	Christ lag in Todesbanden	Christ lay in the bonds of death

바흐의 코랄
〈하늘에 계신 우리 아버지〉
(Vater Unser Im Himmelreich)
  제 47번
  제 110번
  제 267번

〈표 48〉 바흐의 371개 4성부 코랄중 〈하늘에 계신 우리 아버지〉 (Vater Unser Im Himmelreich)의 내성 파트가 약간 변형된 형태를 제시한다. 코랄번호 제 47번, 제 110번, 제 267번의 악보를 제시한다. [악보 85] a,b,c

코랄 제 47번은 《요한수난곡》(BWV 245) 제 9번 코랄에서, 제 110번은 《칸타타 102번》(BWV 102) 마지막 곡인 제 7번 코랄에서, 제 267번은 《칸타타 90번》(BWV 90) 마지막 곡인 제 5번 코랄에서 사용되었다.

다성음악에서의 교회음악 양식

[악보 85] a 바흐, 4성부 코랄 제 47번 BWV 245
〈하늘에 계신 우리 아버지〉 (Vater unser im Himmelreich)

1. Vater unser im Himmelreich,
   Der du uns alle heissest gleich
   Brüder sein und dich rufen an
   Und willst das Beten von uns ha'n:
   Gib, dass nicht bet'allein der Mund;
   Hilf, dass er geh'aus Herzens Grund.

[악보 85] b 바흐, 4성부 코랄 제 110번 BWV 102
⟨하늘에 계신 우리 아버지⟩ (Vater unser im Himmelreich)

[악보 85] c 바흐, 4성부 코랄 제 267번 BWV 90
⟨하늘에 계신 우리 아버지⟩ (Vater unser im Himmelreich)

다성음악에서의 교회음악 양식

앞에 제시된 [악보 85] a-c에 사용된 코랄 〈하늘에 계신 우리 아버지〉(Vater Unser Im Himmelreich)의 선율을 사용하여 만든 샤이트(Samuel Scheidt, 1587-1654), 북스테후데(Dietrich Buxtehude, c.1637-1707), 바흐(J.S. Bach,1685-1750)등 세 명의 오르간을 위한 코랄 프렐류드의 악보를 제시한다. [악보 86-88]

[악보 86] 샤이트, 코랄 프렐류드
〈하늘에 계신 우리 아버지〉(Vater unser im Himmelreich)

코랄

[악보 87] 북스테후데, 코랄 프렐류드
〈하늘에 계신 우리 아버지〉 (Vater unser im Himmelreich)

다성음악에서의 교회음악 양식

[악보 88] 바흐, 코랄 프렐류드 제 37번 BWV 636
〈하늘에 계신 우리 아버지〉 (Vater unser im Himmelreich)

다성음악에서의 교회음악 양식

바흐는 코랄의 선율을 사용하여 《오르간을 위한 45개의 코랄 전주곡집》(Choral Prelude / Orgelbüchlein, BWV 599-644)을 만들었다. 다음에 그 목록을 제시한다. 〈표 50〉[53]

〈표 50〉 바흐, 오르간을 위한 45개의 코랄 전주곡 목록

번호	구분	코랄제목	BWV
1	ADVENT	Nun komm der Heiden Heiland 이방인의 구세주여 오소서	BWV599
2		Gott, durch deine gute oder Gottes Sohn ist Kommen 주여, 당신의 자비로움으로 하나님의 아들이 오셨다	BWV 600
3		Herr Christ, der ein'ge Gottes Sohn order Herr Gott, nun sei gepreiset 예수 그리스도, 하나님의 독생자 주여, 찬양 받으소서	BWV 601
4		Lob sei dem Allmachtigen Gott 전능하신 하나님께 찬양드리자	BWV 602
5	CHRISTMAS	Puer natus in Bethlehem 베들레헴에 한 아기 나셨다	BWV 603
6		Gelobet seist du, Jesu Christ 예수 그리스도여 찬양 받으소서	BWV 604
7		Der Tag, der ist so freudenreich 기쁨에 넘치는 날이여	BWV 605
8		Vom Himmel hoch, da komm' ich her 저 높은 하늘에서 내가 왔도다	BWV 606
9		Vom Himmel kam der Engel Schaar 하늘이 천사가 목자들에게 나타나	BWV 607
10		In dulci jubilo 모두 기뻐하라, 노래로 찬양하라	BWV 608
11		Lobt Gott, ihr Christen, allzugleich 믿는 자들아, 모두 하나님을 찬양하라	BWV 609
12		Jesu, meine Freude 예수, 나의 기쁨	BWV 610
13		Christum wir sollen loben schon 그리스도께 아름다운 찬양을 드리자	BWV 611
14		Wir Christenleut 기독교인들아, 이제 우리는 기뻐하자	BWV 612
15	THE OLD YEAR AND NEW YEAR	Helft mir Gottes Gute preisen 나로 하여금 하나님의 선하심을 영화롭게 하옵소서	BWV 613
16		Das alte Jahr vergangen ist 묵은 해는 가고, 주님께 감사	BWV 614
17		In dir ist Freude 예수 그리스도, 당신 안에 기쁨이 있나이다	BWV 615
18	NUNC DIMITTIS	Mit Fried' und Freud ich fahr' dahin 평화와 기쁨으로 나아가나이다	BWV 616
19		Herr Gott, nun schleuss den Himmel auf 주 하나님, 천국의 문을 열어 주소서	BWV 617
20	PASSION	O Lamm Gottes, unschuldig 오 죄 없으신 하나님의 어린 양	BWV 618
21		Christe, du Lamm Gottes 그리스도, 하나님의 어린 양	BWV 619

코랄

번호	구분	코랄제목	BWV
22	PASSION	Christus, der uns selig macht 우리에게 축복을 내리시는 그리스도	BWV 620
23		Da Jesus an dem Kreuze stund 예수께서 십자가에 달리셨을 때	BWV 621
24		O Mensch, bewein' dein' Sunde gross 사람들아, 너희 죄를 애통하여라	BWV 622
25		Wir danken dir, Herr Jesu Christ 주 예수 그리스도여 감사를 드리나이다	BWV 623
26		Hilf Gott, dass mir's gelinge 하나님, 당신의 영광을 찬양토록 도와주소서	BWV 624
27	EASTER	Christ lag in Todesbanden 그리스도 죽음의 사슬에 누워 계셨으나	BWV 625
28		Jesus Christus, unser Heiland 예수 그리스도 우리의 구세주	BWV 626
29		Christ ist erstanden 그리스도께서 부활하셨다	BWV 627
30		Erstanden ist der heil'ge Christ 거룩하신 그리스도께서 부활하셨다	BWV 628
31		Erschienen ist der herrliche Tag 영광스런 날이 밝아 왔도다	BWV 629
32		Heut triumphiret Gottes Sohn 오늘 하나님의 아들이 승리하셨다	BWV 630
33	PENTECOST	Kom, Gott Schopfer, Heiliger Geist 창조주, 성령이여 오소서	BWV 631
34	WORD OF GOD	Herr Jesu Christ, dich zu uns wend 주 예수 그리스도시여, 우리에게 임하소서	BWV 632
35a		Liebster Jesu, wir sind hier 사랑하는 예수님, 저희가 여기 있나이다	BWV 633
35b		Liebster Jesu, wir sind hier 사랑하는 예수님, 저희가 여기 있나이다	BWV 634
36	SONGS OF FAITH	Diess sind die heil'gen zehn Gebot' 이것이 거룩한 십계명이니라	BWV 635
37		Vater unser im Himmelreich 하늘에 계신 우리 아버지	BWV 636
38	CONFESSION	Durch Adam's Fall ist ganz verderbt 아담의 실수로 인하여 모두 타락하였네	BWV 637
39	SALVATION IN CHRIST	Es ist das Heil uns kommen her 우리에게 구원이 임하였다	BWV 638
40	CHRISTIAN LIFE	Ich ruf' zu dir, Herr Jesu Christ 간구하나이다, 주 예수 그리스도여,	BWV 639
41	TRUST	In dich hab' ich gehoffet, Herr 주여 당신안에 희망이 있습니다	BWV 640
42		Wenn wir in hochsten Nothen sein 우리가 궁핍함에 처할 때마다	BWV 641
43		Wer nur den lieben Gott lasst walten 너 하나님께 이끌리어	BWV 642
44	FUNERAL	Alle Menschen mussen sterben 사람은 누구나 죽을 수밖에 없노라	BWV 643
45	MISCELLANEOUS	Ach wie fluchtig, ach wie nichtig 아! 얼마나 허무하고 덧없는가	BWV 644

다성음악에서의 교회음악 양식

45개의 코랄 전주곡(BWV 599-644) 중 제 1번 BWV 599 〈이방인의 구세주여 오소서〉(Num komm, der Heiden Heiland) 코랄과 코랄 프렐류드를 제시한다. [악보 89] 이 코랄 프렐류드는 코랄의 선율을 변형시켜 사용하는데, 변형된 선율의 리듬적 특징이 오른손의 내성과 왼손에서 모방되면서 이 곡의 특징적 요소가 되고 있다. 제 10번 (BWV 608) 〈모두 기뻐하라, 노래로 찬양하라〉(In dulci jubilo) 코랄과 코랄 프렐류드의 [악보 90]을 제시하는데 이 프렐류드는 코랄 선율이 오른손 건반의 최상성부에 나오고, 한마디 뒤부터 페달에서 뒤따라가는 카논형식으로 되어있다.

낭만주의 시대의 작곡가 브람스(Johannes Brahms, 1833-1897)의 《11개의 코랄 프렐류드》(Eleven Chorale Preludes) 곡집 중 제 1번 〈주여, 우리를 인도하소서〉(Mein Jesu, der du mich / My Jesus Leadeth Me) 코랄과 코랄 프렐류드를 제시한다. [악보 91] 6마디부터 마지막 마디까지 코랄의 선율이 페달에 나오는데, 이 코랄선율이 나오기 전에는 오른손에서 코랄의 변형된 선율을 제시하고, 그 선율을 한마디 반 뒤에 완전5도 아래의 모방형태로 시작한다. 제 2번 〈사랑하는 예수여〉(Herzliebster Jesu/Ah, Jesus, Dear) 코랄과 코랄 프렐류드의 악보를 제시한다. 여기서는 박자 4/2를 4/4로 바꾸어 사용되며, 오른손 건반(Manual)에서 코랄의 선율을 찾아볼 수 있다. [악보 92]

J. S. Bach (1685-1750)

  45 코랄 전주곡 (BWV 599-644)

    제 1번 (BWV 599)
    〈이방인의 구세주여 오소서〉
    (Num komm, der Heiden Heiland)

    제 10번 (BWV 608)
    〈모두 기뻐하라, 노래로 찬양하라〉
    (In dulci jubilo)

Johannes Brahms (1833-1897)

  《11개의 코랄 프렐류드》

    제 1번
    〈주여, 우리를 인도하소서〉
    (Mein Jesu, derdu mich)

    제 2번
    〈사랑하는 예수여〉
    (Herzliebster Jesu)

코랄

[악보 89] 바흐, 코랄 프렐류드 제 1번 BWV 599
⟨이방인의 구세주여 오소서⟩ (Nun komm, der Heiden Heiland)

Johann Sebastian Bach (1685 - 1750)

8. Lob sei Gott, dem Va - ter, g'than, Lob sei Gott, sein'm ein' - gen - Sohn,
Lob sei Gott, dem heil' - gen Geist, im - mer und in E - wig - keit.

1. Nun komm, der Heiden Heiland,
der Jungfrauen kind erkannt,
dess sich wundert alle Welt,
Gott solch' Geburt ihm bestellt

Martin Luther (1483-1546)

다성음악에서의 교회음악 양식

[악보 90] 바흐, 코랄 프렐류드 제 10번 BWV 608
〈모두 기뻐하라, 노래로 찬양하라〉 (In dulci jubilo)

다성음악에서의 교회음악 양식

코랄

다성음악에서의 교회음악 양식

[악보 91] 브람스, 11개의 코랄 프렐류드 제 1번 (Op. 122 No. 1)
〈주여, 우리를 인도하소서〉 (Mein Jesu, der du mich)

Words: Johann Christian Lange

코랄

다성음악에서의 교회음악 양식

코랄

다성음악에서의 교회음악 양식

코랄

[악보 92] 브람스, 11개의 코랄 프렐류드 제 2번 (Op. 122 No. 2)
〈사랑하는 예수여〉 (Herzliebster Jesu)

Melody: Johann Crüger, 1640
Harmonization: Johann Seb. Bach

Words: Johann Heermann, 1630

다성음악에서의 교회음악 양식

코랄

다성음악에서의 교회음악 양식

5) 찬송가 주제에 의한 변주곡

다음에서 코랄 변주곡과 같은 맥락에서 찬송가 변주곡에 대해 살펴본다. '총신창작음악학회' 주최로 2007년 11월 '찬송가 주제에 의한 피아노 변주곡의 밤'과 2008년 12월 '찬송가 주제에 의한 바이올린과 피아노를 위한 변주곡 연주회'를 개최하여 각 6명의 작곡가들의 작품이 초연 되었다.

'찬송가 주제에 의한 피아노 변주곡'은 이은미의 〈'주 예수 대문 밖에' 주제에 의한 4개의 변주곡〉 김신애의 〈'성자의 귀한 몸' 주제에 의한 5개의 변주곡〉, 박재현의 〈'예수 사랑하심은' 주제에 의한 변주곡〉, 최은진의 〈'내 구주 예수를 더욱 사랑' 주제에 의한 5개의 변주곡〉, 이원정의 〈'나의 믿음 약할 때' 주제에 의한 6개의 변주곡〉, 주성희의 〈'나 같은 죄인 까지도' 주제에 의한 6개의 변주곡〉 등이다.

'찬송가 주제에 의한 바이올린과 피아노를 위한 변주곡'은 김신애의 〈'지금까지 지내온것' 주제에 의한 5개의 변주곡〉, 이은미의 〈'내 영혼아 찬양하라' 주제에 의한 5개의 변주곡〉, 김애리의 〈'값 비싼 향유를 주께 드린' 주제에 의한 바이올린 변주곡〉, 이원정의 〈'죄짐 맡은 우리 구주' 주제에 의한 변주곡〉, 최은진의 〈'오 거룩하신 주님' 주제에 의한 변주곡〉, 주성희의 〈'오랫동안 기다리던' 주제에 의한 5개의 변주곡〉과 〈'곧 오소서 임마누엘' 주제에 의한 6개의 변주곡〉 등이다.

피아노 변주곡 중 주성희의 〈'나 같은 죄인 까지도' 주제에 의한 6개의 변주곡〉의 악보를 제시한다. [악보 93]

이 곡에 사용된 찬송가는 1980년 한국교회음악작곡가협회 주최 제5회 찬송가 신작 발표회에서 초연되었으며, 2006년 한국찬송가공회에서 발행된 새찬송가 547장에 수록된 찬송으로, 피아노의 신비롭고 섬세한 음향과 한국적 정서가 깃든 특성을 살려 가사의 내용을 표현한 곡이다.

바이올린과 피아노를 위한 변주곡 중 주성희의 〈'오랫동안 기다리던' 주제에 의한 5개의 변주곡〉[악보 94]와 〈'곧 오소서 임마누엘' 주제에 의한 6개의 변주곡〉의 악보를 제시한다. [악보 95]

5) 찬송가 주제에 의한 변주곡

[악보 93] 주성희, 찬송가 〈 '나같은 죄인까지도' 주제에 의한 6개의 변주곡〉
(6 Variations on theme 'Oh Jesus Saved a Wretch like Me')

다성음악에서의 교회음악 양식

856

코랄

Var. II

다성음악에서의 교회음악 양식

코랄

다성음악에서의 교회음악 양식

15
Ped.
Ped.
Ped.
Ped.
Cadenza
♩ = ca. 60
ff
Ped.
20
poco dim.
rit.
molto rit.
cresc.
f
pp
8va
poco cresc.
accel.
Ped.
25
f
R. H
Ped.
R. H
pp
R. H
L. H
poco cresc.
mp
tr
8va

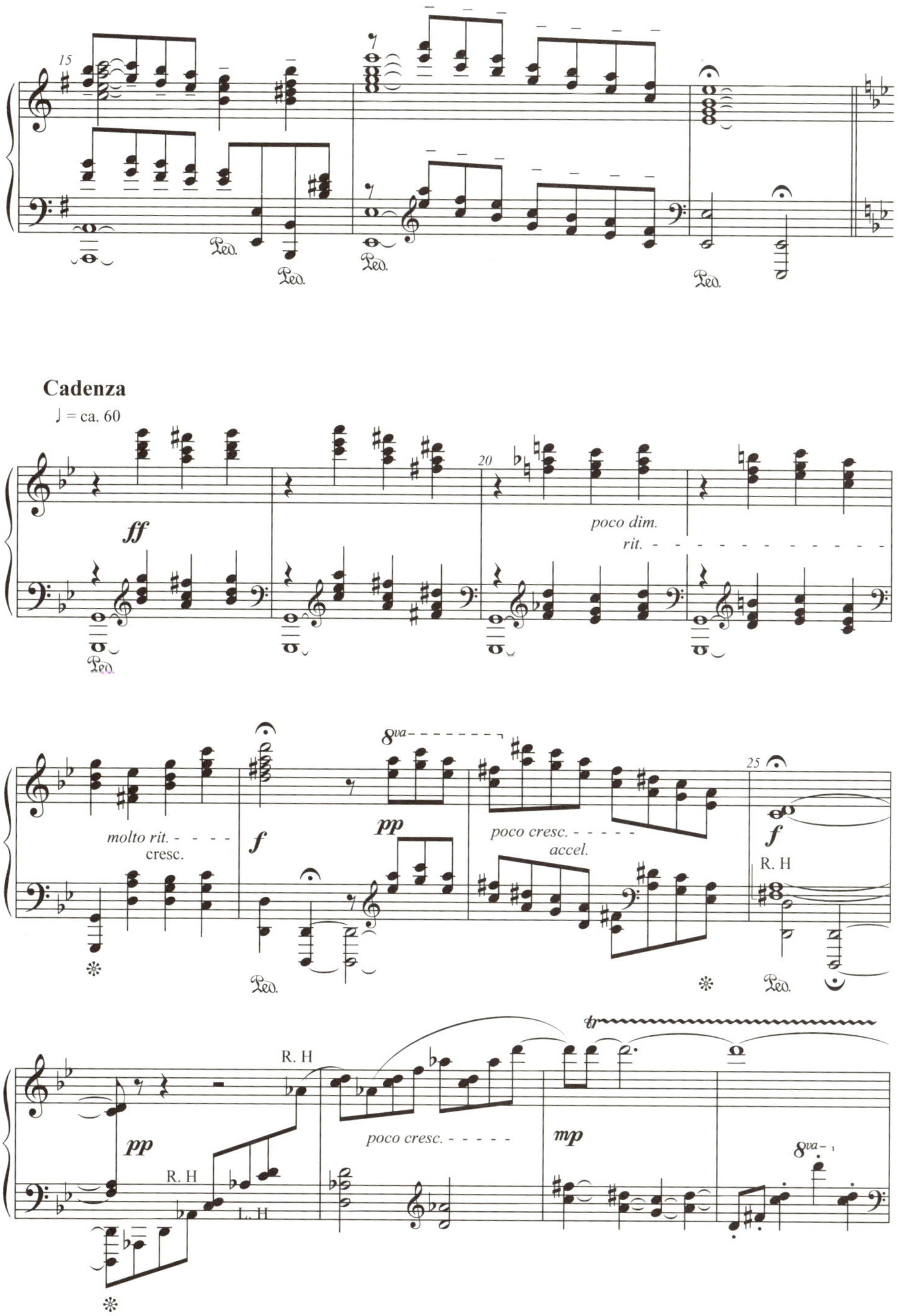

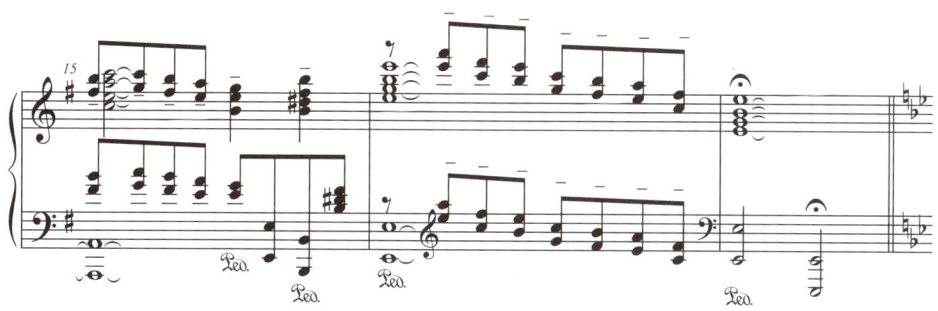

다성음악에서의 교회음악 양식

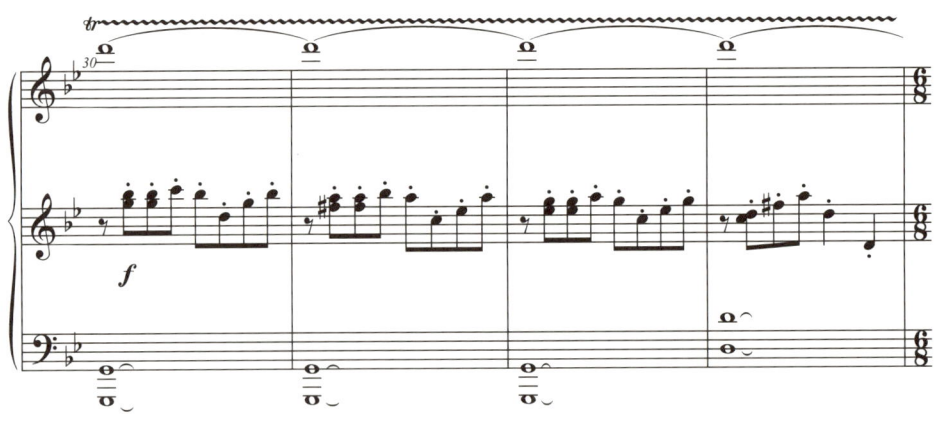

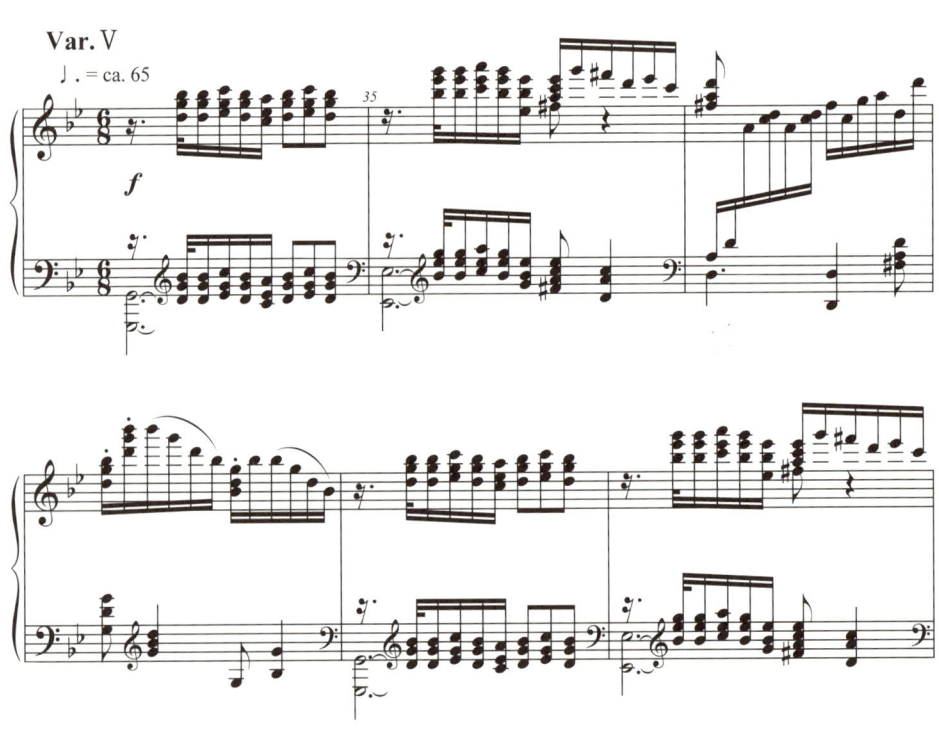

코랄

attacca

다성음악에서의 교회음악 양식

코랄

다성음악에서의 교회음악 양식

[악보 94] 주성희, 찬송가 〈'오랜동안 기다리던' 주제에 의한 5개의 변주곡〉
(5 Variations on theme 'Come, Thou Long-expected jesus')

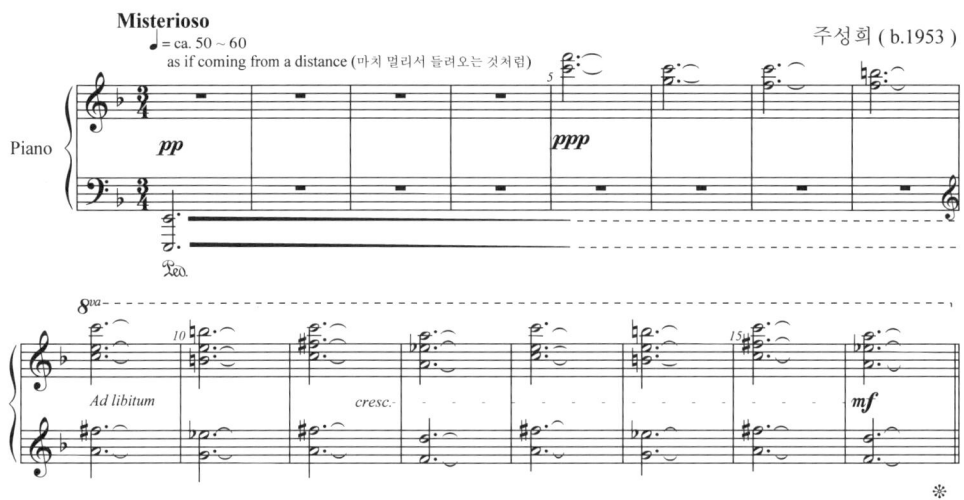

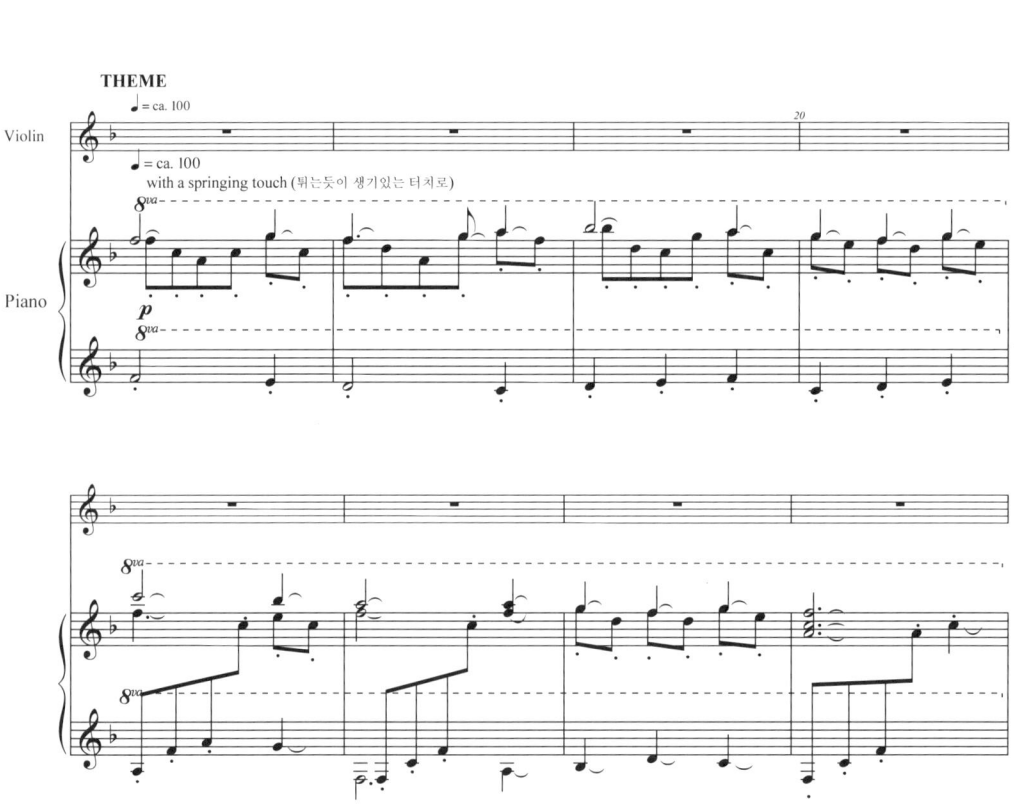

코랄

다성음악에서의 교회음악 양식

코랄

다성음악에서의 교회음악 양식

코랄

871

다성음악에서의 교회음악 양식

코랄

다성음악에서의 교회음악 양식

코랄

다성음악에서의 교회음악 양식

코랄

다성음악에서의 교회음악 양식

코랄

[악보 95] 주성희, 찬송가 〈'곧 오소서 임마누엘' 주제에 의한 6개의 변주곡〉
(6 Variations on theme 'O Come, O Come, Emmanuel')

다성음악에서의 교회음악 양식

코랄

Var. III
comodo

다성음악에서의 교회음악 양식

코랄

다성음악에서의 교회음악 양식

884

코랄

Var. VI

다성음악에서의 교회음악 양식

다성음악에서의 교회음악 양식

칼뱅의 시편가

10. 칼뱅의 시편가[54]

1) 시편가 탄생 배경

종교개혁시대의 음악은 대위법적 기법보다는 화성에 의한 작품이 발전하게 된다. 또한 음악적 관심이 종교적인 작품에서 세속적으로 바뀌게 된다. 이 시기에 나타난 각 나라의 교회음악의 형태를 간단히 살펴본다.

독일의 루터파교회는 예배에서 사용하던 라틴어 찬송 대신 자국어인 독일어로 번역한 찬송을 사용하거나, 혹은 옛 선율에 복음적인 내용의 독일어 가사를 사용하였다. 또한 종교개혁의 가장 중요한 음악적 공헌은 독일코랄 회중찬송가의 출현이다. 처음에는 화성이나 반주 없이 단선율로 부르는 회중찬송이었으나, 성가대를 위한 음악으로 코랄을 다성음악으로 편곡하여, 요한 발터(Johann Walter 1496~1570)의 5개의 라틴어 모테트와 38개의 코랄 편곡이 출판하게 되며, 그후 1544년 뷔텐베르크에서 123곡의 코랄 편곡과 모테트를 포함한 모음집이 게오르크 로오(Georg Rhaw 1488~1548)에 의하여 출판되었다.

영국 교회는 1534년 헨리 8세에 의해 로마 카톨릭 공동체에서 공식적으로 분리된다. 1549년 라틴 에드워드 6세의 통일교령에 의해 라틴어 대신 영어를 사용하게 되었으며, 이 영어가사에 각 음절에 하나씩 쉽고 분명한 음을 붙여 노래하는 것을 명하게 된다. 즉 단음절적인 화성음악 양식이 된다. 영국의 윌리엄 버드(William Byrd 1543~1623)는 카톨릭 신자였으나 영국국교를 위해 5개의 서비스(Service) 곡과 60개 정도의 앤섬(Anthem)을 작곡했다. 그 외에도 영국 교회음악의 아버지 올란도 기본스(Orlando Gibbons 1583~1625), 토마스 윌크스(Thomas Weelkes 1576~1623)와 토마스 톰킨스(Thomas Tomkins 1572~1656) 등이 있다. 그러므로 영국 교회음악의 주된 양식은 서비스(Service)와 앤섬(Anthem)이다.

프랑스에서는 위그노(Huguenot)와 장 칼뱅(Jean Calvin 1509-1564)에 의해 종교개혁이 일어났는데, 루터(M. Luther)보다 가톨릭 의전과 행사들을 보전하는 것에 대해 더욱 맹렬히 반대하게 되며, 결국 성경에 없는 가사에 의해 노래하는 것을 금지시키게 된다.

독일교회
- 독일어로 번역한 찬송 사용
- 옛 선율에 복음적인 내용의 독일어 가사를 사용
- 코랄 회중찬송의 출현
- 단선율의 회중찬송에서 다성음악의 코랄 편곡과 모테트 모음집 출판

영국교회
- 라틴어 대신 영어가사 사용
- 단음절적인 화성음악 양식
- 영국 교회음악의 주된 양식
  서비스
  앤섬

프랑스 교회
장 칼뱅의 종교개혁 (1536)
- 성경에 없는 가사에 의해 노래하는 것을 금지

다성음악에서의 교회음악 양식

칼뱅파의 소산 중 중요한 것은 『시편가』(Psalter)이다. 이것은 규칙적인 박자와 운이 있는 시편 번역에 새로 작곡한 선율 또는 대중적인 곡조나 그레고리안 챤트와 같은 뜻의 평성가(Plainsong)에서 채택한 선율을 붙이는 것이다. 이 시대 예배에서의 시편은 동음으로 노래되고 반주가 붙지 않았다. 후에 수직적 화음양식으로 단순한 4성부로 편곡하여 예배에서 사용하게 된다. 독일에서는 『시편가』(Psalter)의 선율들이 코랄로 채택되었으며, 이 시편가 선율들은 독일 코랄의 직접적이고 열정적인 특성에 비교해 산뜻하고 친밀하며 엄격하였다. 그러므로 독일의 코랄은 여러 가지 성가형식으로 발전되었다.

회중찬송을 부르는 것은 16~17세기의 유럽과 미국에서의 칼뱅주의 문화에서 뚜렷이 나타나는 특징들 중 하나다.[55] 칼뱅의 신앙적 배경이 되는 위그노 교도의 시편 역사는 1872년 보베(Felix Bovet)에 의해 문학적이고 신학적인 관점에서 폭넓게 연구되었다. 그후 시편에 대한 연구가 도운(Orentin Douen), 피도(Pierre Pidoux), 브랑켄버그(Walter Blankenburg) 등에 의해 계속 연구되었다. 도운은 16세기 시편가(Psalter)의 기원에 초점을 맞추어 매우 자세하게 기록했다.

칼뱅은 1509년 7월 10일 프랑스 파리 동북방에 있는 노용(Noyon)에서 출생하였다. 그는 16세기 개신교 신학을 집대성하고, 교리들의 체계를 확립한 신학자였다. 그는 루터보다 한 세대 뒤인 1536년에 종교개혁을 했다. 칼뱅의 탁월한 조직력과 교리의 명쾌함, 그리고 신학자로서 다양한 저술 및 목회자와 교육자로서의 삶은, 제네바뿐만 아니라 유럽전역에 걸친 종교개혁의 지도자가 되게 한 것이다. 이러한 칼뱅의 영향이 프랑스에서는 위그노(Huguenot)를, 영국에서는 청교도(Pilgrim-Purutans)들을, 스코틀랜드에서는 장로교회(Presyterian Church)를, 네덜란드에서는 네덜란드 개혁교회(Hervormde Kerk)를 만들었으며, 그밖에 독일과 스위스에서도 각각 개혁교회를 만들었다.[56] 이러한 영향이 1700년대를 전후해서 미국 대륙으로 건너가 교회를 세우게 되는데, 미국에 건너간 칼뱅주의는 18세기의 계몽주의와 합리주의사상으로 쇠퇴하게 된다. 그러나 19세기 말 미국에는 네덜란드, 스코틀랜드와 헝가리 개혁교회 성도들이 유럽에서 대거 이민을 오게 되면서 칼뱅신학이 부활하게 된다. 칼뱅신학부흥운동은 특히 네덜란드의 흐룬 판 프린스테러(Groen

---

칼뱅의 『시편가』(Psalter)
- 규칙적인 박자와 운이 있는 시편 번역에 새로 작곡한 선율 또는 대중적인 곡조나 그레고리안 챤트와 같은 뜻의 평성가에서 채택한 선율을 붙이는 것
- 수직적 화음양식으로 단순한 4성부로 편곡하여 예배에서 사용

칼뱅 (1509-1564)
프랑스 파리 동북방에 있는 노용에서 출생

16세기 개신교 신학을 집대성하고, 교리들의 체계를 확립한 신학자

칼뱅의 시편가

van Prinsterer, 1801~1876)와 아브라함 쿠이퍼(Abraham Kuyper, 1837~1920) 등에 의해 다시 일어나게 되는데, 이 운동은 우리나라 선교에도 큰 영향을 미쳤다.

2) 칼뱅의 음악사상

종교개혁의 중심에 있었던 칼뱅은 신학적인 측면에서는 활발히 연구되었으나, 음악적인 측면은 활발히 연구되지 못하였다. 그러므로 여기서는 칼뱅의 음악사상을 살펴보고자 한다.[57]

1536년 칼뱅은 학문생활을 전념하기 위해 스트라스부르크(Strasbourg)로 떠나려 하던 중, 프랑스의 프랑수아 I세(Francois I: 1491~1547)와 독일왕 칼 V세(Karl V)의 싸움이 시작되어 스트라스부르크로 직접 가지 못하고 제네바로 가게 된다.

그 당시 제네바에서는 파렐(G. Farel)이 개혁운동을 하고 있었으며, 제네바 도시를 개혁하는 데 있어 도와달라는 파렐의 요청에 동의하였다. 그러나 제네바는 많은 문제와 혼란이 있었다. 그러므로 1537년 1월 16일 칼뱅은 "제네바 교회조직과 예배를 위한 조항들 (Articles Concernant l'organisation de l'église et du culte a Genéve, proposés au conseil par les ministre)"을 평의회 (Council)에 제출했다.[58]

여기서 칼뱅이 성찬(Lord's Supper)에 대해 주장한 내용들은 다음과 같다.[59]

첫째, 교회의 순결을 보존하기 위하여, 특히 성만찬에 대한 제한의 원칙을 세우는 것.
둘째, 공중예배 시 『시편가』 부르는 것을 도입하는 것.
셋째, 복음주의 교리의 순수성을 유지하기 위하여 어린이들에게 복음주의 교리를 가르치는 것.
넷째, 결혼의식의 기초에 관한 것 등이었다.

이것은 하나님의 말씀으로부터 온 것이라고 칼뱅은 말했으며, 또한 이 논문이 "제네바에서의 교회조직과 예배를 위한 조항"이라고 하였다. 칼뱅이 여기에서 음악에 대해 주장한 것은 상당히 중요성을 지니게 된다. 그는 예배에서 찬송의 무제한적인 수용을 강조했으며, 특히

다성음악에서의 교회음악 양식

공중예배 시에 시편찬송을 강조했다. 이 시편찬송은 공중예배에 있어서 부수적인 것이 아니라 본질적인 것으로 인정했다. 성찬의 원칙에 이어 두 번째로 찬송에 대해 주장한 것은 칼뱅에게 있어서 매우 중요한 것이다. 그러므로 1537년의 논문 "제네바 교회조직과 예배를 위한 조항들"은 칼뱅의 음악신학의 기원으로 볼 수 있다.[60] 그는 이 논문에서 공중예배에서의 시편찬송의 역할에 대해 다음과 같이 설명한다.

> "시편을 노래하는 것은 우리의 마음을 하나님께 드리도록 자극할 수 있고, 하나님의 영광을 찬양할 때 뿐만 아니라, 기도할 때에도 우리를 열정에 이르도록 자극할 수 있다. 또한 시편을 노래하므로 교황과 로마교회에서 빼앗아버린 것이 무엇인지를 알게 해 준다. 교황은 진정한 모두의 성가이어야 하는 찬송가를 자기들끼리의 중얼거림으로 왜곡했다."[61]

여기서 그는 시편찬송이 공중예배에 이상적으로 수행할 수 있는 가치를 인정한 것이다. 칼뱅은 교황권에 의한 악습, 즉 사제들이 제단에서 라틴어로 노래함으로 사제들조차도 그들이 부르고 있는 것을 이해하지 못하는 그 당시의 예배음악의 타락을 지적하였다. 이미 1536년 『기독교 강요』에서, 공중기도가 자국어로 드려져야 함과 시편가의 필요성을 주장한 바가 있듯이, 사제들이 제단에서 라틴어로 노래하는 것이 공중예배에서 폐지되어야 한다고 주장하였다.

1537년 말경 칼뱅은 『성찬에 관한 신앙고백』(Confessio fieder de Eucharistia-Cr. IX)을 출판한다. 1538년 1월 '200인 의회'에서는 '신앙고백을 받아들이지 않는 자에 대하여는 성만찬에 참례하지 못하도록 하겠다'는 칼뱅과 파렐의 제안을 거부함으로 대립이 나타난다. 그후 3월 시의회에서 목사회에 상의 없이 성만찬용 떡을 로마교회에서 사용하는 것과 같은 것을 사용할 것을 결정하고 목사들에게 강요한다. 이 결정에 불응한 칼뱅, 파렐, 그리고 코라우드(Coraud)에 대해 시의회총회에서 3일 내에 제네바를 떠날 것을 요구한다. 그 해 8월 칼뱅은 부처(Martin Butzer 1491~1551)의 소개로 스트라스부르크에 있는 프랑스 피난민 교회의 목사로 초빙되는데, 이 도시에서 칼뱅은 1524년 이후 부처의 생각들과 일치해서 실행되고 있는 자국어 회중찬송을 접하게 되었다. 그리고 1538년 10월 파렐에게 보

1537년의 논문
"제네바 교회조직과 예배를 위한 조항들"
· 공중예배에서의 시편찬송의 역할
· 시편찬송이 공중예배에 이상적으로 수행할 수 있는 가치를 인정.
· 사제들이 제단에서 라틴어로 노래함으로 사제들조차도 그들이 부르고 있는 것을 이해하지 못하는 그 당시의 예배음악의 타락을 지적하고, 사제들이 제단에서 라틴어로 노래하는 것이 공중예배에서 폐지되어야 한다고 주장.

1537년 말
『성찬에 관한 신앙고백』 출판

1537년 8월
· 프랑스 피난민 교회 목사로 초빙됨.
· 1524년 이후 자국어 회중찬송을 접하게 됨.

칼뱅의 시편가

1538년 10월
파렐에게 보낸 편지에서 칼뱅이 스트라스부르크의 성만찬의식에 찬양을 사용하고 있다는 사실을 언급하였고, 자국어 찬송가를 부르는것이 확인됨.

1539년 찬송가 출판
『음악을 붙인 몇 개의 시편과 캔티클』 출판 (스트라스부르그 시편가)
프랑스어로 번역된 19편의 찬송가를 포함하는데, 이중 13편은 마로에 의해, 그 나머지 6편과 시몬의 노래, 십계명, 사도신경 등은 칼뱅에 의해 만들어졌다.

1541년 9월 13일 제네바로 돌아감.

1541년 11월 20일
"교회헌법규칙" 공포됨
결혼과 부부의 문제에 대한 단락 "교회에 음악을 도입하는 것은 좋은 것이며, 사람들에게 하나님께 기도하고 찬양할 수 있도록 격려하는 것은 더 좋은 것이다. 처음에는 어린이들을 교육시키고, 그 다음에 모든 교회신도들이 따라갈 수 있게 될 것이다."

어린아이들이 배워야 한다는 제안은 16세기 제네바에서 효과적인 음악교육의 시작이 되었다.

낸 편지에서는 칼뱅이 스트라스부르크의 성만찬의식에 찬양을 사용하고 있다는 사실을 언급했다.

이 사실은 자국어로된 찬송가를 부르는 것을 추측케 하는데, 찬송가를 부른다는 것은 츠빅(Johannes Zwick)에 의해 확인되었다. 또한 칼뱅은 이 도시에 도착한 후 4개월도 안 된 12월 29일, 파렐에게 보낸 서한에서 회중을 위해 프랑스어 시편을 준비한다고 말했고 이 찬송가를 곧 출판할 예정이며, 그 자신이 시편 46, 25편의 작곡을 하고 있다고 말했다.

이것은『음악을 붙인 몇 개의 시편과 캔티클』(Aulcuns Pseaulmes et Cantigues mys en Chant)이라는 제목으로 1539년 출판되었다. 이 찬송가는 프랑스어로 번역된 19편의 찬송가를 포함하는데, 113편을 제외한 나머지는 시로 만들어졌다. 이중 13편은 마로(Clement Marot)에 의해, 그 나머지 6편과 시몬의 노래, 십계명, 사도신경 등은 칼뱅에 의해 만들어졌다.

1540년 9월 제네바 시의회는 정식으로 칼뱅을 초청할 것을 결의하게 되며, 1541년 5월에 1538년이 추방령을 취소하고 다시 초청한다. 그해 8월 제네바 시의회는 칼뱅에게 세 번째 초청장을 보냈고, 드디어 9월 13일 칼뱅은 제네바에 돌아간다. 칼뱅은 자신이 '제네바의 종'임을 그들에게 확신시키고 난 후 '교회에서 질서가 확립되어야 하고, 그것은 글로 표현되어져야 한다'고 요구했다. 이 요구가 받아들여져 11월 20일에 "교회헌법규칙(Les Ordonnances ecclésiastigues de l'Eglise de Genéve)"이 공포되었다. 그러나 여기에는 음악에 대한 것은 독립된 부분으로 언급되어 있지 않고, 결혼과 부부의 문제에 대한 단락에서 언급되어 있다. 그것을 인용해 보면 다음과 같다.

"교회에 음악을 도입하는 것은 좋은 것이며, 사람들에게 하나님께 기도하고 찬양할 수 있도록 격려하는 것은 더 좋은 것이다. 처음에는 어린이들을 교육시키고, 그 다음에 모든 교회신도들이 따라갈 수 있게 될 것이다."[62]

이것은 1537년 논문에서의 내용과 동일하다. 그러나 어린이들이 배워야 한다는 제안은, 그 당시 음악교육을 시킬 수 없었던 16세기 제네바에서 효과적인 음악교육의 시작이 되었다.

다성음악에서의 교회음악 양식

1542년의 제네바의 예배에 대한 권고의 서문 "독자들에게 보내는 편지"(Epistle to the Reader)에 의해 쓰여졌는데, 이것은 일반 교인들에게 쓰여진 교회음악에 대한 첫 번째 기술로써, 공중예배에서 부르는 시편가에 대한 첫 언급이다.

이 글에서 칼뱅은 '우리가 교회에서 사용하는 하나님의 신성한 의식을 영광되게 하려면, 의식 자체가 무엇을 포함하며, 무엇을 의미하는지를 청중이 알아야 하며, 의식이 올바로 준수되기 위해서 어떠한 목적을 향하는지를 알아야한다' 고 주장한다.

또한 '시편가는 멜로디와 함께 출판되었으므로, 오직 악덕과 방탕과 관련되어 널리 불리는 노래 대신에, 사랑과 하나님에 대한 사랑과 경외에 대해 가르치는 적합한 노래들을 갖게 될 것이다' 라고 말했다.

또한 칼뱅은 '식사할 때와 가정에서 사람들을 즐겁게 하기 위하여 만든 음악과, 교회에서 하나님과 그의 천사들 앞에서 불리는 찬송가 사이에는 커다란 차이가 있다'[63]고 주장하면서, '오락을 위한 세속음악은 가볍고 신중하지 못하며, 교회음악에서는 엄숙하고 위엄이 있어야 하므로 시편가사를 사용해야 한다' 고 말했다.

더 나아가 칼뱅은 '세속음악은 성악과 기악, 또는 둘 다를 사용할 수 있으나, 교회음악은 오직 성악만 사용해야 한다. 세속음악은 사람을 위해서 만들어진 반면 교회음악은 하나님을 위해 만들어진다' 고 강조하였다. 이와 같이 그는 교회음악을 세속음악과 비교함으로써, 예배의식에서 어떠한 세속적 음악의 사용도 배제하고자 하였다. 그는 가능한 한 새로운 교회음악을 만들려고 했다. 다시 말해 특별한 가사에 곡조를 붙이는 것이 아니라, 시편에 곡조를 붙이는 것이다. 또한 시편가를 부를 때의 태도는, 천박하지 않고 경망스럽지 않을 뿐만 아니라, 진중하고 장엄한 음악이 되도록 항상 조심할 필요가 있다고 주의를 주었다.[64]

1537년 "제네바 교회조직과 예배를 위한 조항들"에서의 그의 첫 번째 주장 이후에 1542년 서한에서도 칼뱅은 음악에 대해 글을 쓸 때 교회의 공중예배에서의 음악의 역할에 대해서만 언급했다. 그러나 음악의 가치를 충분히 알고 난 후에는 그것이 개인적 헌신과 심지어 가정에서, 들판에서도 똑같은 가치를 가질 수 있다고 고백하게 된다. 이러한 관점은 1543년 서한에 대한 첨가 부분에서 나타난다. 즉, 일상생활의 삶에 영적 도움을 주는 시편가에 대한 언급이다.

1542년

제네바의 예배에 대한 권고의 서문

- "독자들에게 보내는 편지"에 의해 교인들에게 쓰여진 교회음악에 대한 첫 번째 기술로써, 공중예배에서 부르는 시편가에 대한 첫 언급이다.

- '시편가는 멜로디와 함께 출판되었으므로, 오직 악덕과 방탕과 관련되어 널리 불리는 노래 대신에, 사랑과 하나님에 대한 사랑과 경외에 대해 가르치는 적합한 노래들을 갖게 될 것이다'

- '식사할 때와 가정에서 사람들을 즐겁게 하기 위하여 만든 음악과, 교회에서 하나님과 그의 천사들 앞에서 불리는 찬송가 사이에는 커다란 차이가 있다'

- 교회음악은 엄숙하고 위엄이 있어야 하므로 시편가사를 사용해야 한고 오직 성악만 사용해야 한다고 말함.

교회음악을 세속음악과 비교

세속음악은 사람을 위해서 만들어진 반면 교회음악은 하나님을 위해 만들어진다고 강조하고, 예배의식에서 어떠한 세속적 음악의 사용도 배제 하고자 하였다.

칼뱅은 새로운 교회음악을 만들려고 했다. 다시 말해 특별한 가사에 곡조를 붙이는 것이 아니라, **시편에 곡조를 붙이는 것이다**. 또한 **시편가를 부를 때의 태도는, 천박하지 않고 경망스럽지 않을 뿐만 아니라, 진중하고 장엄한 음악이 되도록 항상 조심할 필요가 있다고 주의를 주었다.**

1542년 서한

음악의 가치를 충분히 알고 난 후에는 그것이 개인적 헌신과 심지어 가정에서, 들판에서도 똑같은 가치를 가질 수 있다고 고백

칼뱅의 시편가

1543년 서한에 대한 첨가 부분
사람의 영적 생활에 있어서의 음악의 기능이 확장되어질 가능성에 대해 어떠한 것보다도 능가한다고 했다.

음악은 모든 곳에서 "우리를 위한 자극이 될 수 있고, 말하자면 하나님을 찬양하고 우리의 마음을 하나님에게로 고양시키는 기관이 될 수도 있고……"[65] 이와 같이 사람의 영적 생활에 있어서의 음악의 기능이 확장되어질 가능성에 대해서는 어떠한 것도 능가한다고 했다. 즉 오락을 위한 음악과 1542년에 공식화된 예배를 위한 음악을 비교한 것과 같이, 음악은 '인간을 다시 창조하고 인간에게 즐거움을 준다'는 목적을 위해 주어진 것이며, 음악은 인간들의 이익과 복지에 기여한다는 것이다.[66] 그러므로 음악은 그것이 만들어진 특별한 목적들을 갖기 때문에 사람들은 그것을 오용하지 않도록 더욱더 주의해야 한다고 주장하고 있다. 여기에서 칼뱅은 음악의 사용을 절제해야 된다는 입장에서, 음악이 적절하게 조절된다면 사람을 영적인 생활로 고양시킬 수 있다고 확신한다. 만일 이것이 가능하지 않는다면 하나님은 그것을 사람에게 주지 않았을 것이라는 것이다. 만일 조절이 될 수 없다면 음악은 사람을 타락시키고 그를 세상의 무질서함으로 인도할 것이라 생각했다.

칼뱅은 음악의 힘에 대한 그의 개인적인 경험에다 "음악이 여러 방법으로 마음을 자극하는 비밀스럽고 믿을 수 없는 힘을 갖는다는 것을 경험을 통해서 안다"[67]는 플라톤의 사상을 추가하게 된다. 칼뱅은

칼뱅은 음악을 선과 악의 근원으로 보고 세속적이고 값싼 음악이 미치는 타락적인 경향을 두려워하였다. 사도 바울이 말한 바와 같이 모든 사악한 말은 훌륭한 도덕을 타락시키지만 멜로디가 그것과 함께 첨가되면 보다 더 강하게 마음을 꿰뚫고 마음속으로 들어간다는 사실이다.

음악을 선과 악의 근원으로 보고 세속적이고 값싼 음악이 미치는 타락적인 경향을 두려워하였다. 칼뱅은 "사도 바울이 말한 바와 같이 모든 사악한 말은 훌륭한 도덕을 타락시키지만 멜로디가 그것과 함께 첨가되면 보다 더 강하게 마음을 꿰뚫고 마음속으로 들어간다는 사실이다. 이것은 마치 깔때기를 통해서 포도주가 그릇에 들어가는 것과 같이 악과 타락은 멜로디에 의해 마음속 깊이 들어가 증류된다."[68]고 하였다.

칼뱅은 사람들의 마음을 변화시키는 음악의 능력에 대해 관심을 가졌으며, 사악한 언어와 음악이 결합될 때, 사람의 마음을 사악하고 파괴적으로 변화시킬 수 있다는 것과 그 반대로 선한 언어에 대해서도 그대로 적용될 수 있다고 보았다.

칼뱅은 사람들의 마음을 변화시키는 음악의 능력에 대해 관심을 가졌으며, 사악한 언어와 음악이 결합될 때, 사람의 마음을 사악하고 파괴적으로 변화시킬 수 있다는 것과 그 반대로 선한 언어에 대해서도 그대로 적용될 수 있다고 보았다. 이런 의미에서 가사는 매우 중요성을 띠게 되므로, 칼뱅은 다윗의 시편을 노래할 것을 강력히 주장하였던 것이다.

칼뱅은 어거스틴의 "인간은 노래를 하나님에게 받지 않았다면 하나님에게 가치 있는 노래를 할 수 없다"[69]는 주장을 받아들여, 하나님이 주신 노래인 시편보다 더 훌륭하고 그 목적에 적합한 노래는 없다

다성음악에서의 교회음악 양식

고 생각하였다.

칼뱅은 이 1543년의 서한에 대한 첨가 부분에서 그는 시편찬송만이 신성하다고 여겼다. 또한 시편가를 부르는 것이 오직 신성하다고 여겼다. 그래서 시편가를 노래함에 있어서 마음의 전적인 몰입을 요구하였다. 이는 1536년 『기독교 강요』 및 1537년의 그의 주장과 같은데, 마음에서 우러나오는 것이 아니라면 하나님에 대한 어떠한 가치도 없다는 것이다. 또한 칼뱅은 무엇을 노래하고 있는가를 알면서 노래하는 것을 요구한다.

이러한, 사상적, 신학적 배경속에서 『제네바 시편가』(Genevan Psalter)가 탄생되었던 것이다.

3) 칼뱅의 『제네바 시편가』

칼뱅은 교회음악이 교회의 경건성 향상과 예배 진행에 중요한 요소임을 일찍이 안 사람이었다. 칼뱅의 교회음악에 대한 철학은 품위 있을 것, 간결할 것이었다. 절대자 하나님을 위한 노래이므로 품위가 있어야 하고, 회중이 부르는 노래이므로 간결해야 한다는 것이다.

루터의 창작가사에 대해 비판하며 성서안에 있는 가사 특히 시편을 가사로 사용하도록 하였다. 시편가에 대한 전적인 신념을 갖고 있었던 칼뱅은, 마로(Clement Marot, 1497~1544)라는 최고의 시인을 만나므로 그의 꿈을 이루게 된다.

마로는 궁정시인으로 라틴어, 그리스 시들을 번역하다가 시편 번역에 관심을 갖게 되었고, 칼뱅이 펴낸 『스트라스부르그 시편가』(1539)의 19곡 중 13편이 마로의 것이었다.

그 이후 마로는 독자적으로 1542년에 30편의 시편을 번역하고 운문화하여 시편가를 출간하였는데, 이단자로 몰리며 곤경에 처하자, 칼뱅이 미리 가 있던 제네바로 도피하여 칼뱅과 재회하게 된다. 천군만마를 얻은 칼뱅은 『마로의 시편가』(1542년 판)를 공인하고, 칼뱅과의 공동작업으로 마로는 19편의 시편 운문화 작업을 하였고, 안타깝게도 지병으로 1544년 사망한다. 마로가 떠난 뒤 칼뱅은 시편 운문화 작업을 계속할 마땅한 인물을 찾았는데, 1548년 제네바를 방문한 베제(Theodore de Beze, 1519~1605)를 만난다. 그리하여 마로의 19편과 베제의 작품 34편이 추가된 『시편가』(1551년 판)를 발

칼뱅은 이 1543년의 서한에 대한 첨가 부분에서 그는 시편찬송만이 신성하다고 여겼다. 또한 시편가를 노래함에 있어서 마음의 전적인 몰입을 요구하였다.

마음에서 우러나오는 것이 아니라면 하나님에 대한 어떠한 가치도 없다는 것이다. 또한 칼뱅은 무엇을 노래하고 있는가를 알면서 노래하는 것을 요구한다.

3) 칼뱅의 『제네바 시편가』

칼뱅은 교회음악이 교회의 경건성 향상과 예배 진행에 중요한 요소임을 일찍이 안 사람

칼뱅의 교회음악에 대한 철학
- 하나님을 위한 노래이므로 품위가 있어야 한다.
- 회중이 부르는 노래이므로 간결해야 한다.

궁정시인
마로 (1497-1544)
『스트라스부르그 시편가』(1539)의 19곡 중 13편이 마로의 것임

1542년
30편의 시편을 번역하고 운문화하여 『시편가 (1542년 판)』를 출간

1548년
1544년 마로 사후 베제(1519-1605)를 만난다

1551년
마로의 19편과 베제의 작품 34편이 추가된 『시편가 (1551년 판)』를 발간하였다.

칼뱅의 시편가

간하였다. 이때 만든 시편 134편이 100번째 곡으로 편집되었으며, 구디멜에 의해 4성부로 만들어졌다.[악보 96] a[70]

[악보 96] a에서 볼 수 있듯이 주선율은 테노르 성부에 정선율(c.f.)로 쓰여졌다.

[악보 96] b[71]는 주선율이 최상성부에 있는 악보이며, 프랑스에서 1980년 발행한 찬송가에는 박자표와 마디가 표시되어 있다. [악보 96] c[72] 이 곡이 한국의 새찬송가에 수록되어 있는데, 1장의『만복의 근원 하나님』이다. [악보 97]

다성음악에서의 교회음악 양식

[악보 96] a 프랑스찬송가 『CLAUDE GOUDIMEL OEUNRES COMPLÈTES』 - 시편 134편

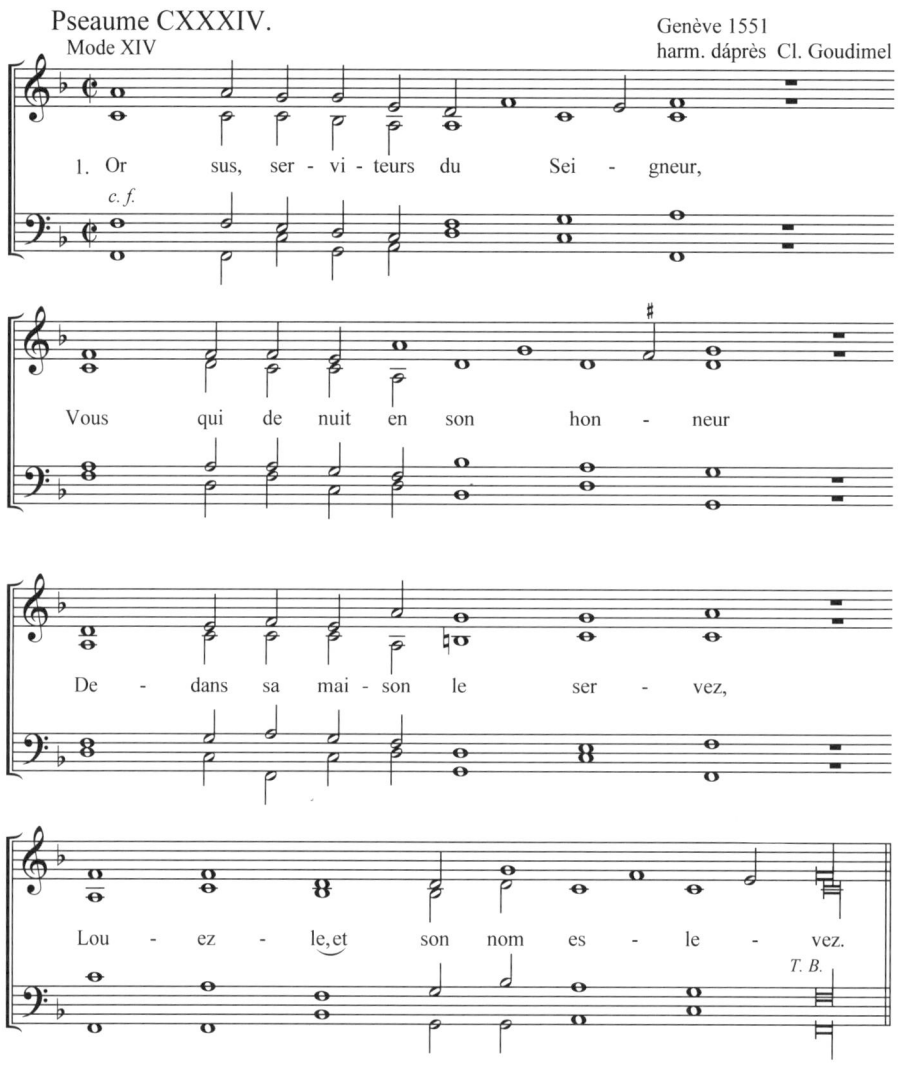

다성음악에서의 교회음악 양식

[악보 96] b 프랑스 찬송가 『NOS COEURS TE CHANTENT』 - 시편 134편

다성음악에서의 교회음악 양식

[악보 96] c 프랑스 찬송가 『ARC · EN · CIEL』 - 시편 134편

칼뱅의 시편가

[악보 97] 새찬송가 1장 〈만복의 근원 하나님〉

1554년
9편 추가

1562년
운문화 작업을 계속하여, 개작된 시편은 150개에 이르게 되었다.

1541년
부르주아 (1510-1561)
칼뱅의 시편가 작업에 동참하여 10여 년간 작곡과 편곡을 맡아 제네바 시편가 완성에 큰 공헌을 하게 된다.

1562년
『제네바 시편가』 탄생
마로와 베제에 의해 불어로 운문화된 시편가

그 후 1554년까지 9편을 더 추가하였고, 1562년까지 운문화 작업을 계속하여, 개작된 시편은 150개에 이르게 되었다.

한편 1541년 유능한 작곡가 부르주아(Louis Bourgeois 1510-1561)가 칼뱅의 시편가 작업에 동참하여 10여 년간 작곡과 편곡을 맡아 제네바 시편가 완성에 큰 공헌을 하게 된다.[73]

1562년 드디어 마로와 베제에 의해 시편가 150편 전체를 프랑스어로 운문화하여 번역된 '마로와 베제에 의해 불어로 운문화된 시편가(Les Pseaumes mis en rime François, Par Clemént Marot et Théodore de Béze) 이른바 『제네바 시편가』(Genevan Psalter, 1562)가 탄생하였다.[74] 이 시편가는 칼뱅에 의해 철저하게 감독·편집된 것이었으며, 성경 중심의 원칙에 기초하여 이루어진 시와 노래의 운율화된 회중찬송이었다.

다성음악에서의 교회음악 양식

이 시편가는 1562년에만도 25판 이상 발행했고, 1600~1685년까지 90판을 더 찍는 히트 작품이었다. 또한 이 시편가는 기독교권 전체로 급속히 퍼져나가 20여 개국의 언어로 번역되는데, 독일, 네델란드, 영국 등에서 널리 사용되었다.[75]

단성 시편찬송가인 『제네바 시편가』의 대표적 작곡가는 루이 부르주아 (Louis Bourgeois 1510-1561)이다. 그는 시편가의 멜로디를 작곡하면서 동시에 화음을 붙이는 작업을 병행하였다. 또한 16세기 프랑스의 대표적인 음악가 구디멜(Claude Goudimel 1505~1572)과 르 쥔(Claude Le Jeune 1528~1600)이 『제네바 시편가』에 4성부의 화음을 붙이는 일에 동참하였다. 1564-65년 발행된 구디멜의 다성부 찬송가 『CLAUDE GOUDIMEL OEUVRES COMPLÈTES』는 가정에 국한하였으나 단순한 4성부의 찬송가가 점차 교회에서도 사용되었다. 구디멜은 1572년 로마 가톨릭교회의 개신교도 대학살 때 순교 당하였다.

4) 제네바 시편가의 영향

메리(Mary) 여왕이 개신교를 박해하던 1553년부터 1558년 사이에 영국을 떠나 대륙에 피신하게 되는데, 프랑크푸르트가 대표적인 도시였다. 그런데 분열이 일어나 1555년 일부가 제네바로 이주하여 교회를 세우고 녹스(John Knox)가 담임한다. 이들은 칼뱅의 시편가에 감동되어 시편가집을 발간하는데, 그것이 『앵글로-제네바 시편가』(Anglo-Genevan Psalter, 1561)이다. 새찬송가 1장 『만복의 근원 하나님』은 시편 100편을 키스(William Kethe)가 운문화한 것에 제네바 시편가의 곡을 붙인 것인데, 아직도 불리는 가장 오래된 곡이다. 메리 여왕이 죽고 1560년까지 피신했던 영국 개신교도들이 제네바에서 배운 시편가를 갖고 영국으로 돌아가서 1562년 『영국 시편가』(English Psalter)를 발간한다.

또한 녹스도 1559년에 스코틀랜드로 귀국하여 1564년에 『스코틀랜드 시편가』(Scottish Psalter)를 발간하였다. 1650년판에 첫 수록된 시편23편 「주 나의 목자 되시니」는 통일찬송가(1983)에 수록되어 있으나 2006년 발행된 새찬송가에는 탈락되어 있다. [악보 98]

제네바 시편가 (Genevan Psalter)
칼뱅에 의해 철저하게 감독·편집된 것이었으며, 성경 중심의 원칙에 기초하여 이루어진 시와 노래의 운율화된 회중찬송

『제네바 시편가』(1562)의 대표적 작곡가

부르주아 (1510-1561)
  단성 시편찬송가 (1562)
  시편가의 멜로디를 작곡하면서 동시에 화음을 붙이는 작업을 병행

구디멜
  구디멜 (1505-1572)
  다성부 찬송가 (1565)

르 쥔 (1528-1600)
  화음을 붙이는 일에 동참

4) 제네바 시편가의 영향

1561년
『앵글로-제네바 시편가』
메리 여왕이 개신교를 박해하던 1553년부터 1558년 사이에 영국을 떠나 대륙에 피신하게 되는데, 프랑크푸르트와 일부가 1555년 제네바로 이주하여 교회를 세우고 녹스가 담임한다. 이들은 칼뱅의 시편가에 감동되어 시편가집을 발간한다.

1562년
『영국 시편가』
메리 여왕이 죽고 1560년까지 피신 했던 영국 개신교도들이 제네바에서 배운 시편가를 갖고 영국으로 돌아가서 『영국 시편가』를 발간

1564년
『스코틀랜드 시편가』
녹스목사는 1559년에 스코틀랜드로 귀국하여 1564년에『스코틀랜드 시편가』를 발간

칼뱅의 시편가

[악보 98] 통일찬송가 437장 〈주 나의 목자되시니〉

18세기 이후
시편가는 **아이작 와츠(1674-1748)** 등의 찬송가에 자리를 내주게 된다.

이 후 영국에서는 다양한 시편가집이 발간되었는데, 너무 지나치다 보니 큰 비판에 직면한다. 엘리자베스 여왕은 '제네바 장난'에 질색하였고, 로체스터(Lochester) 백작이란 사람이 쓴 '스턴홀스와 홉킨스는 마음이 편치 않았다네. 다윗의 시편을 번역한 것은 그를 기쁘게 하기 위한 것이었지만, 다윗 왕이 살아서 그 번역과 노래를 본다면, 맙소사, 진노할 게 분명하니 말일세.'라는 즉흥시를 발표하고, 일부에서는 '대장간의 망치 두 개를 두드려도 이보다는 더 좋은 음악이 나올 것'이라고 혹평하였다.[76]

그리하여 18세기 이후 시편가는 아이작 와츠(Isaac Watts 1674~1748) 등의 찬송가에 자리를 내주게 된다. 시편가의 영향은 영국을 거쳐 식민지 미국교회에 계승되어 발전하게 된다.

다성음악에서의 교회음악 양식

5) 제네바 시편가의 전래

(1) 제네바 시편가의 미국전래

칼뱅의 『제네바 시편가』는 1620년 미국의 메사추세츠의 플리머스에 정착한 청교도들에 의해 미국에 전해지게 된다. 청교도들이 미국에 오기 전에 네델란드에 먼저 들렀을 때는, 1566년 다신(Peter Datheen)이 『제네바 시편가』를 번역, 편집한 『네델란드 시편가』(Dutch Psalter)가 널리 사용되고 있었고, 이것을 편집해 1612년에 암스테르담에서 『에인스워즈 시편가』(Ainsworth Psalter)를 발간하여 사용하다가 미국으로 가져가므로 칼뱅의 시편가가 미국에 그대로 전파되게 된 것이다.[77]

1628년 프랑스와 네델란드에서 온 이주민들은 『제네바 시편가』와 『네델란드 시편가』를 사용하였는데, 곡은 같은 것이었으며, 주로 부르주아의 곡이었다.

10년 뒤 더 많은 영국인들이 이주하였을 때, 이들은 새 시편가를 만들었는데, 이것을 『베이 시편가』(The Bay Psalm Book, 1640)라고 부른다. 그러나 곡조가 붙은 책은 1698년에야 발간되었다. 이 『베이 시편가』는 미 동부 식민지교회의 중심적인 회중찬송집이었다.

그러나 18세기에 접어들어 시편가는 점진적으로 찬송가로 대체되어 갔으며, 장로교회는 급기야 '대시편가 논쟁(Great Psalmody Controversy)'이 일어나게 되었고, '구파' '신파'로 나뉘어 이후 100여 년에 걸쳐 논쟁을 계속하였다. 구파는 스코틀랜드와 아일랜드 세력을 바탕으로 라우스(Rous)와 바튼(Barton)의 시편가를 사용하자는 입장이고, 신파는 잉글랜드 세력으로써, 『와츠의 시편가』(Psalms & Hymns)를 사용하자는 입장이었다. 결국 1787년 총회에서 『와츠의 시편가』를 인정하지만 사용은 각 교구에서 알아서 하라고 결정했다가, 1802년 총회에서 와츠의 시편가와 찬송가집 중의 하나인 『드와이트 와츠』(Dwight's Watts)를 공식 승인하였고, 장로교회의 공식 찬송가집은 1831년에야 발간되었다.

19세기의 대각성 부흥운동은 '시편가 찬양'에서 '찬송가 찬양'으로 바꾸는 결정적 영향을 주었고, 복음성가의 대두는 더욱 시편가를 퇴조시켰다. 그러나 교단 찬송가를 가진 교회에는 처음엔 복음성가가 큰 영향을 미치지 못하였다.

---

5) 제네바 시편가의 전래

(1) 제네바 시편가의 미국전래

1566년
『네델란드 시편가』 사용
다신이 『제네바 시편가』를 번역

1612년
암스테르담에서 『에인스워즈 시편가』를 발간하여 사용

1620년
칼뱅의 『제네바 시편가』는 미국의 메사추세츠의 플리머스에 정착한 청교도들에 의해 미국에 전해지게 된다.

1628년
프랑스와 네델란드에서 온 이주민들 『제네바 시편가』와 『네델란드 시편가』 사용

1640년
『베이 시편가』

1698년
『베이 시편가』(악보로 된)
미 동부 식민지교회의 중심적인 회중찬송집

1787년
『와츠의 시편가』를 인정

1802년
와츠의 '시편가와 찬송가' 집 중의 하나인 『드와이트 와츠』를 공식 승인

1831년
장로교회의 공식 찬송가집 발간

칼뱅의 시편가

(2) 미국 찬송가

1870년 장로교회 『찬송가』(Hymnal)가 발간되었는데, 이것은 영국 성공회의 찬송가의 영향을 많이 받았으나, 1875년 발간된 찬송가는 보다 발전된 다양한 찬송가를 수록하였다. 미 장로교회의 남부는 보다 보수적이고 복음주의적이어서 영국성공회 찬송가의 영향은 덜 받았다. 남부장로교회가 공식적으로 사용한 찬송가는 장로교회의 대표적인 찬송가 전문목사 로빈슨(Charles S. Robinson) 편찬의 『시편가, 찬송가, 영가』(Psalms & Hymns & Spiritual Songs, 1875)였다. 1901년 『새 시편가와 찬송가』(New Psalms & Hymns)가 승인을 받아 리치몬드에서 발간되었다.

20세기에 들어서서 본격적인 찬송가가 각 교단별로 발간되는데, 미국 장로교에서는 1933년에 『찬송가』(The Hymnal, 1933)을 발간한다. 교회음악가 디킨슨(Clarence Dickinson)이 편집하였는데, 별로 인기가 없어 1955년에 새로운 『찬송가』(The Hymnbook)를 4개 장로교단이 연합으로 발간하였다. 여기에는 시편가와 남부장로교회가 사용하던 복음적 찬송가를 모두 수록하여 가 교단의 요구를 수용하려고 노력하였다. 1972년에는 다시 새 찬송가 『예배서』(The Worshipbook)를 발행하였는데, 122편의 20세기 신작 찬송가를 수록하였다.[78]

1990년 『장로교 찬송가』[79](The Presbyterian Hymnal)를 발간하여 현재 사용 중에 있다. 이 찬송가는 교회력에 따른 찬송, 시편가, 주제별 찬송, 예전찬송 순으로 편집되어 있으며〈표 51〉, 시편가에는 칼뱅의 제네바 시편가, 스코틀랜드 시편가, 영국 시편가, 미국 창작 시편가 등 100곡의 시편가가 수록되어 있다. [악보 99, 100]

다성음악에서의 교회음악 양식

〈표 51〉 미국 장로교찬송가 목차

ORGANIZATION OF THE HYMNAL

	Page
PREFACE	7
INTRODUCTION	9
AIDS TO WORSHIP	12
Service for the Lord's Day	12
Apostles' Creed	14
English: Traditional, Ecumenical	
Spanish	
Korean	
Nicene Creed	15
English: Traditional, Ecumenical	
Lord's Prayer	16
English: Traditional, Ecumenical	
Spanish	
Korean	

HYMNS	Hymn
CHRISTIAN YEAR	
Advent	1
Christmas	21
Epiphany	62
Baptism of the Lord	70
Transfiguration of the Lord	73
Lent	76
Palm Sunday	88
Holy Week	92
Easter	104
Day of Pentecost	124
Trinity Sunday	132
Christ the King/Ascension	141
PSALMS	**158**

칼뱅의 시편가

TOPICAL HYMNS

God	259
Jesus Christ	299
Holy Spirit	313
Holy Scripture	327
Life in Christ	332
Church	411
Mission	
Universal	
Triumphant	
Morning and Opening Hymns	454
Sacraments and Ordinances	492
Baptism	
Lord's Supper	
Ordination and Confirmation	
Funeral	
Christian Marriage	
Closing Hymns	535
Evening Hymns	541
Thanksgiving Hymns	551
National Song	561

SERVICE MUSIC ... 565

INDEXES

	Page
Index of Authors, Translators, and Sources	677
Index of Composers, Arrangers, and Sources	682
Index of Scriptural Allusions	687
Topical Index	691
Metrical Index of Tunes	702
Index of Tune Names	707
Index of First Lines and Common Titles	711

다성음악에서의 교회음악 양식

[악보 99] 미국 장로교찬송가 158장 – 시편 1편 〈The One Is Blest〉

칼뱅의 시편가

[악보 100] 미국 장로교찬송가 220장 – 시편 100편 〈All People That on Earth Do Dwell〉

다성음악에서의 교회음악 양식

(3) 프랑스 찬송가

현재 프랑스 개신교 찬송가[80]에는 칼뱅의 제네바 시편가가 거의 원형대로 계승되어 불리고 있는데 [악보 101], 찬송가의 처음 부분에 62곡을 실어놓아 칼뱅의 제네바 시편가에 대한 자부심을 갖고 있는 것을 느낄 수 있다. 〈표 52〉 a, b

(4) 독일 찬송가

독일 찬송가[81]는 루터의 코랄찬송과 독일교회의 코랄찬송으로 만들어져 있는데, 시편가가 50곡 수록되어 있으며〈표 53〉, 칼뱅의 시편가도 수록되어 있다. [악보 102]

앞에서 살펴본 바와 같이 시편가는 구약시대의 공인찬송가였다. 신약시대에도, 로마교회시대에도 시편가는 찬송의 중심에 있었다. 종교개혁시대에 칼뱅은 진정한 찬송은 시편가라는 신념으로 프랑스어 시편가를 창작하여 회중찬송으로 보급하였고, 루터는 독일어로 독일찬송의 가사와 곡을 모두 창작하여 회중찬송으로 불렀다. 이 두 사람의 창작찬송작업은 세계의 음악역사를 바꾸어 놓았다. 로마교회의 금지로 말미암아 찬송을 잃어버렸던 회중들에게 다시 찬송을 되돌려 준 이 찬송개혁은 그야말로 혁명이었다. 이것은 찬송과 교회음악의 발달 뿐만 아니라, 일반음악의 무한한 발전까지도 가져와 유럽음악이 꽃피어나게 된 근본이 된 것이다. 그러므로 이 자랑스러운 전통은 시대와 민족과 국가와 교파를 초월하여 영원히 계승되어져야 할 것이다.

---

(3) **프랑스 찬송가**

칼뱅의 제네바 시편가 62곡이 찬송가 처음 부분에 수록되어 있다.

(4) **독일 찬송가**

칼뱅의 시편가를 포함한 50곡의 시편가가 수록되어 있다.

칼뱅의 시편가

〈표 52〉 a 프랑스 찬송가 목차

PLAN du RECUEIL
PSAUMES Le psautier français de le Rèforme — N° 1 à 150
CHANTS BIBLIQUES Des psaumes – Des cantiques bibliques – Des textes de l'Écriture — N° 151 à 183
OUVERTURE Se rassembler – Invoquer le Seigneur – Accueillir sa Parole — N° 201 à 233
LOUANGE Célébrer le Père et le Fils dans l'Esprit — N° 241 à 283
AVENT Attendre le Christ qui est venu et qui vient — N° 301 à 321
NOËL La Parole a été faite chair – Jésus est né — N° 351 à 378
CARÊME Se convertir – Chercher le pardon Rèpondre à l'appel du Dieu d'amour — N° 401 à 432
PASSION Avec Jèsus, des Rameaux à la croix et au tombeau — N° 441 à 465
PÂQUES Le Christ est ressuscité – Il est vivant – Il est monté vers le Père — N° 471 à 491
PENTECÔTE Invoquer et accueillir l'Esprit Saint — N° 501 à 514
ÉGLISE Le peuple de Dieu – Sa mission – Son unité — N° 521 à 545
BAPTÊME Entrer dans l'Eglise – Présentation – Profession de foi Confirmation — N° 561 à 568
REPAS DU SEIGNEUR Communier au Corps et au Sang du Christ dans l'action de grâces — N° 581 à 592
VIVRE EN CHRIST Au fil des jours et des saisons de la vie – Dans la joie et la peine Dans la confiance et l'espérance — N° 601 à 640
CATÉCHÈSE S'éveiller à la foi – Grandir à l'écoute de la Parole Chanter avec les enfants et les jeunes — N° 701 à 782
LITURGIEs Célébrer le culte du Seigneur dans la communion de l'Église universelle — N° 801 à 877
ENVOI Aller dans la paix du Christ avec la force de l'Esprit Saint sous la bénédiction et la garde du Tout – Puissant — N° 881 à 889
PRIÈRES Textes liturgiques p. 609
TABLES analytique p. 627   alphabétique p. 632   de concordance p. 637

다성음악에서의 교회음악 양식

〈표 52〉b 칼뱅의 제네바 시편가 목차

PSAUMES
Le psautier français de la Réforme

1 Heureux	92 Oh! que c'est chose belle
3 Segneur, que d'ennemis	92A Oh! que c'est chose belle
5 Prête l'oreille à mes paroles	95 Réjouissons-nous
5A Entends, Seigneur, ma plainte	96 Chantez à Dieu
6 Seigneur qui vois la peine	97 Dies le Seigneur est Roi
8 Ton nom, Seigneur	98 Entonnons un nouveau cantique
19 Le ciel étincelant	99 Dans tout l'univers
23 Dieu mon berger	100 Vous qui sur la terre habitez
24 La terre au Seigneur appartient	101 Je viens chanter
25 A toi, mon Dieu	103 Bénis ton Dieu
27 Je chanterai	105 Célébrons son œuvre
33 Réjouis-toi, peuple fidèle	107 Louez Dieu pour sa grâce
36 O Seigneur, ta fidélité	113 Vous qui servez le Seigneur
42 Comme un cerf altéré	116 J'aime mon Dieu
43 Sur moi ta clarté vienne	117 Vous tous les peuples
46 Dieu est pour nous la forteresse	118 Célébrez Dieu
47 Frappez dans vos mains	119 Heureux
51 Pitié pour moi, Seigneur	121 Vers les monts
62 En toi, mon Dieu	124 Sans le Seigneur qui s'est levé
65 Vers toi, Seigneur	127 Si Dieu ne bâtit la maison
66 Vous tous les peuples	130 Du fond de ma détresse
67 Que Dieu nous bénisse	133 Oh! qu'il est beau
68 Que Dieu se montre	134 Bénissons Dieu
72 Revêts, Seigneur	136 Louez Dieu
77 L'âme de douleur atteinte	138 Que tout mon cœur
80 O berger d'Israël	139 Seigneur, tu lis
81 Que nos chants joyeux	141 Vois, Seigneur mes mains
84 Dans ta maison	143 Seigneur, écoute ma prière
86 A mon cri prête l'oreille	146 Loué sois-tu
89 Je louerai ton amour	148 Vous qui le servez
91 Qui demeure auprès du Seigneur	150 Dans son temple

칼뱅의 시편가

[악보 101] 프랑스 찬송가 『ARC·EN·CIEL』 시편 23편

913

다성음악에서의 교회음악 양식

칼뱅의 시편가

〈표 53〉 독일 찬송가 목차

Inhaltsübersicht

GOTTESDIENSTORDNUNGEN

Seite	
11-26	Erste Form
27-29	Sündenbekenntnisse mit Gnadenzusage
30-31	Andere Form
32-33	Die Feier des Heiligen Abendmahls (andere Form)
34	Einfache Form
35-39	Beichte und Vorbereitung zum Heiligen Abendmahl
40-42	Vorbereitung zum Heiligen Abendmahl (andere Form)
43	Gebet des Herrn
44-45	Nicänisches Glaubensbekenntnis
45-47	Gebete zum Gottesdienst

LIEDTEIL

Das Kirchenjahr

Leid-Nr.		
1 - 14	400 - 402	Advent
15 - 35	403 - 414	Weihnachten
36 - 45	415	Jahreswende
46 - 53	416-418	Epiphanias
54 - 72	419-423	Passion
73 - 74	423	*Zum Gedächtnis der Grablegung*
75 - 89	424-425	Ostern
90 - 96	426	Himmelfahrt
97 -108	427-428	Pfingsten
109 -112		Trinitatis
113 -119		Andere Feste
120 -123	429	Am Ende des Kirchenjahres

다성음악에서의 교회음악 양식

INHALTSÜBERSICHT

Der Gottesdienst

124-129	430	Zum Eingang
130-138		Liturgische Gesänge
137-141	431	Zum Schluß des Gottesdienstes
142-145	432-434	Das Wort Gottes
146-153	435-438	Die Heilige Taufe
154-165	439-444	Das Heilige Abendmahl
163-165		*Nach dem Abendmahl*
166-169		Die Beichte (Bußlieder)
170-173	445	Die Trauung (Ehestandslieder)
174-175		Die Bestattung

Psalmen, Bitt – und Lobgesänge für jede Zeit

176-200	**446-472**	**Psalmlieder**
201-225	473-481	Die Kirche
	482-492	Aus der Ökumene
226-238	493-504	Lob und Dank
239-279	505-515	Christlicher Glaube und christliches Leben
280-307	516-534	Gottvertrauen, Kreuz und Trost
308-331	535	Tod und Ewigkeit

Lieder für besondere Zeiten und Anlässe

332-371	536-550	Tag und Jahr
332-350	536-543	*Am Morgen*
351	544	*Am Mittag*
352-368	545-550	*Am Abend*
369-371		*Jahreszeiten*
372-382	551-553	Um das tägliche Brot
372-375		*Zu Tische*
376-379		*Für eine gesegnete Ernte*
380-382		*Bei und nach der Ernte*

칼뱅의 시편가

INHALTSÜBERSICHT

383-388 In Arbeit und Beruf
389-394 Für Volk und Vaterland

554-556 **Neutestamentliche Lobgesänge**

ANDACHTS- UND GEBETSTEIL

Seite 931 Sprüche, Lieder und Lesungen nach dem Kirchenjahr
956 Passionsandachten
956   *Reihe I (Matthäus)*
973   *Reihe II (Markus)*
987   *Reihe III (Lukas)*
1002   *Reihe IV (Johannes)*
1018   *Die sieben Bußpsalmen*
1023 Anleitung zur Nottaufe
1024 Anleitung zur Einzelbeichte
1026 Ordnung einer häuslichen Trauerfeier
1028 Hausandacht
1030 Gebete für den Tag
1030   *Morgen- und Abendgebete*
1049   *Wechselgebete*
1051   *Nachtgebet*
1052   *Mittags- und Tischgebete*
1055   *Morgengebete für kleinere Kinder*
1056   *Abendgebete für kleinere Kinder*
1057 Gebete für verschiedene Zeiten und besondere Anlässe
1075 Verzeichnis der Liederdichter und Melodieschöpfer
1136 Alphabetisches Liederverzeichnis

다성음악에서의 교회음악 양식

[악보 102] 독일 찬송가 196장 – 시편 134편

PSALMEN, BITT-UND LOBGESÄNGE

Psalm 134
Lobt Gott, den Herrn der Herrlichkeit

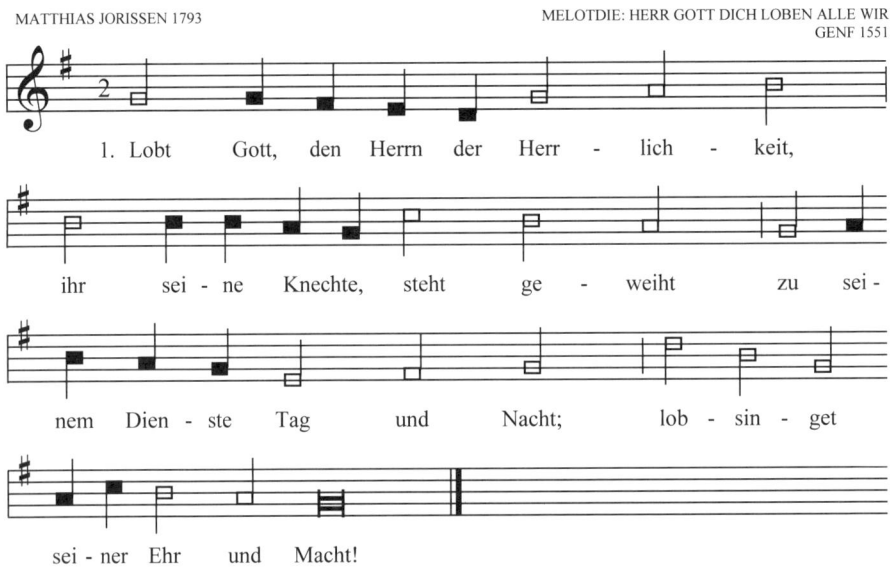

MATTHIAS JORISSEN 1793

MELOTDIE: HERR GOTT DICH LOBEN ALLE WIR
GENF 1551

1. Lobt Gott, den Herrn der Herrlichkeit, ihr seine Knechte, steht geweiht zu seinem Dienste Tag und Nacht; lobsinget seiner Ehr und Macht!

2. Hebt eure Hände auf und geht / zum Throne seiner Majestät / in eures Gottes Heiligtum, / bringt seinem Namen Preis und Ruhm!

3. Gott heilge dich in seinem Haus / und segne dich von Zion aus, / der Himmel schuf und Erd und Meer. / Jauchzt, er ist aller Herren Herr!

MATTHIAS JORISSEN 1793

칼뱅의 시편가

(5) 한국 찬송가

각 나라의 찬송가를 살펴 본 바와 같이 시편찬송은 찬송가의 매우 중요한 비중을 차지하고 있는 것을 알 수 있으며, 세계 대부분의 교회가 지금도 시편찬송과 루터의 코랄찬송을 부르고 있음을 알 수 있다. 그러나 한국 찬송가의 현실은 너무 거리가 있는데, 과거는 물론이고 21세기 찬송가에도 찬송가의 약 80%가 미국과 영국찬송으로 채워져 있다. 현재 다른 나라의 찬송가는 시편가를 별도로 구분하여 편집되어 있는데 비하여, 우리나라 찬송가(2006)에는 시편가의 구분이 없고, 일반 찬송 속에 칼뱅의 제네바 시편찬송 2곡(1장 '만복의 근원 하나님', 548장 '날 구속하신')이 들어 있다. 스코틀랜드 시편찬송 1곡(131장 '다 나와 찬송 부르세')이 들어 있으며 제네바 시편찬송인 통일찬송가 7장(구주와 왕이신 우리의 하나님)과 스코틀랜드 시편찬송인 통일찬송가 437장(주 나의 목자 되시니)은 이번 편집에서 누락되었다. 루터 및 독일의 코랄찬송도 10여 곡 정도만 들어있다.

2007년 5월 29일 대한예수교장로회(합동) 총회 신학부 주관으로 '시편 찬송가 공청회'가 개최되어 삼양교회 서창원 목사의 "역사적 측면에서 본 개혁교회 시편찬송가", 한국상담선교연구원 김남식 목사의 "실천신학적 관점에서 본 시편찬송가" 그리고 총신대학교 주성희 교수의 "교회음악적 관점에서 본 시편찬송가"등이 발제 되었다. 저자는 발제를 통해 시편찬송의 중요성을 강조하고, 찬송가와 별책으로 『한국 시편찬송가』(가칭)를 발행할 것과 내용 및 편집방법에 대해 다음과 같은 구체적인 대안을 제안하였다. 요약하여 보면, 프랑스 찬송가에 포함되어 있는 칼뱅의 시편가 1/3, 미국장로교 찬송가에 포함되어 있는 스코틀랜드, 영국, 미국 등의 다양한 시편가 1/3, 한국인에 의한 한국 시편가 1/3의 적절한 비율로 편집한 『한국 시편찬송가』(가칭) 발행을 제안하였다.

2007년 10월 대한예수교장로회(합동) 총회에서 상기 공청회에서 발제된 내용들이 반영되어져 총회신학부에 '시편찬송가 편찬위원회'가 만들어졌으며, 동 위원회에서는 『한국 시편찬송가』(가칭)를 발행하기로 하되, 일차적으로 칼뱅의 『제네바 시편가』 150곡을 한국어 성경에 근거해 운율화하기로 결정하였다. 시편찬송가 편찬위원장 서창원 목사와 신소섭 목사가 가사위원으로, 이귀자 교수와 주성희 교수가 음악위원으로 임명되었다.

2009년 4월 17일 대한예수교장로회(합동) 총회신학부 시편찬송가 편찬위원회 주최로 총신대학교 카펠라홀에서 한국어로 된 칼뱅의 『제네바 시편가』로 예배드리고, '칼빈탄생 500주년기념 시편찬송가 발표회'를 가졌는데, 하재송 교수 지휘로 총신성악앙상블에 의해 초연되었으며, 5월 13일 '칼빈탄생 500주년 기념 제46회 전국목사장로기도회'에서 찬양하였다. 7월 10일 150편의 한국어판 『칼빈의 시편찬송가』가 출판되었다. 그 중 『칼빈의 시편찬송가』 시편 23편, 시편 107편, 시편 150편의 악보를 제시한다. [악보 103] a-c

다성음악에서의 교회음악 양식

[악보 103] a 『칼빈의 시편찬송가』(한국어판) 시편 23편

칼뱅의 시편가

[악보 103] b 『칼빈의 시편찬송가』(한국어판) 시편 107편

다성음악에서의 교회음악 양식

[악보 103] c 『칼빈의 시편찬송가』(한국어판) 시편 150편

11. 앤섬 (Anthem)

앤섬(Anthem)은 그리스-라틴어의 안티포나(antiphona)에서 유래된 말로서 영어로 불리며 로마 가톨릭교회에서의 모테트와 흡사한 역할을 하는 영국 성공회의 합창 양식이다.

앤섬의 탄생은 영국의 종교개혁과 관련이 있는데, 16세기 초 영국 교회는 헨리8세의 이혼과 재혼에서 비롯된 정치적 문제로 로마 카톨릭 교회에서 분리되고, 그로 인해 성공회가 시작되면서 교회 음악 역시 로마 카톨릭 교회와는 구별되는 양식을 발전시켜 나가게 된다. 그 중 새로운 형식의 합창음악인 앤섬은 존 태버너(John Taverner, 1490-1545), 크리스토퍼 타이(Christopher Tye, 1550-1573), 토마스 탈리스(Thomas Tallis, 1505-1585), 윌리엄 버드(William Byrd, 1543-1623)와 같은 작곡가들에 의해 확립되고 이후 교회음악의 암흑기였던 공화정 시기와 헨리 퍼셀(Henri Purcell, 1659-1695)과 같은 유능한 작곡가들에 의해 칸타타의 성격을 가진 극적인 음악으로 발전하게 된 17세기의 왕정복고시기를 거쳐 오늘날까지도 여러 현대 작곡가들에 의해 작곡되어 세계 각국의 영국 국교회에서 연주된다.

앤섬(Anthem)은 합창에 의한 풀 앤섬(full anthem)과 독창부분이 있는 버스 앤섬(verse anthem)으로 구별하며 다 같이 오르간 반주로 불려졌다. 초기의 앤섬은 짧은 길이의 4성부 무반주 합창곡들이 대부분이었지만 형식이 확장되며 작곡가들은 독창부분을 추가했고 그 독창을 뒷받침하는 반주부를 보강하는 등 독창 부분과 합창 부분을 자유롭게 사용하며 곡의 길이도 원하는 만큼 확대 또는 축소 시켰다.

1) 튜더왕조시대 (1485-1603)

이 시기는 영국의 앤섬 발달에 있어 중요한 시대로 튜더(Tudor)왕조 시대작곡가들 중에는 계속적으로 구교에 충실한 신자도 있었으나 대부분 개혁교회의 새로운 예배 형식을 이의없이 받아들였고 Chapels Royal은 성공회 음악 제도에 있어 가장 중요한 기관으로 이에 참여하는 작곡가들은 모두 탁월한 음악가로 인정받았다. 이 시기를 전기와 후기로 나누어 앤섬을 작곡한 주요 작곡가와 작품을 소개한다.

다성음악에서의 교회음악 양식

(전기 1485-1557)

John Taverner (c. 1490-1545)	- In trouble and adversity - O give thanks - I will magnify thee - O most holy and mighty Lord
Christopher Tye (c. 1505-1573)	- Give armes of thy goods
Thomas Tallis (1505-1585)	- If ye love me - O nata luxJohn
Sheppard (1515-1560)	- Christ rising again
Richard Farrant (1525-1580)	- Call to Remembrance - Hide not thou thy face - Lord, for thy tender mercy's sake

(후기 1558-1603)

William Mundy (1529-1591)	- O Lord, the maker of all thing
William Byrd (1543-1623)	- Sing joyfully - Hosanna to the Son of David - Christ Rising Again - O Lord Make thy servant - Bow thine ear

토마스 탈리스 (Thomas Tallis, 1505-1585)

토마스 탈리스(Thomas Tallis, 1505-1585)는 영국 르네쌍스기의 음악을 주도한 작곡가로 영국 국교회음악의 아버지라 불리고 있다. 헨리 7세와 8세, 에드워드 6세, 메리 튜더와 엘리자베스 1세에 이르기까지 5대의 왕조를 섬긴 그는 1541년 켄터버리 대성당의 젠틀맨으로 임명된 후 죽을 때까지 40년 이상 이곳에서 영국왕실 예배당의 모든 음악행사를 도맡았다. 그가 섬긴 네 왕조가 모두 영국국교의 신봉자였지만 자신은 카톨릭 신자로 남아 영국왕실의 요구에 따라 영국 국교회의 예배를 위한 서비스나 앤섬 등을 충실히 작곡하는 반면 라틴어로 된 카톨릭 음악도 작곡하는 등 음악적으로는 절충주의적인 성향이 강하다. 그가 작곡한 앤섬은 모두 24개로 알려져 있는데 그 중 몇 곡은 라틴 모테트의 번역이라고 할 수 있다. 형식은 대부분 ABB로 이러한 형식은 초기 앤섬의 모범적인 형식이 되었다.
다음 [악보 104]에서 그의 앤섬 〈날 사랑 하신다면〉(If ye love me)을 제시한다.

토마스 탈리스 (1505-1585)

- 영국 르네쌍스기의 음악을 주도한 작곡가
- 영국 국교회 음악의 아버지
- 영국왕실 예배당의 모든 음악행사를 도맡았다.
- 서비스나 앤섬 등을 충실히 작곡

앤섬

[악보 104] 탈리스, 앤섬 〈날 사랑 하신다면〉 (If ye love me)

다성음악에서의 교회음악 양식

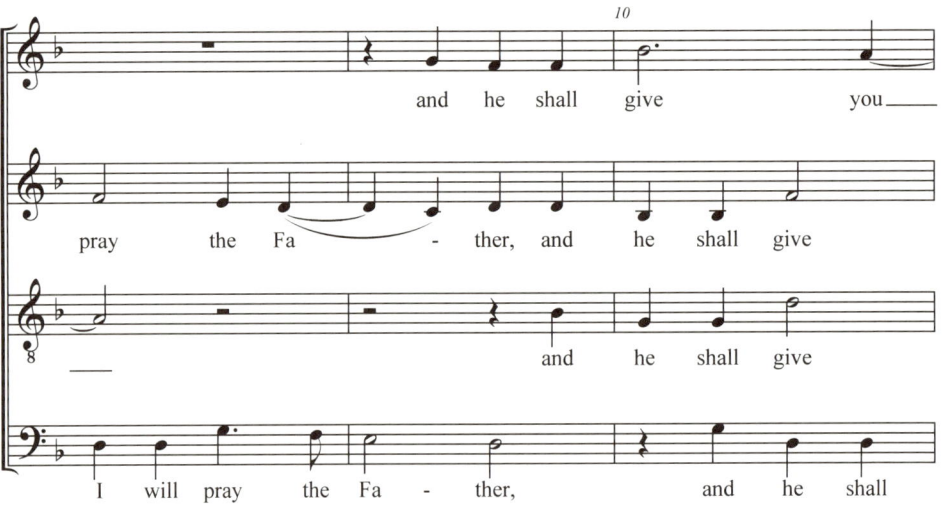

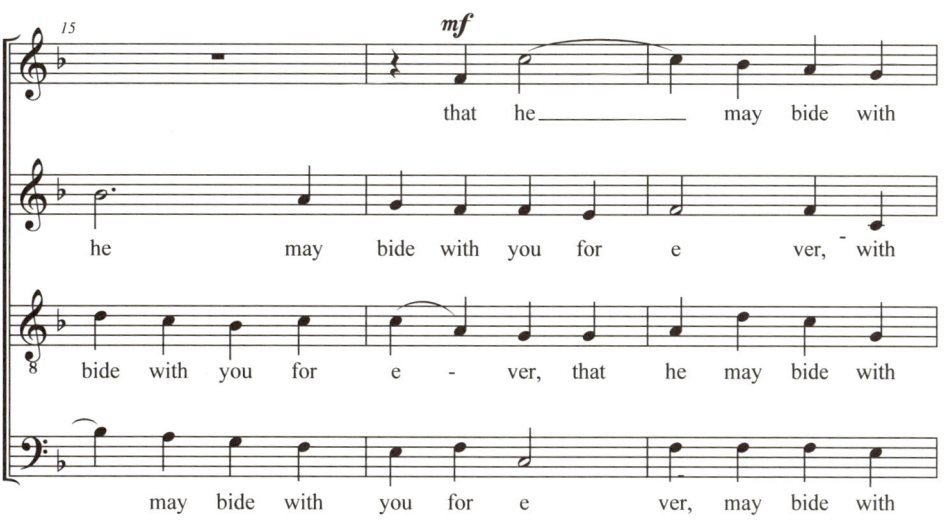

다성음악에서의 교회음악 양식

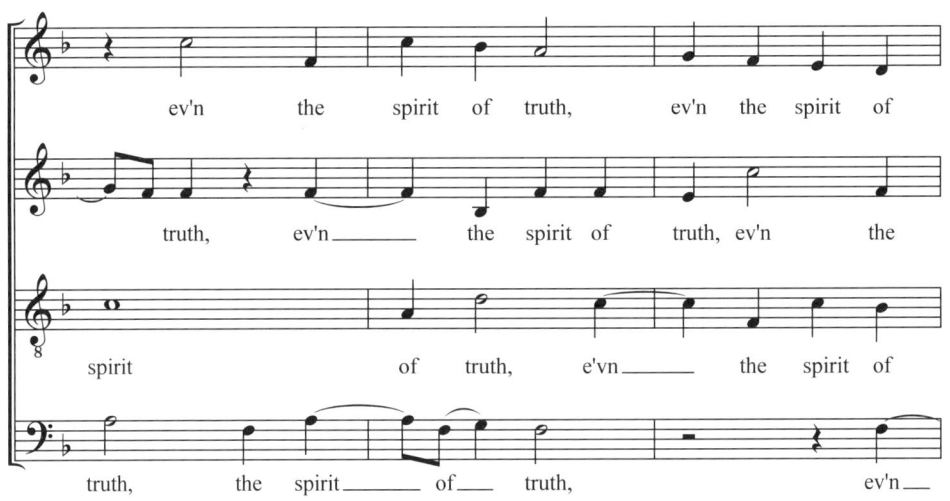

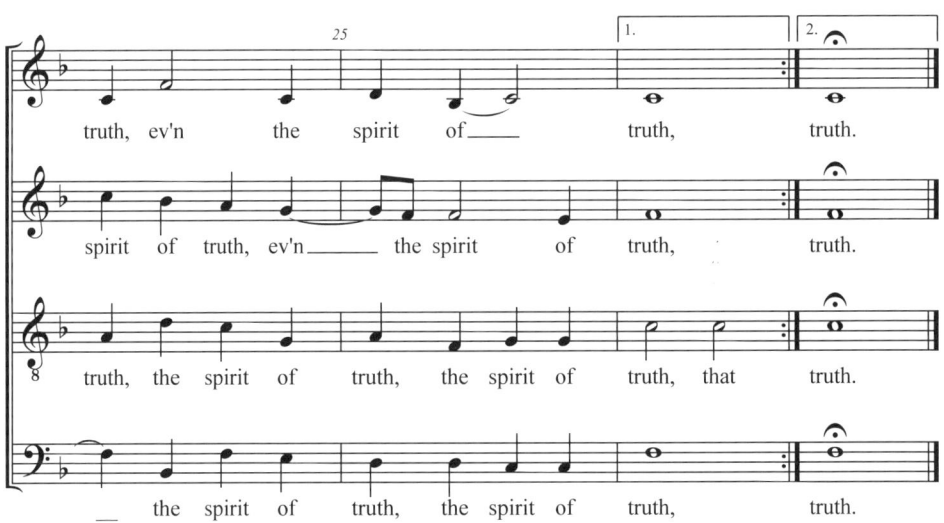

앤섬

윌리엄 버드 (1543-1623)

엘리자베스 왕조, 영국의 황금시기 최대의 작곡가

1573년
- 엘리자베스 1세의 궁정예배당 멤버에 가입
- 탈리스와 같이 오르가니스트를 지냄
- 그레이트 서비스 (Great Service)나 앤섬 등을 작곡
- 영국 마드리갈의 개척자의 한 사람
- 종교적, 세속적 합창음악에서는 영어 특유의 리듬성을 살린 탁월한 대위법 기교를 보여줌
- 그의 성악곡들은 르네쌍스 폴리포니 음악의 집대성이라 할 수 있다
- 버드가 작곡한 앤섬은 56곡 (시편가에 의한 37곡 포함)
- 버스 앤섬(verse anthem)을 처음으로 설정한 작곡가들 중 하나

윌리엄 버드(William Byrd, 1543-1623)

윌리엄 버드는 엘리자베스 왕조, 영국의 황금시기 최대의 작곡가로 엘리자베스 1세 시대에 탈리스에게 음악을 배웠고 그를 도와 많은 음악활동을 함으로써 영국 음악의 탄탄한 기초를 닦는데 큰 공헌을 했다. 1573년 런던으로 이주하여 엘리자베스 1세의 궁정예배당 멤버에 가입하여 탈리스와 같이 오르가니스트를 지냈는데, 탈리스 보다 40년 아래인 버드였지만 탈리스의 제자이자 가장 신임 받는 동료로 지냈다.

그의 창작활동은 교회음악, 세속적 합창곡, 건반악기 음악 등 당시의 모든 분야의 음악에 걸쳐서 개성적인 뛰어난 작품을 남기고 있는데 버드 자신은 평생을 카톨릭 신자로 남아 있었지만, 영국 국교회를 위해서는 영어에 의한 그레이트 서비스(Great Service)나 앤섬 등을 남겼다. 그는 또 이탈리아의 영향 아래 자라난 영국 마드리갈의 개척자의 한 사람으로서 종교적, 세속적 합창음악에서는 영어 특유의 리듬성을 살린 탁월한 대위법 기교를 보이며 그가 쓴 성악곡들은 르네쌍스 폴리포니 음악의 집대성이라 할 수 있다. 버드가 작곡한 앤섬은 56곡으로 전해지며 그 중 시편가에 의한 곡은 37곡이다. 또한 버드는 버스 앤섬(verse anthem)을 처음으로 설정한 작곡가들 중 하나이다. 다음에서 버드의 앤섬 〈즐겁게 찬양해〉(Sing joyfully)의 악보를 제시한다. [악보 105]

다성음악에서의 교회음악 양식

[악보 105] 버드, 앤섬 〈즐겁게 찬양해〉(Sing Joyfully)

다성음악에서의 교회음악 양식

다성음악에서의 교회음악 양식

다성음악에서의 교회음악 양식

다성음악에서의 교회음악 양식

다성음악에서의 교회음악 양식

앤섬

2) 공화정치시대 – 교회음악의 암흑기

공화정치시대의 새로운 지도자 크롬웰(Olivier Cromwell, 1599-1658)은 청교도들의 모든 악습을 타파하고자 순수한 프로테스탄트 종교를 목표로 종교적인 활동을 억압하였다. 이 시기에는 교회에서 성가대를 중단시키고 악기사용도 금지되었다. 따라서 이 시기에 작곡된 앤섬들은 교회를 위한 것이 아니라 주로 귀족들을 위한 개인적인 기도실 모임에서 노래하기 위한 것이었다. 다음에서 공화정치시대의 앤섬을 작곡한 주요 작곡자와 작품을 제시한다.

Thomas Tomkins (1572-1656)	- When David heard
Thomas Weelkes (1577-1623)	- O Janathan - When David heard
Orland Gibbons (1583-1625)	- Hosanna to the Son of David - O clap your hands

3) 왕정복고시대 (1660-1689)

1660년 크롬웰이 패배하고 찰스 II세가 런던으로 돌아오면서 왕정복고시대가 시작되었고 이로 인해 성공회는 다시 부활하였다. 찰스 II세는 음악을 매우 좋아하였고 그 중에서도 기악음악을 즐겼는데 앤섬에서도 반주악기로 오르간 이외에 현악기와 목관악기들을 사용하게 된다. 하지만 찰스 II세가 세상을 떠난 후로 다시 반주는 오르간이 표준이 되어 오늘날까지 이르고 있다.

다음에서 이 시기에 앤섬을 작곡한 주요 작곡가와 작품을 제시한다.

다성음악에서의 교회음악 양식

Henry Lawes (1595-1662)	- Zadok the Priest
William Child (1606-1699)	- Turn thou us - Sing we merrily
Mattew Locke(1630-1677)	- Sing unto the Lord, O ye saints of his
Pelham Humfrey (1647-1674)	- Rejoice in the Lord
Michle Wise (1647-1687)	- And I heard a great voice - God spake sometime in visions - The Lord is my shepherd
William Turner (1651-1740)	- Behold now, praise the Lord - The King shall rejoice
Henry Purcell (1659-1695)	- Hear my prayer, O Lord - Remember not, Lord, our offences - Thou Knowest, Lord - my heart is inditing - O sing unto the Lord - They that go down to the sea in ships - Praise the Lord, O Jerusalem - Lord, how long wilt thou be angry

헨리 퍼셀 (Henry Purcell, 1659-1695)

오늘날까지 영국 음악사에 있어 가장 빛나는 작곡가로 인정받는 헨리 퍼셀(Henry Purcell)은 음악가의 집안에서 태어나 왕실교회 소년성가대에서 유럽의 새로운 음악 양식을 배웠다. 1677년 약관 18세의 나이로 왕실 현악합주단 상임작곡가가 되어 가곡과 판타지아를 작곡하였고 이 작품들은 전통적 대위법을 구사하여 16세기말에서 17세기까지 작곡된 작품들 중 최대의 판타지아 명작으로 꼽힌다. 1679년 웨스터민스터 대성당의 오르가니스트가 되었고, 극음악 작곡가로 활동하다가 이후 왕실소속의 음악가가 된다. 영국 바로크음악 발전에 크게 기여하였으나 36세의 아까운 나이로 세상을 떠났는데, 장례식은 그의 공로를 인정하여 웨스트민스터 사원에서 거행되었고, 유해는 오르간이 있는 사원의 북쪽측랑에 묻혔다. 그가 묻힌 자리에는 그의 이름을 새긴 대리석 명패가 붙어 있는데, 이곳에는 그를 기리는 많은 사람들의 발길이 오늘날까지 계속 이어지고 있다.

헨리 퍼셀 (1659-1695)

- 영국 음악사에 있어 가장 빛나는 작곡가
- 음악가의 집안
- 왕실교회 소년성가대
  (유럽의 새로운 음악 양식을 배움)

1677년
18세에 왕실 현악합주단 상임작곡가로 가곡과 판타지아를 작곡

1679년
- 웨스터민스터 대성당의 오르가니스트
- 극음악 작곡가로 활동
- 왕실소속의 음악가

앤섬

영국 바로크음악 발전에 크게 기여 작품의 특징

- 규칙에 얽매이지 않는 자유분방함.
- 외국의 음악양식과 엘리자베스 시대의 본격적 다성음악의 요소를 융합, 동화시켜 영국음악에 새로운 양식을 전개.

엘리자베스 여왕시대 최고의 음악가로 헨델, 브리튼, 티펫 등의 작곡가에게 영향을 줌

퍼셀이 작곡한 앤섬 (71곡)
- 버스 앤섬 55곡 [극적인 성격의 칸타타 앤섬이 많이 있다]
- 풀 앤섬이 16곡

퍼셀이 태어날 무렵은 바로크음악이 바흐나 헨델에 의해 정점에 이르기 전으로, 영국음악에 미친 퍼셀의 영향은 바흐나 헨델 못지않게 매우 강력하고 광범위했다. 그의 작품은 규칙에 얽매이지 않는 자유분방함이 특징이며, 외국의 음악양식과 엘리자베스 시대의 본격적 다성음악의 요소를 융합, 동화시켜 영국음악에 새로운 양식을 전개하였다. 엘리자베스 여왕시대 최고의 음악가로 이후 헨델, 브리튼, 티펫 등의 작곡가에게 영향을 주기도 하였고, 그 음악의 참신성은 20세기에 와서 재평가되고 있다.

퍼셀이 작곡한 앤섬은 버스 앤섬(verse Anthem)이 55곡, 풀 앤섬(full Anthem)이 16곡으로 모두 71곡에 이르고 있다. 그러나 1682년 후부터는 버스 앤섬이나 풀 앤섬 형식은 사용하지 않았고, 그의 버스 앤섬 중에는 극적인 성격의 칸타타 앤섬 (Cantata Anthem)이 많이 있다. 다음에서 그의 앤섬, 〈오 주여, 나의 기도를 들으소서〉 (Hear my prayer, O Lord)의 악보를 제시한다. [악보 106]

다성음악에서의 교회음악 양식

[악보 106] 퍼셀. 앤섬 〈오 주여, 나의 기도를 들으소서〉 (Hear my prayer, O Lord)

다성음악에서의 교회음악 양식

다성음악에서의 교회음악 양식

4) 18세기와 19세기

18세기에 와서 중, 소도시의 영국 국교회 교회들은 더 세련된 음악 양식을 갈망하기 시작한다. 이 시기에는 사회와 교회가 여러 가지 변화를 겪으면서 앤섬은 더 이상 대성당의 전통에 의한 형식이 아니었고 찬송에 의한 '힘 앤섬'(Hymn Anthem)의 양식이 부각된다. '힘 앤섬'은 성경에서 가사를 빌려오는 것보다 유명한 찬송가사를 이용하고, 그 찬송선율을 여러 가지로 편곡하여 오르간 반주로 연주한다는 것이다. 다음에서 18세기와 19세기의 앤섬을 작곡한 주요 작곡가와 작품을 제시한다.

4) 18세기와 19세기

찬송에 의한 'Hymn Anthem'의 양식이 부각

힘 앤섬 (Hymn Anthem)
- 유명한 찬송가사를 이용
- 찬송선율을 여러 가지로 편곡하여 오르간 반주로 연주

18세기

George Frideric Händel (1685-1759)	- Chandos Anthem - Coronation Anthems - Zadok the Priest
Maurice Greene (1695-1755)	- Thou visitest the earth
William Boyce (1710-1779)	- Behold, O God our defender

19세기

Thomas Attwood (1765-1838)	- I was Glad - Teach me, O Lord
William Crotch (1775-1847)	- How dear are thy counsels
John Stainer (1840-1901)	- God so loved the world
Charles Hubert Hastings Parry (1848-1918)	- I was glad when they said unto me
Charles Villiers Stanford (1852-1924)	- Beati quorum via
Charles Wood (1866-1926)	- O thou, the central orb

앤섬

5) 20세기

예배를 위한 음악
수준은 일반 성가대가 감당하기 어려운 수준의 작품이 대부분으로 매우 높은 예술적 수준

5) 20세기

20세기에는 예배를 위한 음악이지만 그 수준은 일반 성가대가 감당하기 어려운 수준의 작품이 대부분으로 매우 높은 예술적 수준이다. 다음에서 20세기에 앤섬을 작곡한 주요 작곡가와 작품을 제시한다.

Ralph Vaughan Williams (1872-1958)	- O clap your hands - O taste and see
Edward C. Bairstow (1874-1946)	- Let all nortal flesh keep silence - I sat down under his shadow
William H. Harris (1883-1973)	- Faire is the heaven
Gerald Finzi (1901-1956)	- Lo, the Full, Final, Sacrifice - Intimaions of Immortality - God is gone up
Herbert Howells (1892-1983)	- Sine nomine - Hymnus Paradisi - Like as the hart
William Walton (1902-1983)	- Set me as a seal - A Litany
Benjamin Britten (1913-1979)	- O Be joyful in the Lord
John Rutter (1945-현재)	- O clap your hands - All things bright and beautiful - The Lord is my Shepherd - A Gaelic Blessing - For the beauty of the earth - Praise ye the Lord - God be in my head - Open thou mine eyes - A prayer of Saint Patrick - The Lord bless you and keep you
William Mathias (1934-1992)	- Let the people praise thee, O Lord - Salve Regina
John Tavener (1944-현재)	- Song for Athene

다성음악에서의 교회음악 양식

존 루터 (John Rutter, 1945-현재)

존 루터는 1945년 9월24일 영국 런던에서 태어났다. 어려서 음악을 좋아해서 세 살부터 피아노를 치기 시작했고 9살 때 북 런던의 하이게이트 주니어 스쿨(Highgate Junior School)에 등록했는데 루터의 음악생활은 이 학교의 합창단원 활동으로부터 시작되었다.

초등학교에서는 성탄절 때 캐롤을 부르는 것이 노래 부르는 절기들 중 가장 뜻 깊은 것이었다. 루터는 보이 소프라노로 노래하였고, 영국 교회의 전통적 성탄절 예배 때 시작하는 독창가로 뽑히기도 했다. 루터의 성탄절 음악이 인기 있는 이유는 그의 편곡 스타일이 성탄절 분위기에 적합하기 때문일 것이다. 루터는 1975년에서 79년까지 클레어 대학(Clare College)의 음악감독이었고 그의 임무는 채플 성가대를 지휘하는 것이었으며, 학부 수업들을 강의하는 것이었다.

루터는 지난 삼십년 동안 현대 영국 작곡가로서 수천 명의 청취자들을 감동시켜 왔고 현재 영국 캠브리지에 살고 있으며 영국 뿐 아니라 미국에서 더 높은 평가와 인기를 얻고 있다. 그는 구조에 있어서 20세기의 전통적인 음조를 탈피하고, 부르기 쉬운 독특하고 개성적인 작품 스타일로 표현하였다. 루터는 더 단순하고 의미 전달의 성격이 강한 작곡 스타일을 택하는데, 이것은 유럽 아방가르드의 전통적 음악과 맞서는 것이며, 다소 복잡하면서도 억제되지 않는, 그는 삶의 복잡한 면에서 집중하기 보다는 삶이 어떠해야 하는가를 보여주는 단순함과 아름다움이다.

존 루터 (John Rutter, 1945-현재)

- 음악생활은 이 학교의 합창단원 활동으로부터 시작
- 보이 소프라노로 노래하였고, 영국 교회의 전통적 성탄절 예배 때 시작하는 독창가로 뽑힘

1975년-1979년
Clare College의 음악감독
- 채플 성가대를 지휘
- 학부 수업들을 강의

20세기의 전통적인 음조를 탈피하고, 부르기 쉬운 독특하고 개성적인 작품 스타일로 표현하며, 더 단순하고 의미 전달의 성격이 강한 작곡 스타일을 택하는데, 이것은 유럽 아방가르드의 전통적 음악과 맞서는 것이다.

12. 시편합창

제 2장 초기 기독교찬송 2항의 예배찬송에서 살펴 본 시편가(Psalmody)와 제 4장 10항 칼뱅의 시편가(Psalter)에서 살펴 본 바와 같이 시편은 기독교 성악음악의 중요한 양식이다. 르네쌍스 이후 18세기까지의 작곡가들은 시편 세팅(Psalm setting)으로 많이 작곡하였다. 시편 세팅은 라틴어로 된 150편의 시편을 사용하였는데, 내용상 널리 인기가 있는 시편들은 다른 시편들보다 많은 작곡자들에 의해 복잡한 세팅으로 작곡되었다.

다음에 칼뱅의 제네바 시편가 '시편 23편'에 의한 구디멜(Claude Goudimel)의 4성부 합창을 위한 두 개의 시편 세팅을 제시하는데, 1564년 시편 세팅에서는 주선율을 소프라노에 두고 각 성부에서 서로 다른 리듬을 사용한 대위법적인 4성부 합창곡으로 되어 있으며 [악보 107] a, 1565년의 시편 세팅에서는 주선율이 테너에 정선율(C.F)로 쓰여져 찬송가와 같이 음절적(syllabic)으로 되어있다. [악보 107] b

또한 칼뱅의 제네바 시편가 '시편 65편'에 의한 두 개의 시편 세팅을 제시하는데, [악보 107] c 에서는 주선율이 테너에 정선율(C.F)로 쓰여져 대위법적인 4성부 합창곡으로 되어있으며, [악보 107] d 에서는 주선율이 소프라노 두고 찬송가와 같이 음절적으로 되어있다.

제네바 시편가에 의한
구디멜의 시편 세팅

〈시편 23편〉

〈시편 65편〉

다성음악에서의 교회음악 양식

[악보 107] a 칼뱅, 『제네바 시편가』-시편 23편 선율에 의한 구디멜의 시편 세팅 1[82]

다성음악에서의 교회음악 양식

[악보 107] b 칼뱅,『제네바 시편가』-시편 23편 선율에 의한 구디멜의 시편 세팅 2[83]

Psalm Setting
Mon Dieu me paist from the French Psalter of 1565

시편합창

[악보 107] c 칼뱅, 『제네바 시편가』-시편 65편 선율에 의한 구디멜의 시편 세팅 1[84]

Psalm Setting
O Dieu, la gloire qui t'est deue from the French Psalter of 1565

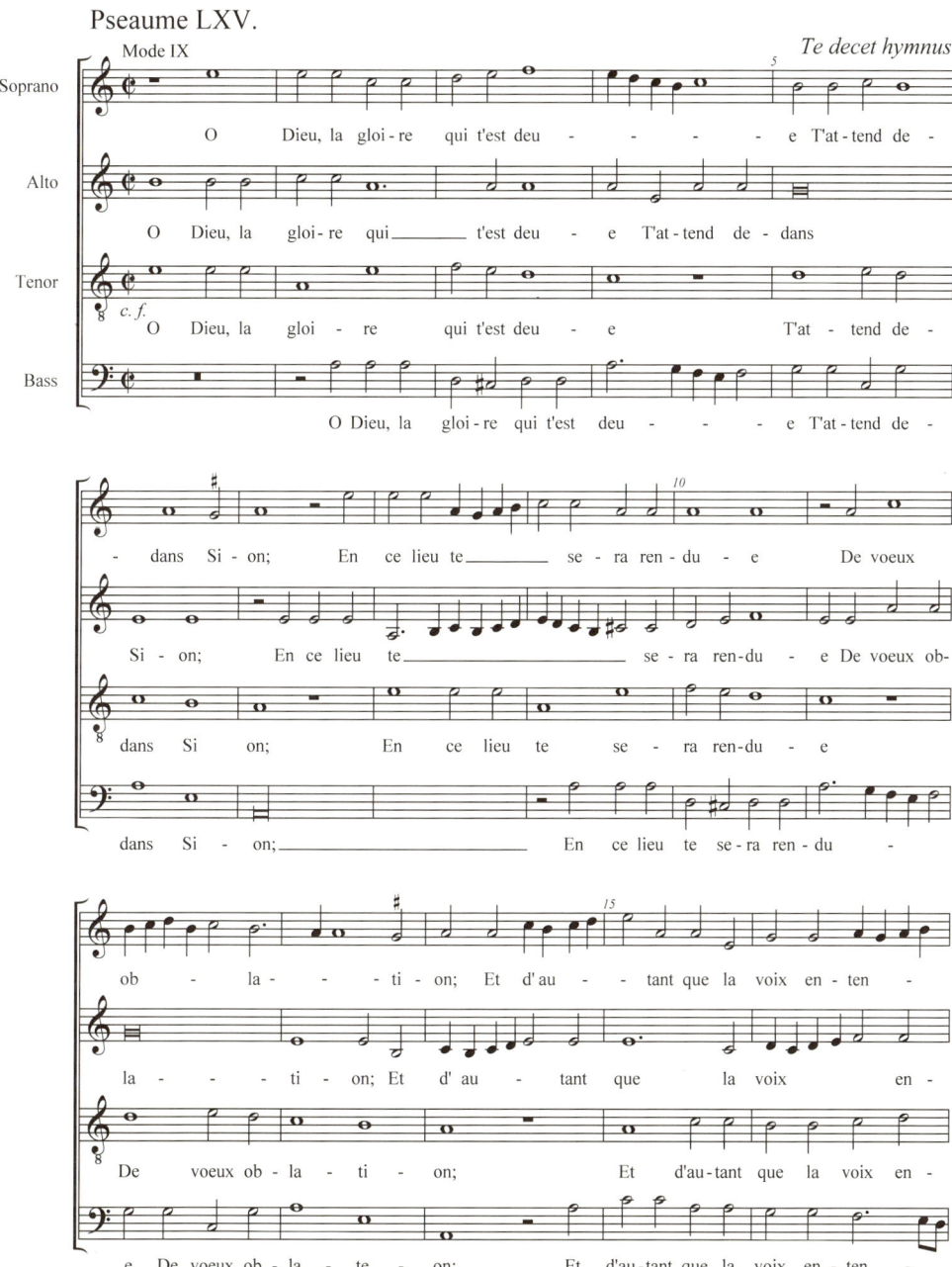

다성음악에서의 교회음악 양식

시편합창

[악보 107] d 칼뱅, 『제네바 시편가』–시편 65편 선율에 의한 구디멜의 시편 세팅 2 [85]

다성음악에서의 교회음악 양식

2. Heureux celui qui tu appelles / A partager ton pain, / Dans la maison où tes fibèles / Rassasieront leur faim, / Sauveur dont les actes répondent / Au cri de notre espoir, / Ainsi qu'au désir de ce monde / Qui aspire à te voir.

다음의 〈표 54〉에서 시편합창의 시대별 대표적인 작곡가를 제시한다.

시편합창

⟨표 54⟩ 시편합창의 시대별 대표적인 작곡가

시 대	작 곡 가	시 편	제 목
르네상스	A. Gabrieli (1510-1586)	1	Beatus vir, qui non abit
		2	Quare fremuerent gentes
		6	Domine, ne in furore tuo arguas me
		8	Domine, Dominus noster
		13	Usquequo Domine
		18	Diligam te Domine
		22	Deus, Deus, meus respice in me
		33	Exsultate justi
		43	Judicia me, Deus
		46	Deus noster refugium
		51	Miserere mei, Deus
		54	Deus, in nomine tuo
		66	Jubilate Deo omnis terra, psalmum dicite
		67	Deus miseratur
		98	Cantate Domino canticum novum...quia mirabila fecit
		102	Domine, exaudi orationem meam
		111	Confitebor tibi Domine...in consilio
		117	Laudate Dominum omnes gentes
		119	Beati immaculati
		121	Levavi oculos
		130	De profundis
		142	Voce mea ad Dominum clamavi
		143	Domine exaudi orationem meam
		150	Laudate Dominum in sanctis eius
	G. P. da Palestrina (1525-1594)	4	Cum invocarem
		41	Sicut cervus
		43	Judicia me, Deus
		47	Omnes gentes plaudite
		51	Miserere mei, Deus
		95	Venite, exultemus Domino
		100	Jubilate Deo, omnis terra
		110	Dixit Dominus
		111	Confitebor tibi Domine...in consilio
		113	Laudate pueri, Dominum
		117	Laudate Dominum omnes gentes
		120	Ad Dominum
		128	Beati omnes quitiment
		130	De profundis
		134	Ecce nunc benedicite
		136	Confitemini Domino
		137	Super flumina Babylonis
		138	Confitebor tibi, Domine...quoniam audisti
		148	Laudate Dominum de caelis
		150	Laudate Dominum in sanctis eius
	Josquin Desprez (1440-1521)	51	Miserere mei, Deus
		113	Laudate pueri, Dominum
		114	In exitu Israel
		130	De profundis

다성음악에서의 교회음악 양식

시 대	작 곡 가	시 편	제 목
바로크	M. A. Charpentier (1645/50-1704)	1	Beatus vir, qui non abit
		3	Domini, quam multi sunt
		8	Domine, Dominus noster
		13	Usquequo Domine
		16	Concerva me, Domine
		20	Exaudiat
		21	Domine in virtute tua
		27	Dominus illuminatio mea
		35	Judica Domine, nocentes me
		42	Quem admodum desiderat cervus
		46	Deus noster refugium
		47	Omnes gentes plaudite
		51	Miserere mei, Deus
		63	Deus, Deus meus
		68	Exsur
		76	Notus in Judea
		84	Quam dilecti
		85	Benedixisti Domine
		88	Domine Deus, salutis meae
		92	Bonumgat Deus est confiteri Dominum
		98	Cantate Domino canticum novum...quia mirabila fecit
		100	Jubilate Deo, omnis terra
		110	Dixit Dominus
		111	Confitebor tibi Domine...in consilio
		112	Beatus vir qui timet
		113	Laudate pueri, Dominum
		117	Laudate Dominum omnes gentes
		122	Laetatus sum
		124	Nisi quia, Dominus
		127	Nisi Dominus
		128	Beati omnes quitiment
		130	De profundis
		132	Memento Domine, David
		137	Super flumina Babylonis
		147	Lauda Jerusalem
		148	Laudate Dominum de caelis
	H. Schütz (1585-1672)	20	Exaudiat
		67	Deus miseratur
		84	Quam dilecti
		97	The Lord is king
		98	Cantate Domino canticum novum...quia mirabila fecit
		121	Levavi oculos
	H. Purcell (1659-1695)	51	Miserere mei, Deus
		100	Jubilate Deo, omnis terra
		117	Laudate Dominum omnes gentes
		128	Beati omnes quitiment
	C. Monteverdi (1567-1643)	6	Domine, ne in furore tuo arguas me
		98	Cantate Domino canticum novum...quia mirabila fecit
		110	Dixit Dominus
		111	Confitebor tibi Domine...in consilio
		112	Beatus vir qui timet
		113	Laudate pueri, Dominum
		117	Laudate Dominum omnes gentes

시편합창

시 대	작 곡 가	시 편	제 목
바로크	C. Monteverdi (1567-1643)	122	Laetatus sum
		127	Nisi Dominus
		132	Memento Domine, David
		146	Lauda anima mea, Dominum
		147	Lauda Jerusalem
		150	Laudate Dominum in sanctis eius
	A. Vivaldi (1678-1741)	110	Dixit Dominus
		111	Confitebor tibi Domine...in consilio
		112	Beatus vir qui timet
		113	Laudate pueri, Dominum
		114	In exitu Israel
		117	Laudate Dominum omnes gentes
		122	Laetatus sum
		127	Nisi Dominus
		147	Lauda Jerusalem
	G. F. Händel (1685-1759)	110	Dixit Dominus
		113	Laudate pueri, Dominum
		127	Nisi Dominus
고전	F. J. Haydn (1732-1809)	1	Beatus vir, qui non abit
		26	Psalm26
		31	In te, Domine, sperarvi
		41	Sicut cervus
		61	Psalm61
		66	Jubilate Deo omnis terra, psalmum dicite
	W. A. Mozart (1756-1791)	51	Miserere mei, Deus
		117	Laudate Dominum omnes gentes
낭만	F. Mendelssohn (1809-1847)	2	Quare fremuerent gentes
		13	Usquequo Domine
		22	Deus, Deus, meus respice in me
		42	Quem admodum desiderat cervus
		43	Judicia me, Deus
		95	Venite, exultemus Domino
		98	Cantate Domino canticum novum...quia mirabila fecit
		113	Laudate pueri, Dominum
		114	In exitu Israel
		115	Non nobis Domine
	F. Liszt (1811-1886)	13	Usquequo Domine
		18	Diligam te Domine
		23	Domine regit me
		117	Laudate Dominum omnes gentes
		124	Nisi quia, Dominus
		128	Beati omnes quitiment
		137	Super flumina Babylonis
	A. Bruckner (1824-1896)	22	Deus, Deus, meus respice in me
		113	Laudate pueri, Dominum
		114	In exitu Israel
		146	Lauda anima mea, Dominum
		150	Laudate Dominum in sanctis eius
	C. Saint-Saëns (1835-1921)	137	Super flumina Babylonis
		150	Laudate Dominum in sanctis eius
	J. Brahms(1833-1898)	13	Usquequo Domine
	A. Dvořák(1841-1904)	149	Cantate Domino...laus eius

다성음악에서의 교회음악 양식

시 대	작 곡 가	시 편	제 목
20세기	G. Fauré (1845-1942)	138	Confitebor tibi, Domine... quoniam audisti
	C. Ives (1874-1954)	14	There is no God
		24	Domini est terra
		25	Psalm25
		54	Deus, in nomine tuo
		90	Domine refugium
		100	Jubilate Deo, omnis terra
		150	Laudate Dominum in sanctis eius
	G. Holst (1874-1934)	86	Inclina Domine
		148	Laudate Dominum de caelis
	Z. Kodály (1882-1967)	51	Miserere mei, Deus
		121	Levavi oculos
	B. Britten (1913-1976)	100	Jubilate Deo, omnis terra
		150	Laudate Dominum in sanctis eius
	M. Dupré(1886-1971)	51	Miserere mei, Deus
	R. Vaughan Williams (1872-1958)	100	Jubilate Deo, omnis terra
	W. Harris(1883-1973)	103	Benedic, anima mea Domino
	Z. Kodaly(1882-1967)	114 & 121	Geneva psalms (1952)
	I. Stravinsky (1882-1971)	I : 36 II : 46 III : 150	Symphony of Psalms(1930)
	F. Martin(1890-1974)		Psaumes de Geneve(1958)
	L. Bernstein (1918-1990)	I :108:2 & 100 II : 23 & 2:1-4 III :131 & 133:1	Chichester Psalms(1965)
	K. Penderecki (1933-)	I : 27 II : 30 III : 43 IV : 143	Psalmy Davidica(1958)
	주성희 (1953-)	1	복 있는 사람은
		8	주의 이름이 온 땅에 어찌 그리 아름다운지요
		23	여호와는 나의 목자시니
		27:1-6	여호와는 나의 빛이요
		100	여호께 즐거이 부를찌어다
		118:1-14	여호께 감사하라
		121	산을 향하여 눈을 들리니
		130	주께 부르짖나이다
		138	주께 감사하며 찬양하리이다
		150	여호와께 찬양할찌어다

시편합창

〈표 54〉에서 알 수 있듯이 20세기의 작품들 중 두 개 이상의 시편들을 가지고 작곡한 작품은 코달리(Zoltàtan Kodaly, 1882-1967)의 혼성합창과 오르간을 위한 〈제네바 시편가〉(Geneva psalms, 1952)로 시편 114편과 121편에 의한 작품이며, 스트라빈스키(Igor Stravinsky, 1882-1971)의 〈시편교향곡〉(Symphony of Psalms, 1930)은 시편 39, 45, 150편에 의한 곡으로 3악장으로 구성되어있다. 특히 2악장에서 합창과 반주에 이중푸가를 적용하여 작곡한 작품이다. 펜데레키(Krzystof Penderecki, 1933-   )의 〈다윗 시편〉(Psalmy Davidica)은 시편 27, 30, 43, 143편 내용의 라틴어로 노래하는 4악장 구성의 작품이다. 또한 마탱(Frank Martin, 1890-1974)의 〈제네바 시편가〉(Psaumes de Genève, 1958), 번스타인(Leonard Bernstein, 1918-1990)의 스리 콰이어 페스티벌(Three Choirs Festival : 영국 주(county)의 글로스터 · 헤리퍼드 · 우스터 등 대교구 성당이 있는 도시에서 해마다 개최되는 음악제)에서 연주하기 위한 위촉작품인 〈치체스터 시편〉(Chichester Psalms)이 있다. 한국작곡자의 작품은, 단독으로 출판된 시편성가곡집 중 긱 편의 시편기사 전체를 그대로 사용한 《주성희 성가작곡집2》(1999)의 작품을 기록하였다. 주성희(1953-   )는 시편 1, 8, 23, 27, 100, 118, 121, 130, 138, 150편 등에 의한 독창곡과 혼성합창곡을 작곡하였다. 시편가사는 대한성서공회 발행〈한글판 개역성경전서,1996년/184판〉의 가사를 사용하였고, 27편과 118편을 제외하고는 거의 각 시편 전체를 그대로 사용하여 작곡하였다.

스트라빈스키(Igor Stravinsky, 1882-1971)가 하나님의 영광을 위하여 작곡한 〈시편교향곡〉(Symphony of Psalms, 1930)은 보스톤 심포니 창립50주년을 기념하여 작곡하여 헌정한 작품이다. 이 곡은 원래 혼성합창과 오케스트라를 위하여 작곡되었으며, 3악장으로 구성되었다. 2악장은 바로크의 푸가 작곡기법을 20세기 합창음악에 적용하여, 합창과 반주의 이중푸가로 작곡되었다.

다음에 한국적인 작품으로 한국악기와 서양악기의 만남을 위한 제5회 주성희 작곡발표회(1994)에서 총신 콘서트 콰이어에 의해 초연된 〈시편23편〉을 제시한다. 이 곡의 전체구조는 〈표 55〉 a 에 제시한 대로 제 4부(A B C D)로 구성되어있다. 〈표 55〉 b 는 〈표 55〉 a 에 제시된 전체구조에 따라 가사로 나눈 부분과 음악으로 나눈 부분을 표시한 것이다. 이 곡은 소프라노 솔로와 혼성합창, 한국악기 대

다성음악에서의 교회음악 양식

금, 가야금, 북한악기 옥류금과 서양악기인 피아노, 타악기 챠임(Chmies)과 팀파니 등 동서양 음향의 조화와 국악의 리듬을 변형시켜 사용함으로 아름답고 목가적인 다윗의 고백을 음악으로 표현한 작품이다. 다음에 악보를 제시한다. [악보 108]

시편합창

〈표 55〉 주성희, 〈시편 23편〉의 전체구조

전체구조	가사로 나눈 Section		음악으로 나눈 Section				박자	조	속도
	a	b	음악의 구조		연주 형태				
도입부			Introduction	a	I (Instruments)	piano, 옥류금	3/4	F	♩=ca. 70)
				b		piano, 대금			
				c		piano, 옥류금, Chimes			
제1부	1절	여호와는 나의 목자시니 내가 부족함이 없으리로다	A	d	V	Soprano Solo		d	
					I	Chimes, 옥류금			
	2절	그가 나를 푸른 초장에 누이시며 쉴만한 물가로 인도하시는도다		e	V	Soprano Solo	3/4+4/4+3/4		
					I	Chimes, 대금, 피아노			
	3절	내 영혼을 소생시키시고 자기 이름을 위하여 의의 길로 인도하시는도다		f	V	Duet(Sopranos & Altos)	3/4		
					I	옥류금, 피아노			
연결구	1절	여호와는 나의 목자시니 내가 부족함이 없으리로다	bridge	d	V	Soprano Solo & Choir			
					I	옥류금, 피아노			
제2부	4절	내가 사망의 음침한 골짜기로 다닐지라도 해를 두려워하지 않을 것은 주께서 지팡이와 막대기가 나를 안위하시나이다	B	g	V	Choir	3/4+4/4+3/4 +5/4+3/4		
					I	Piano(Tremolo를 사용하여 급격한 분위기 변화를 나 타냄)			
연결구	1절	여호와는 나의 목자시니 내가 부족함이 없으리로다	bridge	d	V	Soprano Solo & Choir 옥류금, 피아노	3/4	F	
제3부	5절	주께서 내 원수의 목전에서 내게 상을 베푸시고 기름으로 내 머리에 바르셨으니 내 잔이 넘치나이다	C	h	I	대금, Piano	2/4+3/4+5/4 +4/4	d-f	♩=ca. 120)
				i	I	Choir	3/4+2/4+3/4 +2/4+3/4	f	
					V	Timpani, Piano			
				h	I	대금, Piano	4/4+5/4+4/4		
연결구			bridge	b	I	Piano, 옥류금, Chimes	3/4	F	Tempo I (♩=ca. 70)
제4부	6절	나의 평생에 선하심과 인자하심이 정녕 나를 따르리니 내가 여호와의 집에 영원히 거하리로다	D	j	I	Soprano Solo & Choir	4/4+3/4	d	
					V	Chimes, 옥류금, 대금, Timpani, Piano			
종결구	1절	여호와는 나의 목자	종결구	d'	I	Soprano Solo & Choir	3/4	F	
	변형	여호와는 나의 목자 – 아멘 –			V	Chimes, 옥류금, 대금, Timpani, Piano			

다성음악에서의 교회음악 양식

[악보 108] 주성희, 혼성성가합창곡 〈시편 23편〉

시편 23 편

주성희 (b.1953)

시편합창

다성음악에서의 교회음악 양식

다성음악에서의 교회음악 양식

시편합창

다성음악에서의 교회음악 양식

다성음악에서의 교회음악 양식

시편합창

다성음악에서의 교회음악 양식

시편합창

다성음악에서의 교회음악 양식

시편합창

악보목차

I 히브리 찬송 ………………………………………………………………………………………………… 8

II 초기 기독교 찬송 ……………………………………………………………………………………… 12
  1. 신약성경에 나타난 찬송
  2. 예배찬송
    1) 시편가
      [악보 1] 시편가의 연주양식 ……………………………………………………………… 16
    2) 찬송가

III 단성음악에서의 교회음악 양식 …………………………………………………………………… 27
  1. 챤트 ……………………………………………………………………………………………… 27
    [악보 2] 암브로시안 챤트 ……………………………………………………………………… 28
    [악보 3] 그레고리안 챤트 ……………………………………………………………………… 29
    [악보 4] 갈리칸 챤트 …………………………………………………………………………… 31
    [악보 5] 모자라빅 챤트 ………………………………………………………………………… 33
    [악보 6] 비잔틴 챤트 …………………………………………………………………………… 34
    [악보 7] 시리안 챤트 …………………………………………………………………………… 35

  2. 그레고리안 챤트 ………………………………………………………………………………… 36
    [악보 8] a 〈세례요한 찬송〉 (Ut qué-ant láxis) – 4선보 ………………………… 40
            b 〈세례요한 찬송〉 (Ut qué-ant láxis) – 5선보 ………………………… 40
    [악보 9] 시편 109 〈하나님이여 잠잠하지 마옵소서〉 (Dixit Dominus) ………………… 49
    [악보 10] 찬송 〈오소서 창조주 성령이여〉 (Veni Creator Spiritus) …………………… 50

  3. 단일악장 양식 …………………………………………………………………………………… 52
    1) 안티폰 ………………………………………………………………………………………… 52
      [악보 11] 안티폰 〈하나님께 찬양을〉 (Laus Deo Patri) …………………………… 55
              시편 113 〈여호와의 종들아 찬양하라〉 (Laudate pueri)
    2) 알렐루야 ……………………………………………………………………………………… 52
      [악보 12] 알렐루야 〈그 별을 보고〉 (Vidimus stellam) …………………………… 56
    3) 트로프 ………………………………………………………………………………………… 53
      [악보 13] 트로프 〈하나님의 어린양〉 (Agnus Dei) ………………………………… 57
      [악보 14] 프론치아코, 트로프 〈우리를 불쌍히 여기소서〉 (Kyrie) ……………… 59
      [악보 15] 키리에 챤트, 《미사곡 IX》 (Cum jubilo) – [악보14]에 사용된 정선율 … 62
    4) 시퀀스 ………………………………………………………………………………………… 62
      [악보 16] 노트커 발부루스, 〈알렐루야 –시퀀스〉 (Alleluia with Sequence) …… 64

악보목차

  [악보 17] a 비포, 시퀀스 〈하나님의 어린양을 찬양하나이다〉 (Victimae paschali laudes) ········· 66
      b 비포, 시퀀스 〈하나님의 어린양을 찬양하나이다〉 (Victimae paschali laudes) ········· 67
  [악보 18] 빌레르트, 〈하나님의 어린양을 찬양하나이다〉 (Victimae paschali laudes) ················ 69
  [악보 19] 이노센트, 시퀀스 〈오소서 성령이여〉 (Veni sancte spiritus) ··································· 74
  [악보 20] 핑크, 〈오소서 성령이여 – 오소서 창조주 성령이여〉 ·· 76
      (Veni sancte spiritus – Veni creator spiritus)
  [악보 21] a 베를리오즈, 《환상교향곡》 (Symphonie Fantasique) ·· 80
      b 축소형 a
      c 축소형 b
  [악보 22] a 베를리오즈, 《환상교향곡》 5악장 120-158마디 ·· 81
      b 베를리오즈, 《환상교향곡》 5악장 414-424마디 ·· 83
 5) 콘둑투스 ··· 86
  [악보 23] a 콘둑투스 〈나귀의 노래〉 (Song of the Ass) ·· 87
      b 콘둑투스 〈주를 찬양하라〉 (Christo psallat – Rondellus) ··································· 87
      c 콘둑투스 페로티누스의 〈행복한 마음〉 (Beata viscera) ····································· 88
      d 콘둑투스 〈떠오르는 해〉 (Sol oritur) ·· 89
  [악보 24] a 롱도 〈나의 여인이여〉 (En ma dame) ·· 90
      b 롱도 〈나의 여인이여〉 A와 B의 선율 ·· 90

Ⅳ 다성음악에서의 교회음악 양식 ··· 95

1. 캔티클 ··· 95
 1) 베네딕투스 ·· 96
 2) 마니피카트 ·· 97
  [악보 25] 포부르동 (fauxbourdon) ··· 98
  [악보 26] 작자미상, 〈내 영혼이 주를 찬양하며〉 (Magnificat anima mea) ······························ 99
  [악보 27] a 모랄레스, 〈제 8선법에 의한 마니피카트〉 (Magnificat octavi Toni) ····················· 101
      b 모랄레스, 〈제 8선법에 의한 마니피카트〉의 홀수행 평성가 ······························ 111
  [악보 28] 팔레스트리나, 〈제 1선법에 의한 마니피카트〉 (Magnificat In Primi Toni) ············ 112
  [악보 29] 몬테베르디, 〈제 1선법에 의한 마니피카트〉 (Magnificat Primo) – 6성부 ············· 115
  [악보 30] 비발디, 〈마니피카트〉 (Magnificat) ·· 124
  [악보 31] 바흐, 〈마니피카트〉 (Magnificat) BWV 243 ·· 139
 3) 눙크 디미티스 ·· 153
  [악보 32] 지오반니 가브리엘리, 〈눙크 디미티스〉 (Nunc dimittis) ·· 155
  [악보 33] 토마스 톰킨스, 〈눙크 디미티스〉 (Nunc dimittis) ··· 167
  [악보 34] 주성희, 〈눙크 디미티스〉 (Nunc dimittis) 1-18마디 ··· 170

악보목차

  4) 베니테 엑술테무스 도미노 ……………………………………………………………… 172
  5) 베네디치테 엄니아 오페라 ……………………………………………………………… 173
  6) 유빌라테 데오 …………………………………………………………………………… 173
    [악보 35] 죠스깽 데 프레, 〈유빌라테 데오〉 (Jubilate Deo) …………………………… 175
    [악보 36] 존 블로우, 〈유빌라테 데오〉 (Jubilate Deo) ………………………………… 183
    [악보 37] 주성희, 〈유빌라테 데오Ⅰ〉 (Jubilate DeoⅠ) ………………………………… 188
    [악보 38] 주성희, 〈유빌라테 데오Ⅱ〉 (Jubilate DeoⅡ) ……………………………… 196
  7) 칸타테 도미노 …………………………………………………………………………… 200
  8) 데우스 미스라투르 ……………………………………………………………………… 200
  9) 테데움 …………………………………………………………………………………… 200
    [악보 39] 브루크너, 《테데움》 (Te Deum) …………………………………………… 204
    [악보 40] 드보르작, 《테데움》 (Te Deum) …………………………………………… 215

2. 오르가눔 …………………………………………………………………………………………… 235
  [악보 41] a. 레오냉, 2성부 오르가눔 〈성탄시기 알렐루야〉 (Alleluia : Nativitas) ……… 237
      b. 레오냉, 2성부 오르가눔 〈성탄시기 알렐루야〉에 사용된 그레고리안 챤트 선율 …… 244
  [악보 42] a. 페로탱, 3성부 오르가눔 〈성탄시기 알렐루야〉 (Alleluia : Nativitas) ……… 245
      b. 페로탱, 4성부 오르가눔 〈세데룬트〉 (Sederunt) ……………………………… 247
  [악보 43] 노트르담악파, 2성부 오르가눔 ……………………………………………… 257

3. 모테트 …………………………………………………………………………………………… 254
  1) 중세의 모테트 254
    (1) 최초의 모테트 ………………………………………………………………… 254
    (2) 13세기 모테트 ………………………………………………………………… 254
    [악보 44] 노트르담악파, 3성부 모테트 『앙 농 뒤! - 깡 브와 - 에이우스 인 오리엔테』 …… 261
      (En non Diu! - Quant voi - Eius in Oriente)
    [악보 45] a. 페트루스 데 크루체, 3성부 모테트 〈주의 탄생을 예고〉 ……………… 265
      (Aucun / Lonc tans / Annuntiantes)
      b. 페트루스 데 크루체, 〈주의 탄생을 예고〉 1-5마디 …………………………… 270
      c. 페트루스 데 크루체, 〈주의 탄생을 예고〉 – 콜로르 ………………………… 270
    (3) 14세기 모테트 ………………………………………………………………… 280
    [악보 46] a. 기욤 드 마쇼, 모테트 〈선한 목자〉 (Bone Pastor) – 콜로르 …………… 282
      b. 기욤 드 마쇼, 모테트 〈선한 목자〉 (Bone Pastor) – 콜로르와 탈레아의 사용 …… 283
      c. 호케트(hocket) …………………………………………………………… 284
      d. 기욤 드 마쇼, 모테트 〈선한 목자〉 (Bone Pastor) ………………………… 285
    [악보 47] 기욤 드 마쇼, 노트르담 미사 중 〈하나님의 어린양〉 (Agnus Dei) ………… 292

악보목차

2) 르네쌍스시대의 모테트 ··· 299
  (1) 부르고뉴악파 ··· 302
    [악보 48] 던스터블, 3성부 모테트 〈그 얼마나 아름답고〉(Quam pulchra es)············ 304
    [악보 49] 성령강림절 시퀀스 〈성령이여 우리에게 자비를 베푸소서〉 ··························· 307
         (Sancti Spiritus adsit, nobis gratia)의 시작부분
    [악보 50] 던스터블, 아이소리듬 모테트 〈오소서 성령이여〉(Veni Sancte Spiritus) ········· 309
    [악보 51] 그레고리안 챤트 〈경외 받는 자〉(Terribilis est locus iste)의 시작부분 ········· 313
    [악보 52] 기욤 뒤파이, 〈이제 장미꽃이 피었네〉(Nuper rosarum flores) ···················· 315
  (2) 플랑드르악파 ··· 321
    [악보 53] 오케겜, 확장미사 중 〈상투스〉(Sanctus)의 시작부분 ·································· 323
    [악보 54] 오브레흐트, 모테트 〈파르체 도미네〉(Parce Domine) ································ 326
    [악보 55] 그레고리안 챤트 'Hercules dux Ferrarie'에 사용된
         쏘제토 카바토(Sogetto cavato)기법 ··· 330
    [악보 56] 죠스깽 데 프레, 모테트의 특징 I ··· 330
    [악보 57] 죠스깽 데 프레, 모테트의 특징 II ·· 331
    [악보 58] 죠스깽 데 프레, 모테트 〈주님만이 기적을 행하신 분〉
         (Tu solus, qui facis mirabilia) ·· 334
    [악보 59] 팔레스드리나, 모테트 〈목마른 사슴이〉(SIcut cervus desiderat)··················· 344
    [악보 60] 랏수스, 모테트 〈내 영혼이 지극히 슬퍼〉(Tristis est anima mea) ················ 352
    [악보 61] 지오반니 가브리엘리, 이중합창 모테트 〈그 크나큰 기적〉
         (O Magnum mysterium) ·· 360
    [악보 62] 윌리암 버드, 6성부 모테트 〈여호와의 종들아 찬양하라〉
         (Laudate pueri dominum) ··· 369

3) 바로크시대의 모테트 ·· 384
    [악보 63] 알레산드로 그란디, 〈오 당신이 얼마나 아름다운지〉································· 385
         (O quem tu pulchra es)
    [악보 64] 쉿츠, 〈오 당신이 얼마나 아름다운지〉(O quem tu pulchra es) ···················· 391
    [악보 65] 바흐, 모테트 2번 (BWV 226) 〈성령께서 우리의 약함을 도와주신다〉············· 401
         (Der Geist hilft unserer Schwachheit auf)
             a. 1-38마디 ··· 401
             b. 146-166마디 ·· 407
             c. 코랄 ··· 409
    [악보 66] 바흐, 모테트 3번 (BWV 227) 〈예수는 나의 기쁨〉 ····································· 413
         (Jesu meine Freude)
             a. 제 1부분 코랄 ·· 413

악보목차

　　　　b. 제 2부분 20-47마디 ·· 415
　　　　c. 제 3부분 코랄 ·· 419
　　　　d. 제 7부분 코랄 ·· 421
　　[악보 67] 바흐, 모테트 6번 (BWV 230) 〈너희 모든나라들아 여호와를 찬양하라〉
　　　　　　(Lobet den Herrn, alle Heiden / Psalm 117) ·············· 425
　　　　a. 제 1부분 1-26마디 ·· 425
　　　　b. 제 2부분 58-74마디·· 432
　　　　c. 제 3부분 – 알렐루야 ··· 435

4. 캐럴 ··· 443

5. 수난곡 ·· 447
　1) 단성음악 수난곡 ··· 448
　2) 다성음악 수난곡 ··· 448
　3) 통작 수난곡 ·· 449
　　[악보 68] 쉿츠, 《누가수난곡》 (Lucas-Passion) ························ 453
　　　　a. 제 1번 〈우리 주 예수 그리스도의 수난〉 ····················· 453
　　　　　　(Das Leiden unsers Herren Jesu Christi)
　　　　b. 제 2번 〈무교절이 가까우매〉 ·································· 455
　　　　　　(Es war aber nahe das Fest der süßen Brod)
　　　　c. 제 3번 〈가서 우리를 위하여 유월절을 예비하라〉 ········ 457
　　　　　　(Gehet hin, bereitet uns das Osterlamm)
　　　　d. 제 4번 〈어디서 예비하기를 원하시나이까〉 ················ 457
　　　　　　(Wo willst du, daß wir es bereiten)
　　　　e. 제 42번 〈존귀하신 고난의 주〉 ·································· 458
　　　　　　(Wer Gottes Marter in Ehren hat)
　　[악보 69] 쉿츠, 《마태수난곡》 (Matthäus-Passion) ··················· 463
　　제 1부　a. 제 1번 〈우리 주 예수 그리스도의 수난〉 ·············· 463
　　　　　　(Das Leiden unsers Herren Jesu Christi)
　　　　b. 제 2번 〈그들이 서로 이야기하며〉························· 464
　　　　　　(Und es begab sich)
　　제 2부　c. 제 16번 〈예수께서 총독 앞에 섰으매〉················· 466
　　　　　　(Jesus aber stand vor dem Landpfleger)
　　　　d. 제 17번 〈빌라도가 그들에게 이르기를〉 ···················· 467
　　　　　　(Pilatus sprach zu ihnen)

악보목차

    e. 제 18번 〈빌라도가 물어 가로되〉 ················· 468
       (Der Landpfleger sagete)
    f. 제 28번 〈그리스도께 영광 있으라〉 ················· 469
       (Ehre sei dir, Christe)
[악보 70] 쉿츠, 《요한수난곡》 (Johannes-Passion) ················· 475
    a. 제 1번 〈우리 주 예수 그리스도의 수난〉 ················· 475
       (Das Leiden unsers Herren Jesu Christi)
    b. 제 5번 〈나사렛 예수〉 (Jesum von Nazareth) ················· 478
    c. 제 6번 〈예수께서 이르시되 내가 너희에게 이르노라〉 ················· 479
       (Jesus antwortet: Ich habe es euch gesagt)
    d. 제 7번 〈이 사람이 아니라 바라바〉 ················· 480
       (Die Schar aber und der Oberhauptmann)
    e. 제 36번 〈하나님의 아들 그리스도를 도우소서〉 ················· 481
       (O hilf, Christe, Gottes Sohn)

4) 오라토리오 수난곡・수난 오라토리오 ················· 485
[악보 71] 바흐, 《요한수난곡》 (Johannes-Passion) BWV 245 ················· 492
 제 1부 a. 제 1번 〈오 주여, 우리의 주인이시여〉 ················· 492
       (Herr, unser Herrscher)
    b. 제 2번 〈예수께서 그의 제자들과 함께 가시니〉 ················· 496
       (Jesus ging mit seinen Jüngern)
    c. 제 13번 〈기쁘게 당신을 따르겠습니다〉 ················· 497
       (Ich folge dir gleichfalls)
    d. 제 17번 〈당신도 그의 제자 중 하나가 아니뇨〉 ················· 498
       (Bist du nicht seiner Jünger einer)
 제 2부 e. 제 29번 〈그가 아니라 바라바를〉 ················· 499
       (Nicht diesen, diesen nicht)
    제 30번 〈바라바는 살인자였다〉 ················· 499
       (Barrabas aber war ein Mörder)
    f. 제 31번 〈내 영혼아 상고하라〉 (Betrachte, meine Seel) ················· 500
    g. 제 32번 〈보라 피로 물든 그의 등을〉 ················· 502
       (Erwäge, wie sein blutgefärbter)
    h. 제 68번 〈오 주님, 천사로 하여 나를 천국으로 인도하소서〉 ················· 504
       (Ach Herr, lass dein liebe Engelein)
[악보 72] 바흐, 《마태수난곡》 (Matthäus-Passion) BWV 244 ················· 514
 제 1부 a. 제 1번 1-39마디 〈오라 딸들아 와서 나를 탄식에서 구하라〉 ················· 514
       (Kommt, ihr Töchter, helft mir klagen)

악보목차

    b. 제 1번 54-63마디 〈오라 딸들아 와서 나를 탄식에서 구하라〉 ·············· 521
      (Kommt, ihr Töchter, helft mir klagen)
    c. 제 2번 〈예수께서 이 말씀을 다 마치시고〉 ················523
      (Da Jesus diese Rede vollendet hatte)
    d. 제 3번 〈사랑의 예수여 무슨 죄를 지으셨기에〉 ·············· 524
      (Herzliebster Jesu, was hast du verbrochen)
    e. 제 4번 〈대제사장들이 모여 의논하여 가로되〉 ·············· 525
      (Da versammleten sich die Hohenpriester)
    f. 제 5번 〈나에게 허락하소서〉 ·············· 526
      (Ja nicht auf das Fest)
    g. 제 31번 〈하나님의 뜻이 언제 이루어지리이까〉 ·············· 528
      (Was mein Gott will, das gscheh allzeit)
  제 2부 h. 제 67번 〈이제 주께서 안식에 드셨다〉 ·············· 530
      (Und da sie an die Stätte kamen)
    i. 제 68번 〈함께 못 박힌 강도들도 이와 같이 욕하더라〉
      (Desgleichen schmäheten ihn auch die Mörder) ·············· 534
    j. 제 69번 〈아! 골고다여〉 (Ach! Golgatha) ·············· 534

6. 예전극 ·············· 537
 1) 초기 예전극의 형태 ·············· 537
  [악보 73] 《다니엘극》 〈너희는 나의 명령에 복종하라〉 ·············· 540
    (*Vos qui parentis* from The Play of Daniel)
  [악보 74] 〈하나님의 독생자 그리스도〉 ·············· 542
    (Christe, redemptor omnium)
  [악보 75] 《다니엘극》 〈주님의 날에〉 ·············· 543
    (Hic verus Dei from The Play of Daniel)
 2) 오라토리오 전신의 다양한 형태 ·············· 546

7. 오라토리오 ·············· 552
 1) 이탈리아의 오라토리오 ·············· 552
  [악보 76] 카발리에리, 오라토리오 《영혼과 육체의 극》 제2막 중간부분 ·············· 554
  [악보 77] 카릿시미, 오라토리오 《입다》 마지막 부분 ·············· 563
 2) 독일의 오라토리오 ·············· 575
  [악보 78] 하이든, 오라토리오 《천지창조》 (Die schöpfung)
    제 1부 a. 제 1번 〈태초에 하나님이 천지를 창조하셨다〉 ·············· 582
      (Im Anfange schuf Gott Himmel und Erde)

악보목차

      b. 제 13번 〈하늘은 말하네 주의 영광〉 ·················· 586
        (Die Himmel erzählen die Ehre Gottes)
  제 2부 c. 제 23번 〈그의 모습대로 인간을 지어내셨다〉············· 598
        (Und Gott schuf den Menschen)
      d. 제 24번 〈고귀한 위엄 지니고〉 ·················· 599
        (Mit Würd' und Hoheit angethan)
  제 3부 e. 제 33번 〈오 행복한 한 쌍의 부부여〉················ 603
        (O glücklich Paar ! und glücklich immerfort)
      f. 제 34번 〈우리 주께 노래하자〉 ·················· 603
        (Singt dem Herrn alle Stimmen)
 [악보 79] 멘델스존, 오라토리오 《엘리야》 (Elias)
  제 1부 a. 서창 〈살아계신 여호와 이름으로 맹세하노니〉 ·········· 618
        (So wahr der Herr, der Gott Israels, lebet)
      b. 서곡 (Ouvertüre) ······················· 619
      c. 제 20번 〈하나님께 감사하라〉 ················· 623
        (Dank sei dir Gott, du tränkest das durst'ge Land)
  제 2부 d. 제 28번 〈네가 산을 향하여 눈을 들라〉- 여성 3중창 ········ 633
        (Hebe deine Augen auf zu den Bergen)
      e. 제 37번 〈높은 산이 평탄케 되고〉 ··············· 635
        (Ja, es sollen wohl Berge weichen)
      f. 제 38번 〈선지자 엘리야 불같이 솟아나고〉············ 637
        (Und der Prophet Elias brach hervor)
3) 영국의 오라토리오 ····························· 644
 [악보 80] 헨델, 오라토리오 《메시아》 (Messiah)
  제 1부 a. 제 1번 〈서곡〉 (Sinfonia) ················· 650
      b. 제 4번 〈주의 영광〉 (And the glory of the Lord) ········ 653
  제 2부 c. 제 44번 〈할렐루야〉 (Halleluiah) ·············· 661
  제 3부 d. 제 45번 〈내 구주가 살아계심을〉 ·············· 671
        (I know that my redeemer liveth)
      e. 제 53번 〈죽임 당하신 어린양 / 아멘〉············· 676
        (Worthy is the Lamb that was slain / A-men)
4) 프랑스 오라토리오 ···························· 690
5) 그 밖의 오라토리오 ··························· 691

악보목차

8. 칸타타 ·· 692
   1) 실내칸타타 ·· 692
   2) 교회칸타타 ·· 693
      (1) 중부독일 칸타타의 특징
      (2) 북부독일 칸타타의 특징
      (3) 바흐의 교회칸타타 ··· 698
         [악보 81] 바흐, 칸타타 BWV 80 《내 주는 강한 성이요》 [종교개혁기념] ················ 721
         [악보 82] 바흐, 칸타타 BWV 140 《눈뜨라고 부르는 소리 있도다》 ······················· 780
         [악보 83] 바흐, 칸타타 BWV 143 《나의 영혼아, 주를 찬양하라》 [신년] ················ 801
         [악보 84] 바흐, 칸타타 BWV 145 《일어나라, 내 마음이여! 주님의 날이도다》 [부활절] ···· 805

9. 코랄 ·· 813
   1) 르네쌍스와 종교개혁 ·· 813
   2) 종교개혁시대 음악의 양상 ··· 816
   3) 코랄선율에 의한 다양한 음악양식 ·· 817
   4) 코랄 프렐류드
      [악보 85] 바흐, 4성부 코랄 〈하늘에 계신 우리 아버지〉 (Vater Unser Himmelreich)
             a. 바흐, 4성부 코랄 제 47번 (BWV 245) ··························· 832
             b. 바흐, 4성부 코랄 제 110번 (BWV 102) ························· 833
             c. 바흐, 4성부 코랄 제 267번 (BWV 90) ··························· 833
      [악보 86] 샤이트, 코랄 프렐류드 〈하늘에 계신 우리 아버지〉 ································ 834
      [악보 87] 북스테후데, 코랄 프렐류드 〈하늘에 계신 우리 아버지〉 ··························· 835
      [악보 88] 바흐, 코랄 프렐류드 제 37번 〈하늘에 계신 우리 아버지〉 ························ 837
      [악보 89] 바흐, 코랄 프렐류드 제 1번 〈이방인의 구세주여 오소서〉 ························ 841
      [악보 90] 바흐, 코랄 프렐류드 제 10번 〈모두 기뻐하라, 노래로 찬양하라〉 ············· 843
      [악보 91] 브람스, 코랄 프렐류드 제 1번 〈주여, 우리를 인도하소서〉 ······················· 846
      [악보 92] 브람스, 코랄 프렐류드 제 2번 〈사랑하는 예수여〉 ··································· 851
   5) 찬송가 주제에 의한 변주곡 ··· 854
      [악보 93] 주성희, 찬송가 〈'나 같은 죄인까지도' 주제에 의한 6개의 변주곡〉 ········· 855
      [악보 94] 주성희, 찬송가 〈'오랫동안 기다리던' 주제에 의한 5개의 변주곡〉 ··········· 866
      [악보 95] 주성희, 찬송가 〈'곧 오소서 임마누엘' 주제에 의한 6개의 변주곡〉 ········· 879

10. 칼뱅의 시편가 ··· 889
   3) 칼뱅의 제네바 시편가
      [악보 96] a. 프랑스 찬송가 『CLAUDE GOUDIMEL OEUVRES COMPLÈTES』 – 시편 134편 ········· 898
             b. 프랑스 찬송가 『NOS COEURS TE CHANTENT』 – 시편 134편 ··················· 899

악보목차

        c. 프랑스 찬송가『ARC·EN·CIEL』 – 시편 134편 ·· 900
[악보 97] 새찬송가 1장 〈만복의 근원 하나님〉 ··· 901
[악보 98] 통일찬송가 437장 〈주 나의 목자되시니〉 ··· 903
[악보 99] 미국 장로교 찬송가 158장 – 시편 1편 〈The One Is Blest〉 ···························· 908
[악보 100] 미국 장로교 찬송가 220장 – 시편 100편 ··· 909
        〈All People That on Earth Do Dwel〉
[악보 101] 프랑스 찬송가『ARC·EN·CIEL』 – 시편 23편 〈Dieu mon berger〉 ················ 913
[악보 102] 독일 찬송가 196장 – 시편 134편 ·· 918
        〈Lobt Gott, den Herrn der Herrlichkeit〉
[악보 103] 칼빈의『제네바 시편가』(한국어판)
        a. 시편 23편 ·· 920
        b. 시편 107편 ·· 921
        c. 시편 150편 ·· 922

11. 앤섬 ·· 923
  1) 튜더왕조시대
     [악보 104] 탈리스, 앤섬 〈나를 사랑한다면〉 (If ye love me) ·· 925
     [악보 105] 비드, 앤섬 〈즐겁게 찬양해〉 (Sing Joyfully) ··· 930
  2) 공화정치시대
  3) 왕정복고시대
     [악보 106] 퍼셀. 앤섬 〈오 주여, 나의 기도를 들으소서〉 (Hear my prayer, O Lord) ·········· 944
  4) 18세기와 19세기
  5) 20세기

12. 시편합창 ·· 951
     [악보 107] a. 칼뱅,『제네바 시편가』 – 시편 23편 선율에 의한 구디멜의 시편 세팅 1 ············ 952
                b. 칼뱅,『제네바 시편가』 – 시편 23편 선율에 의한 구디멜의 시편 세팅 2 ············ 954
                c. 칼뱅,『제네바 시편가』 – 시편 65편 선율에 의한 구디멜의 시편 세팅 1 ············ 955
                d. 칼뱅,『제네바 시편가』 – 시편 65편 선율에 의한 구디멜의 시편 세팅 2 ············ 957
     [악보 108] 주성희, 혼성성가합창곡 시편 23편 ·· 966

표목차

〈표 1〉 시편가의 구조 ··· 15
〈표 2〉 시편선법 (Psalm Tones) ··· 16
〈표 3〉 그레고리안 챤트의 변천과정과 서양음악에 사용된 형태 비교 ································· 38
〈표 4〉 귀도의 손 (Guidonian hand) ·· 41
〈표 5〉 귀도의 헥사코드 체계 (The Hexachord System of Guido) ································· 41
〈표 6〉 4선보 ··· 42
〈표 7〉 사각음표 (Punctum Quadratum Nota) ·· 44
〈표 8〉 중세의 교회선법 (The Medival Church Modes) ·· 46
〈표 9〉 비포, 시퀀스 〈하나님의 어린양을 찬양하나이다〉 (Victimae paschali laudes)의
　　　　전체구조 ··· 68
〈표 10〉 시퀀스 〈하나님의 어린양을 찬양하나이다〉 (Victimae paschali laudes)의
　　　　다성음악 작곡가 ·· 68
〈표 11〉 시퀀스 〈오소서 성령이여〉 (Veni sante spiritus)의 다성음악 작곡가 ················ 77
〈표 12〉 시퀀스 〈시온아 찬양하라〉 (Lauda Sion)의 다성음악 작곡가 ····························· 78
〈표 13〉 첼라노 토마스의 〈분노의 그날이여〉 (Dies irae, dies illa)의 전체구조 ············· 79
〈표 14〉 시퀀스 〈분노의 그날이여〉 (Dies irae, dies illa)의 다성음악 작곡가 ················· 79
〈표 15〉 시퀀스 〈십자가 밑에 서 계신 어머니〉 (Stabat Mater)의 다성음악 작곡가 ········ 85
〈표 16〉 6개의 리듬선법 (The Six Rhythmic Modes) ··· 255
〈표 17〉 오르도를 사용한 리듬선법의 반복형태 ··· 256
〈표 18〉 페트루스 데 크루체, 모테트 〈주의 탄생을 예고〉 (Aucun Lonc Tanc Annuntiantes)에
　　　　사용된 탈레아(talea) ·· 270
〈표 19〉 동기보 (ekphonetic notation) ··· 272
〈표 20〉 문자보 (letter notation) ··· 273
〈표 21〉 모드 기보법 (modal notation) ··· 273
〈표 22〉 정량 기보법 (mensural notation) ··· 274
〈표 23〉 브레비스의 연속사용 – 브레비스의 2배화 (alteratio) ·· 274
〈표 24〉 롱가에 브레비스 1개 또는 4개 이상 연속사용 – 앞에 쓰인 롱가의 불완전화 (imperfectio) ············ 275
〈표 25〉 프랑코 기보법 (Franconian Notation) ·· 275
〈표 26〉 검은음표·흰음표·현대음표 비교 ··· 276
〈표 27〉 음표의 4가지 기본적인 조합 ·· 276
〈표 28〉 템푸스와 프롤라티오의 4가지 조합과 현대표기 ·· 277
　　　　(The Four Combibations of Tempus[Time] and Prolatio[Prolation]
　　　　 and Their Modern Equivalents)

표목차

〈표 29〉 이탈리아 파두아의 체계화된 정량 기보법의 6가지 기본 리듬 ················· 278
〈표 30〉 기본 리듬이 음표의 합성 또는 비아 나투레(via naturae)와
비아 아르티스(via artis)와 결합된 형태 ··· 279
〈표 31〉 흰음표 정량 기보법 (white mensural notation) ··································· 279
〈표 32〉 기욤 드 마쇼, 모테트 〈선한 목자〉(Bone Pastor) – 탈레아 ··················· 283
〈표 33〉 기욤 드 마쇼, 모테트 〈선한 목자〉(Bone Pastor)의 전체구조 ··············· 283
〈표 34〉 바흐, 모테트 3번 〈예수는 나의 기쁨〉의 전체구성 ································ 412
〈표 35〉 쉿츠, 《누가수난곡》의 전체구성 ··· 451
〈표 36〉 쉿츠, 《마태수난곡》의 전체구성 ··· 460
〈표 37〉 쉿츠, 《요한수난곡》의 전체구성 ··· 473
〈표 38〉 a 바흐, 《요한수난곡》의 악기편성 ··· 487
　　　　b 바흐, 《요한수난곡》의 전체구성 ··· 488
〈표 39〉 a 바흐, 《마태수난곡》의 악기편성 ··· 506
　　　　b 바흐, 《마태수난곡》의 전체구성 ··· 507
〈표 40〉 하이든, 오라토리오 《천지창조》의 전체구성 ··· 579
〈표 41〉 멘델스존, 오라토리오 《엘리야》의 전체구성 ··· 615
〈표 42〉 헨델, 오라도리오 《메시아》의 전체구성 ·· 647
〈표 43〉 바흐, 교회칸타타 목록 ·· 700
〈표 44〉 바흐, 교회칸타타 BWV 79 《주 하나님은 해요 방패시라》의 전체구성 ·········· 711
〈표 45〉 a 바흐, 교회칸타타 BWV 80 《내 주는 강한 성이요》의 전체구성 ········· 713
　　　　b 바흐, 교회칸타타 BWV 80 《내 주는 강한 성이요》의 가사와 연주형태 ···· 714
〈표 46〉 바흐, 교회칸타타 BWV 140 《눈뜨라고 부르는 소리 있도다》의 전체구성 ········· 717
〈표 47〉 바흐, 교회칸타타 BWV 143 《내 영혼아 주를 찬양하라》의 전체구성 ········· 718
〈표 48〉 바흐, 교회칸타타 BWV 145 《일어나라, 내 마음이여! 주님의 날이도다》의 전체구성 ··· 720
〈표 49〉 바흐, 371개의 4성부 코랄목록 ··· 822
〈표 50〉 바흐, 오르간을 위한 45개의 코랄 전주곡 목록 ···································· 838
〈표 51〉 미국 장로교찬송가 목차 ·· 906
〈표 52〉 a. 프랑스 찬송가 목차 ··· 911
　　　　b. 칼뱅의 제네바 시편가 목차 ·· 912
〈표 53〉 독일 찬송가 목차 ·· 915
〈표 54〉 시편합창의 시대별 대표적인 작곡가 ·· 959
〈표 55〉 주성희, 〈시편 23편〉의 전체구조 ··· 965

참고문헌

『성경전서』 개역개정4판 (서울: 대한성서공회, 2007)
김남식 편저. 『칼빈주의 연구』 (서울: 백합출판사, 1977)
김문진 외. 『서양음악사』 (서울: 심설당, 1993)
김상태. 『음악미학』 (서울: 세광출판사, 1983)
김철륜. 『교회음악론』 (서울: 호산나 음악사, 1992)
이기문 편. 『기독교 대백과사전』 (서울: 기독교문사, 1984)
이근삼 외. 『칼빈주의자와 문화』 (서울: 엠마오, 1987)
이유선. 『기독교 음악사』 (서울: 총신대학출판부, 1977)
전경연. 『칼빈의 생애와 신학사상』 (복음주의 신학총서 제27권, 1984)
정성구 편. 『칼빈의 생애와 사상』 (서울: 세종문화사, 1980)
_____, 『칼빈주의 연구』 (한국 칼빈주의 연구원, 1992)
_____, 『칼빈주의의 역사적 소고』 (한국 칼빈주의 연구원, 1991)
정정숙, 『찬송가학』 (서울: 서울신학대학교출판부, 1982)
조숙자·조명자 공저 『찬송가학』 (서울: 장로회신학대학출판부, 1982)
주성희, "교회음악 역사적 발전에 비쳐 본 칼뱅의 음악신학" (총신대학교 논문집 제12집, 1992)
_____, "교회음악적 관점에서 본 『시편가』에 관한 연구" (한국음악학회 음악연구 제39집, 2007)
주재용 외 10명. 『칼빈의 생애』 (한국신학대학출판부, 1978)
홍정수. 『교회음악개론』 (서울: 장로회신학대학출판부, 1988)
원성희. 『성가문헌』 (서울: 이화여자대학교출판부, 1986)
『음악대사전』 초판 (서울: 신진출판사, 1972)

Bauer, John. *Music Theory Through Literature, volume I*. 박미경역 『악곡분석을 통한 음악이론사 I』 (대구 : 계명대학교출판부, 1994)
Breed, David R., 박태준 역, 『찬송가학』 (서울: 미파사, 1977)
Calvin, John. *Institutes of the Christian Religion*. trans and introduction by Ford Lewis Battles (Atlanta: John Knox Press, 1975) ; 양낙흥 역 『기독교 강요』, 세계기독교 고전 14. 크리스챤 다이제스트, 1988.
Gonzalez, Justo L. *The Story of Christianity*. 서영일 역 『종교개혁사』 (온성출판사, 1987)
Grout, Donald Jay. *A History of Western Music*. 서우석·문호근 역 『서양음악사』 (서울: 수문당, 1977)
Kuyper, Abraham. *Calvinism*. 박영남 역 『칼빈주의』 (서울: 세종문화사, 1982)
Reynolds, William Jenson and Price, Milburn. *A Survey Christian Hymndy*. Third ed., Hope Publishing Company, 1987. 이혜자 역 『찬송가학』 (서울: 이화여자대학교출판부, 1997)
Squire, Russel N. 이귀자 역 『교회음악사』 (서울: 호산나 음악사, 1990)
Stainer, John. *The Music of the Bible* by Ed. Francis W. Galpin. 성철훈 역 『성경의 음악』 (서울: 호산나 음악사, 1991)
Warfield, Benjamin B. *Calvin·Luther·Angustine*. 한국칼빈주의 연구원 편역 (기독교문화협회, 1986)
Webber, Robert E. *The Secular Saint* (The role of the Christian in the Secural world). Zondervan Publishing House, 1979. 이승구 역 『기독교 문화관』 (서울: 엠마오, 1984)
Praktische Wörterbuch der Musik, Mainz: Schott Musik International, 1992. 『5개 언어 음악용어사전』 이철웅·박재은·채경화·오자경·전정임·나주리 번역·편저자 (서울: 예당출판사, 2003)

참고문헌

Apel, Willi ed. *The Harvard Dictionary of Music.* Cambridge, Harvard University Press, 1969.
Bach, Johann Sebastian, 371 Harmonized chorales and 69 chorale Melodies with Figured Bass, ed. by Albert Riemenschneider. New York : G. Schirmer, Inc., 1941.
Blankenburg, Walter. *Church Music in Reformed Europe, Protestant Church Music.* London, Victor Gollancz Ltd., 1975.
Blume, Frederick ed. *Protestant Church Music.* New York, W. W. Norton & Co., Inc. 1974.
Bovet, Felix. *Mistoire du Psautier des églises véformées.* Neuchatel, Librairie Génenale de J. Sandoz, 1872.
Bukofzer, Manfred F. *Music in the Baroque Era: From Monteverdi to Bach.* New York, W.W. Norton and Company, 1947.
Dakers, Lionel ed. *The New Church Anthem Book.* One Hundred Anthems. Oxford and New York, Oxford University Press, 1994.
Davison, Archibald T. and Willi Apel. *Historical Anthology of Music vol. 1. Oriental, Medieval and Renaissance Music.* Revised ed., Cambridge, Massachusetts, Harvard University Press, 1949.
Douen, Orentin. *Clément Marot et le Psautier Muguenot.* Paris: Imprimerie Nationale, 1878-1879.
Garside, Charles, Jr., *The Origins of Calvin's Theology of Music; 1536-1543.* Philadelphia: The American Philosophical Society, 1979.
Gerald, Abraham. *The Concise Oxford History of Music,* London, Oxford University Press, 1979.
_____, ed. *The New Oxford History of Music Vol. IV,* London, Oxford University Press, 1975.
Greenberg, Noah ed. *An Anthology of English Medival and Renaissance Vocal Music with an Introduction by Joel Newman.* New York, London, W. W. Norton & Company, 1968.
_____, and Paul Maynard ed. *An Anthology of Early Renaissance Music.* First ed. New York, W. W. Norton & Co., Inc., 1975.
Grout, Donald Jay. *A History of Western Music.* New York, Norton & Company, Inc., 1960.
_____, *A History of Western Music. third ed.* New York, Norton & Company, Inc., 1980.
_____, and Claude V. Palisca, *A History of Western Music.* 4th ed. Shorter, New York, Norton & Company, Inc., 1988.
Hoppin, Richard H., ed. *Anthology of Medival Music.* New York, London, W. W. Norton & Company, Inc., 1978.
_____, *Medival Music.* New York, W. W. Norton & Company, Inc., 1978.
Idelsohn, Abraham Z. *Jewish Music in its Historical Development.* New York, Schocken Books, 1967.
Lerner, Edward R. *Study Scores of Musical Styles.* New York, McGraw-Hill Book Company, 1968.
Louis, F. *The Hymondy of the Christian Church.* Richmond, John Knox Press, 1959.
Machlis, Joseph. *Introduction to Contemporary Music.* 2nd ed. New York, Norton & Company, Inc., 1979.
_____, *The Enjoyment of Music.* Revised ed. New York, Norton & Company, Inc., 1963.
Michels, Ulrich. *dtv-Atlas zur Musik Band 1.* München, Deutsher Taschenbuch Verlag GmbH & Co. KG, 1977.
Montagu, Jeremy. *The World of Medival & Renaissance Musical Instruments.* Newton Abbot London, David & Charles, 1980.

참고문헌

Parrish, Carl and John Ohl. *Masterpieces of Music Before 1750.* New York, W. W. Norton, 1951
_____, *A Treasury of Early Music.* New York, London, W. W. Norton Company, Inc., 1958.
Palisca, Claude. V., ed. *Norton Anthology of Western Music. vol. 1.* First ed. W. W. Norton & Company, Inc., 1980.
Randel, Don Michael. ed. *The New Harvard Dictionary of Music.* London: The Belknap Press of Harvard University Press, 1986.
Reese, Gustave. *Music in the Middle Ages.* Revised ed. New York, London, W. W. Norton & Company, Inc., 1954.
_____, *Music in the Renaissance.* Revised ed. New York, London, W. W. Norton & Company, Inc., 1959.
Rothmüller, Aron Marko. *lhe Music of the Jews.* New York, The Beechhurst Press. 1954.
Routly, Erik. *The Church and Music.* London, 1967.
Sadie, Stanley. ed. *The New Grove Dictionary of Music and Musicians.* 20 vols. London, Macmillan Publishers Limited, 1980.
Scholes, Percy A. *lhe Oxford Companion to Music.* 10th ed. revised and reset edited by John Owen Ward. Oxford, Oxford University Press, 1970.
Sendrey, Alfred & Norton, Mildred. *Davids Harp.* New York, The New American Library, 1964.
_____, *Music in Ancient Israel.* New York, London, 1969.
Spitta, Philipp. *Johann Sebastian Bach: His Work and Influence on he Music of Germany, 1685–1750.* trans. by Clara Bell and J.A. Fuller-Maitland. 3 vols. London, Novello & Co., Ltd. New York, Dover Publications, Inc., 1951.
Squire Russel N., *Church Music.* St. Louis, Missouri, The Bethany Press, 1976),
Stainer, John. *lhe Music of the Bible.* New edition: With Additional Illustrations and Supplementary Notes by the Rev. Francis W. Galpin, M.A., F.L.S. London, Novello & Company, Limited. 1914.
Steintz, Paul. *The New Oxford History of Music, Vol. V.* London, Oxford University Press, 1975.
Strunk, Oliver. ed. *Source Readings in Music History.* New York, London, W. W. Norton & Company, Inc., 1950.
Sydnor, James Rawlings. *lhe Hymn and Congregational Singing.* Richmond Virginia, John Knox Press, 1960.
Terry, Richard R. *Calvin's First Psalter,* 1539. London, Ernest Benn Limited, 1932.
Wold, Milo and Edmund Cykler. *An Outline History of Music,* 6th ed. Dubuque, Iowa: Wm. C. Brown Publishers, 1985.
「The Presbyterian Hymnal」,Westminster John Knox Press, Louisville, Kentucky, 1990.
「ARC · EN · CIEL」RÈVEIL, Service de publication de l'Èglise Réformée en Centre-Alpes-Rhône, 1988
「Evangelisches Kirchengesangbuch」 Gütersloher Verlagshaus Gerd Mohn, Gütersloh Luther-Verlag GmbH, Bielefeld Neukirchener Verlag des Erziehungsvereins GmbH, Neukirchen-Vluyn
「CLAUDE GOUDIMEL OEUVRES COMPLÈTES」Trans. de Pierre Pidoux, Vol. 9 LES 150 Psaumes d'après les Èditions de 1564 et 1565, Pseaume LXV, The Institute of Mediæval Music, Ltd. & Schweizersche Musikforschende Gesellschaft. 1967.
「NOS COEURS TE CHANTENT」Recueil à l'usage des Eglises de la Fédération Protestante de France, Recueil à 4 voix – Psaume 65, Editions OBERLIN, Strasbourg-Paris

각주

1) 『성경전서』(개역개정4판). 구약전서, 서울: 대한성서공회, 2007
2) 이유선, 『기독교음악사』(서울 : 총신대학출판부, 1977), p.7.
3) Ulrich Michels, dtv-Atlas zur Musik Band1,(München: Deutscher Taschenbuch Verlag GmbH & Co. KG, 1977), p.181.
4) 『성경전서』(개역개정4판). 신약전서, 서울: 대한성서공회, 2007
5) 정정숙, 『찬송가학』(서울 : 서울신학대학교출판부,1997), p.10.
6) The New Grove Dictionnary of music and Musicians (London: Macmillan Publishers Limited 1980) Vol. 13 p.497. 정정숙, 『찬송가학』 p.13에서 재인용
7) 홍정수,『교회음악개론』(서울 : 장로회신학대학출판부,1988), p.142.
8) Ulrich Michels, p.181.
9) William Jensen Reynolds, A Joyful Sound Christian Hymnody (New York :Chicago:Holt Rinehart and Winston 1978) p.1. 정정숙, 『찬송가학』 p.21에서 재인용
10) David R. Breed, 『찬송가학』 박태준역(서울 : 미파사, 1977) p.l0.
11) Ulrich Michels, dtv-Atlas zur Musik Band1, pp.180-181. 『음악은 이 1』. 홍정수 · 조선우 편저(서울 : 세광음악출판사, 1992) pp.180-181.
12) Ulrich Michels, p.162.
13) Richard H. Hoppin, Medival Music p.82 Example Ⅲ-8: The Psalm Tones, A Norton Introduction to Music History,1978 by W · W · Norton & Company, New York · London
14) Ömer Demir, Cappadocia cradle of history göreme (International Society for the investigation of Ancient Civizations, 3rd revised edition, 1990) pp. 24-25
15) 『그레고리오 성가 이론』(서울 : 태림출판사, 1981), p.1
16) Russel N. Squire, Church Music (The Bethany Press, 1976), p.80.
17) Richard H. Hoppin, p.63 Example Ⅲ -2 : The Hexachord System of Guido d'Arezzo
18) 『그레고리오 성가 이론』 pp.4-6, 55-62.
19) Richard H. Hoppin, p.61 Table 3 : Neumes of Square Notation
20) 『그레고리오 성가 이론』 p.14.
21) Ulrich Michels, p.192.
22) 원성희,『성가문헌』(서울 : 이화여자대학교 출판부, 1986) pp.57-78.
23) R. H. Hoppin, p.222 Table 8 : The Six Rhythmic Modes
24) John Bauer, Music Theory Through Literature, volume Ⅰ. 『악곡분석을 통한 음악이론사 Ⅰ』, 박미경역(대구 : 계명대학교출판부) p.58.
25) Carl Parrish & John F. Ohl, Masterpieces of Music Before 1750, (An Anthology of Musical Examples from Gregorian Chant to J.S. Bach). 『바하까지의 음악사』, 서우석 · 성의정 공역(서울 : 도서출판 수문당, 1982) p. 28.
26) 아르스 안티콰(Ars antiqua)는 '새로운 예술'의 뜻을 지닌 아르스 노바(Ars Nova)에 대비된 '낡은 예술'의 뜻이다.
27) John Bauer 저, 『악곡분석을 통한 음악이론사Ⅰ』박미경역, p.72 예 3-8
28) John Bauer 저, p.73 예 3-12
29) John Bauer 저, p.74 예 3-13
30) 『음악대사전』초판 "기보법" 항목 (서울: 신진출판사, 1972), pp.139-143.
31) R. H. Hoppin, p.335 Table 11
32) R. H. Hoppin, p.355 Table 13
33) John Bauer 저, pp.85-93.
34) Paul Steintz, "German church music", The New Oxford History of Music, Vol. Ⅴ(London: Oxford University Press, 1975), p.625
35) Hymnal Stanza는 보통율(Common Meter)로 강약 4각률(脚律)의 음절이 8.6.8.6 으로 배치 되어, a b c b 또는 a b a b 로 운을 밟는 찬송가의 운율
36) 《부활 오라토리오》의 원 제목 :《Historia der fröhlicken und siegreichen Aufferstehung unsers einigen Erlösers und Seligmachers Jesu Christi》
37) 《크리스마스 오라토리오》의 원제목 :《Historia der freuden- und gnaden-greichen Gottes und Marien Sohnes,

각주

Jesu Christi)

38) ⟨표 39⟩의 곡 번호는 Watkins Shaw(Novello & Company Limited Borough Green,ㄴ Sevenoaks, kent, 1958)의 것과 우리말 번역은 『천지창조』 나영수 역(호산나출판사,1994)을 기초로 하였다.

39) ⟨표 40⟩ G. Schirmer, Inc.(G. Schirmer's Editions of Oratorio and Cantatas Ed. 43) 오라토리오 『엘리야』 홍정표 역(호산나음악사, 1994)을 기초로 하였다.

40) ⟨표 41⟩의 곡 번호는 Watkins Shaw(Novello & Company Limited Borough Green, Sevenoaks, kent, 1958)의 것을, 우리말 번역은 '정격연주 기법에 의한 『메시아』연주' (이기선, 2003/ 한국교회음악협회 획기적 합창세미나)의 자료를 기초로 하였다.

41) 『음악대사전』 초판 "바하" 항목 교회칸타타, pp.536-543.

42) ⟨표 43⟩과 ⟨표 44⟩b의 운율가사 우리말 번역은 살리테 연구회 악보집(김용수 역)을 기초로 하였다.

43) 한 개의 cycle이란 예배시간마다 사용하기 위해 일년간 각 절기에 따라 72개 이상 작곡 한 것을 뜻한다.

44) 이러한 것을 콘트라 팍툼(Contrafactum, 복수는 Contrafacta)이라 하는데 이것은 코랄의 중요한 종류이다. 코랄(Chorale ⟨영⟩, Choral. Kirchenlied ⟨독⟩)은 초기 루터교회에서 회중이 부르기 위한 것으로 대부분 유절형식이다. 일부는 새로 작곡된 선율이고, 일부는 비전례적인 노래, 세속노래 또는 민속노래의 선율에 종교적인 내용의 독일어 가사를 붙인 콘트라팍툼이다.

45) J. A. Froude, *The Life and Letters of Erasmus*, London, 1894, p. 115. The Story Christian Music Andrew Wilson-Dickson,『교회음악사 핸드북』박용민 역. p.68에서 재인용

46) Lincoln Cathedral Injunctions of 1548. P. Le Huray, p.9 , The Story Christian Music Andrew Wilson-Dickson,『교회음악사 핸드북』박용민 역. p.68에서 재인용

47) Reese Gustave. *Music in the Renaissance*, (New York: W. W. Norton & Co., 1954), p.796. Donald J. Grout. *A History of Western Music,* 서우석·문호근 공역, (서울 : 수문당, 1979), p.286에서 재인용

48) 앤섬(Anthem): 앤섬은 성가라고 부른다. 이것은 'antiphona'에서 유래된 말로 카톨릭에서 사용했던 모테트로부터 발전되었으며, 다성음악의 짧은 합창곡으로 영어로 노래하는 것이 특징이다. 영국의 안템은 라틴어의 모테트에 해당되며 두 가지의 형이 있는데 다음과 같다.
   (1) Full Anthem: 전체가 합창을 위한 것으로써 대개 대위법적 양식으로 되어 있으며 무반주이다.
   (2) Verse Anthem: 오르간이나 비올 반주에 의한 하나이상의 독창성부를 위한 것으로 합창에 의한 짧은 대치되는 악절이 있다.

49) 홍정수, 『교회음악개론』, p.19.

50) 평성가 : 교황 그레고리우스 I세에 의해 정립된 그레고리안 챤트가 13세기 무렵 그 명칭이 Cantusplanus에서 유래한 영어로 Plainsong 혹은 Plainchant라 불리었다. Plainsong은 그레고리오 성가와 같은 뜻으로도 사용되며 또한 서방교회나 동방교회 그리고 기독교 이외의 전례성가에 대해 사용되어지는 반면 Plainsong보다는 좁은 의미의 Plainchant는 그레고리안 챤트를 뜻한다.

51) Donald J. Grout. *A History of Western Music,*『서양음악사』, 서우석·문호근 공역, p.284.

52) Albert Riemenschneider, 371 *Harmonized Chorales and 69 Chorale Melodies with figured bass by J. S. Bach,* G. Schirmer, Inc., New York, 1941. Index of The Chorales xi-xvi

53) Edited by Albert Riemenschneider, *The Liturgical Year(Orgelbüchlein) by J. S. Bach,* Forty-five Organ Chorals, Index of The Chorals & Complete List of Chorals, xiii-xvi, Oliver Ditson Co., Bryn Mawr, Pa., 1933

54) 주성희, 교회음악적 관점에서 본 『시편가』에 관한 연구, 칼뱅의 시편가 pp.45-71 발췌, 음악연구 제39집. 2007 한국음악학회

55) Charles Jr. Garside, *The Origins of Calvin's Theology of Music* :1536-1543(Philadelphia, The American Philosophical Society, 1979), p.5.

56) 정성구, "칼뱅주의의 역사적 소고"(한국칼뱅주의 연구원, 1991), p7.

57) 주성희, "교회음악 역사적 발전에 비쳐 본 칼뱅의 음악신학" (총신대학교 논문집 제12집, 1992), pp.186-196 요약 발췌

58) Articles concernant l'organisation de l'église et du culte a Genève, proposés au conseil par les ministres, January 16, 1537, 정성구 『칼뱅의 역사적 소고』, p.7에서 재인용

59) Charles Jr. Garside, p.7.

60) Charles Jr. Garside, p.7.

61) Charles Jr. Garside, p.10.

62) Articles concernant l'organisation de l'église et du culte a Genève, proposés au conseil par les ministres, January 16, 1537, p.26, Charles Garside Jr., p.16에서 재인용

63) Charles Jr. Garside, p.19.

64) William Jenson Reynolds · Milburn Price. A Survey of Christian Hymnody, 『찬송가학』이혜자 역(서울 : 이화여자대학교 출판부, 1997), p.75.

65) Charles Jr. Garside, p.21.

66) Charles Jr. Garside, p.22.

67) Charles Jr. Garside, p.22.

68) Charles Jr. Garside, p.23.

69) Charles Jr. Garside, p.23.

70) Pierre Pidoux,『CLAUDE GOUDIMEL OEUVRES COMPLÈTES』 – Pseaume CXXXIV, The Institute of Mediæval Music, Ltd. & Schweizersche Musikforschende Gesellschaft. 1967.

71) 『NOS COEURS TE CHANTENT』 Recueil à 4 voix – Psaume 134, Editions OBERLIN, Strasbourg-Paris

72) 『ARC · EN · CIEL』 Carnet de Chants – Ps 134. Bénissons Dieu, 1988.

73) William Jenson Reynolds, Milburn Price 공저, 『찬송가학』 이혜자 역 p.74.

74) Walter Blankenburg, Church Music in Reformed Europe, Protestant Church Music(London: Victor Gollancz Ltd. 1975), p.518.

75) W. J. Reynolds · M. Price 공저 p.75.

76) W. J. Reynolds · M. Price 공저 p.83.

77) W. J. Reynolds · M. Price 공저 p.136.

78) W. J. Reynolds · M. Price 공저 p.182.

79) 『The Presbyterian Hymnal』, Westminster John Knox Press, Louisville, Kentucky, 1990.

80) 『ARC · EN · CIEL』 RÈVEIL, Service de publication de l'Èglise Réformée en Centre-Alpes-Rhône, 1988

81) 『Evangelisches Kirchengesangbuch』 Gütersloher Verlagshaus Gerd Mohn, Gütersloh Luther-Verlag GmbH, Bielefeld Neukirchener Verlag des Erziehungsvereins GmbH, Neukirchen-Vluyn

82) Carl Parrish, A Treasury of Early Music, pp.129-132.

83) Carl Parrish, pp.129-132.

84) Pierre Pidoux, 『CLAUDE GOUDIMEL OEUVRES COMPLÈTES』 – Pseaume LXV, The Institute of Mediæval Music, Ltd. & Schweizersche Musikforschende Gesellschaft. 1967.

85) 『NOS COEURS TE CHANTENT』 Recueil à 4 voix – Psaume 65, Editions OBERLIN, Strasbourg-Paris

찾아보기

가브리엘리 지오반니(Giovanni Gabrieli) 154, 155, 301, 341, 342, 358
가브리엘리 안드레아(Andrea Gabrieli) 301, 342, 358
가사그리기(word painting) 328
가사낭송법 45
갈리칸 챤트(Gallican Chant) 27, 29, 31
갑바도기아(Cappadocia) 24, 25
『경외 받는 자』(Terribilis est locus iste) 313
검은음표(black mensural notation) 275, 276
계명창(Solmisation) 41
계속저음(basso continuo) 384, 560, 692, 715
공베르(Nichola Gombert) 341
교창식시편가(Antiphonal Psalmody) 17, 18
교회선법(Church Modes) 46
교회칸타타 693, 698, 700, 711, 713, 714, 717, 718, 720
교회 콘체르토(sacred concerto) 694
구노(Charles Gounod) 690
구디멜(Claude Goudimel) 902, 951, 952, 954, 955
구양식(stile antico) 384
귀도 다렛쪼(Guido d'Arezzo) 39, 41, 271
귀도의 손(Guidonian hand) 41
그란디(Alessandro Grandi) 384, 385, 692
그레고리안 챤트(Gregorian Chant) 27, 29, 36, 39
〈그 별을 보고〉(Vidimus stellam) 56
〈그 얼마나 아름답고〉(Quam pulchra es, 던스타블) 303, 304
〈그 크나큰 기적〉(O Magnum mysterium, 지오반니 가브리엘리) 360
글로리아(Gloria) 291
기보법(notation) 271
기본스(Orlando Gibbons) 815
기적극(Miracle Play) 549

〈나 같은 죄인까지도〉 855
〈날 사랑하신다면〉(If ye love me, 탈리스) 924, 925
낭독송(Lectio) 9
낭송가(Cantillation) 17
낭송식(Accentus 악첸투스) 45

〈내 영혼이 지극히 슬퍼〉(Tristis est anima mea, 랏수스) 350, 351, 352
《내 주는 강한 성이요》(Ein fester Burg ist unser Gott, 루터) 712
《내 주는 강한 성이요》(Ein fester Burg ist unser Gott, J. S. 바흐) 709, 712, 713, 714, 716, 721
네델란드 시편가(Dutch Psalter) 881
네델란드 음악양식 321, 330
네리(Filippo Neri) 552
네우마(neuma) 43, 44, 272
네우마적(Neumatic) 49
노래식(Concentus 콘첸투스) 45
노이마이스터 694, 709
노트르담 미사(Messe de Notre Dame) 291
노트르담악파 257, 263
노트커 발부루스 64
《눈뜨라고 부르는 소리 있도다》(Wachet auf, ruft uns die Stimme) 717
〈눙크 디미티스〉(Nunc dimittis) 95, 153, 155, 167, 170
《누가수난곡》(Lucas-Passion, 쉿츠) 451, 453
니콜라우스 브룬스(Nicolaus Bruhns) 695

《다니엘 극》 538, 540, 543, 545, 546
다른 빠르기 카논(mensuration canon) 324
다성음악(polyphony) 235, 301
다성음악에서의 교회음악 양식 95
다성음악 수난곡(Polyphonic Passion) 447, 448
다소(Tarsus) 24
다음절적(melismatic) 28
다카포 아리아(da capo aria) 693
다합창 양식 모테트(polychoral motet) 358, 359
단성음악에서의 교회음악 양식 27
단성음악 수난곡(Monophonic Passion) 447
단순 네우마(Neuma Simplex) 44
단음절적(Syllabic) 49, 63
단음표(Nota-Simplies) 43, 44
단일악장 양식 52
대영광송(Gloria in Excelsis) 19

찾아보기

댕디(Vincent D'indy) 690
데우스 미스라투르(Deus misratur) 96, 200
던스터블(John Dunstable) 75, 302, 303, 304, 309
도리아 선법(Dorian Mode) 46
독일 모테트 389
독일 수난곡(German Passion) 450
독일의 오라토리오 575
독일 찬송가 895
독일 칸타타 694
독창형 칸타타 692, 693
동도카논 263
동기보(ekphonetic notation) 271, 272
동형리듬(isorhythm) 281
동형리듬 원리 282
동형리듬 모테트(isorhythmic motet) 281
두아디라 교회 22
두플룸(duplum) 256, 263
뒤파이(Guillaume de Dufay) 301, 312, 315
디스칸투스(discantus)
디스틀러(Hugo Distler) 576
드라마틱 수난곡(Dramatic Passion) 451
드보라와 바락의 노래 10
드보르작(Antonin Dvořák) 214, 215
〈떠오르는 해〉(Sol oritur) 89

라모(Jean-Philippe Rameau) 389, 693
라오디게아 교회 23
라우다(Lauda) 94
라틴 모테트 389
라틴 수난곡(Latin Passion) 450
란디니 종지(Landini cadence) 298, 308
란디니(Francesco Landini) 298
랏수스(Orlando de Lassus) 173, 342, 350, 352
레오(Lenardo Leo) 693
레오냉(Leonin / Leoninus) 236, 237, 244
레치타티보(recitativo) 753, 769
레치타티보 아캄파냐멘토(recitativo accompagnamento) 574
레치타티보양식 574

레치타티보 세코(recitativo secco) 574
로레(Cipriano de Rore) 341
로젠뮬러(Johann Rosenmüller) 694, 695
론델 형(Rondel type) 92, 94
롯시(Luigi Rossi) 692
루터, 마틴(Martin Luther) 813, 815, 820
루터, 존(John Rutter) 949, 950
뤼네베르크(Lüneberg) 399, 696
륄리(Jean Baptiste Lully) 389
르네쌍스시대 모테트 299
리가투르(ligature) 273
리듬선법(modal rhythm) 254, 255, 258, 259, 263, 273
리디아 선법(Lydian Mode) 46
리스트(Franz Liszt) 576
리체르카레(ricercare) 819
리타니 형(Litany type) 92, 94
리토르넬로(ritornello) 553
리피에노(ripieno) 485, 693

〈마니피카트〉(Magnificat) 95, 97
〈마니피카트〉(Magnificat, 비발디) 123, 124
〈마니피카트〉(Magnificat, J. S. 바흐) 137, 139
〈마니피카트 아니마 메아〉(Magnificat anima mea, 작자미상) 99
〈마니피카트 옥타비 토니〉(Magnificat octavi Toni, 모랄레스) 101
〈마니피카트 인 프리미 토니〉(Magnificat In Primi Toni, 팔레스트리나) 112
〈마니피카트 프리모〉(Magnificat Primo, 몬테베르디) 115
마로(Clement Marot) 896
마름모꼴 음표(Punctum Inclinatum) 43
마리아의 찬가(Magnificat) 12, 20
마쇼(Guillaume de Machaut) 177, 281, 285, 291, 292
《마태수난곡》(Matthäus-Passion, J. S.바흐) 486, 514
《마태수난곡》(Matthäus-Passion, 쉿츠) 451, 460, 463 506, 507
《마가수난곡》(Marks-Passion, J. S.바흐) 486
마라쫄리 692
마르케투스 데 파두아(Marchettus de Padua) 278

찾아보기

마침(Terminatio / Punctum) 15
메디아치오(Mediatio) 15
멘델스존(Felix Mendelssohn) 576, 613, 615, 618
멜리스마적(melismatic) 49
《메시아》(Messiah, 헨델) 644, 646, 647, 648, 650
모노디(monody) 384
〈모두 기뻐하라, 노래로 찬양하라〉(In dulci jubilo, J. S. Bach) 843
모드 기보법(modal notation) 273
모랄레스(Cristobal Morales) 101, 110, 111, 173
모방기법(imitation) 329
모방양식(imitation style) 328
모방기점(point of imitation) 328
모방 카논(strict canon) 323
모세의 노래 9
모세의 두 번째 노래 10
모자라빅 챤트(Mozarabic Chant) 27, 30, 33
모테투스(motetus) 256, 263, 312
모테트(motet) 263, 302, 399, 400, 401, 409, 415, 432
〈목마른 사슴이〉(Sicut Cervus desiderat, 팔레스트리나) 343, 344
몬테베르디(Claudio Monteverdi) 389
몽테(Phillippe de Monte) 301
무반주합창(A cappella) 300, 506
『무지카 엔키리아디스』(Musica enchiriadis) 235
무지카 픽타(musica ficta) 297
문자보(letter notation) 272, 273
뮐하우젠 399, 697
뮤지컬(Musical Comedy) 549
미국 장로교 찬송가 885
미리암의 노래 10
믹소리디아 선법(Mixolydian Mode) 46

바로크시대 389
바로크시대의 모테트 384
바흐, 요한 세바스챤(Johann Sebastian Bach) 389, 399, 486, 576, 696, 716, 832, 833, 837, 841, 843
바흐, 칼 필립 엠마뉴엘(Carl Philipp Emanuel) 716
바흐의 교회칸타타 698, 699, 709–719

반종교개혁 342
반진행 카논(inversion canon) 324
발부루스(Notker Balbulus) 63
방시(Lepnardo Vinci) 693
뱅슈아(Gilles Binchois) 312
버가모 교회 22
버드(William Byrd) 368, 369, 897, 903, 904
버스 앤섬(Verse Anthem) 897, 917, 922, 923, 929
베니테 엑술테무스 도미노(Venite exsultemus Domino) 95, 172
베네디치테 옴니아 오페라(Benedicite Omnia Opera) 95, 173
베네딕투스(Benedictus) 95, 96
베네치아악파 358
베를리오즈(Hector Berlioz) 80, 81, 690
베이 시편가(The Bay Psalm Book) 904
베제(Theodore de Beze) 896
베토벤(Ludwig van Beethoven) 576
변격선법(Plagal Modes) 46
변조(Mutation) 41
변주곡(Variation) 854, 855
병행 오르가눔 235
보선보(staff notation) 273
복음자(Evangelist) 485
복합 네우마(Amplus) 44
본 윌리엄스(Ralph vaughan Williams) 152, 172, 173, 174, 645
부르고뉴악파 299, 301, 302, 308, 312
부르주아(Louis Bourgeois) 902
부활절 극 537
《부활 오라토리오》 575
북스테후데(Dietrich Buxtehude) 389, 695, 835
뷔누와(Antoine Busnois) 321, 323
브람스(Johannes Brahms) 846, 851
브리튼(Benjamin Britten) 174, 949
블로우(John Blow) 174, 183
비발디(Antonio Vivaldi) 123, 389
비아 아르티스(via artis) 279
비아 나투레(via naturae) 279
비아다나(Lodovico Viadana) 384
비잔틴 챤트(Byzantine Chant) 27, 30, 34
비트리(Philippe de Vitry) 281

찾아보기

비포 66, 67
빌라델비아 교회 23
빌레르트(Adrian Willaert) 69, 341

사각음표(Punctum Quadratum) 43
사데 교회 22
사도 베드로의 동굴교회 24
〈사랑하는 예수여〉(Herzliebster Jesu, 브람스) 840
《사울》(Saul, 헨델) 644
살터(Psalter) 816, 890, 896, 951
상투스(Sanctus) 51, 291, 323
『새음악』(Le Nuove Musiche) 384
새찬송가 878
샤이트(Samuel Scheidt) 834
서곡(overture) 462, 581, 617, 649
서머나 교회 21
서비스(Service) 815
〈선한목자〉(Bone Pastor) 282, 283, 285
〈성령이여 우리에게 자비를 베푸소서〉(Sancti Spiritus adsit, nobis gratia) 307
〈성령께서 우리의 약함을 도와주신다〉(Der Geist hilft unserer Schwachheit auf, 바흐) 401
성전음악 8
〈세데룬트〉 247
〈세례요한 찬송〉 40
세 번 거룩(Ter Sanctus) 19
세속적 단성음악 92
소영광송(Gloria Patri) 19
《솔로몬》(Solomon, 헨델) 644
수난곡(Passion) 447–451
수난극(Passion Play) 547, 576
수난 오라토리오(Passion Oratorio) 485
숫자저음(figured bass)
쉿츠(Heinrich Sch?tz) 389, 390, 391, 451, 453, 575
스탠리(John Stanly) 644
스코틀랜드 시편가(Scottish Psalter) 902
스트라빈스키(Igor Stravinsky) 691, 693
스콜라 칸토룸(Schola Cantorum) 45

시므온의 찬송(Nunc dimittis) 20
시리안 챤트(Syrian Chant) 27, 35
〈시온아 찬양하라〉(Lauda Sion) 63, 78, 85
시작동기(head motive) 323
시작음(Initium) 15
시편가(Psalmodia / Psalmody) 9, 12, 14, 815, 890, 951
시편가의 구조 15
시편가의 연주양식 16
〈시편교향곡〉 963
〈시편 23편〉 952, 954, 963, 965, 966
〈시편 107편〉 921
〈시편 134편〉 898, 899, 900
〈시편 150편〉 922
시편 세팅(Psalm Setting) 951, 952, 954, 955, 957
시편조(Psalm Tones) 16
시편합창 951, 959
시퀀스(Sequence) 17, 62–68, 86
시퀀스 형(Sequence type) 92, 94
신비극(Mystery Play) 549
신양식(stile moderno) 384
신포니아(sinfonia) 390, 450, 650, 819
샤르팡티에(Marc-Antoine Charpentier) 690, 693
샤이트(Samuel Scheidt) 834
샤인(Johann Hermann Schein)
실내칸타타(cantata da camera) 692
쏘제토 카바토(Soggetto cavato) 329, 333

아그리콜라(Alexander Agricola) 324
아뉴스 데이(Agnus Dei) 51, 53, 291
아카펠라(A cappella) 300, 506
아르스 노바(Ars Nova) 280, 281
아르스 안티콰(Ars antiqua) 254, 274
아른슈타트 399, 697
아이소리듬(isorhythm) 281, 307
아이제나흐 399, 696
안디옥 교회 24
안티폰(Antiphon) 52, 55
알렐루야(Alleluia) 52, 56, 64

찾아보기

암브로시안 챤트(Ambrosian Chant) 27, 28
『압살롬, 내아들』(Absalom, fili mi) 328
『앙 농 뒤! 깡 브와; 에이우스 인 오리엔테』(En non Diu! Quant voi ; Eius in Oriente) 261
앤섬(Anthem) 815, 923, 925, 930, 944
앵글로-제네바 시편가(Anglo-Genevan Psalter) 902
에드워드 6세 814
에베소 교회 21
에올리아 선법(Aeolian mode) 325
에인스워즈 시편가(Ainsworth Psalter) 904
엘가(Edward Elga) 645
《엘리야》(Elias, 멘델스존) 614, 615, 618
〈여호와의 종들아 찬양하라〉(Laudate pueri dominum, 버드) 368, 369
역행(Retrode) 307
역행카논(retrograde canon) 324
연작미사곡(cyclic Mass) 323
영국 시편가(English Psalter) 902
영국의 오라토리오 644
《영혼과 육체의 극》(Rappresentazione di Anima, et di Corpo, 카발리에리) 553, 554
예배찬송 13
〈예수는 나의 기쁨〉(Jesu meine Freude, J. S. 바흐) 412, 413
예수회(Jesuit) 343
예전극(Liturgical Drama) 86, 537, 538
〈오 당신이 얼마나 아름다운지〉(O quem tu pulchra es, 그란디) 385
〈오 당신이 얼마나 아름다운지〉(O quem tu pulchra es, 쉿츠) 390, 391
오네거(Arthur Honegger) 690
오라토리오(Oratorio) 552, 557, 576, 644, 690, 691
오라토리오 수난곡(Oratorio Passion) 485, 536
오르가눔(Organum) 235, 257
오르가눔성부(vox organalis) 235
《오르간을 위한 45개의 코랄 전주곡집》 838
오르도를 사용한 리듬선법 256
오르프(Carl Orff) 576
〈오소서 성령이여〉(Veni Sancte Spiritus 이노센트) 72, 74, 76,
〈오소서 성령이여〉(Veni Sancte Spiritus, 던스터블) 307

〈오소서 창조주 성령이여〉(Veni Creator Spiritus) 50, 76
〈오캥/ 롱 텅/ 안눈씨앙뜨〉(Aucun/ Lonc tans/ Annuntiantes) 265
오브레흐트(Jacob Obrecht) 301, 324, 325, 326
오블리가토(obbligato) 693
〈오소서 나라의 구원자여〉(Nun Komm' der Herden Heiland)
〈오 주여, 나의 기도를 들으소서〉(Hear my prayer, O Lord) 944
와츠(Isaac Watts) 880
『와츠의 시편가』 904
오케겜(Johannes Ocheghem) 301, 321, 322, 323
오페라 부파(opera buffa)
《요한수난곡》(Johannes-Passion, 쉿츠) 451, 473, 474, 475
《요한수난곡》(Johannes-Passion, J. S. 바흐) 486, 487, 492
《우리를 불쌍히 여기소서》(Kyrie)
윈체스터 트로프(Winchester Trope) 537
윌베르크(Mack Wilberg) 174, 196
윌크스(Thomas Weelkes) 153, 815, 941
〈유빌라테 데오〉(Jubilate Deo) 96, 173, 175, 183, 188, 196
유빌루스(Jubilus) 52, 53
음자리표 42
음향대조기법 368
응답식 수난곡(Responsorial Passion) 448
응답식 시편가(Responsorial Psalmody) 18
이노센트 74
〈이방인의 구세주여 오소서〉(Nun komm, der Heiden Heiland) 840, 841, 842
이야기(Historia) 547
이삭(Heinrich Isaac) 301
〈이제 장미꽃이 피었네〉(Nuper rosarum flores, 두파이) 315
이중합창(Double Chorus) 358, 360, 400
이중합창 모테트 359, 360
이탈리아 기보법 278
이탈리아 오라토리오 552
이튼 성가곡집(Eton Choirbook) 814
인토나치오(intonatio) 819
인트라다(intrada) 819
일관모방양식 368
《입다》(Historia di Jephte, 카릿시미) 560

찾아보기

자유형식(Free Form) 49
장엄양식(stilus gravis) 384
장절형식(Strophic Form) 49
짜를리노(Gioseffo Zarlino) 329, 341
쯔빙글리(Ulrich Zwingli) 815
정격선법(Athentic Modes) 46
정량 기보법(mensural notation) 274
정선율(cantus firmus) 321
『제네바 시편가』(Genevan Psalter) 896, 912, 952, 954, 955, 957
종교개혁 칸타타 《주 하나님은 해요 방패시라》(J. S. 바흐) 710, 711
종교개혁 칸타타 《내 주는 강한 성이요》(J. S. 바흐) 716
종교적 대화극(Sacred dramatic dialogue) 546
종교적 묘사(Sacra Rappresentatione) 548
《종교적 심포니》(Symphoniae Sacrae ,쉿츠) 390
죠스껭(Josquin des Prez) 328, 329, 330, 331, 334
〈주여, 우리를 인도하소서〉(Mein Jesu der mich, 브람스) 840
〈주의 탄생을 예고〉 265
〈주를 찬양하라〉(Christo psallat) 87
주음(Finalis) 15
〈주님만이 기적을 행하신 분〉(Tu solus, qui facis mirabilia, 죠스껭) 334
〈주를 찬양하라, 모든 만민이여〉(Lobet den Herrn, alle Heiden, J. S.바흐) 425
주성부(vox principalis) 235
주성희(Sung Hee, Joo) 170, 855, 866, 879
중세의 모테트 254
중세의 교회선법(The Medival Church Modes) 46
〈즐겁게 찬양해〉(Sing joyfully, 버드) 929, 930
직접식 시편가(Direct Psalmody) 17
지하도시(Underground City) 26

찬미곡(Lauda) 548
찬송가(Hymnodia / Hymns) 9, 12, 19
찬송가 형(Hymn type) 92, 94
찬송가 주제에 의한 피아노 변주곡 854, 855
찬트(Chant) 27
《천지창조》(Die Schöpfung, 하이든) 578, 579
초기 기독교 찬송 12
축복송(Benedictus) 20
치코니아(Johannes Ciconia) 308

카논(Kanon) 19, 323, 324, 325, 840
카릿시미(Giacomo Carissimi) 560, 563, 692
카발리에리(Emilio de' Cavalieri) 552, 554
카치니(Giulio Caccini) 384
카치아(Caccia) 298
카프리치오(Capricio) 819
칸타타(Cantata) 692, 694, 695
칸타타 사이클(cantata cycle) 716
칸타테 도미노(Cantate Domino) 96, 200
칸투스 피르무스(cantus firmus) 297
칸티쿰(Canticum) 19
칼뱅(Jean Calvin) 889, 890, 952, 954, 955, 957
캐럴(Carol) 442, 443
캔티클(Canticle) 95
쿠나우(Johann Kuhnau) 696
코랄(Choral) 813, 818, 822
코랄 리체르카레(Chorale Ricercar) 818
코랄 모테트(Choral Motet) 818
코랄 푸가(Chorael Fugue) 818
코랄 칸타타(Choral Cantata) 694, 695, 818
코랄 파르티타(Choral Partita) 818
코랄 판타지아(Choral Fantasia) 818
코랄 프렐류드(Choral Prelude / 코랄전주곡) 819, 820, 832, 834, 835, 837, 841, 843, 846, 851,
콘둑투스(Conductus) 86, 87
콘스탄틴 성가(Chorals Constantinus) 333
콘체르토양식 575
콘트라팍툼(Contrafactum) 817
콘타키온(Kontakion) 19
콘티누오(continuo) 485, 487, 506, 553, 692
콜로르(color) 270, 281, 282, 283
쿼드리벳(quodlibet) 75

찾아보기

크리거(Johann Krieger) 695, 716
크레도(Credo) 291
크리스마스 예전극(Christmas Play) 548
『크리스마스 오라토리오』(Oratorium tempore Nativitatis Christi, 쉿츠) 575
『크리스마스 오라토리오』(Oratorium tempore Nativitatis Christi, 바흐) 575
크리스마스 캐럴 442
클라우줄라(clausula) 237-241, 254, 256, 258
클레멘스 논 파파(Clemens non Papa / Jacob Clement) 301, 341
콰드르플룸(Quadruplum) 256
키리에(Kyrie) 50, 291
키리에 챤트(Kyrie chant) 62

타블러튜어보(tabulature notation) 272
타이(Christopher Tye) 923, 924
태버너(John Taverner) 923, 924
탈리스(Thomas Tallis) 923, 924, 925
탈레아(talea) 282, 283
테노르(tenor) 15, 312
테스토(Testo) 560
테데움 200
『테데움』(Te Deum) 200, 204, 215
텔레만(Georg Philipp Telemann) 389, 716, 694
템푸스(Tempus / Time) 277
토누스 페레그리누스(Tonus Peregrinus) 16
토마스(Kurt Georg H. Thomas) 576
톰킨스(Thomas Tomkins) 167, 815, 941
통일 찬송가 903
통작수난곡(Through-composed Passion) 449
툰더(Franz Tunder) 674, 675, 694
티펫(Michael Tippett) 154, 170
트리플룸(triplum) 256, 263, 312
트레첸토(trecento) 297, 298
트렌트 공의회(Council of Trent) 342
트로파리온(Troparion) 19
트로푸스(Tropus) 53

트로프(Trope) 53, 57, 58, 59, 548, 549
트리사기온(Trisagion) 29
특수 네우마(Neuma Specialis) 45
팅토리스(Johannes Tinctoris) 301

『파르체 도미네』(Parce Domine, 오브레흐트) 325, 326
파버든(faburden) 97, 300, 301
파트로치니움 무지체스(Patrocinium musices) 350
파헬벨(Johann Pachelbel) 695, 696
팔레스트리나(Giovanni Pierluigi da Palestrina) 173, 342, 343, 344
패러디기법(paraphrase) 332
팬아이소리듬(panisorhythm) 284
퍼셀(Henry Purcell) 389, 923, 942, 943, 944
『페라라의 헤라쿨레스공』329, 330
페로탱(Perotin / Perotinus) 244, 245, 247
페트루스 데 크루체(Petrus de' Cruce) 264, 265
『평균율곡집』(Das Wohltemperierte Clavier, 바흐)
평성가(plainsong) 867
포부르동(fauxbourdon) 97, 98, 300
푸가(Fuga) 351, 712, 820
풀 앤섬(full anthem) 922, 943
프랑스 오라토리오 690
프랑스 찬송가 898, 899, 900, 910, 911
프랑코 폰 퀼른(Franco von Kóln) 264
프랑코 기보법(Franconian Notation) 264, 271, 275
프랑코식 모테트(Fraconian Motet) 264
프랑크(César Franck) 690
프롤라티오(Prolatio / Prolation) 277
프레인송(Plainsong) 47, 890
프레인챤트(Plianchant) 48
프레암불룸(Praeambulum) 819
프렐류드(Prelude) 819
프렐루디움(Praeludium) 819
프론치아코(Fraciaco) 58
프리지아 선법(Phrygian Mode) 46
플랑드르악파 300, 301, 321
피카르디 3도(Pycardy 3rd) 359

찾아보기

피칸더(Picander) 694
핑크(Heinrich Finck) 75, 76

〈하나님의 독생자 그리스도〉(Christe, redemptor omnium, Hymn stanza) 542
〈하나님의 어린양〉(Agnus Dei, 미사) 292
〈하나님의 어린양을 찬양하나이다〉(Victimae pashali laudes, 비포) 65, 66, 67
〈하나님의 어린양을 찬양하나이다〉(Victimae pashali laudes, 빌레르트) 69
〈하나님께 찬양을〉(Laus Deo Patri) 55
〈하나님이여 잠잠하지 마옵소서〉(Dixit Dominus) 49
〈하늘에 계신 우리 아버지〉(Vater Unser Im Himmelreich, J.S. 바흐) 831, 832, 833, 834, 835, 837
하박국의 기도 11
하이든(Joseph Haydn) 575, 576, 579, 582
하이포 도리아 선법(Hypodorian Mode) 46
하이포 리디아 선법(Hypolydian Mode) 46
하이포믹소리디아 선법(Hypomixolydian Mode)
하이포프리지아 선법(Hypophrygian Mode)
한나의 기도 10
할렐루야(Hallelujah) 20
〈행복한 마음〉(Beata viscera) 88
헥사코드(Hexachord) 41, 42
헥사코드 체계(Hexachord system) 41
헨델(George Frideric Händel) 389, 644, 647, 650,693
호모포니(homophony) 301,328, 329, 330, 358
호켓트(hocket) 284
홀스트(Gustav Holst) 645
훅발트(Hucbald) 271
화려한 양식(stilus luxurians) 384
《환상교향곡》(베를리오즈) 80
회당음악 9
히브리 찬송 8
히스토리아(Historia) 547, 560, 575
흰음표 정량 기보법(white mensural notation) 276, 279
힘 앤섬(Hymu Anthem) 948
현대기보법 280
현대음표 276

저자

서울예술고등학교 음악과 졸업.
서울대학교 음악학사 (B.M.).
서울대학교 음악학 석사 (M.M.).
이화여자대학교 음악학 박사 (Ph.D.).

저자 주 성 희

한국교회음악학회 회장.
한국찬송가공회 음악분과위원.
여성작곡가회 감사.
총신대학교 교회음악과 학과장.
대한예수교장로회총회 복음성가 선별위원회 연구위원.
총신대학교 사회교육원 교회음악아카데미(현 총신콘서바토리) 소장.

총신대학교 교회음악과 교수.
한국교회음악 작곡가협회 부회장.
한국교회음악협회 재무이사.
총신창작음악학회 회장.
총신대학교 여교수회 회장.
대한예수교장로회총회 신학부 시편찬송가 편찬위원.
대구국제현대음악제 자문위원.

제6회 서울음악제 가곡부문 입상.
제1회 중앙음악콩쿠르 작곡부문 입상.
제8회 서울음악제 관현악부문 입상.
"Sendai Asian Music Festival '92" 실내악부문 입상.
제15회 대한민국작곡상 수상 (독주부문).
제1회 총신학술상 논문부문최우수상 수상.

Pierre Boulez의 "Structures for two pianos Ia. Ic에 대한 분석 고찰", 서울대학교 석사 학위 논문, 1978.
교회음악 역사적 발전에 비쳐 본 "칼빈의 음악신학", 총신대학교 논문집 제12집, 1993.
"A Study of an Early Korean Hymnal Published by Rev. Horace G. Underwood in 1894", Chongshin Review, Vol. 2, 1997.
"21세기 교회음악 교육의 방향", 『21세기 총신: 그 신학과 교육의 전망』, 총신대학교 출판부, 1998.
"주성희의 The Creation for Orchestra 및 분석", 이화여자대학교 박사학위 논문, 2003.

주성희의 "The Creation for Orchestra 분석", 한국음악학회 논문집 음악연구 제30집, 2003.
『찬양가』(1894년)의 편집구조와 내용에 관한 연구, 한국음악학회 논문집 음악연구 제34집, 2005.
교회음악적 관점에서 본『시편가』에 관한 연구, 한국음악학회 논문집 음악연구 제39집, 2007.

저자

『숫자가 주어진 건반화성 실습』(Figured Harmony at the Keyboard by R. O. Morris), 세광음악출판사, 1987.

음악형식 분석의 이론과 실제, 김순란 · 주성희 공저, 세광음악출판사, 2001.
음악형식 분석을 위한 선곡집, 김순란 · 주성희 공저, 세광음악출판사, 2001.
찬송가 즉흥연주곡집 1, 주성희 · 김은희 공저, 총신대학교출판부, 2003.
찬송가 즉흥연주곡집 2, 주성희 · 김은희 공저, 총신대학교출판부, 2004.
찬송가 즉흥연주곡집 3, 주성희 저, 총신대학교출판부, 2004.
찬송가 즉흥연주곡집 4, 주성희 저, 총신대학교출판부, 2004.
교회음악문헌, 주성희 저, 총신대학교출판부, 2009.

「피아노 소나타」, 재순악보출판사, 1984.
관현악곡 「풍장(風匠)」, 수문당, 1989.
주성희 성가작곡집, 교회음악사, 1989.
가야금과 양금의 「대화」, 수문당, 1989.
플루트와 가야금의 「조화」, 수문당, 1994.
플루트와 첼로의 「변증(辨證)」 - 얼기설기 I, 수문당, 1994.
피아노를 위한 「풍경(風磬)」, 수문당, 1994.
대금, 가야금, 피아노를 爲한 三重奏 - 얼기설기 II, 수문당, 1995.
클라리넷을 爲한 「변증(辨證)」 - 일기실기 III, 수문딩, 1996.
송욱 詩에 의한 세 개의 노래, 도서출판 한가람, 1998.
주성희 성가작곡집 2, 도서출판 한가람, 1999.
5人의 奏者를 爲한 「만남」 - 얼기설기 IV, 도서출판 한가람, 1999.
3人의 奏者를 爲한 「만남」, 도서출판 한가람, 1999.
3人의 奏者를 爲한 「소리」 - Piano Trio 「SORI」, 도서출판 한가람, 2000.
5人의 奏者를 爲한 「놀이」 - Clarinet Quintet 「NORI」, 도서출판 한가람, 2000.
용혜원 詩에 의한 세 개의 노래(한국여성작곡가회 작품집), 도서출판 수문당, 2002.
피아노를 위한 「골고다」, 도서출판 수문당, 2002.
String Quintet - 얼기설기 VI, 도서출판 수문당, 2002.
가야금과 첼로의 「변증(辨證)」, 도서출판 수문당, 2004.
「THE CREATION」 for Orchestra, 도서출판 수문당, 2004.
이보철 詩에 의한 연작성가곡 『예수전』(CD포함), 도서출판 한가람, 2005.
「목관5중주」, 도서출판 수문당, 2006.
바이올린과 피아노를 위한 찬송가 변주곡(CD포함), 도서출판 수문당, 2008. 등

제1회 주성희 작곡발표회 (서울대 리사이틀홀)
제2회 주성희 작곡발표회 (서울대 강당)
제3회 주성희 작곡발표회 (국립극장 소극장)
제4회 주성희 작곡발표회 (광현교회)
제5회 주성희 작곡발표회 (세종문화회관 소강당)
제6회 주성희 작곡발표회 (이화여대 리사이틀홀)
제7회 주성희 작곡발표회 (예술의전당 리사이틀홀)

양·식·에·의·한
교회음악문헌

저 자 · 주 성 희
발행인 · 정 일 웅
발행처 · 총신대학교출판부

주소 · 서울시 동작구 사당동 산 31-3
전화 · 02)3479-0247~8
팩스 · 02)536-2602
등록번호 · 제 14-24호(1976. 4. 12)

2009년 10월 20일 초판 1쇄 발행

※저자의 허락없이는 이 책의 일부 또는
 전부를 어떤 목적으로도 사용할 수 없음.

ISBN 89-816-9210-6

값 62,000 원